中國勞動法實務

主　編●姚會平
副主編●李　璟、徐　嵐、唐小波

財經錢線

前 言

　　勞動用工牽連勞動者的幸福人生，也牽連單位的生存與發展。勞動力市場供給大於需求和勞資雙方實力懸殊等的殘酷現實，讓眾多勞動者求職就業之路變得艱難和痛苦：就業遭受歧視，工資被惡意拖欠，休息休假沒有保障，生產環境安全衛生條件惡劣，社會保險未及時足額辦理，法定經濟補償和工傷待遇難以依法享受，等等。面對用人單位濫用強大的經濟、技術等資源優勢，勞動者維權之路也變得困難重重甚至遙遙無期。在勞動用工過程中，個別勞動者就業詐欺和違反勞動紀律的損害單位權益的行為，也讓用人單位成為「受傷者」，苦不堪言。可以說，勞動用工過程的各種違法行為，多源於當事人沒有勞動法律思維，其結果不但傷害勞動者的工作熱情和敬業精神，而且危及用人單位的生產秩序和長遠發展。

　　中國重視勞動立法，1995年1月1日頒布實施的《中華人民共和國勞動法》，翻開了中國勞動用工法制化、規範化的新篇章。隨著市場經濟改革的不斷深化，新的勞動用工違法突出而尖銳，引發社會強烈關注。國家再次大力地強化勞動立法，2008年頒布實施了《中華人民共和國就業促進法》《中華人民共和國勞動合同法》《中華人民共和國勞動爭議調解仲裁法》《中華人民共和國社會保險法》。為了配合勞動立法新動向，國家陸續修改了《中華人民共和國工傷保險條例》等法律法規，廢除了《違反和終止勞動合同的經濟補償辦法》等舊的法律制度。為了規範勞動人事爭議仲裁和維護當事人合法勞動權益，新版《勞動人事爭議仲裁辦案規則》於2017年7月1日正式實施。勞動立法新動向體現了一個共同的特點：強化用人單位的基準勞動義務，增加用人單位違法成本，降低勞動者的勞動維權門檻，切實有效保護勞動者勞動權益，實現和諧的勞動秩序。一般意義而言，勞動法主要規範勞動關係各方當事人的勞動行為，制裁勞動違法行為，維護各方合法勞動權益。但勞動用工實踐又表明，勞動關係不對等，多數勞動者處於絕對弱勢的地位，勞動者的勞動權益得不到應有的尊重。因此，勞動法以國家名義對勞動關係進行強烈干預，以保護勞動者應有的勞動權益。從某種意義上說，勞動法實質上就是勞動者權益保護法。

　　在勞動法律制度完善和勞動司法力度加強的形勢下，保護勞動者勞動權益、構建良好生產工作秩序、實現共贏共享共謀發展，是勞動關係各方當事人的共同目標，更是現代人力資源管理工作的使命。無論是勞動者還是用人單位的人力資源管理工作者，都應當明白「知法是前提，守法是基礎，維權是保障」的社會道理。系統地學習勞動法實務知識，不但讓勞動者維權更加輕鬆，而且還有助於人力資源管理有法可循。為了便於勞動法知識的學習和運用，我們組織高校勞動法教

前言

師、勞動司法實戰律師、勞動爭議仲裁員和企業人力資源管理工作者共同編寫了這本《勞動法實務》。

本書具有如下顯著特點：①內容新穎，把握準確。將最新頒布施行的勞動法律法規納入編寫體系，力求法律專業知識的準確性。②通俗簡明，趣味性強。為了便於學法用法，理論知識力求闡述簡潔清晰、通俗易懂。對重點知識部分均配有「案例連結」「知識拓展」「法律連結」和「律師提示」等，以增加閱讀的趣味性和獲得感。③註重操作，增強互動。在章節內容上配有典型的「導入案例」「案例討論」「實訓項目」等，將學習知識和業務技能有機地結合起來。④簡化理論，突出實務。在就業服務、勞動合同、工資發放、社會保險、勞動監察、勞動仲裁和勞動訴訟等環節所遇到的勞動法律問題，採用勞動司法典型案例分析，並盡力彰顯勞動者勞動權益保護和人力資源管理工作中的法律技巧。

全書由姚會平（經濟法副教授、律師、仲裁員）擔任主編，李璟、徐嵐、唐小波擔任副主編。全書共分十二章，各章參編人員及分工如下：姚會平負責撰寫第一章；徐嵐負責撰寫第二章；姚會平、車飛共同負責撰寫第三章；向欣負責撰寫第四章；姚琪負責撰寫第五章；聶文俊負責撰寫第六章；李鏡宇負責撰寫第七章；唐小波、聶文俊共同負責撰寫第八章；李璟負責撰寫第九章；李璟、朱利平共同負責撰寫第十章；楊成宇負責撰寫第十一章；唐小波負責撰寫第十二章。全書由主編姚會平統一審定。

本書突出勞動法實務技能，是勞動者和人力資源管理者的勞動法知識讀本，是各院校和單位人力資源管理的勞動法課程的優選教材。無論勞動者還是人力資源管理工作者，我們都熱情期待《勞動法實務》能成為你身邊的勞動法顧問。

在本書編寫過程中，長期從事勞動司法仲裁工作的車飛同志和從事勞動司法審判工作的汪仁可同志給予了專業指導；四川蓉城律師事務所申波、王勁夫、陳慶國等律師提供了部分勞動司法案例。同時，本書編寫內容也借鑑了《勞動者權益保護法律實務》的精華。在本書出版之際，對熱情支持和幫助本書編寫的專家和同行，我們深表感謝。

編者

目 錄

第一章　勞動法概論 ································ (1)

　　導入案例 ·· (1)
　　第一節　勞動法概述 ····························· (2)
　　第二節　勞動者與用人單位 ····················· (8)
　　第三節　勞動者權益保護與人力資源管理 ······ (13)
　　實訓項目 ······································· (18)

第二章　就業促進法實務 ··························· (20)

　　導入案例 ······································· (20)
　　第一節　就業促進法概述 ························ (21)
　　第二節　就業服務管理 ·························· (26)
　　第三節　職業資格培訓考核管理 ················ (32)
　　實訓項目 ······································· (36)

第三章　勞動合同法實務 ··························· (38)

　　導入案例 ······································· (38)
　　第一節　勞動合同法概述 ························ (39)
　　第二節　勞動合同訂立與內容 ··················· (44)
　　第三節　用人單位基準勞動義務 ················ (50)
　　第四節　無效勞動合同 ·························· (55)
　　第五節　勞動合同履行、變更與終止 ··········· (57)
　　第六節　勞動合同解除 ·························· (63)
　　第七節　特殊勞動合同管理 ····················· (73)
　　第八節　經濟補償金 ····························· (80)
　　第九節　違約責任 ······························· (84)
　　實訓項目 ······································· (89)

第四章　工作時間與休息休假法實務 ············· (93)

　　導入案例 ······································· (93)
　　第一節　工作時間管理 ·························· (94)
　　第二節　休息休假管理 ·························· (98)
　　第三節　加班加點管理 ·························· (102)
　　實訓項目 ······································· (105)

1

目 錄

第五章 工資法實務 …………………………………………（107）

導入案例 ……………………………………………………（107）
第一節 工資法概述 …………………………………………（107）
第二節 工資支付管理 ………………………………………（112）
第三節 最低工資標準管理 …………………………………（117）
實訓項目 ……………………………………………………（120）

第六章 勞動安全衛生法實務 …………………………………（121）

導入案例 ……………………………………………………（121）
第一節 勞動安全衛生法概述 ………………………………（121）
第二節 用人單位勞動安全衛生職責 ………………………（129）
第三節 勞動安全衛生政府管理 ……………………………（137）
實訓項目 ……………………………………………………（141）

第七章 女職工和未成年工勞動保護法實務 …………………（143）

導入案例 ……………………………………………………（143）
第一節 女職工勞動特別保護 ………………………………（144）
第二節 未成年工勞動特別保護 ……………………………（150）
實訓項目 ……………………………………………………（155）

第八章 職工民主管理法實務 …………………………………（156）

導入案例 ……………………………………………………（156）
第一節 職工民主管理概述 …………………………………（157）
第二節 職工民主管理 ………………………………………（162）
實訓項目 ……………………………………………………（169）

第九章 社會保險法實務 ………………………………………（171）

導入案例 ……………………………………………………（171）
第一節 社會保險法概述 ……………………………………（172）
第二節 基本養老保險 ………………………………………（177）
第三節 基本醫療保險 ………………………………………（181）
第四節 工傷保險 ……………………………………………（184）
第五節 生育保險 ……………………………………………（193）

目　錄

  第六節　失業保險 …………………………………………（196）
  實訓項目 ……………………………………………………（200）

第十章　勞動保障監察法實務 ………………………………（202）

  導入案例 ……………………………………………………（202）
  第一節　勞動保障監察法概述 ……………………………（203）
  第二節　勞動保障監察程序 ………………………………（209）
  實訓項目 ……………………………………………………（214）

第十一章　勞動爭議仲裁法實務 ……………………………（215）

  導入案例 ……………………………………………………（215）
  第一節　勞動爭議程序法概述 ……………………………（216）
  第二節　勞動爭議仲裁基本制度 …………………………（220）
  第三節　勞動爭議仲裁程序 ………………………………（228）
  實訓項目 ……………………………………………………（236）

第十二章　勞動爭議訴訟法實務 ……………………………（238）

  導入案例 ……………………………………………………（238）
  第一節　勞動爭議訴訟概述 ………………………………（239）
  第二節　勞動爭議訴訟程序 ………………………………（243）
  實訓項目 ……………………………………………………（249）

參考文獻 …………………………………………………………（250）

第一章
勞動法概論

【導入案例】

勞動者加班工資與經濟補償案

2012年2月，高職汽修專業畢業的陳某在四川省某汽車銷售服務有限公司（以下簡稱公司）上班工作，前後與公司所簽訂的三份勞動合同中都明確規定，公司實行五天工作制，每天八個小時。但在實際工作中，公司卻要求所有普通職工包括陳某必須在星期六加班一天。對此，公司週末上班實行簽名制，並規定「值班簽到嚴禁他人代簽，違者視為無效並按未簽到處理；未簽到或遲到的罰款20元/次。」雖然公司要求不甚合理，但是陳某非常珍惜這份工作，只好忍受公司不合理的規章制度，從未中斷公司的加班。但讓陳某等職工更不愉快的是，公司對於加班的職工既不發加班工資也未安排補休，即使陳某等人多次主張相關待遇，公司都沒有給予正式答復。為了防止職工流失，在未徵得職工同意的情況下，公司還自作主張每月扣發職工工資的10%作為風險金（後更名為預存金），待職工離開公司時歸還。對於公司違反勞動法的行為，陳某做了長期的證據收集和保存。

2016年5月，陳某與公司有汽車保養業務往來的一名客戶之間發生借款糾紛並產生衝突。對客戶的投訴，在沒有查清事情真相的情況下，公司進行了非公正處理，嚴重損害了陳某與公司的正常工作關係。同時，也基於公司管理問題和嚴重損害勞動者的合法利益加班制度，陳某依據《中華人民共和國勞動合同法》第三十八條第（二）、（四）規定，於2016年6月正式向公司提出瞭解除勞動合同。在勞動合同解除後，陳某要求公司退還風險金、支付四年來的加班工資和解約經濟補償等。除退還風險金外，公司對其加班工資和經濟補償兩項請求未給予答復。陳某根據《中華人民共和國勞動爭議調解仲裁法》規定，並以申請人名義向成都市某勞動爭議仲裁委員會申請勞動仲裁。

2016年10月，勞動爭議仲裁庭依法開庭審理，並經雙方當事人對勞動合同、單位工資單和加班簽到表等相關證據的質證和辯論，仲裁庭確認：關於勞動者主張用人單位非法加班的證據確實充分予以採信；關於用人單位已在勞動者工資中支付了加班費的主張因無相應證據不予支持。同時，關於勞動者辭職的理由屬於經濟補償法定情形，經濟補償金的請求應當予以支持。根據《中華人民共和國勞動合同法》第三十八條、第四十六條和第四十七條等規定，勞動仲裁庭當庭裁決：支持申請人對工作期間所有的加班費和經濟補償金主張（兩項費用共計76,000元）；用人單位應在裁決生效後10日內向陳某履行支付義務。

對此裁決，雙方都未提起訴訟。在裁決生效後不久，經陳某請求，用人單位履行了勞動爭議仲裁書中的金錢支付義務。

第一節　勞動法概述

　　勞動就業成就幸福人生是廣大勞動者的生活信念。在勞動力市場供需失衡的現實面前，勞動者求職就業之路並非一帆風順，「弱勢角色」無處不在。在勞動合同簽訂階段，處於勞動就業「饑渴」狀態的勞動者，為了獲取難得的工作機會，不得不接受用人單位苛刻的用工條件；在勞動合同履行階段，勞動者成為用人單位的員工，接受用人單位的管理、指揮和領導。因單位不公正地行使勞動紀律制定權、勞動行政管理權、勞動成果考評權等，勞動者甚至有「被人魚肉」感覺；在勞動爭議階段，用人單位自恃強大的經濟、技術和法律等資源優勢也讓勞動者維權之路困難重重且遙遙無期。

　　用人單位的高效營運，需要勞動力資源的優化配置和科學管理。勞動力市場的供給機制、競爭機制和新陳代謝機制，讓用人單位的人力資源管理獲得了更多的運作空間。在勞動力成本的最小化和經濟效益的最大化的驅使下，勞動合同短期化、勞動關係模糊化、單位行政管理隨意化等成為當前人力資源管理業界常態。不規範的人力資源管理，或許眼前節省了單位人力資源成本，但在根底裡挫傷了勞動者的工作激情和對單位的認同感，甚至可能還會演變成勞動糾紛並損害單位的長遠利益。

　　用人單位為勞動者提供勞動報酬、勞動者為用人單位創造物質財富，讓勞動關係雙方當事人在經濟利益衝突的情況下又存在合作的經濟基礎。如何促進雙方合作生產共享財富成果，如何調節利益平衡避免勞動衝突，不但是勞動者永遠關心的工作問題，更是單位人力資源管理工作必須面對和解決的現實問題。為了構建和諧勞動關係，保護勞動者勞動權益，勞動法為勞動者和用人單位提供了法律的利益平衡機制和矛盾化解機制。

【案例連結】　　　　勞動者誤入「勸辭」，勞動權益遭受損害

　　2013年年初胡某到武漢市某機械私營企業上班，單位與其簽訂了勞動合同。2017年3月，用人單位打算解除與胡某的勞動關係，但又不願支付經濟補償，於是就通過內部崗位調整方式將他調到新的工作崗位。由於專業知識與工作上有差異，胡某難以勝任新的工作要求。單位遂要求胡某提出辭職請求，條件是支付其三個月的基本工資以作為補償。無奈之下，胡某只好提出書面辭職申請。在離開公司後，胡某一時難以找到新工作，想到了享受失業保險，但辦理時被失業保險機構拒絕，因為提交的辭職材料表明其不屬於「非自願失業」。事後，胡某申請仲裁要求享受相當於五個月工資的經濟補償金，也因其解除勞動關係時「無法定理由」而未獲得勞動爭議仲裁部門的支持。

一、勞動法

（一）勞動法概念

　　勞動法有廣義和狹義之分，廣義的勞動法是指調整勞動關係以及與勞動關係密切

聯繫的其他社會關係的法律規範的總稱，包括勞動法律、勞動法規、地方勞動法規和國家批准參加的國際勞動公約，也還包括有關部門制訂的勞動規章和勞動司法解釋等；狹義的勞動法是指由國家最高立法機關制定並頒布實施的勞動法典。在中國，狹義上勞動法專指《中華人民共和國勞動法》。除加有書名號外，本書中所使用勞動法的概念均屬於廣義上的勞動法。

一般意義而言，勞動法規範勞動關係各方當事人的勞動行為，制裁勞動違法行為，維護勞動關係各方合法權益。在實際勞動用工過程中，勞動關係雙方地位不平衡，多數情況下勞動者處於絕對弱勢的地位，勞動者的勞動得不到應有的尊重，勞動權益頻繁遭受侵害。為了糾正勞動用工違法行為，勞動法以國家名義對勞動關係進行強烈干預，規定勞動者應有的基本勞動權益，規定用人單位應當承擔的基準勞動義務。可以說，勞動法實質上就是勞動者權益保護法。

【案例連結】　　　　用人單位拖欠勞動報酬被查處案

2018年2月，國家人力資源和社會保障部公布：2017年3月13日，重慶市長壽區人力資源和社會保障局接到投訴，稱重慶市人能建築勞務有限公司存在拖欠農民工工資問題。經查，人能建築勞務有限公司在承建長壽古鎮同元御府華庭工程項目施工期間，拖欠236名農民工工資共計1,372.98萬元。2017年4月20日，長壽區人力資源和社會保障局依法向該公司下達了責令支付文書，該公司逾期未足額支付。2017年4月26日，長壽區人力資源和社會保障局以涉嫌拒不支付勞動報酬罪依法將該案移送公安機關立案查處。

（二）勞動立法

為了規範勞動用工行為，促進勞動就業，維護勞動者權益，構建和諧勞動關係，自中華人民共和國成立以來中國就頒布實施了繁多的勞動法律制度。1994年7月5日，第八屆全國人大常委會第八次會議通過《中華人民共和國勞動法》（以下簡稱《勞動法》），成為中國市場經濟體制下勞動立法的重要里程碑。

隨著市場經濟的發展，用人單位不正常的勞動用工行為逐漸盛行，勞動者基本權益難以保障，社會勞動關係變得緊張而尖銳，與踐行社會主義核心價值觀構建和諧勞動關係格格不入。為了切實保護勞動者的合法權益，維護正常生產秩序，促進國家經濟發展和人文進步，21世紀初中國加大了勞動立法工作。2008年1月1日實施的《中華人民共和國就業促進法》（以下簡稱《就業促進法》）和《中華人民共和國勞動合同法》（以下簡稱《勞動合同法》）、2008年5月1日實施的《中華人民共和國勞動爭議調解仲裁法》（以下簡稱《勞動爭議調解仲裁法》）、2010年國務院修正的《工傷保險條例》、2011年7月1日實施的《中華人民共和國社會保險法》（以下簡稱《社會保險法》）、2018年12月29日第二次修改的《勞動法》等，成為社會主義新時期勞動立法重大成果。它們讓中國勞動法律體系得到極大的進步和完善，更加彰顯勞動法對勞動者權益保護和對用人單位違法用工處罰力度的加大。這些新勞動法讓勞動者的勞動司法維權出現「井噴」現象。在「暴風驟雨式」勞動司法判例的洗禮下，用人單位違法用工行為得到了極大的遏制，人力資源管理模式逐漸轉型並走上了規範化、法制化的軌道。

二、勞動法調整對象

【案例討論】去年，南方某學院為配合本市大學生春季運動會的舉辦，決定對院內環境進行整頓，其中有幾處破舊的土木結構建築需要拆除。為了在7天工期內完成拆除項目，學院後勤服務公司還與趙某簽訂了《舊房拆除承攬合同》，合同約定「趙某根據公司的指示提供多人勞務，完成拆除事項外公司承擔支付30萬元的勞務費」。在指揮房屋拆除過程中，趙某被倒下的木條砸傷，住院治療。經鑑定，趙某構成8級傷殘，就業能力及生活都受到影響。趙某認為，其是在公司安排下拆遷房屋並受傷的，公司應對其承擔工傷責任。請問：趙某與公司建立了勞動關係嗎？為什麼？

勞動者與用人單位之間的社會關係屬於勞動關係，並成為雙方勞動權利與勞動義務產生的基石。勞動關係是勞動法調整的最主要對象，但勞動法的調整對象還包括與勞動關係有著密切聯繫的其他社會關係。正確認識勞動關係，是正確處理勞動糾紛的法理基礎。

(一) 勞動關係

由於人們對勞動力的提供者與勞動力的使用者的稱謂不同，出現了許多與勞動關係近似的概念，如「勞資關係」「產業關係」「雇傭關係」「勞工關係」「勞使關係」等。其中，勞動關係是中國勞動法使用的法律概念。勞動關係是指勞動者事實上已成為用人單位的成員，並為其提供有償勞動所形成的社會關係。不同於其他社會關係，勞動關係具有以下法律特徵：

(1) 勞動關係當事人具有特定性。一方是勞動者，另一方是用人單位。勞動者是勞動力的所有者，用人單位是生產資料的所有者和經營管理者。換言之，在勞動者之間和用人單位之間是不會發生勞動關係的。非單位的個人雇傭關係和農村勞動關係、家庭成員的共同勞動關係等均不構成勞動法意義上的勞動關係。

(2) 勞動關係時間具有特定性。其只發生在用人單位勞動用工過程中。所謂勞動用工關係，就是勞動者與用人單位的生產資料相結合產生勞動成果的過程，即「生產過程」。只有當勞動者與用人單位建立勞動關係就是在「生產過程」形成的社會關係。勞動者工作之餘時間的勞動不會產生勞動法所調整的勞動關係。

(3) 勞動關係具有人身屬性。由於勞動力存在於勞動者的身體且與勞動者不可分離。一般情況下，勞動者向用人單位提供勞動力時，也將其人身在一定程度上交附於用人單位，即勞動者成為用人單位管理的職工。勞動者的職工身分是其接受用人單位的人事管理和勞動支配根本原因。勞動者提供勞動的具體內容不是由勞動者決定的，而是由用人單位決定的。當事人僅向單位提供勞務而不接受單位人事管理的，雙方之間不會構成勞動關係。

(4) 勞動關係具有財產屬性。財產關係是人們在物質資料生產、分配、交換和消費過程中形成的社會關係。勞動就業是人們謀生的主要手段，通過勞動來換取工資為主的勞動報酬是人們提供勞動的最主要目的。因此，勞動關係必然體現為勞動力的讓渡和勞動報酬的交換關係。

基於勞動關係特徵，《關於確立勞動關係有關事項的通知》（勞社部發〔2005〕12號）對勞動關係的構成條件做出規定：「具備下列情形的，勞動關係成立：①用人單位

和勞動者符合法律、法規規定的主體資格；②用人單位依法制定的各項勞動規章制度適用於勞動者，勞動者受用人單位的勞動管理，從事用人單位安排的有報酬的勞動；③勞動者提供的勞動是用人單位業務的組成部分。」《關於確立勞動關係有關事項的通知》提出認定事實勞動關係時，當事人可參照下列憑證：①工資支付憑證或記錄、繳納各項社會保險費的記錄；②用人單位向勞動者發放的「工作證」「服務證」等證明身分的證件；③勞動者填寫的用人單位招工招聘「登記表」「報名表」等招用記錄；④考勤記錄；⑤其他勞動者的證言等。其中，第①、③、④有關憑證由用人單位負舉證責任。

【知識拓展】　　　　　勞務關係與人事關係的區別

勞務關係是指勞務提供方根據約定向勞務接受方提供勞動形式的勞務活動，而勞務接受方向勞務提供方支付勞務報酬的社會關係。勞務關係主要特徵：一是勞務關係可能發生在法人之間，也可能發生在自然人之間，還可能發生在法人與自然人之間；二是提供勞務的一方不是單位的成員，不接受單位的內部勞動紀律管理；三是提供勞動的一方不享受工資待遇和社會保險待遇等；四是勞務關係由民法而非勞動法調整。

人事關係又稱人事行政關係，是指國家機關、事業單位、社會團體等組織與有國家人事編製的公務員或工作人員之間因工作所形成的社會關係。人事關係的工作人員，包括實施公務員法的機關的聘任制公務員、參照公務員法管理的機關（單位）的聘任工作人員、事業單位或社團組織的工作人員、軍隊聘用單位的文職人員等。人事關係與勞動關係的共性較多，但人事職工的入職、工作內容、工資待遇、工作考核等更多地遵守人事行政法律法規和政策。人事爭議仲裁適用人事爭議仲裁程序法，人事爭議仲裁程序沒有規定的，適用勞動爭議仲裁程序法規定。

（二）與勞動關係密切聯繫的其他社會關係

除了勞動關係外，勞動法的調整對象包括「與勞動關係有密切聯繫的其他社會關係」。「與勞動關係有密切聯繫的其他社會關係」本身不是勞動關係，但與勞動關係有著密切的聯繫：有的是勞動關係發生的前提，有的是勞動關係產生、變更、消滅時的直接或附帶結果。其與勞動者勞動權益及其保護有著密切相關。它們主要表現為：

（1）勞動力管理方面的社會關係。其主要是指勞動行政管理部門、其他業務主管部門與用人單位、勞動用工單位等之間因勞動用工的招收、錄用、調配和培訓等方面發生的社會關係。

（2）勞動力配置服務方面的社會關係。其主要是指在勞動力配置與流動提供服務過程中，勞動服務公司、職業介紹機構和職業技能培訓機構與用人單位、勞動者之間發生的社會關係。

（3）社會保險方面的社會關係。國家社會保險機構、用人單位和勞動者之間在執行社會保險制度過程中發生的社會關係。

（4）工會組織與用人單位之間發生的關係。工會組織參與單位民主管理，並代表職工整體利益與用人單位之間發生的社會關係。

（5）勞動保障監察方面的社會關係。國家勞動行政管理部門、安全生產監督管理部門、衛生管理部門等與用人單位之間因勞動監察的監督、檢查勞動法律法規執行情況而發生的社會關係。

（6）處理勞動爭議方面的關係。勞動爭議調解組織、勞動爭議仲裁機構、人民法院與用人單位、勞動者之間因處理勞動爭議而產生的社會關係。

【案例評析】趙某的想法缺乏相應法律依據。因為在勞動關係中，勞動者對用人單位存在人身依附關係成為用人單位的職工，並接受其人事管理。而在本案中，趙某不接受公司規章制度的管理，沒有公司職工身分，因提供勞務而獲得勞務費。趙某與公司之間沒有勞動關係特徵，屬於平等的勞務合作關係，不能形成事實上的勞動關係。因此，趙某是在房屋拆除過程中受傷，不屬於勞動法上的工傷，公司依法可以不承擔其工傷保險責任。

三、勞動立法

勞動維權和人力資源管理必須有據有理，其中的「理」就是相關勞動法律規定。只有這樣才會獲得勞動執法機關和勞動司法部門的支持和幫助。勞動立法繁多，可以分為勞動管理立法、勞動就業立法、勞動關係協調方面立法、勞動標準立法、社會保險立法和勞動權利保障與救濟方法立法等。目前，中國勞動立法主要有：

（1）憲法。憲法有關勞動者勞動權利、用人單位勞動義務和國家機關保護勞動者權益的職責方面的規定很多，並成為勞動立法的「母法」依據。《中華人民共和國憲法》（以下簡稱《憲法》）第四十二條規定：「中華人民共和國公民有勞動的權利和義務。國家通過各種途徑，創造勞動就業條件，加強勞動保護，改善勞動條件，並在發展生產的基礎上，提高勞動報酬和福利……國家對就業前的公民進行必要的勞動就業訓練。」《憲法》規定勞動者有休息的權利和女職工在勞動就業方面享有同男職工平等的權利等。

（2）法律。法律指全國人大及其常務委員會依據憲法制定和修改的勞動基本法和各種單項勞動法律。《勞動法》是中國的勞動基本法，是其他單行勞動法規的立法依據。它也是規範用人單位和勞動者之間勞動關係的最主要的法律。為保障《勞動法》全面實施，國家還制定了許多單項勞動法律，如《勞動合同法》、《勞動就業促進法》、《勞動爭議調解仲裁法》、《中華人民共和國安全生產法》（以下簡稱《安全生產法》）、《中華人民共和國工會法》（以下簡稱《工會法》）等。

（3）行政法規。國務院根據《憲法》《勞動法》和其他法律所制定的各種涉及勞動關係和與勞動關係密切聯繫的其他社會關係的行政法規，如《勞動合同法實施條例》《社會保險條例》《工傷保險條例》《失業保險條例》《勞動保障監察條例》《禁止使用童工規定》等。

（4）部委規章。國家有關部委依法制定的勞動行政管理的規範性文件，它對勞動法律、行政法規的具體化、操作性做出的規定，是勞動司法的依據。部委規章繁多，例如《關於貫徹執行〈勞動法〉若干問題意見》《違反和解除勞動合同的經濟補償辦法》《勞動部關於印發〈工資支付暫行規定〉的通知》等。

（5）地方性法規和規章。前者是指省、自治區、直轄市以及省會城市和經國務院批准的較大城市的人大及其常務委員會制定的勞動規範性文件。後者是指省、自治區、直轄市人民政府及省會城市和經國務院批准的較大城市的人民政府制定的勞動規範性文件。其只對本轄區內的勞動司法具有重要的指導意義或者成為勞動司法的依據。

（6）勞動法規解釋。對勞動法律法規有解釋權的國家機關，就勞動法律、法規在

執行中的問題所作的具有普遍約束力的解釋，其包括立法解釋、司法解釋和行政解釋。

（7）國際勞動公約。中國締結或者參加的國際勞動公約在與國內法不一致時，應當優先適用國際勞動公約的規定。中國參加或者締結的國際勞動公約有《工業企業中實行每週休息公約》《本國工人與外國工人關於事故賠償的同等待遇公約》《制訂最低工資確定辦法公約》《對男女工人同等價值的工作付予同等報酬公約》等。

【案例連結】　　　　　錯過法定期限，維權陷入「沼澤」

2013年3月，趙某到重慶某物流公司上班時交了6,000元押金。由於種種原因，離開公司的趙某一直沒能討回這筆押金。2016年7月，在一次勞動法律宣傳後，趙某才得知該企業的做法是違法的，於是來到當地勞動保障部門投訴。

勞動保障監察部門經審核發現本案錯過了投訴期限，根據《勞動保障監察條例》規定，勞動部門不再查處。《勞動保障監察條例》第二十條規定：違反勞動保障法律、法規或者規章的行為，在2年內未被勞動保障行政部門發現，也未被舉報、投訴的，勞動保障行政部門不再查處。

四、勞動法的基本原則

勞動法基本原則是勞動法宗旨的體現，在勞動立法、守法、執法及司法過程中應當體現其基本原則。

（一）勞動權利與義務相一致的原則

勞動直接關係到勞動者生活保障，關係到勞動者職業技能和聰明才智的發揮、關係到勞動者的人生價值和人格尊嚴。中國《憲法》明確規定：中華人民共和國公民有勞動的權利和義務。這項憲法規定被確立為勞動法的基本原則。只要有勞動權利能力，勞動者都有權參加勞動並獲得勞動報酬，有權選擇符合自己要求的職業崗位和用人單位，有權參加國家、社會提供的職業培訓機會。同時，勞動也是法律賦予勞動者的一項光榮義務。勞動者應當按照法律規定和勞動合同約定，認真履行各項勞動義務，完成勞動任務，並嚴格執行勞動安全衛生規程，遵守勞動紀律和職業道德，維護良好生產和生活秩序。在勞動過程中，反對只強調勞動權利而迴避義務，或者只講勞動義務而忽視勞動權利。在勞動關係中，當事人的勞動權利與義務是統一的，也是相一致的。

（二）註重勞動者權益保護的原則

無論是黨的政策還是憲法和勞動法，都明確規定保護勞動者的權益。勞動者權益主要有：平等就業和選擇職業的權利、取得勞動報酬的權利、休息休假的權利、獲得勞動安全衛生保護的權利、接受職業培訓的權利、享受社會保險和福利的權利、申請勞動仲裁的權利等。強調並註重勞動者權益的保護，是勞動關係主體的特殊性的本質要求。若主張勞動雙方權益平等原則，作為弱勢群體的勞動者必然會失去很多權益保障的機會，有失社會公正和正義精神。在實踐中，勞動維權需要國家在勞動立法、執法和司法過程中更多的關心和幫助。目前，勞動立法更加註重勞動者權益保護原則，讓勞動法成為「勞動者權益保護法」。

（三）主體合法利益平等的原則

勞動法主體利益包括國家利益、勞動者利益和用人單位利益。在處理具體勞動關係時，只要是當事人的合法利益都應彼此尊重，也理應得到同等的法律保護。在強調

保護勞動者權益的同時，也要規範某些勞動者不當行為，保護用人單位的合法利益。例如，《勞動合同法》規定，在競業限制方面用人單位與勞動者都享有權利，也都承擔義務。任何一方違反法律或者勞動合同損害對方的合法利益，受害人無論是勞動者還是用人單位都應當得到法律的同等尊重和保護。勞動者的權益得到保護，不但改善了勞動關係，還有利於激發勞動者的勞動熱情和勞動創造；用人單位的合法利益得到保障，才能讓其改善生產條件和經營管理，為勞動者提供更多的就業機會和良好的勞動待遇。

【案例連結】　　　　　學法用法，輕鬆維權

自2016年3月起，李先生就在宜賓某酒業有限公司工作，對勞動報酬和工作條件都感到非常滿意，但工作近12個月單位還是沒有意識到與其簽訂勞動合同。當李先生向朋友就此事訴苦時，一位比較精通勞動法的朋友說，若此情況持續時間達到1年以上，勞動者不但可以要求單位簽訂無固定期限勞動合同，而且還可以依法主張應簽而未簽訂書面勞動合同期間的兩倍工資。

「說者無意，聽者有心」。隨後李先生查閱了《勞動合同法》，並詳細地諮詢了專業律師，獲得了相同的答案。在工作滿一年後，李先生依法向單位提出書面勞動合同和雙倍工資的兩項要求，單位最終兌現了李先生的合法要求。

第二節　勞動者與用人單位

勞動法律關係是勞動關係經法律調整後所產生社會關係，並受到法律的保護。勞動法律關係有主體、客體和內容三要素，且缺一不可。勞動法律關係主體是指勞動法律關係中享有勞動權利和承擔勞動義務的當事人，主要是指勞動者和用人單位；勞動法律關係內容是指勞動法律關係主體享有的勞動權利和承擔的勞動義務；勞動法律關係客體是指勞動法律關係主體的勞動權利義務共同指向的對象，如勞動、工資、保險福利、工作時間、休息休假、勞動衛生安全等。其中，勞動法律關係主體看似簡單，實則複雜。確認勞動者和用人單位的主體法律身分，無論是勞動合同的訂立和履行還是勞動爭議的處理，都具有「提綱挈領」重要作用。

一、勞動者

(一) 勞動者的定義

【案例討論】上海天地建築公司是本市郊區的一家鄉鎮企業。本地一戶出名的困難戶陶某，找到公司的總經理鐘某，請求其幫助安排兩個孩子工作，以解決家境經濟艱難問題。考慮到這兩孩子都是剛小學畢業的15歲未成年人，鐘某面有難色。但在孩子和其家長苦苦哀求和其家庭確實困難的情況下，鐘某最終還是收錄了兩個孩子。在鐘某的照顧下，公司安排了他們力所能及的工作。錄用2個月後，公司使用童工的行為被勞動監察部門發現。勞動監察部門依據《禁忌使用童工規定》，對天地建築公司處以3萬元罰款並責令單位在三日內將該童工遣送回家。對此行政處罰，鐘經理總感覺「好心人沒有好報」。

請你說說「好心人沒有好報」的原因是什麼。

凡提供體力勞動或腦力勞動的自然人，在眾人眼裡都是「勞動者」；而勞動法意義上的勞動者，必須符合勞動法所規定的主體屬性。勞動法意義上的勞動者，是指符合勞動法的規定，成為用人單位的成員並提供有償勞動的自然人。

勞動者應是達到法定勞動年齡具有勞動權利能力，能夠簽訂勞動合同，獨立提供勞動行為並享有勞動報酬等的自然人。勞動者可以是本國公民，也可以是外國人和無國籍人。

(二) 勞動者的特徵

1. 勞動者具有勞動權利能力和勞動行為能力

勞動權利能力是指勞動者能夠享有勞動權利並承擔勞動義務的資格。勞動行為能力是指勞動者能以自己的行為來行使勞動權利和履行勞動義務的能力，是勞動權利能力的具體體現。勞動者的勞動權利能力和勞動行為能力具有統一性，即勞動者達到法定就業年齡並具有勞動能力，就同時享有勞動權利能力和勞動行為能力。因年齡、性別、智力、健康等差異，中國法律對勞動者的勞動權利能力差異有著不同的規定：

（1）年齡因素。年齡是判斷勞動者是否具備勞動權利能力以及勞動權利能力差異的主要因素。關於公民的勞動權利能力，中國勞動法規定始於其16週歲，止於其法定退休年齡。因勞動年齡的差異，法律還將勞動者的勞動權利能力分為完全勞動權利能力人和限制勞動權利能力人。前者主要是指年滿18週歲以上的勞動者；後者主要是指已滿16週歲未滿18週歲的勞動者。未成年工作為限制勞動權利能力人，從事勞動範圍受到法律的限制，這在未成年工特殊保護法律中得到體現。未滿16週歲的自然人屬於無勞動權利能力人，法律禁止任何單位招聘使用未滿16週歲的童工，但因文化、體育和特殊工藝單位等招聘未滿16週歲的，單位應當按照《禁止使用童工規定》等辦理相關手續。

（2）性別因素。勞動法規定了勞動就業男女平等，禁止就業性別歧視，但女職工生理機能不同於男性，為了維護女職工身體健康和哺育下一代的需要，勞動法對男性勞動者和女性勞動者規定了不同的勞動權利能力。《女職工勞動保護規定》規定女職工禁忌從事勞動的範圍，不僅表示法律對其勞動權利能力的限制，而且也體現了禁止用人單位濫用勞動指揮權安排損害女職工的身心健康工作崗位。

（3）身體健康因素。為了保護勞動者身體健康和社會公共利益，勞動者的勞動權利能力因身體健康差異而有所區別。對患有痢疾、傷寒、病毒性肝炎、活動期肺結核、化膿性或者滲出性皮膚病以及其他有礙公共衛生的疾病的勞動者，治癒前勞動權利受到限制，《公共場所衛生管理條例》（1987年）規定此類勞動者不得從事直接為顧客服務的工作。《未成年工特殊保護規定》將未成年工分為身體健康與非健康類勞動者，將後者即患有法律規定的疾病或生理缺陷的未成年工從事勞動範圍的權利能力進行限制。

（4）職業資格因素。職業資格證，是勞動者勞動權利能力差異的主要智力因素。勞動者是否取得國家職業資格證書，是其能否進入特定行業或者承接某項勞動的先決條件。例如，《特種作業人員安全技術培訓考核管理規定》（2010）對特種作業及特種作業人員的特別規定正好體現了這點法律要求。

（5）國籍或地區因素。法律對外國公民在本國的勞動權利能力做出了區別於本國公民的規定。例如，根據《外國人在中國就業管理規定》（2017）規定，沒有在中國取得定居權的外國人在中國境內從事工作的，應當符合三項條件：一是年滿18週歲，二是身體健康，三是取得外國人就業資格證。

勞動者到達退休年齡是其勞動權利能力消滅的最主要因素。在勞動司法實踐中，用人單位招用已達到法定退休年齡享受社會養老保險待遇的勞動者，雙方形成的用工關係視為勞務關係。勞動者的退休年齡，因其性別、職業、職稱等差異而有著不同的規定。目前，中國正在研究出抬漸進式延遲退休方案。

【法律連結】　　　　　勞動者的法定退休年齡

目前，關於勞動者退休年齡的法律依據主要有《國務院關於工人退休、退職的暫行辦法》和《國務院關於安置老弱病殘幹部的暫行辦法》(國發〔1978〕104號) 等。其規定，勞動者有下列情形之一的，可以依法辦理退休手續：①男職工年滿60週歲，女幹部年滿55週歲，女工人年滿50週歲，連續工齡或工作年限滿10年；②從事井下、高空、高溫、繁重體力勞動和其他有害健康工種的職工，男年滿55週歲，女年滿45週歲，連續工齡或工作年限滿10年；③男年滿50週歲，女年滿45週歲，連續工齡或工作年限滿10年的，經醫院證明，並經勞動鑒定委員會確認，完全喪失勞動權利能力的職工；④因工致殘，經醫院證明（工人並經勞動鑒定委員會確認）完全喪失工作能力的。符合國家政策規定情形的，國企職工可以辦理提前退休手續。

2. 勞動者享有人身自由和提供勞動行為

勞動者不但能以自己的名義同用人單位訂立勞動合同，而且還能以人身自由和勞動行為向用人單位提供勞動或者服務。

3. 勞動者成為用人單位職工並接受單位管理

由於勞動力存在於勞動者的身體且與勞動者不可分離，勞動者因勞動關係而向用人單位提供勞動力時，也將其人身在一定程度上交附於用人單位。勞動者成為用人單位的職員，並接受用人單位的管理。用人單位對勞動者的管理主要有培訓管理、出勤管理、績效管理、薪酬管理、職位升遷管理、離職管理和社會保險管理等。

【律師提示】　　　非法轉包、分包下用工關係及責任的確定問題

在司法實踐中，具備用工主體資格的承包單位違反法律、法規規定，將承包業務轉包、分包給不具備用工主體資格的實際施工人，該實際施工人（俗稱包工頭）所招用的人員請求確認與承包單位存在勞動關係的，人民法院不予支持。但該人員在工作中發生傷亡，受害人直接向人民法院起訴，請求承包單位參照《工傷保險條例》的有關規定進行賠償的，人民法院應予支持，不具備用工主體資格的承包人對勞動者的損失承擔連帶賠償責任。社會保險行政部門已認定為工傷的，按工傷保險規定處理。

(三) 勞動者的範圍

（1）與企業、個體經濟組織建立勞動關係的勞動者。企業包括個人獨資企業、合夥企業和公司；個體經濟組織是指有雇工的個體工商戶。這是勞動者中最廣泛的群體，也是勞動法保護的基本主體。

（2）與民辦非企業單位建立勞動關係的勞動者。《勞動合同法》將民辦非企業單位及其勞動者納入了勞動法的調整範圍，更有效地保護這些單位勞動者的權益。

（3）與國家機關、事業單位和社會團體建立勞動關係的工作人員和工勤人員。與事業單位、社會團體建立勞動關係的工勤人員、編製外人員，與實行企業化管理的事

業單位建立勞動關係的工作人員，屬於勞動者，受勞動法保護。

（4）被派遣勞動者和非全日制勞動者。《勞動合同法》規定勞動派遣和非全日制用工屬於勞動法的調整範圍，自然也將被派遣勞動者和非全日制用工的勞動者視為勞動法上的勞動者，並給予勞動法的特別保護。

（5）獲準在中國就業的外國人和在內地就業的港澳臺居民。《外國人在中國就業管理規定》和《臺灣香港澳門居民在內地就業管理規定》規定，獲準在中國就業的外國人和在內地就業的港澳臺居民，應當與用人單位簽訂勞動合同。用人單位與外國人、港澳臺居民之間發生勞動爭議，適用中國勞動法的規定處理。

（四）勞動者的除外規定

勞動者的除外規定，即不屬於勞動法保護的勞動者。根據法律規定，下列人員不是勞動法意義上的勞動者：

（1）公務員和比照公務員制度的事業組織和社會團體的工作人員。

（2）農村勞動者。農村勞動者通過家庭聯產承包合同確定權利和義務，與村民委員會之間不屬於勞動關係。作為鄉鎮企業的職工，屬於勞動者；進城務工的農民與用人單位建立勞動關係的，屬於勞動者。

（3）現役軍人。現役軍人履行保衛國家和人民生命財產安全的神聖職業，履行法律賦予的法定義務。因勞動對人身自由的要求，現役軍人不能成為勞動者。

（4）家庭保姆。因接受保姆服務的家族不是組織，所以家族保姆不是勞動者，由民法調整。作為家政公司的僱員，雖對家庭提供保姆服務的，但僱員與家政公司之間形成勞動關係的，應受勞動法的保護。

【案例評析】勞動法上的勞動者是指必須達到法定勞動年齡，才具有法律意義上的勞動權利能力，用人單位才能與之簽訂勞動合同。依據中國勞動法規定，勞動者的勞動權利能力始於16歲，法律另有特殊規定的除外。在本案中，公司招用未滿16週歲的未成年人，從勞動法律關係主體角度而言，即使當事人同意，但也因缺乏勞動權利能力而使勞動關係不受法律保護，勞動關係應當予以解除。同時，公司的用工行為也觸犯了國家關於禁止招用童工的法律規定。公司被勞動管理部門予以行政處罰是有法律理由和依據的。

二、用人單位

（一）用人單位的定義

用人單位是指能夠依法簽訂勞動合同，使用勞動力並承擔給付勞動報酬的組織或者機構。用人單位在勞動法律關係中承擔用人單位的勞動義務和享受用人單位的勞動權利。

勞動法規定，凡能夠以自己名義與勞動者建立勞動關係的組織都是用人單位。為了適應社會新的勞動就業形勢的需要，根據《勞動合同法》規定，用人單位可分為全日制用人單位和非全日制用人單位。同時，還將勞務派遣形式的派遣單位（用人單位）和接受單位（即用工單位）納入了調整範疇，以保護特殊用工形式下勞動者的權益。

（二）用人單位的法律特徵

（1）用人單位應當具有用人權利能力和用人行為能力。用人單位的用人權利能力和用人行為能力，自其依法成立之時產生，自其依法撤銷之時消滅。

（2）用人單位是勞動者的用工單位和管理單位，用人單位享有對勞動者勞動力支

配和管理的權利。

（3）用人單位必須以自己名義同勞動者簽訂勞動合同，並以自己名義向勞動者支付勞動報酬。

【案例連結】　　　　勞動者被忽悠，用人單位變成了用工單位

CCTV 法治節目報導：徐某曾是某市肯德基公司的職員，從事後勤冷庫餐材料配送工作，入職時與肯德基公司簽訂了五年期的勞動合同。在工作十餘年後，徐某被肯德基辭退。徐某認為應當享受經濟補償待遇，但肯德基拒絕發放經濟補償金，於是先後對肯德基提起勞動爭議仲裁和訴訟，但均敗訴收場，因為庭審過程中肯德基提交了徐某作為時代橋公司員工並被派遣到肯德基工作的相關證據。原來在勞動合同期滿時，肯德基「勸說」徐某，只是與時代橋公司簽訂了勞動合同，徐某與其他員工仍是肯德基的職工，仍在肯德基原崗位工作。因此，幾乎忘了此事的徐某在被辭退時仍堅信自己是肯德基員工，與「陌生」的時代橋公司沒有任何關係。勞動維權失敗才讓徐某等勞動者感受到「被肯德基忽悠」的無奈和痛苦。

(三) 用人單位範圍

1. 企業組織

企業是指依法取得營業執照，從事產品生產、流通或服務性活動等實行獨立經濟核算的經濟單位，包括在中國境內依法成立的公司企業、國有企業、外商投資企業、個人獨資企業和合夥企業等各種企業組織形式。

2. 個體經濟組織

根據中國法律規定，個體經濟組織有個體工商戶和農村承包經營戶。根據《勞動部關於〈勞動法〉的若干意見》的第二條規定，個體經濟組織是指雇工在 7 人以下的個體工商戶。個體經濟組織從事生產經營活動時依法享有使用雇工的權利。《外國人在中國就業管理規定》規定，禁止個體經濟組織聘用外國人從事勞動。最高人民法院《關於審理勞動爭議案件適用法律若干問題的解釋（二）》第七條規定，農村承包經營戶與受雇人之間的糾紛不屬於勞動爭議的範圍。

3. 民辦非企業單位組織

民辦非企業單位組織是與國有事業單位是相對而言的組織。《民辦非企業單位登記管理暫行條例》規定，民辦非企業單位組織是指依法取得民辦企業單位登記證書，利用非國有資產舉辦的從事非利用非國有資產舉辦的，從事非營利性社會服務活動的社會組織。例如，民辦學校、民辦醫院等組織。

4. 勞動法規定的其他組織

會計師事務所、律師事務所等合夥組織和基金會等組織，屬於勞動法規定的其他組織。

5. 視為用人單位的國家機關、事業單位、社會團體

除國家機關外，事業單位、社會團體都是比較複雜的用工主體。人事單位是指依法取得社會團體法人登記證書，為社會公益目的，由國家機關舉辦或者其他組織利用國有資產舉辦的，從事教育、科技、文化、衛生等活動的社會服務組織（《事業單位登記管理暫行條例》）。事業單位可以分為三類：一是具有管理公共事務職能的單位；二是實行企業化管理的單位；三是實行人事聘用制的單位。社會團體是指依法取得社會

團體法人登記證書,為實現會員共同意願,由中國公民自願組成並按照其章程開展活動的非營利性社會組織,包括民主黨派、學術研究、宗教等團體(《社會團體登記管理條例》)。國家機關招用工勤人員、事業單位和社會團體招用除參照公務員法管理以外的工作人員,雙方建立勞動關係,國家機關、事業單位、社會團體成為勞動法的「視為用人單位」。

> 【知識拓展】　　　　勞動者建立多重勞動關係的法律問題
>
> 　　傳統全日制勞動關係認為,一個勞動者同一時期只能與一個用人單位建立一個勞動關係。隨著市場經濟的發展和用工形式的變化,除了全日制用工的勞動關係外,社會還出現了大量的非全日制用工的勞動關係。《勞動合同法》規定「勞動者同時與其他用人單位建立勞動關係,對完成本單位的工作任務造成嚴重影響,或者經用人單位提出,拒不改正的」,用人單位有權解除勞動關係。換言之,法律沒有直接否定勞動者在同一時期與多家用人單位建立了兩種或兩種以上的勞動關係。同時,為了保護多重勞動關係中勞動者權益,國家人力資源和社會保障部頒布《實施〈社會保險法〉若干規定》(2011)規定:職工在兩個或兩個以上用人單位同時就業的,各用人單位應當分別為職工繳納工傷保險費。職工發生工傷,由職工受到傷害時其工作的單位依法承擔工傷保險責任。

第三節　勞動者權益保護與人力資源管理

　　勞動者權益就是用人單位的義務,並構成勞動法的核心內容。勞動者和用人單位因勞動關係而承擔的勞動義務,各方當事人應當自覺履行;因勞動關係所享有的勞動權利,各方理應受到法律保護。在勞動關係中,保護勞動者的勞動權益,一直是勞動法的主題。在勞動關係中弱勢地位不改變的情況下,讓勞動者往往成為勞動違法用工的受害者。認識勞動者的勞動權益,明確用人單位的勞動義務,是人力資源管理最基本的法律思維。當然,勞動者權益的保護和單位生產秩序的維護,也離不開勞動保障行政部門等的管理和監察。

一、勞動者的勞動權益

> 【案例討論】佛山市某服裝加工公司招用了80名製衣工人,與他們簽訂了兩年期限的勞動合同。合同中約定,根據市場訂單需要,公司可以安排每天工作時間為12個小時,對超出正常工作時間的,單位支付加班工資。職工算了一下,這樣可以多掙一筆不少的加班費。於是都願意和公司簽訂這樣的勞動合同。半年後,職工劉某感到工時過長,每天沒有充足的休息,非常疲勞,身體吃不消,於是提出了不再加班的請求。公司領導卻說,加班是自願的,而且勞動合同有明確約定:「對於職工不加班行為,單位有權依據勞動合同約定扣發了50%的工資以作為違約賠償。」遭受違約處罰的劉某不服,向當地勞動監察大隊投訴。
>
> 請問,勞動監察大隊會如何處理劉某的投訴?

　　勞動者權益,是指勞動者依法享有的且受勞動法律保護的權利與利益。無論是勞動立法宗旨還是勞動司法實踐,勞動法更多地擔負起勞動者維護權益的角色,這也正

是勞動法對用人單位的管制功能和對勞動者權益的保護功能的體現。勞動者權益的最終實現，除了用人單位的法律意識、國家的勞動司法力度，更重要的是勞動者的權益意識和維權力度。根據《憲法》《勞動法》《就業促進法》《勞動爭議調解仲裁法》等法律規定，勞動者的勞動權益主要有：

（1）享有平等就業和選擇職業的權利。平等就業權，是指勞動者平等地獲得就業機會的權利，即在就業機會的獲得方面，勞動者不因民族、種族、性別、宗教信仰等不同而受歧視，在就業機會面前一律平等。選擇職業的權利，是指勞動者可以根據個人知識和技能以及用人單位待遇等不同，選擇不同用人單位以建立勞動關係的權利。

（2）享有獲取勞動報酬的權利。勞動報酬權，是指勞動者依照勞動法律關係，在履行勞動義務後，由用人單位根據合同約定或者法律規定支付勞動報酬的權利。勞動報酬權包括報酬的協商權、報酬的請求權和報酬的支配權。

（3）享有與用人單位依法訂立、變更、解除和終止勞動合同的權利。此項權利是勞動者享有平等就業權、職業選擇權、獲取勞動報酬權的重要體現。中國《勞動合同法》等對此做出了具體規定，以避免用人單位濫用權利以損害勞動者的權益。

（4）享有休息休假的權利。勞動者基於身體健康原因和國家規定，享有休息和休假的權利。在現實中，單位通過非法延長勞動時間，或者惡意提高生產定額等方式侵犯員工休息休假的權利。

（5）獲得勞動安全衛生保護的權利。用人單位必須為勞動者提供符合國家規定的勞動安全衛生條件和必要的勞動防護用品，對從事有職業危害作業的勞動者應當定期進行健康檢查，以保護勞動者的生命安全和身體健康。對用人單位管理指揮人員違章指揮，強令冒險作業的，有權拒絕執行。

（6）接受職業技能培訓的權利。職業技能培訓，是指對即將就業的人員和已經就業的職工，以培養其基本職業技術或提高其職業技能為目的所進行的技術業務知識和實際操作技能的教育和訓練的活動。職業培訓有利於勞動者工作技能的提高和用人單位勞動效率的提升。根據《就業促進法》的規定，接受職業技能培訓既是勞動者的權利，也是勞動者的義務。

（7）組織工會和參加企業民主管理的權利。現代企業建立和完善職工民主管理制度，是科學管理的本質要求。勞動者通過工會或者其他形式，享有對所在企業民主管理、民主監督、民主決策的權利，不但維護勞動者的權益，而且也促進單位可持續發展。

（8）提請勞動爭議處理的權利。當勞動者與用人單位等發生勞動爭議後，依法享有將勞動爭議提交有關部門處理以維護自身權益的權利。處理勞動爭議的途徑主要有向勞動監察申訴、勞動爭議協商、勞動爭議調解、勞動爭議仲裁和勞動爭議訴訟等。

（9）法律法規規定的其他權利。

【知識連結】　　　　　勞動者的權益和勞動者的義務的統一

勞動者的基本義務，是勞動者依據勞動法和勞動合同約定必須完成一定行為或者不得實施一定行為的責任。其基本義務有：①按照勞動合同約定完成生產任務或者工作任務的義務；②參加培訓提高職業技能水準的義務；③執行勞動安全衛生規程的義務；④遵守勞動紀律和職業道德的義務；⑤保守國家秘密和用人單位商業秘密的義務。勞動者的權益和勞動者的義務是統一的，沒有只有權利而無義務，也沒有只有義務而無權利。因此，勞動者在行使勞動權益時，也應當履行勞動義務。

二、用人單位人力資源管理準則

人力資源管理部門是用人單位勞動力管理的職能部門，承擔本單位招聘培訓、勞動用工、績效考核等最主要的勞動管理職責。人力資源管理既要考慮單位生產經營的實際需求，也要遵守勞動法的基準規定。勞動者的權益，就是用人單位的義務。因此，單位人力資源管理應當遵循以下基本準則：

（1）訂立勞動合同時的告知義務和禁止就業歧視。其中，告知義務是指用人單位招用勞動者時，應當如實告知勞動者工作內容、工作條件、工作地點、職業危害、安全生產狀況、勞動報酬以及勞動者要求瞭解的其他情況。禁止就業歧視義務是指不因勞動者性別、年齡、種族等人的自然差別而給予就業歧視，保障勞動者在就業機會面前一律平等。

（2）依法訂立勞動合同的義務。勞動合同是勞動者與用人單位權利義務關係的重要依據，也是勞動者權益保障的重要法律憑證。用人單位應當依法與勞動者簽訂勞動合同。它涉及用人單位在訂立書面勞動合同、無固定期限勞動合同、試用期、工資待遇和休息休假等法律義務。

（3）依法建立規章制度的義務。單位的規章制度表現為工作管理制度、操作規程、勞動紀律和獎懲辦法，是用人單位經營管理權的具體現象，也是單位維護正常生產秩序的必要的制度保障。依法建立規定制度，既是用人單位的權利也是其義務。單位的規章制度，不但要反應單位的意志，也要尊重全體職工或職工代表的意志，還不得違反國家意志。在實踐工作中，用人單位濫用規章制度制定權，違反「單位、勞動者和國家」三方的合意性，擬定僅代表單位單方意志的苛刻勞動紀律、懲罰措施和用人潛規則等。這樣的規章制度，不但傷害勞動者的工作熱情，也是單位勞動爭議敗訴的主要根源。

【法律連結】　　　用人單位規章制度司法審查的「三性」原則

用人單位的規章制度直接涉及勞動者的切身利益，應當具備「合法、民主、公示」三項基本條件，而不能由用人單位單方說了算：①合法性。用人單位建立的勞動規章制度，必須符合國家法律意志，不得違反法律強制性規定，損害勞動者的權益。②民主性。用人單位在制定、修改或者決定有關勞動報酬、工作時間、休息休假、勞動安全衛生、保險福利、職工培訓、勞動紀律以及勞動定額管理等直接涉及勞動者切身利益的規章制度或者重大事項時，應當提出初步方案，經職工代表大會或者全體職工討論，與工會或者職工代表平等協商。在民主徵詢意見的基礎上，用人單位有權確定具體實施內容。③公示性。用人單位應將直接涉及勞動者切身利益的規章制度和重大事項決定公示，或者告知勞動者。

單位在制定規章制度時，應嚴格按照法律所規定的「三性原則」辦理，否則制訂的規章制度便是「紙老虎」，形同虛設，無法正常發揮其應有的作用。

（4）依法支付勞動報酬的義務。獲取勞動報酬是勞動者履行勞動義務後最基本的權利，也是勞動者生存和發展的物質保障。用人單位應當依法支付勞動者的勞動報酬，其涉及用人單位應當按照法律規定或者勞動合同約定的方式、時間和金額等向勞動者支付勞動報酬。

（5）提供勞動安全衛生保障的義務。由於重大責任安全事故和職業病頻繁發生，

嚴重損害了勞動者的生命安全和身體健康。對此，《勞動法》和《安全生產法》等規定，用人單位必須為勞動者提供符合國家規定的勞動安全衛生條件和必要的勞動防護用品，對從事有職業危害作業的勞動者和未成年工應當定期進行健康檢查、禁止安排有損害女職工和未成年工身體健康的勞動等，以保護勞動者的生命安全和身體健康。

（6）依法舉辦社會保險的義務。社會保險是國家舉辦的為喪失勞動權利能力、暫時失去勞動崗位或因健康原因造成損失的勞動者所提供收入或補償的一種社會保障制度。社會保險是用人單位和勞動者的共同義務，且是法定義務，不允許當事人相互減免。

（7）依法解除或者終止勞動合同的義務。依法解除或者終止勞動合同，是用人單位人事管理權的重要內容。用人單位濫用勞動合同的解除權或者終止權，按經濟補償金的雙倍處罰承擔法律責任。

（8）尊重職工民主管理權益的義務。勞動者通過工會或者其他形式，享有對所在企業或者單位的民主管理、民主監督、民主決策的權利，用人單位應當切實保障勞動者民主管理權利的實現。

（9）履行其他法定和約定的義務。

【案例連結】 混淆勞動合同終止與勞動合同解除，單位承擔經濟補償責任

小李是長沙市某物流公司的職員，與公司訂有一年期的勞動合同。小李平時工作態度較差，責任心不強，時有客服對其服務行為進行投訴。因為考慮小李是熟人介紹的關係戶，人力資源部經理心想，等合同到期後就讓其走。在合同期滿後，人力資源部經理發給小李一份終止勞動合同通知書：因小李不能勝任工作，且無組織紀律，所以公司決定不再續簽勞動合同。對此，小李不服，認為自己已經努力工作了，而且《勞動合同法》規定「勞動合同期滿的，除用人單位維持或者提高勞動合同約定條件續訂勞動合同且勞動者不同意續訂的外，應當支付經濟補償金」。在勞動爭議仲裁中，因公司無法舉證因小李過錯而解除勞動合同，最終裁決公司承擔勞動合同期滿終止的經濟補償金責任。

三、勞動部門的勞動管理職責

勞動者權益的保護和單位生產秩序的維護，除了培育勞動者與用人單位法律意識和責任意識外，還需要國家的適當干預。勞動法非常強烈地體現了國家對勞動關係的干預：

（1）發展經濟，促進勞動就業。根據勞動發展規劃和計劃，結合經濟發展現狀，研究制定勞動事業發展中長期規劃，並負責組織實施和監督檢查，協調勞動事業發展與國民經濟發展的關係，以造福全社會勞動者。

（2）勞動執法，監督檢查。勞動保障監察部門應當貫徹執行國家有關勞動法律、法規和有關方針、政策、制度，並組織勞動執法監督檢查，及時糾正和查處違法用工行為。

（3）引導就業服務，監督職業技能培訓。指導職業技能培訓、職業技術鑒定、職業技能競賽等職業技能開發工作；監督職業仲介機構的業務開展；保障失業人員的再就業，為勞動者的勞動就業提供有效和安全保障。

（4）審查集體合同，支持職工民主管理。勞動保障監察工作主要有：對集體合同

的訂立、履行、解除和終止管理；對用人單位的工作時間、休息休假和工資的管理、對勞動安全衛生的管理、對女職工和未成年工勞動特別保護、對用人單位履行社會保險義務等。

（5）運用勞動爭議程序，維護勞動者合法權益。勞動爭議發生後，勞動部門應當依法履行處理勞動爭議的職責，通過勞動保障監察、勞動爭議調解和勞動爭議仲裁等方式，及時合法有效地處理勞動糾紛，切實保護勞動者合法利益。

（6）法律法規規定的其他職責。

【案例評析】勞動者履行勞動合同義務，必以其義務的合法為前提。根據勞動法規定，勞動者享有休息休假的權利，對用人單位安排勞動者加班加點除了徵得勞動者同意外，還應當遵守每月加班不得超過36小時等強制性規定。本案中勞動合同約定的公司可以安排每天工作時間為12個小時條款，雖然屬於勞動者願意，但因該條款違反國家強制性規定而無效。對於劉某的申訴，勞動監察大隊會可依據《違反〈中華人民共和國勞動法〉行政處罰辦法》責令用人單位改正、退還所扣工資，並可按每名勞動者每超過工作時間一小時罰款一百元以下的標準處罰。

四、勞動法律責任

（一）勞動法律責任

勞動法律責任，也稱違反勞動法的法律責任，是指用人單位、勞動者和其他主體因違反勞動法律規範或者勞動合同而應承擔的不利法律後果。勞動關係各方當事人不但應當嚴格履行勞動合同，而且還應當保證其所承擔的勞動義務不得違反國家所規定的強制標準。違反勞動合同約定或者違反國家強制性規定的行為，違法者都應當承擔法律責任。

勞動關係的調整，不能僅靠職業道德去規範，還應運用法律的強制手段。讓違法者承擔應有的違法成本，讓有違法意識的人在違法成本面前止步，正是法律責任的最終目的。正如，《勞動合同法》規定用人單位違反訂立書面勞動合同以及違法解除和終止勞動合同的法律責任，才極大地抑制了單位類似勞動違法行為的發生。勞動者權益保護的天空，才變得如此晴朗。

勞動違法責任主體除了用人單位和勞動者外，還有工會、勞動行政管理部門和就業服務機構等組織及其工作人員。值得注意是，在追究勞動法律責任時，違法行為系單位代表人或者代理人在執行其職務過程時所實施的，應當認定為屬於單位的違法行為，其法律後果應由單位承擔，法律對有關責任人員追究另有規定的除外。

【案例連結】　　　　職工參加集體「春遊」活動的工傷案

洪某系廣州某外貿加工企業的職工，去年單位組織職工春遊的通知要求全體職工參加，不得無故缺勤。在春遊中，洪某在登山時不慎摔落，導致腰部嚴重受傷。洪某向公司提出工傷待遇，但公司認為春遊不屬於工作，不能享受工傷待遇。洪某向勞動法律師諮詢時瞭解到，公司所安排的春遊，無論是否與工作有關，都屬於與單位有關的活動；同時，單位要求全體職工必須參加，也體現了單位的行政意志。因此，參加春遊是履行單位工作的職務行為。於是，洪某提出了工傷認定申請，並很快獲得了相關部門的支持。

(二) 勞動法律責任的種類

由於受勞動法保護的有勞動法律關係、勞動行政法律關係和勞動服務法律關係，因此勞動法律責任具有多樣性。

(1) 勞動民事責任。其是指用人單位或者勞動者等違反勞動法律規範侵犯對方民事權利而應當承擔法律責任。民法所規定的民事責任有：損害賠償、停止侵害、繼續履行合同、解除合同等。除此之外，還有勞動法所規定的特有法律責任，如：支付經濟補償金、補發工資、補繳保險費等。

(2) 勞動行政責任。其是由勞動行政管理部門或者其他行政機關針對用人單位或者勞動者違反勞動法所實施的制裁。其主要形式有：警告、通報批評、責令改正、查封、吊銷許可證、吊銷營業執照、拘留、罰款、加收滯納金、停產整頓等。

(3) 刑事責任。其是指行為人違反勞動法律規定，造成嚴重後果，觸犯刑法，構成犯罪所應承擔的法律責任。違反勞動法的犯罪行為主要有：用人單位違反勞動安全衛生、禁止使用童工、侵犯勞動者人身權等，情節嚴重的行為；國家機關公務人員在勞動行政管理過程中，嚴重瀆職或者挪用社會保險基金，情節嚴重的行為等。

【法律連結】　　　　採用非法手段強迫勞動者勞動的法律責任

採用非法手段強迫勞動者勞動行為，屬於嚴重侵犯勞動者人身權益和勞動權益的違法行為。根據《勞動合同法》第八十八條規定：用人單位有下列情形之一的，依法給予行政處罰；構成犯罪的，依法追究刑事責任；給勞動者造成損害的，應當承擔賠償責任：①以暴力、威脅或者非法限制人身自由的手段強迫勞動的；②違章指揮或者強令冒險作業危及勞動者人身安全的；③侮辱、體罰、毆打、非法搜查或者拘禁勞動者的；④勞動條件惡劣、環境污染嚴重，給勞動者身心健康造成嚴重損害的。

實訓項目

一、改錯題

1. 勞動法對勞動者與用人單位在法律保護方面均給予同等待遇。
2. 非全日制用工形式下的勞動者不屬於勞動法上的勞動者。
3. 個體工商戶不屬於企業組織，因此不能成為勞動法上的用人單位。
4. 無論勞動關係還是勞動法律關係，當事人都處於非平等地位。
5. 承擔勞動法律責任的主體只有用人單位和勞動者兩類。

二、案例分析

(一) 小王在一家國有公司從事產品銷售業務工作，幾年來與單位相安無事，每月工資總額 6,000 元有餘。但最近半年公司經濟效益不好，為了改善經營狀況，公司實行激勵機制。公司經理會議通過了工資改制方案，其中對公司銷售人員實行提成工資制，以獎勤罰懶。其具體規定是：按銷售額提成 5%，並實行「上不封頂下不保底」政策。有大部分員工雖然對這項的制度感覺不滿意，但想到公司有行政管理權，同時社會上有許多企業也在實施這種制度，「胳膊扭不過大腿」，也只好如此。由於公司產品

屬於季節產品，工資改制時處於淡季，加上行業競爭激烈，眼看三個月快過去了，小王幾乎沒有銷售出多少產品。想到沒有銷售就無法提成，沒有提成就沒有工資，面對眼前的工作困難和將來的生活，小王就不自覺地愁上心頭。

對公司「上不封頂下不保底」工資制度，根據勞動法談談你的看法。

（二）秦某，男，22歲，西安某交通學校即將畢業的在校學生，2015年下學期經學校推薦到四川某汽車運輸成都公司（以下簡稱汽運公司）第四分公司參加汽車維修專業實習。實習期間，汽運公司未與秦某簽訂書面實習合同。一天下午3時，汽運公司一名職工在倒車作業時，將現場正在維修車輛的秦某撞倒致傷。經過1個月醫療後，秦某傷殘等級被確認為7級，對以後生活和工作都有較大影響。在公司賠償問題上雙方發生爭議，秦某認為自己雖然是實習生，但整個實習階段都在給公司提供像其他員工一樣的勞動，並且傷害是在勞動過程中發生的，因此屬於工傷，公司應按工傷待遇標準給予賠償。而汽運公司卻持相反意見，認為雙方未形成勞動關係，秦某不屬於勞動者，因此不能享受工傷待遇。無奈情況下，秦某只得向成都市某勞動仲裁委員會提出勞動關係認定的仲裁申請。

你認為秦某是勞動者嗎？其能享受工傷待遇嗎？

第二章
就業促進法實務

【導入案例】

求職受騙案

　　2017年的春節剛過不久，企業開工和打工者求職的日漸旺盛，各地的勞動力市場異常活躍。三月份，廣州市某區的勞動保險監察大隊連續接到求職者求職被騙事件的舉報，投訴者多為外地的打工者，他們都聲稱本市某長途汽車站附近的某職業介紹所收取了他們的職業仲介費等，卻不能在規定的時間內給他們介紹承諾的工作，存在著詐欺行為。

　　由於有多起類似報案，勞動保險監察大隊立即介入，實地調查取證後明白，原來該職業介紹所通過網絡渠道和發送車站小傳單等，宣稱有大量的高端企業的招聘信息，能幫助求職者找到滿意的工作。其廣告內容中有：「如果求職者對工作不滿意的，還可以在六個月內提供重新介紹勞動就業的機會。如果在第一次求職後10天內未成功聯繫工作的，職業介紹所將無條件全額退還職業仲介費。」在介紹高薪工作之前，該仲介要求求職者交納500元信息登記費、12,000元職業仲介費和其他雜費等。在交費建檔後，求職者就可以憑藉職介所提供的求職登記信息表和介紹信去聯繫實際招工單位。鑒於該仲介機構有實際辦公場所，而且承諾求職不滿意即可退費，很多求職者打消了種種顧慮，辦理了交費建檔手續。當聯繫招工單位時，許多求職者因各種理由或者特殊情況被打發回去。這些情形主要有：有的招工單位不需要招工，有的招工單位待遇低下，有的招工單位有「面試關」「業務考核關」「押金關」「無底薪」等苛刻的人事考核，有地址無招工單位的情形等。面對求職不順，求職者回到職介所要求退還所有款項時，而職介所對此不予以理睬、借故拖延或者以求職者自身原因導致求職失敗來推卸責任。為了要回不菲的求職費，求職者不得不奔波數十次，不但浪費了寶貴的時間，還讓一些求職者的工作和生活陷入困境。

　　勞動保險監察大隊查實，舉報的職介所根本沒有辦理《社會職業介紹許可證》《從業人員資格證》和《工商營業執照》等，僅在辦公室牆上貼著其他仲介機構的複印件，屬於典型的「打著職業仲介旗號」的幌子從事「黑仲介」。同時，其職業介紹活動帶有明顯的詐欺和違規收費，損害了廣大的求職者利益。《中華人民共和國就業促進法》第六十四條規定：「違反本法規定，未經許可和登記，擅自從事職業仲介活動的，由勞動行政部門或者其他主管部門依法予以關閉；有違法所得的，沒收違法所得，並處一萬元以上五萬元以下的罰款。」對此，勞動保險監察大隊依法對該非法職業仲介機構下

達了行政處罰通知，關閉違法經營場所，責令其立即退還求職者的職業仲介費用和其他損失，對責任人處以三萬元行政罰款。

第一節　就業促進法概述

勞動就業是勞動者的人生大事，不但關係到勞動者及其家庭的經濟利益，而且也影響社會穩定和民族興旺。當前，中國經濟發展速度的放緩和產業結構的調整轉型，客觀上會對勞動者就業結構產生影響，同時也會對就業總體規模產生擠壓效應，對勞動者就業產生影響。尤其是傳統支柱產業企業改革的重組加快、淘汰落後產能、部分行業持續低迷及產能過剩將造成結構性失業和轉型性失業，部分行業勞動者的就業難度加大。作為具有「民生之本、安國之策」的勞動就業，自然成為政府特別是勞動社會保障部門的重要職責。

一、勞動就業

勞動就業簡稱就業，是指在法定勞動年齡期間有勞動能力的人，從事某種勞動或者工作，取得勞動報酬或者經營收入的活動。實現勞動就業的方式多種多樣，有介紹就業、組織起來就業、自謀職業、高等學校畢業生國家招錄就業等。

勞動就業是廣大勞動者謀生的重要手段，勞動者就業目的就是通過職業勞動獲得一定的物質利益，以維持勞動者本人及其家庭的生活需要，實現勞動力的再生產。勞動就業權是勞動者勞動權利最先決的權利，勞動就業權利無法實現，其他權利都會無從談起。

【社會觀察】　　　　網絡招聘求職平臺不能成為「法外之地」

58同城、趕集、智聯、BOSS直聘等網絡招聘求職平臺，成為招聘單位與求職者相互溝通的重要渠道，其人性化設計和創新服務也獲得了不少用戶的贊美。隨著社會科技水準的發展，網絡招聘求職平臺越來越成為廣大勞動者特別是年輕人找工作的主要途徑。在資本驅動下，盈利超過了一切，有些招聘求職網站平臺將責任與用戶的信任抛諸腦後。招聘企業和招聘平臺「利益趨同」越走越近，作為網站用戶的求職者逐漸淪落成三方權衡中的被動方，用戶因此遭受財產損失或人身傷害而無人負責。2017年發生的網絡平臺求職大學生李文星之死案，讓BOSS直聘走下神壇，成為網友討伐的對象。互聯網直聘平臺業務不能成為「黑暗叢林」。無論BOSS直聘還是其他招聘平臺，政府急需在審查機制上下狠手出重拳，促使平臺企業對招聘企業進行審核，更要防止虛假企業甚至傳銷組織利用平臺從事詐騙活動。招聘平臺有責任有義務向用戶提供真實準確的招聘信息。對平臺的違法推送行為，依法追究法律責任。當然，作為直聘平臺的用戶和客戶，也應當有法律保護意識，讓網絡騙局遠離我們的生活與就業。

二、就業促進法

就業促進法，是指調整國家在實現充分就業、創造就業條件、擴大勞動就業的過

程中產生的各種社會關係的法律規範的總稱。勞動就業、招聘用工和促進就業涉及勞動者、用人單位和政府部門三方主體，特別是當前勞動者就業壓力大、求職招聘信息不對稱、防止虛假信息坑騙求職者等，成為社會發展急需解決的問題。對此，就業促進法規定了各級政府、用人單位以及職業仲介組織三方的責任和義務，保證有關勞動就業的民生工程順利進行。

自中華人民共和國成立以來，中國就重視促進就業的立法工作。《勞動法》將「就業促進」作為章節內容加以規定。《勞動法》規定，國家通過促進經濟和社會發展，創造就業條件，擴大就業機會。國家鼓勵企業、事業組織、社會團體在法律、行政法規規定的範圍內興辦產業或者拓展經營，增加就業。2008年1月1日實施的《就業促進法》，是一部落實《勞動法》「促進就業」任務的專門性立法。其以法律的形式來規定促進就業的各項規劃和措施，包括國家勞動就業的方針和原則、制訂促進就業的規劃和計劃、增加就業崗位、完善就業服務、加強職業教育和培訓、提供就業援助、實施失業保護措施等。

此外，還有關於就業促進的單行法規，如《就業服務與就業管理規定》（2014年修訂）、《特種作業人員安全技術培訓考核管理規定》（2010年）等。

三、政府促進就業的基本職責

就業讓勞動者創造財富，就業成就勞動者尊嚴，人民的滿意度和幸福度都與就業有著直接關係。當國家出現高失業率，往往會演變成為社會動盪的最主要根源。因此，促進就業和治理失業是世界各國政府的重要職責。中國一直把擴大就業放在政府工作最突出位置。《就業促進法》規定，政府促進就業的主要職責有：

（一）制定促進就業的規劃和政策的職責

縣級以上人民政府把擴大就業作為經濟和社會發展的重要目標，納入國民經濟和社會發展規劃，並制訂促進就業的中長期規劃和年度工作計劃。同時，縣級以上人民政府通過發展經濟和調整產業結構，實行有利於促進就業的產業政策、財政政策、稅收政策等各項經濟和社會政策，多渠道擴大就業、增加就業崗位。各級人民政府和有關部門應當建立促進就業的目標責任制。

（二）監管人力資源市場的職責

縣級以上人民政府鼓勵社會各方依法開展就業服務活動，加強對公共就業服務和職業仲介服務的指導和監督，逐步完善覆蓋城鄉的就業服務體系。縣級以上人民政府加強人力資源市場信息網絡及相關設施建設，建立健全人力資源市場信息服務體系，完善市場信息發布制度。

（三）加強就業服務和管理的職責

縣級以上人民政府應當培育和完善統一開放、競爭有序的人力資源市場，促進勞動力供給與需求的有效匹配；建立健全公共就業服務體系，為勞動者就業提供服務；制定政策並採取措施，建立健全就業援助制度，對困難人員給予扶持和幫助。

（四）提供職業教育和培訓的職責

國家依法發展職業教育，鼓勵開展職業培訓，並通過制訂實施職業能力開發計劃，鼓勵和支持培訓機構和用人單位開展就業前培訓、在職培訓、再就業培訓、職業資格培訓和創業培訓，以及建立健全勞動預備制度和實行職業資格證書制度等措施，促進

勞動者提高職業技能，增強就業能力和創業能力。

(五) 對就業困難人員提供就業援助的職責

各級人民政府建立健全就業援助制度，採取稅費減免、貸款貼息、社會保險補貼、崗位補貼等辦法，通過公益性崗位安置等途徑，對就業困難人員實行優先扶持和重點幫助。

(六) 監督檢查的職責

縣級以上人民政府按照促進就業目標責任制的要求，對所屬有關部門和下一級人民政府進行考核和監督。審計機關、財政部門應當依法對就業專項資金的管理和使用情況進行監督檢查。勞動行政部門應當對本法實施情況進行監督檢查，建立舉報制度，受理對違反本法行為的舉報，並及時予以核實處理。

四、政府促進就業的政策

《就業促進法》規定，國家「堅持勞動者自主擇業、市場調節就業、政府促進就業的方針，多渠道擴大就業。」促進社會就業離不開國家宏觀政策的支持和引導。

(1) 產業政策。國家鼓勵各類企業在法律、法規規定的範圍內，通過興辦產業或者拓展經營，增加就業崗位。國家鼓勵發展勞動密集型產業、服務業，扶持中小企業，多渠道、多方式增加就業崗位。國家鼓勵、支持、引導非公有制經濟發展，擴大就業，增加就業崗位。

(2) 經貿政策。國家發展國內外貿易和國際經濟合作，拓寬就業渠道。

(3) 投資政策。縣級以上人民政府在安排政府投資和確定重大建設項目時，應當發揮投資和重大建設項目帶動就業的作用，增加就業崗位。

(4) 財政政策。國家實行有利於促進就業的財政政策，加大資金投入，改善就業環境，擴大就業。縣級以上人民政府應當根據就業狀況和就業工作目標，在財政預算中安排就業專項資金用於促進就業工作。就業專項資金用於職業介紹、職業培訓、公益性崗位、職業技能鑒定、特定就業政策和社會保險等的補貼，小額貸款擔保基金和微利項目的小額擔保貸款貼息，以及扶持公共就業服務等。審計機關、財政部門應當依法對就業專項資金的管理和使用情況進行監督檢查。

(5) 失業保護政策。國家建立健全失業保險制度，依法確保失業人員的基本生活，並促進其實現就業。縣級以上人民政府建立失業預警制度，對可能出現的較大規模的失業，實施預防、調節和控制。國家建立勞動力調查統計制度和就業登記、失業登記制度，開展勞動力資源和就業、失業狀況調查統計，並公布調查統計結果。

(6) 稅費優惠政策。國家鼓勵企業增加就業崗位，鼓勵勞動者自主創業、自謀職業，扶持失業人員就業，對吸納符合規定條件的失業人員達到規定要求的企業、失業人員創辦的中小企業、安置殘疾人員達到規定比例或者集中使用殘疾人的企業，依法給予稅收優惠。國家對從事個體經營的符合國家規定條件的失業人員和從事個體經營的殘疾人，依法給予稅收優惠，有關部門應當在經營場地等方面給予照顧，免除行政事業性收費。

【法律連結】　　　　　　促進就業的重要措施

《就業促進法》第十七條規定，國家鼓勵企業增加就業崗位，扶持失業人員和殘疾人就業，對下列企業、人員依法給予稅收優惠：

(1) 吸納符合國家規定條件的失業人員達到規定要求的企業；

(2) 失業人員創辦的中小企業；
(3) 安置殘疾人員達到規定比例或者集中使用殘疾人的企業；
(4) 從事個體經營的符合國家規定條件的失業人員；
(5) 從事個體經營的殘疾人；
(6) 國務院規定給予稅收優惠的其他企業、人員。
第十八條規定：對本法第十七條第四項、第五項規定的人員，有關部門應當在經營場地等方面給予照顧，免除行政事業性收費。

(7) 金融政策。國家實行有利於促進就業的金融政策，增加中小企業的融資渠道；鼓勵金融機構改進金融服務，加大對中小企業的信貸支持，並對自主創業人員在一定期限內給予小額信貸等扶持。

(8) 城鄉統籌政策。國家實行城鄉統籌的就業政策，建立健全城鄉勞動者平等就業的制度，引導農業多餘勞動力有序轉移就業。縣級以上地方人民政府推進小城鎮建設和加快縣域經濟發展，引導農業多餘勞動力就地就近轉移就業；在制定小城鎮規劃時，將本地區農業多餘勞動力轉移就業作為重要內容。縣級以上地方人民政府引導農業多餘勞動力有序向城市異地轉移就業；勞動力輸出地和輸入地人民政府應當互相配合，改善農村勞動者進城就業的環境和條件。

(9) 區域統籌政策。國家支持區域經濟發展，鼓勵區域協作，統籌協調不同地區就業的均衡增長。國家支持民族地區發展經濟，擴大就業。

(10) 群體統籌政策。各級人民政府統籌做好城鎮新增勞動力就業、農業多餘勞動力轉移就業和失業人員就業工作。各級人民政府採取措施，逐步完善和實施與非全日制用工等靈活就業相適應的勞動和社會保險政策，為靈活就業人員提供幫助和服務。地方各級人民政府和有關部門應當加強對失業人員從事個體經營的指導，提供政策諮詢、就業培訓和開業指導等服務。

五、公平就業與就業歧視

【案例討論】原告訴稱，其是上海同濟大學土木工程學院結構工程專業2015級的一名研究生，2017年10月26日，被告來其學校招聘工程技術崗位員工，其向被告投遞了求職簡歷。同年10月27日，其通過了面試，被告向其發來短信希望與其簽訂勞動合同。2017年11月16日，本校另有4位同學應邀到西安與被告簽約。在簽約前，被告要求原告體檢。原告於2011年11月18日上午到醫院進行了體檢。根據體檢結果，被告認為原告是乙肝病毒攜帶者，不予錄用。原告認為被告不予錄用理由違反法律法定，屬於違法行為，並造成原告精神傷害及就業經濟損失。為了維護其合法權益，請求依法判令：①確認被告為其檢測乙肝表面抗原的行為違法；②由被告向其書面賠償道歉；③承擔往返機票、檢查費和住宿費共計12,000元和精神撫慰金5,000元；④由被告承擔本案的訴訟費。被告答辯聲稱，原告所訴屬於勞動爭議，不應當直接向人民法院起訴。原告患有乙肝，不具備應聘工作崗位對身體健康的基本要求，因此，單位未予錄用。被告要求依法駁回原告的訴訟請求。根據案情，請回答下列問題：
(1) 當事人可以就本案直接向人民法院起訴嗎？為什麼？
(2) 被告方不錄用原告的理由違法嗎？

(一) 公平就業與就業歧視

1. 公平就業

公平就業，是指勞動者享有平等的就業權利和就業機會，任何用人單位不得在就業方面歧視勞動者。在勞動就業市場中，公平就業與就業歧視的衝突長期存在。實行公平就業，反對就業歧視，保障勞動者的平等就業權利，這是世界各國勞動立法的慣例。《就業服務與就業管理規定》既保障用人單位依法享有自主用人的權利，也要求用人單位招用人員時應當向勞動者提供平等的就業機會和公平的就業條件。

2. 就業歧視

就業歧視，是指沒有法律上的合法目的和原因，而基於種族、膚色、宗教、民族、性別、殘障等原因，採取區別對待、排斥或者給予優惠等違反平等權的措施，侵害勞動者勞動權利的行為。其主要表現為，具有相同能力、教育、培訓和經歷並且最終表現出相同的勞動生產率的勞動者，由於一些非經濟的個人特徵引起的在就業、職業選擇、職位提升、工資水準、接受培訓等方面受到的不公正的待遇。

(二) 就業歧視的法定情形與例外

1. 就業歧視的法定情形

對勞動者就業因民族、種族、性別、宗教信仰等不同而區別對待、排斥或者給予優惠等，屬於就業歧視。基於勞動就業某些方面突出歧視問題，《就業促進法》和《就業服務與就業管理規定》等還規定下列為就業歧視：

（1）對殘疾人的就業歧視行為。用人單位招用人員時，對勞動者因身體殘疾而拒絕錄用或降低勞動待遇的。

（2）對農村勞動者的就業歧視行為。對農村勞動者進城就業設置歧視性限制，侵犯農村勞動者進城就業享有與城鎮勞動者平等的勞動權利。

（3）對病原攜帶者的就業歧視行為。《就業促進法》第三十條規定：「用人單位招用人員，不得以是傳染病病原攜帶者為由拒絕錄用。但是，經醫學鑒定傳染病病原攜帶者在治愈前或者排除傳染嫌疑前，不得從事法律、行政法規和國務院衛生行政部門規定禁止從事的易使傳染病擴散的工作。」

【法律連結】　　　　　　　B肝表面抗原攜帶者的就業權利

《關於維護B肝表面抗原攜帶者就業權利的意見》（勞社部發〔2007〕16號）規定，保護B肝表面抗原攜帶者的就業權利，即除國家法律、行政法規和衛生部規定禁止從事的易使B肝擴散的工作外，用人單位不得以勞動者攜帶B肝表面抗原為理由拒絕招用或者辭退B肝表面抗原攜帶者。同時，用人單位在招、用工過程中，可以根據實際需要將肝功能檢查項目作為體檢標準，但除國家法律、行政法規和衛生部規定禁止從事的工作外，不得強行將B肝病毒血清學指標作為體檢標準。相關單位負有注意保護B肝表面抗原攜帶者的隱私權。

2. 就業歧視的例外

（1）依照法律、法規的規定，對部分崗位或者部分勞動者進行區別對待的。如勞動法規定，禁止安排女職工從事礦山井下、有毒有害或者超過法定勞動強度標準的工作。

（2）根據法律規定，職業崗位需要勞動者具有相應的資質，如教師、律師、導遊

等，勞動者沒有相應的資格，則用人單位有權不予錄用。對此，中國2017年9月實施的《關於公布國家職業資格目錄的通知》以准入類職業資格作出了特別規定。

（3）按照就業政策，對特殊困難群體就業而給予扶持或者優惠。如根據《就業促進法》規定，對就業困難群體而採取的扶持或者優惠政策，不屬於對非就業困難人員的就業歧視。

(三) 公平就業的保障

為了保障就業公平，各級政府應當切實履行《就業促進法》關於公平就業的職責，不但從制度根源上消除就業歧視，而且還要運用勞動司法強化就業公平的落實。

用人單位招用人員、職業仲介機構從事職業仲介活動，應當向勞動者提供平等的就業機會和公平的就業條件，不得實施就業歧視。

受歧視者的權益可以通過行政執法和司法途徑得到救濟。《就業促進法》第六十二條規定：對就業歧視行為，勞動者有權向人民法院提起訴訟。

【案例評析】①被告理由不成立。《就業促進法》規定，對就業歧視行為，勞動者有權向人民法院提起訴訟。本案屬於就業歧視案，因此人民法院依法對本案享有訴訟管轄權。被告要求駁回起訴的理由不成立。②被告不錄用原告的理由違法。《就業促進法》規定：「用人單位招用人員，不得以是傳染病病原攜帶者為由拒絕錄用。但是，經醫學鑒定傳染病病原攜帶者在治愈前或者排除傳染嫌疑前，不得從事法律、行政法規和國務院衛生行政部門規定禁止從事的易使傳染病擴散的工作。」被告的工程技術工作崗位不屬於法律禁止性的工作崗位。因此，被告拒絕錄用行為構成就業歧視，給原告造成了經濟損失和精神傷害，應當承擔相應法律責任。

第二節　就業服務管理

就業成就勞動者幸福人生；人才成就用人單位財富增長。勞動者求職與用人單位招聘，不能只靠機緣巧合的偶然性，更需要社會提供規範的就業服務平臺，以滿足各方長期的不同需要。就業服務就是為人力資源市場的供需雙方提供服務，其形式多樣，按屬性可分為公共就業服務、職業仲介服務和用人單位招聘服務三大類型；按服務類型劃分為勞動保障政策諮詢服務、職業介紹服務、職業指導服務、職務培訓服務、職業諮詢指導、就業信息服務等。

為了規範就業服務行為，保障勞動者與用人單位權益，國家相關政府部門依法對就業服務事項進行指導和管理，主要涉及公共就業服務管理、就業援助服務管理、職業仲介服務管理、用人單位招聘用工管理以及求職失業登記管理等。

【社會觀察】　　　　　「黑職業仲介」的常見騙術

騙術一：以虛假信息賺取登記費。非法仲介組織通過在媒體刊登虛假廣告或在街頭巷尾張貼條件誘人的用人信息以吸引求職者，收取求職登記費。

騙術二：黑仲介和空殼公司勾結詐騙求職者。一些仲介機構和空殼公司串通起來，先騙取求職者的職介費，然後介紹到空殼公司，再收取保證金、服裝費等。

騙術三：以「試工」為名騙取免費勞動力。由職業介紹機構與用人單位聯手，由職業

介紹機構不斷發布用人信息，並從中賺取登記費、仲介費；用人單位得到大量勞動力，並通過不停地「炒」試工者的「魷魚」，達到免費或廉價使用勞動者的目的。

騙術四：黑仲介、用人單位和培訓學校聯手欺騙求職者。黑仲介收取仲介費後把求職者介紹到用人單位，用人單位以需要培訓為名讓求職者到指定學校參加培訓，並交一定數量的培訓費。求職者經培訓上崗後，才知道所做的工作根本無法完成，不得不主動辭職。

一、公共就業服務的管理

公共就業服務，就是由政府設立公共就業服務機構並配備專兼職職業指導工作人員為勞動者免費提供的公益性就業服務活動。

（一）公共就業服務機構的性質

公共就業服務機構不得從事經營性活動。公共就業服務機構舉辦的就業服務和招聘會，不得向勞動者收取費用；公共就業服務機構為用人單位提供的服務，應當規範管理，在國家嚴格規定的範圍內收取服務費用，具體項目由省級勞動保障行政部門會同相關部門規定。

公共就業服務經費納入同級財政預算。

（二）公共就業服務機構的職責

（1）公共就業服務機構，應當根據政府確定的就業工作目標任務，制訂就業服務計劃，推動落實就業扶持政策，組織實施就業服務項目，為勞動者和用人單位提供就業服務，開展人力資源市場調查分析，並受勞動保障行政部門委託經辦促進就業的相關事務。

（2）為勞動者免費提供服務。公共就業服務機構為勞動者免費提供公共就業服務。為勞動者提供服務項目主要有：就業政策法規諮詢；職業供求信息、市場工資指導價位信息和職業培訓信息發布；職業指導和職業介紹；對就業困難人員實施就業援助；辦理就業登記、失業登記等事務；其他公共就業服務。

（3）為勞動者和用人單位提供服務。為用人單位提供的服務項目主要有：招聘用人指導服務代理招聘服務；跨地區人員招聘服務；企業人力資源管理諮詢等專業性服務；勞動保障事務代理服務；為滿足用人單位需求開發的其他就業服務項目。

（4）其他職責和任務。在勞動保障行政部門的指導下，組織實施勞動力資源的調查和就業、失業狀況統計工作等。

【社會觀察】　　　　　　　　勞動者的就業與擇業

勞動者應當樹立正確的擇業觀念，提高就業能力和創業能力。勞動者依法享有自主擇業的權利。

勞動者年滿 16 週歲，有勞動能力且有就業願望的，可憑本人身分證件，通過公共就業服務機構、職業仲介機構介紹或直接聯繫用人單位等渠道求職。

勞動者求職時，應當如實向公共就業服務機構或職業仲介機構、用人單位提供個人基本情況以及與應聘崗位直接相關的知識技能、工作經歷、就業現狀等情況，並出示相關證明。

二、就業援助服務的管理

就業援助，就是指政府對就業困難人員和零就業家庭實施特別的就業保障。其中，就業困難人員是指因身體狀況、技能水準、家庭因素、失去土地等原因難以實現就業，以及連續失業一定時間仍未能實現就業的人員。零就業家庭是指法定勞動年齡內的家庭人員均處於失業狀況的城市居民家庭。

根據法律規定，就業援助主要由公共就業服務機構承擔和實施。國家特別就業保障是指政府採取稅費減免、貸款貼息、社會保險補貼、崗位補貼等辦法，通過公益性崗位安置等途徑，對就業困難人員實行優先扶持和重點幫助。就業困難人員和零就業家庭可以向所在地街道、社區公共就業服務機構申請就業援助。經街道、社區公共就業服務機構確認屬實的，納入就業援助範圍。

1. 公益性崗位安置

政府投資開發的公益性崗位，應當優先安排符合崗位要求的就業困難人員。被安排在公益性崗位工作的，按照國家規定給予崗位補貼。地方各級人民政府為就業困難人員提供有針對性的就業服務和公益性崗位援助；鼓勵和支持社會各方面為就業困難人員提供技能培訓、崗位信息等服務。

2. 對零就業家庭的就業援助

縣級以上地方人民政府確保城市有就業需求的家庭至少有一人實現就業。零就業家庭可以向住所地街道、社區公共就業服務機構申請就業援助。街道、社區公共就業服務機構經確認屬實的，應當為該家庭中至少一人提供適當的就業崗位。

三、職業仲介服務的管理

【案例討論】通過中銘公司在網上發布招聘用工的信息，趙雅恪於2014年10月3日與中銘公司簽訂《崗位實訓就業安置諮詢協議書》。協議規定：「中銘公司為趙雅恪提供興業銀行數據錄入崗位實訓並提供用人單位招聘流程服務以實現就業安置；中銘公司收取趙雅恪崗位實訓就業安置費25,000元。若協議期內無法安排趙雅恪實現協議上崗的，中銘公司應將費用全額退付給趙雅恪，趙雅恪有權終止協議並要求中銘公司退付全部費用。合同期間自2014年10月2日起至2014年12月2日止。」在協議的履行過程中，中銘公司未能按協議約定將趙雅恪安排在興業銀行數據錄入崗位就業，而是安排在第三方即北方信息技術股份有限公司工作。趙雅恪在該單位工作了1個月後，以中銘公司不能按合同約定履行就業安置為由單位辭職，並要求中銘公司退還實訓就業安置費。中銘公司認為趙雅恪違約，拒絕退還相關費用。經勞動者投訴後，勞動保障監察大隊還調查核實，中銘公司的經營範圍中並不包括職業介紹內容。根據《就業促進法》規定，請回答下列問題：

(1) 中銘公司應當退還收取勞動者的相關費用嗎？
(2) 勞動保障監察大隊應當如何處理本案？

職業仲介服務，是指由經營性的職業仲介機構提供的有償就業服務。職業仲介機構，是指由法人、其他組織和公民個人依法舉辦，為用人單位招用人員和勞動者求職提供仲介服務以及其他相關服務的經營性組織。

職業仲介機構主要業務有：為勞動者介紹用人單位；為用人單位和居民家庭推薦

勞動者；開展職業指導、人力資源管理諮詢服務；收集和發布職業供求信息；根據國家有關規定從事互聯網職業信息服務；組織職業招聘洽談會；經勞動保障行政部門核准的其他服務項目。職業仲介機構提供仲介就業服務活動，應當遵守《就業服務與就業管理規定》等規定。職業仲介機構提供公益性就業服務的，可以按照規定獲得政府給予的補貼。對職業仲介機構的違法行為，由勞動保障監察機構進行監督檢查。

【律師提示】　　　　　　求職者如何防範「黑仲介」
第一，核實職業介紹單位是否有職業仲介許可證和營業執照；
第二，核實其招聘人員是否持有經過職業資格培訓的職業資格上崗證；
第三，核實單位是否有物價局批准的收費公示資料；
第四，核實其收費時是否出示有明確項目的收據。

（一）行政許可制度

設立職業仲介機構，應當依法辦理行政許可，即開辦職業仲介機構的單位或個人，應向當地縣級以上勞動行政部門提出申請，由勞動行政部門審查批准，取得職業仲介許可證。

獲得職業仲介許可證的職業仲介機構，應當持許可證向工商行政管理部門辦理登記。地方各級人民政府和有關部門不得舉辦或者與他人聯合舉辦經營性的職業仲介機構。

國家對外商投資職業仲介機構和向勞動者提供境外就業服務的職業仲介機構另有規定的，依照其規定。

勞動行政部門對經批准開辦的職業介紹機構實行年度審驗。

（二）設立職業仲介機構的條件

（1）有明確的章程和管理制度。
（2）有開展業務必備的固定場所、辦公設施和一定數額的開辦資金。
（3）有一定數量具備相應職業資格的專職工作人員。
（4）法律、法規規定的其他條件。

未經職業仲介許可和工商行政管理登記，擅自從事職業仲介活動的單位或個人，視為違法行為。對此，依據《就業促進法》第六十四條規定，由勞動行政部門或者其他主管部門予以關閉；有違法所得的，沒收違法所得，並處1萬元以上5萬元以下的罰款。

（三）職業仲介服務規則

職業介紹機構的工作人員應按規定持有職業資格證書。職業仲介機構應當在服務場所明示營業執照、職業仲介許可證、服務項目、收費標準、監督機關名稱和監督電話等，接受勞動行政部門的監督檢查。

從事職業仲介活動，應當遵循合法、誠實信用、公平、公開的原則。禁止任何組織或者個人利用職業仲介活動侵害勞動者的合法權益。職業仲介機構提供職業仲介服務不成功的，應當退還向勞動者收取的仲介服務費。職業仲介機構應當對提供招聘服務的用人單位的主體資格和招用人員簡章的真實性進行核實。

> 【知識拓展】　　　　　　單位招聘用工須提供的證件
> 　　用人單位委託公共就業服務機構或職業仲介機構招用人員，或者參加招聘洽談會招聘勞動者。在辦理委託招聘或直接招聘時，用人單位應當提供招用人員簡章，並出示營業執照（副本）或者有關部門批准其設立的文件、經辦人的身分證件和受用人單位委託的證明。求職人員應當核實證件的真實性、合法性，以防受騙上當。

（四）職業仲介機構禁止行為

（1）提供虛假就業信息；

（2）發布的就業信息中包含歧視性內容；

（3）偽造、塗改、轉讓職業仲介許可證；

（4）為無合法證照的用人單位提供職業仲介服務；介紹未滿16週歲的未成年人就業；為無合法身分證件的勞動者提供職業仲介服務；

（5）介紹勞動者從事法律、法規禁止從事的職業；

（6）扣押勞動者的居民身分證和其他證件，或者向勞動者收取押金；

（7）以暴力、脅迫、詐欺等方式進行職業仲介活動；

（8）超出核准的業務範圍經營；

（9）其他違反法律、法規規定的行為。

　　職業仲介所列的禁止行為，助長利用職業仲介從事違法犯罪活動，要麼損害勞動者權益，要麼損害招工單位利益，其結果必然嚴重擾亂職業仲介秩序。因此，《就業服務與就業管理規定》將其列為職業仲介禁止行為，並做出了處罰性規定。

四、用人單位招工的管理

　　用人單位依法享有自主招工和自主用人的權利。用人單位的招工行為不但涉及單位自身利益，還涉及勞動者權益以及社會就業秩序，所以單位招工必需遵守《就業服務與就業管理規定》等規定。

　　用人單位可以依法通過委託公共就業服務機構或職業仲介機構、參加職業招聘洽談會、委託報紙、廣播、電視、互聯網站等大眾傳播媒介發布招聘信息，利用本企業場所、企業網站等自有途徑發布招聘信息以及其他合法途徑自主招用人員。

　　為了保護求職者的基本權益，依據《就業服務與就業管理規定》等規定，用人單位招工應當遵守下列法律義務：

（1）招用人員簡章應當包括用人單位基本情況、招用人數、工作內容、招錄條件、勞動報酬、福利待遇、社會保險等內容，以及法律、法規規定的其他內容。

（2）用人單位通過報刊、廣播、電視等大眾傳播媒介發布招用人員廣告，須經當地勞動行政部門審核並按有關規定辦理。用人單位發布的招用人員簡章或招聘廣告，不得包含歧視性內容。

（3）用人單位招用人員時，應當依法如實告知勞動者有關工作內容、工作條件、工作地點、職業危害、安全生產狀況、勞動報酬以及勞動者要求瞭解的其他情況。用人單位應當根據勞動者的要求，及時向其反饋是否錄用的情況。

（4）用人單位應當對勞動者的個人資料予以保密。公開勞動者的個人資料信息和使用勞動者的技術、智力成果，須經勞動者本人書面同意。

（5）用人單位招用從事涉及公共安全、人身健康、生命財產安全等特殊工種的勞動者，應當依法招用持相應工種職業資格證書的人員；招用未持相應工種職業資格證書人員的，須組織其在上崗前參加專門培訓，使其取得職業資格證書後方可上崗。

（6）用人單位招用人員不得有下列行為：①提供虛假招聘信息，發布虛假招聘廣告；②扣押被錄用人員的居民身分證和其他證件；③以擔保或者其他名義向勞動者收取財物；④招用未滿16週歲的未成年人；⑤招用無合法身分證件的人員；⑥以招用人員為名牟取不正當利益或進行其他違法活動；⑦用人單位不得以詆毀其他用人單位信譽、商業賄賂等不正當手段招聘人員；⑧國家法律、行政法規規定其他的禁止性行為。

【案例評析】（1）《中華人民共和國就業促進法》中明確規定，設立職業仲介機構，應當依法辦理行政許可。經許可的職業仲介機構，應當向工商行政部門辦理登記。未經依法許可和登記的機構，不得從事職業仲介活動。現中銘公司未提交證據證明其已取得勞動行政部門頒發的從事職業仲介的行政許可及向工商行政部門辦理以職業仲介作為經營內容的工商登記事實，故中銘公司與趙雅恪於2014年10月3日所簽訂的《崗位實訓就業安置諮詢協議書》違反了法律的強制性規定，應為無效，中銘公司據此收取趙雅恪的25,000元，依法應當予以返還。

（2）對於中銘公司未取得職業仲介許可和工商行政管理登記，擅自從事職業仲介活動的單位或個人，視為違法行為。依據《就業促進法》第六十四條規定，由勞動行政部門或者其他主管部門予以關閉；有違法所得的，沒收違法所得，並處1萬元以上5萬元以下的罰款。

五、就業與失業登記的管理

為了準確掌握勞動力資源使用及分佈情況，為了勞動者的社會保險、入戶積分登記等提供信息，依據《就業服務與就業管理規定》等規定，公共就業服務機構在勞動行政部門的指導下，負責就業登記與失業登記工作，組織實施勞動力資源調查和就業、失業狀況統計工作。登記機構應向勞動者免費發放就業登記和失業登記，並註明可享受的相應扶持政策。

（一）就業登記管理

1. 就業登記的申辦主體。當勞動者被用人單位招用的，由用人單位為勞動者辦理就業登記。用人單位招用勞動者和與勞動者終止或者解除勞動關係，作為就業登記申辦主體應當到當地公共就業服務機構備案，為勞動者辦理就業登記手續。

勞動者進行失業登記時，須持本人身分證件和證明原身分的有關證明；有單位就業經歷的，還須持與原單位終止、解除勞動關係或者解聘的證明。

2. 就業登記的時間。用人單位招用人員後，應當於錄用之日起30日內辦理登記手續；用人單位與職工終止或者解除勞動關係後，應當於15日內辦理登記手續。用人單位違反規定，未及時為勞動者辦理就業登記手續的，由勞動保障行政部門責令改正，並可處以1,000元以下的罰款。

（二）失業登記管理

1. 失業登記的申辦主體。在法定勞動年齡內，有勞動能力，有就業要求，處於無業狀態的城鎮常住人員為失業登記的申辦主體，可以到常住地的公共就業服務機構進

行失業登記。勞動者進行失業登記時，須持本人身分證件和證明原身分的有關證明；有單位就業經歷的，還須持與原單位終止、解除勞動關係或者解聘的證明。失業登記的失業人員有：
（1）年滿16週歲，從各類學校畢業、肄業的；
（2）從企業、機關、事業單位等各類用人單位失業的；
（3）個體工商戶業主或私營企業業主停業、破產停止經營的；
（4）承包土地被徵用，符合當地規定條件的；
（5）軍人退出現役、且未納入國家統一安置的；
（6）刑滿釋放、假釋、監外執行或解除勞動教養的；
（7）各地確定的其他失業人員。
2. 失業登記的主要作用
（1）登記失業人員憑登記證享受公共就業服務和就業扶持政策；
（2）登記失業人員符合條件的，可以申領失業保險金；
（3）登記失業人員依照規定享有免費參加公共就業服務機構所安排的就業培訓。
3. 失業登記的註銷管理
登記失業人員出現下列情形之一的，由公共就業服務機構註銷其失業登記：
（1）被用人單位錄用的；
（2）從事個體經營或創辦企業，並領取工商營業執照的；
（3）已從事有穩定收入的勞動，並且月收入不低於當地最低工資標準的；
（4）已享受基本養老保險待遇的；
（5）完全喪失勞動能力的；
（6）入學、服兵役、移居境外的；
（7）被判刑收監執行或被勞動教養的；
（8）終止就業要求或拒絕接受公共就業服務的；
（9）連續6個月未與公共就業服務機構聯繫的；
（10）已進行就業登記的其他人員或各地規定的其他情形。

第三節　職業資格培訓考核管理

隨著科學技術的發展和社會文明的進步，對勞動者的職業技能和職業道德都提出了更高的要求，建立和完善以就業為導向的職業資格培訓體制成為社會的迫切需要。職業資格培訓成為提高勞動者就業能力和創業能力的重要途徑，也是促進經濟、社會發展和勞動就業的重要措施。勞動者享有接受職業資格培訓的權利，推動職業資格培訓是國家和政府就業促進工作的重要職責。《勞動法》規定，國家確定職業分類，對規定的職業制定職業技能標準，實行職業資格證書制度，由經備案的考核鑒定機構負責對勞動者實施職業技能考核鑒定。國家勞動保障監察機構對職業技能培訓機構和職業技能考核鑒定機構遵守國家有關職業技能培訓和職業技能考核鑒定的規定進行監督檢查。

一、職業資格管理

職業無貴賤之分，但有操作難易之別，社會責任大小之分。國家實行職業資格管理，包括「從業資格證書」和「執業資格證書」的考核、發證、復審等管理。職業資格證書是勞動者求職、任職、開業的資格憑證，是用人單位招聘、錄用勞動者的主要依據，也是境外就業、對外勞務合作人員辦理技能水準公證的有效證件。勞動者應依法參加培訓並通過考核方能取得相關證書。

（一）職業資格

職業資格是對從事某一職業所必備的學識、技術和能力的基本要求。職業資格與學歷文憑不同，學歷文憑主要反應學生學習的經歷，是文化理論知識水準的證明。職業資格與職業勞動的具體要求密切結合，更直接、更準確地反應了特定職業的實際工作標準和操作規範，以及勞動者從事該職業所達到的實際工作能力水準。國家職業資格目錄管理將職業資格分為准入類職業資格和水準評價類職業資格兩種類型。

（1）准入類職業資格，是指從事某一專業（工種）學識、技術和能力的起點標準。它所涉職業（工種）必須關係公共利益或涉及國家安全、公共安全、人身健康、生命財產安全，且必須有法律法規或國務院決定作為依據。准入類職業資格實行與國家准許類職業資格管理的行業的就業創業掛勾。

（2）水準評價類職業，是指政府對某些責任較大，社會通用性強，關係公共利益的專業（工種）實行准入控制，是依法獨立開業或從事某一特定專業（工種）學識、技術和能力的必備標準，它不是勞動者就業創業的前提條件。

（二）職業資格證

職業資格證是指按照國家制定的職業技能標準或任職資格條件，通過政府認定的考核鑒定機構，對勞動者的技能水準或職業資格進行客觀公正、科學規範的評價和鑒定，對合格者授予相應的國家職業資格證書。職業資格證書是證書持有人專業水準能力的證明，包括《從業資格證書》和《執業資格證書》。它們可作為求職、就業的憑證和從事特定專業的法定註冊憑證。

《勞動法》和《職業教育法》都規定，國家實行職業資格證書制度。《就業促進法》規定，國家對從事涉及公共安全、人身健康、生命財產安全等特殊工種的勞動者，實行職業資格證書制度。《關於大力推進職業資格證書制度建設的若干意見》要求，嚴格實行就業准入政策；將職業資格證書作為有關從業人員辦理就業手續的必要憑證；使職業資格證書成為企業勞動工資管理的重要依據和工具。

（三）國家職業資格目錄管理

建立國家職業資格目錄，有利於明確政府管理的職業資格範圍，有利於規範考試、鑒定、培訓、發證等活動。根據《人力資源社會保障部關於公布國家職業資格目錄的通知》（人社部發〔2017〕68號）規定，國家對職業資格目錄實行嚴格管理，具體如下：

（1）國家職業資格目錄實行清單式管理，目錄之外一律不得許可和認定職業資格。目錄接受社會監督，保持相對穩定，實行動態調整。今後職業資格設置、取消及納入、退出目錄，須由人力資源社會保障部會同國務院有關部門組織專家進行評估論證、新設職業資格應當遵守《國務院關於嚴格控制新設行政許可的通知》（國發〔2013〕39

號）規定並廣泛聽取社會意見後，按程序報經國務院批准。

（2）人力資源社會保障部門要加強監督管理，各地區、各部門未經批准不得在目錄之外自行設置國家職業資格，嚴禁在目錄之外開展職業資格許可和認定工作。對資格資質持有人因不具備應有職業水準導致重大過失的，負責許可認定的單位也要承擔相應責任。

【社會觀察】　　　　　國家職業資格的認定與管理

2017年9月，國家發布實施了《關於公布國家職業資格目錄的通知》。其將職業資格分為專業技術職業資格和技能人員職業資格。前者共計59項，包括准入類36項、水準評價類23項；後者共計81項，包括准入類5項、水準評價類76項。准入類職業資格，關係公共利益或涉及國家安全、公共安全、人身健康、生命財產安全，均有法律法規或國務院決定作為依據；水準評價類職業資格，具有較強的專業性和社會通用性，技術技能要求較高，行業管理和人才隊伍建設確實需要。

為了防止職業資格考試過濫，《關於公布國家職業資格目錄的通知》強調目錄之外一律不得許可和認定職業資格；目錄之內除准入類職業資格外，其他一律不得與就業創業掛勾。

二、特種作業管理

為規範特種作業人員的安全技術培訓、考核、發證工作，防止人員傷亡事故，促進安全生產，國家安全生產監督管理總局頒布實施了《特種作業人員安全技術培訓考核管理規定》（2015年修訂）。其對特種作業的崗位種類、人員培訓、考核、發證等做了規定，並適用於中國境內一切涉及特種作業的單位和特種作業人員。

（一）特種作業

特種作業是指容易發生人員傷亡事故，對操作者本人、他人及周圍設施的安全有重大危害的作業。

特種作業的範圍由特種作業目錄規定，主要有電工作業，金屬焊接切割作業，起重機械（含電梯）作業，企業內機動車輛駕駛，登高架設作業，鍋爐作業（含水質化驗），壓力容器操作，制冷作業，爆破作業，礦山通風作業（含瓦斯檢驗），礦山排水作業（含尾礦壩作業），國家規定的其他作業。

（二）特種作業主管機關

國家安全生產監督管理總局（以下簡稱安全監管總局）指導、監督全國特種作業人員的安全技術培訓、考核、發證、復審工作；省、自治區、直轄市人民政府安全生產監督管理部門指導、監督本行政區域特種作業人員的安全技術培訓工作，負責本行政區域特種作業人員的考核、發證、復審工作；縣級以上地方人民政府安全生產監督管理部門負責監督檢查本行政區域特種作業人員的安全技術培訓和持證上崗工作。

國家煤礦安全監察局（以下簡稱煤礦安監局）指導、監督全國煤礦特種作業人員（含煤礦礦井使用的特種設備作業人員）的安全技術培訓、考核、發證、復審工作；省、自治區、直轄市人民政府負責煤礦特種作業人員考核發證工作的部門或者指定的機構指導、監督本行政區域煤礦特種作業人員的安全技術培訓工作，負責本行政區域煤礦特種作業人員的考核、發證、復審工作。

(三) 特種作業人員管理

特種作業人員是指直接從事特種作業的人員。特種作業人員必須具備以下條件：
(1) 年齡滿 18 週歲；
(2) 身體健康，無妨礙從事相應工種作業的疾病和生理缺陷；
(3) 初中以上文化程度，但危險化學品作業人員為高中或同等以上學歷；
(4) 符合相應工種作業特點需要的其他條件。

特種作業人員必須經專門的安全技術培訓並考核合格，取得「中華人民共和國特種作業操作證」（以下簡稱「特種作業操作證」）後，方可上崗作業。

離開特種作業崗位達 6 個月以上的特種作業人員，應當重新進行實際操作考核，經確認合格後方可上崗作業。

(四) 特種作業操作證管理

1. 特種作業操作證的復審管理

特種作業操作證在全國通用，每 2 年復審一次。連續從事本工種 10 年以上的，經用人單位進行知識更新教育後，復審時間可延長為每 4 年一次。

2. 特種作業操作證的失效管理

特種作業操作證失效情形：再復審仍不合格或未按期復審的；違章操作造成嚴重後果或違章操作記錄達 3 次以上的；弄虛作假騙取特種作業操作證的；經確認健康狀況已不適宜繼續從事所規定的特種作業的。

三、職業技能培訓的單位

根據《職業教育法》等規定，職業技能培訓實施的主體限定為職業院校、職業資格培訓機構和用人單位三類；其他單位和個人，不得向社會開展營利性培訓活動。

(一) 職業院校

《就業促進法》所稱的職業院校，包括職業中學、技工學校、高等職業技術學院、成人高等學校和民辦學校。國務院《決定》提出，每個市（地）都要重點建設一所高等職業技術學院和若干所中等職業學校。每個縣（市、區）都要重點辦好一所起骨幹示範作用的職教中心（中等職業學校）。鄉鎮要依託各種文化技術學校及其他培訓機構開展職業教育和培訓。

(二) 職業技能培訓機構

職業技能培訓機構，過去稱為職業培訓實體，包括由政府勞動行政部門舉辦的就業訓練中心和由其他社會組織或個人舉辦的職業培訓實體。

《就業促進法》特別強調，職業院校、職業技能培訓機構與企業應當密切聯繫，實行產教結合，為經濟建設服務，培養實用人才和熟練勞動者。

(三) 用人單位

用人單位應當建立職業培訓制度，有計劃地對本單位的職工和準備錄用的人員實施職業教育，提高職工素質。企業有責任接受職業院校學生實習和教師實踐，政府對支付實習學生報酬的企業，給予相應稅收優惠。

國務院《決定》規定，企業應當按照國家有關規定提取職工教育經費，一般按照職工工資總額的 1.5%～2.5%足額提取，用於對勞動者進行職業資格培訓和繼續教育培訓，因此產生的費用列為企業成本開支。

【案例連結】
　　趙某高中畢業後，在杭州某酒店做服務員。2017年9月，趙某決定回家鄉進行創業，決定向工作了兩年的單位提出辭職。鑒於趙某平時努力工作，單位再三挽留不住，同意辦理辭職手續。但是在結算工資收入時，雙方發生了爭議，原來酒店在錄用趙某時進行了培訓，並收取了培訓費1,600元，但口頭承諾解除勞動合同時全額退還。而辦手續時，聲稱員工通過培訓獲得了專業知識和勞動技能，酒店不同意退還。無奈，趙某求助於市勞動保險監察大隊。勞動保險監察大隊通過調查，發現酒店沒有培訓資質，所謂的培訓也是單位內部兩天基本業務知識的培訓，依據法律規定此項培訓屬單位法定義務。勞動保險監察大隊於是下達酒店糾正違法行為，退還勞動者培訓費，並給予其1,000元的行政處罰。

四、職業培訓的主要形式

　　國家有關政府部門加強統籌協調，鼓勵和支持各類職業院校、職業資格培訓機構和用人單位依法開展就業前培訓、在職培訓、再就業培訓和創業培訓；鼓勵勞動者參加各種形式的培訓。因此，職業培訓的主要形式有：

　　（一）就業前培訓

　　就業前培訓，是指在求職者上崗前所進行的初始培訓，目的是使還沒有就業的勞動者能夠就業，對將要從事的工作具備基本的職業能力，能夠上崗從事某項具體的工作。因此，又可稱之為就業培訓。就業前培訓主要包括：勞動預備制培訓、大學生就業前培訓、特種崗位的上崗前培訓、進城務工勞動者技能培訓等。

　　（二）在職培訓

　　在職培訓，是指勞動者在就業後，主要由用人單位舉辦並承擔費用，對本單位在職職工所進行的培訓，通常採取脫產、半脫產和業餘培訓的方式進行。

　　（三）再就業培訓

　　再就業培訓，也稱轉業培訓，是指對失業人員和其他需要轉換職業的勞動者，進行新的職業技能的培訓。《就業促進法》規定，失業人員參加就業培訓的，按照有關規定享受政府培訓補貼。

　　（四）創業培訓

　　創業培訓，就是為自主創業、自謀職業的勞動者所進行的提高其創業能力的培訓。勞動者通過創業培訓，增強創業能力，從而以自主創業的方式實現就業。國家鼓勵勞動者自主創業、自謀職業。

實訓項目

一、改錯題

1. 對就業歧視行為，勞動者有權向人民法院提起訴訟。
2. 公共就業服務機構舉辦的就業服務和招聘會，可以向勞動者和用人單位收取費用。
3. 職業仲介機構提供職業仲介服務即使不成功，都不必向勞動者退還所收取的仲

介服務費。

4. 就業援助是指政府對就業困難人員、零就業家庭和失業人員等所實施特別的就業保障活動。

5. 離開特種作業崗位達 12 個月以上的特種作業人員，應當重新進行實際操作考核，經確認合格後方可上崗作業。

二、案例分析題

（一）2017 年 10 月，張某成為箭牌糖果口香糖有限公司（以下簡稱箭牌公司）的職工。箭牌公司將其派遣往北京多多企業顧問有限公司（以下簡稱多多公司）從事客戶專訪工作，其派遣協議中規定「若勞動者被多多公司退回的，公司有權解除勞動合同」。在此崗位工作 6 個月後，張某就被多多公司退回箭牌公司，理由是張某被查出患有乙肝小三陽攜帶乙肝病毒。接到通知後，張某向用人單位和用工單位都申辯其肝功能正常，不會在工作中給他人造成危害，要求繼續履行勞動合同，但遭到兩家公司的拒絕。被解除勞動合同的張某，被逼無奈，隨即向當地人民法院提起了訴訟，要求確認用人單位和用工單位解除合同的行為侵犯了自己的就業權，構成了就業歧視，請求判令被申請人賠禮道歉，並支付工資損失和精神損害等共計 5 萬餘元。多多公司聲稱僅是退回員工，不存在解除勞動合同的行為；箭牌公司聲稱是依據派遣協議解除勞動合同的。因此，兩家公司都認為自己不存在就業歧視行為，不應承擔法律責任。

根據勞動法規定，箭牌公司和多多公司侵犯了張某的就業權嗎？為什麼？

（二）鄧某（女）在 BOSS 直聘平臺查詢手挽手公司發布的文秘職位的廣告，內容為「任職資格：女，大專學歷，文秘專業，年齡 22~35 歲，身體健康，月薪 8,000 元。鄧某認為自己符合條件，有三年的工作經歷，能夠勝任。2014 年 9 月 24 日向手挽手公司在線投出簡歷。根據手挽手公司的要求，通過簡歷審核的鄧某向公司負責人的帳號提交了 16,000 元的工作保證金。鄧某到手挽手公司上班時發現其地址不對，公司的聯繫電話也處理關閉狀態。隨後，鄧某查詢 BOSS 直聘平臺的手挽手公司所有信息均為虛假信息。鄧某要求 BOSS 直聘平臺承擔賠償責任被拒絕，其原因是 BOSS 直聘平臺所提供網絡服務屬於無償服務，而且其頁面表明所有信息的真實性、合法性由用戶自行審核。

遭受經濟損失的鄧某，應當向誰主張賠償責任？為什麼？

第三章
勞動合同法實務

【導入案例】

未簽訂書面勞動合同糾紛案

2015年8月18日，畢某入職重慶市某旅遊休閒用品有限公司（以下簡稱公司）並擔任管理工作，但雙方沒有簽訂書面勞動合同。公司支付畢某的每月工資有：基本工資3,000元、績效工資2,780元、單位社會保險金1,600元、福利補貼850元以及加班工資等，每月共計10,000元。公司每月從其工資中扣除水電、伙食費250元。次年1月10日，在公司口頭通知畢某解除勞動合同時，雙方產生勞動爭議糾紛。

2016年3月14日，對畢某就公司提起的勞動爭議仲裁案，勞動爭議仲裁委員會開庭審理，裁決如下：①雙方解除勞動關係；②被申請人即公司支付申請人自用工之日起，超過一個月未簽訂勞動合同的（4個月）雙倍工資共計4萬元（另一倍申請人當月已領取）；③被申請人支付申請人經濟補償金5千元（2015年8月至2016年1月14日）；④被申請人為申請人辦理勞動期間的社會保險；⑤駁回申請人的其他請求。

由於對仲裁裁決不服，雙方均以原告身分向當地人民法院提起勞動爭議訴訟。一審法院開庭審理，並對本案勞動爭議焦點問題進行了法理分析：

（1）關於未簽訂書面勞動合同的責任問題。公司沒有提交證據證明畢某系公司董事會聘用的總經理，且公司所提交的法定代表人身分證明書還表明公司總經理系應某。畢某也主張系公司一名高級管理人員而非公司總經理，公司沒有向其發放總經理任命聘書。法院認為，雙方當事人之間存在事實勞動關係，作為用人單位既不能舉證證明畢某的職責範圍包括訂立勞動合同的人事管理，也沒有證據證明公司向畢某提出簽訂勞動合同而被拒絕的事實。因此，對於雙方沒有簽訂書面勞動合同的事實，畢某沒有過錯。依據勞動法規定，自用工之日起一個月內未與勞動者簽訂書面勞動合同的，用人單位應當承擔責任期間雙倍工資處罰的不利法律後果。

（2）關於勞動者工資10,000元中是否包含公司的社會保險費問題。通過雙方提供的工資表，表明公司按照每月社會保險費1,600元直接支付給勞動者，而且勞動者每月也在該工資表中簽名認可。這不但表明雙方之間已形成的事實勞動關係，而且勞動者已從公司處領取工資及公司把社會保險費直接支付給勞動者的事實。因此，勞動者每月工資為8,400元。公司承擔雙倍工資的處罰責任為33,600元（8,400元×4月）。

（3）關於解除勞動合同是否承擔經濟補償金問題。公司在沒有與勞動者進行協商的情況下，也沒有履行相關的法定程序，即口頭通知勞動者解除勞動關係，系違法解

除行為，應承擔經濟賠償責任。勞動者要求公司支付非法解除勞動合同的雙倍經濟賠償金，雖然沒有經過勞動仲裁，但系基於同一法律事實，為便於解決當事人的訴累，本案可一併處理。結合該案的事實，公司應支付勞動者雙倍經濟賠償金即 8,400 元。

（4）關於用人單位在工資中支付社會保險費，由勞動者自行辦理社會保險問題。根據《勞動合同法》第二十六條第（二）項規定：用人單位免除自己的法定責任、排除勞動者權利的，勞動合同無效或者部分無效。用人單位在工資中支付社會保險費，免除其所承擔的社會保險責任，屬於無效行為。勞動者應當退回用人單位工資中所支付的社會保險費。用人單位應按照保險經辦機構核准的數額依法為勞動者繳納相應的社會保險。

最終，人民法院判決：原告即用人單位於本判決生效之日起十日內支付被告即勞動者畢某雙倍工資處罰差額 33,600 元和經濟賠償金 8,400 元。對此判決，雙方當事人均未提起上訴。

第一節　勞動合同法概述

一、勞動合同的概念

（一）勞動合同

勞動合同是指勞動者和用人單位之間依法協商一致所訂立的明確雙方勞動權利和勞動義務的協議。《勞動法》第十六條規定：「勞動合同是勞動者與用人單位之間確立勞動關係、明確雙方權利和義務的協議。」勞動合同是雙方當事人的勞動權利和勞動義務的重要依據，不但有助於勞動用工的順利進行，還有助於勞動爭議的化解。

勞動合同涉及勞動者和用人單位雙方經濟利益，為了防止勞動糾紛的出現，當事人應當選擇書面形式並且要求合同內容完整準確。在勞動司法實踐中，因沒有書面勞動合同或者勞動合同內容不規範，導致出現勞動爭議，使雙方當事人勞動關係緊張甚至引發衝突。各種「帶病」問題勞動合同的出現，有多種原因，但缺乏勞動法律保護意識是最主要的根源。在簽訂勞動合同時，勞動者「粗心大意」而遭遇「合同陷阱」，因此承擔較重的勞動義務或違約責任。用人單位人力資源管理不規範，隨意簽訂勞動合同，導致勞動司法過程中舉證不力而承擔經濟處罰責任。因此，強化勞動合同法律意識，遵守勞動合同法律法規，無論是勞動者還是用人單位都有避免勞動糾紛的現實意義。

【社會觀察】　　常見侵犯勞動者權益的「問題」勞動合同

①口頭合同。用人單位與勞動者雙方只有口頭承諾，沒有書面合同文件。一旦發生糾紛，空口無憑；②簡易合同。勞動合同內容過於簡單，缺少基本條款，沒有具體規定義務，致使合同履行出現困難；③霸王合同。用人單位根據自身利益擬定，強調用人單位的權利和勞動者義務，合同內容模糊，單位往往享有解釋權；④抵押合同。用人單位要求勞動者上班前提交證件、財產等，在勞動者解除勞動關係時，單位就以種種理由不退還抵押財物。⑤陰陽合同。用人單位有兩份合同，一份是合法規範的假合同，僅由用人單位持有以應付執法檢查，但實際上並不執行。另一份是不規範不合法的真合同，由雙方持有且實際執行；⑥奴隸合同。用人單位在合同中擬定苛刻的條件，要求勞動者必須遵守苛刻的「廠規廠紀」，

服從單位加班加點要求，強迫勞動，剝奪了勞動者的休息權、休假權、人身自由等；⑦生死合同。用人單位為了逃避責任，在勞動合同中要求勞動者承諾「傷病自理，如有意外企業概不負責」等。

(二) 勞動合同的特徵

勞動關係雙方當事人是民事主體，勞動合同屬於民事合同，自然具有民事合同法律的基本特徵，如合同須雙方當事人意思一致，合同以設立、變更和終止民事權利義務關係為目的。因此，勞動合同在相當長的時間內由民法或合同法進行調整。但勞動合同反應的是勞動關係，而勞動關係又具有區別於一般民事關係的人身性、經濟性和隸屬性等特點，因此勞動合同有著自身獨有的特徵：

（1）勞動合同主體的特定性。勞動合同雙方主體是特定的，一方是勞動者另一方是用人單位。在中國，凡是依法成立的企業單位、事業單位、國家機關、社會團體和個體經濟組織等都可以成為勞動合同中的用人單位；凡是年滿16週歲的公民都可以成為勞動者，法律另有規定的除外。對此，第一章中的「勞動者與用人單位」做出了詳細的說明。

（2）勞動合同雙方地位的特殊性。勞動者與用人單位在簽訂勞動合同時，雙方當事人法律地位是平等的，因此可以就勞動合同的內容進行協商。在勞動合同履行過程中，雙方當事人因職責差異而具有身分上的不平等性。勞動者是用人單位的職工，必須服從單位管理，遵守單位的勞動紀律和規章制度。相反，用人單位成為職工的管理者、指揮者和考核者。

（3）勞動合同的不自由性。為了保護處於弱勢地位勞動者的權益，雙方當事人不得隨意簽訂勞動合同，用人單位所承擔的勞動義務不得違反相關基準法律規定，如最低工資制度、休息休假制度、勞動安全衛生制度、社會保險制度等。否則，不但勞動合同或者相關條款無效，而且用人單位還要承擔法律責任。同時，在勞動合同履行時，勞動者必須親自履行，不能委託他人代替自己履行義務。

（4）勞動合同可能涉及第三人的物質利益。勞動合同內容除了當事人的權利與義務外，還可能因勞務派遣、業務履行而涉及第三方利益。在某些情況下，勞動者的直系親屬也可因勞動合同而獲得用人單位物質幫助的權利。

【律師提示】　　　　　　　　雇傭合同

雇傭合同是雇主與雇員之間訂立的關於雇員提供勞務、雇主提供勞動條件和勞務報酬的協議。雇主可以是自然人，也可以是單位；雇員不成為雇主的成員。雇傭合同更多地體現為當事人之間的合意，國家干預對其干預程度較小。雇傭合同適用民法及合同法的一般原理規制，雇員不適用勞動法關於勞動合同的訂立程序、履行、解除、終止、用人單位的義務、工作條件、勞動保護、最低工資、社會保險等規定。雇傭發生爭議時，當事人可以直接向人民法院提起訴訟。

二、勞動合同法

勞動合同法是勞動關係協調中最基本的法律。廣義的勞動合同法，是指所有調整勞動合同關係的各種法律規範的總稱。它包括《勞動法》《勞動合同法》《勞動合同法

實施條例》《集體合同規定》《關於貫徹執行〈勞動法〉若干問題的意見》《違反〈勞動法〉有關勞動合同規定的賠償辦法》《違反和解除勞動合同的經濟補償辦法》以及司法解釋等。狹義的勞動合同法，是指第十屆全國人民代表大會常務委員會第28次會議通過的並於2008年1月1日起實施的《勞動合同法》。

相對於以往勞動法的規定，《勞動合同法》不但強調勞動合同全面履行，還增加了許多關於用人單位義務和勞動者權利的具體規定，強化了用人單位違法用工成本的處罰力度。這些主要表現在：在勞動合同期限選擇、勞動合同的解除和終止條件、支付經濟補償金和競業限制等方面，《勞動合同法》對用人單位給予了更多的限制性或者強制性規定。在勞動合同解除、享受勞動安全衛生保護和勞動救濟等方面，《勞動合同法》給予了勞動者更多的權利和保障。保護勞動者權益成為《勞動合同法》的核心內容，正如其第一條所言：「為了完善勞動合同制度，明確勞動合同雙方當事人的權利和義務，保護勞動者的權益，構建和發展和諧穩定的勞動關係，制定本法。」

三、勞動合同的類型

【案例討論】2014年7月，鐘某是大學會計專業本科畢業生，進入當地一家三資企業上班，從事財會工作。不但該工作發揮了鐘某的專業特點，而且工作環境優越、工資待遇相對較高，所以鐘某非常喜歡這份工作，盡職盡責地做好這份工作的相關事務。公司也對鐘某的努力和工作成績表示了肯定。2016年8月，當公司表示續聘時，鐘某也當即表示同意。但看到公司提供的勞動合同文本中的勞動期限又是一年，鐘某心裡犯起了嘀咕，因為今年是鐘某第三次與公司簽訂勞動合同，很希望能與公司簽無固定期限勞動合同。但公司人事部經理說，所有員工的勞動合同都是一年一簽，誰都沒有例外。「人在屋簷下，不得不低頭，」這是當時鐘某的內心獨白。

請問，鐘某的想法對嗎？

(一) 以勞動合同的期限不同分類

以合同的期限不同，勞動合同可分為固定期限勞動合同、無固定期限勞動合同和以完成一定工作任務為期限的勞動合同。在法律許可範圍內，合理選擇勞動合同期限，不但涉及勞動者就業穩定和擇業自主，而且也是用人單位人力資源管理的重要內容。

(1) 有固定期限勞動合同。其是指用人單位與勞動者約定合同終止時間的勞動合同。按照合同期限長短，其又可以分為長期的固定期限勞動合同、中期的固定期限勞動合同和短期的固定期限勞動合同。中長期固定期限勞動合同，對於用人單位而言，可以保持熟練勞動力隊伍的穩定，有利於公司生產經營正常開展；對於勞動者而言，工作穩定，利於長遠的職業規劃。為了保護勞動者身體健康，《關於貫徹執行〈勞動法〉若干問題意見》規定：從事礦山井下以及在其他有害身體健康的工種、崗位工作的勞動者，應當實行定期輪換制度，勞動合同期限最長不超過八年。短期勞動合同，是指一年期限以下的勞動合同，其適用於用人單位季節性或者臨時工作崗位的需要。

(2) 無固定期限的勞動合同。其是指用人單位與勞動者約定無確定終止時間的勞動合同。除非勞動合同法定終止原因或者當事人依法解除勞動外，用人單位應當履行勞動合同。因此，無固定期限的勞動合同具有很強的穩定性，對勞動者而言具有較強的安全感和歸屬感；對用人單位而言則利於熟練工提高生產效率，減少勞動力更換成

本，利於構建和諧的勞動關係。無固定期限勞動合同，常適用於用人單位的關鍵人物和關鍵崗位，其不意味著「鐵飯碗」和「終身制」，用人單位仍然享有依法解除勞動合同的權利。

（3）以完成一定工作為期限的勞動合同。其是指用人單位與勞動者約定以某項工作的完成為合同期限的勞動合同。用人單位與勞動者協商一致，可以訂立以完成一定工作任務為期限的勞動合同。在建築、鐵路、水利、橋樑、公路、石油勘探和開發等工程項目的勞動用工上，用人單位多採用此類勞動合同。

（二）以勞動合同產生方式不同分類

以合同產生方式不同，勞動合同可分為協商式勞動合同、錄用式勞動合同、聘用勞動合同等。實踐中，由於中國用工制度多樣化，使勞動合同產生方式也多樣化。

（1）協商式合同。其是勞動者與用人單位之間經依法協商一致即可確立勞動關係的勞動合同。這是企業根據實際用工情況的變化，及時並簡便地招聘勞動者以滿足生產經營的需要。它是企業用工自主權的體現，是企業招聘員工最主要的方式。

（2）錄用式合同。其是指根據用工計劃，用人單位通過公開招收、擇優錄用方式與勞動者建立勞動聘用的協議。錄用式合同主要適用於國有企業、國家機關、事業單位和社會團體等單位招聘的勞動者。它們實行公開招收、自願報名、德智體全面考核、擇優錄用原則，勞動關係較為穩定。

（3）聘用合同。其是指用人單位與有專業技術特長的勞動者之間建立聘用關係的協議。對於勞動者具備較高文化程度和較強業務能力，作為用人單位的企業往往提高招聘條件和勞動待遇，主動與勞動者協商所簽訂的聘用合同，本質上屬於勞動合同，並適用勞動法規定。

【律師提示】　　　　　崗位協議與勞動合同

勞動者與用人單位訂立勞動合同後，往往還要與單位（或者其科室作為代表）簽訂崗位協議。崗位協議是指已經建立勞動關係的勞動者就其在特定崗位上工作及其勞動權利和勞動義務與用人單位或其科室所簽訂的協議。崗位協議是以當事人之間存在勞動關係為前提和基礎，是勞動關係內容的具體化，是勞動合同的組成部分。其與勞動合同內容不一致時，應以崗位協議內容為準，但後者訂立時同樣遵循自願原則，且不得違反勞動法的強制性規定。

（三）以合同內容不同分類

以合同內容不同分類，勞動合同可分為普通勞動合同和特殊勞動合同。用人單位根據用工需要特點和發展目標，選擇適用普通勞動合同或者特殊勞動合同，有利於建設合理科學的職工隊伍，在滿足單位生產經營的情況下最大化地降低人力資源用工成本。

（1）普通勞動合同，即勞動就業中最常見、最大量的勞動合同，包括用人單位與勞動者之間約定標準工時制或非標準工時制的勞動合同。普通勞動合同是《勞動合同法》規範的最主要對象。

（2）特殊勞動合同，是指因勞動合同主體或者用工形式的特殊為確立勞動關係的協議。《勞動合同法》規定，集體合同、勞務派遣合同和非全日制用工勞動合同等屬於特殊勞動合同。其產生的勞動關係適用勞動法普遍性規定，法律特別規定除外。

> 【案例評析】鐘某提出訂立無固定期限勞動合同是有法律依據的。根據《勞動合同法》第十四條規定：連續訂立兩次固定期限勞動合同，且勞動者沒有本法第三十九條和第四十條第一項、第二項規定的情形，續訂勞動合同的，除勞動者提出訂立固定期限勞動合同外，用人單位應當訂立無固定期限勞動合同。鐘某提出要求符合這項法定情形。《勞動合同法》適用於中國境內與之建立勞動關係的用人單位，本案的三資企業也不例外。公司人事部經理說，所有的員工勞動合同都是一年一簽，是沒有法律依據的。本案中，三資企業在勞動用工過程有遵守勞動法的義務，即對鐘某負有訂立無固定期限勞動合同法律義務。

四、與勞動合同相似的合同

（一）勞務合同

勞務合同，是指勞務接受方與勞務提供方之間協商達成的，由勞務提供方提供標準的勞務，由勞務接受方支付勞務報酬的協議。勞務合同是一種以勞務為標的協議，它包括運輸合同、保管合同、技術服務合同、委託合同、信託合同和居間合同等。

勞務合同雖與勞動合同具有很大的相似之處，致使在實踐生活中當個人提供勞務時會誤解為勞動合同關係。勞務合同的特點：①在勞務合同中，勞務提供方既可以是自然人也可以是法人或者其他組織，勞務提供方不是勞務接受方的成員，雙方之間無從屬關係。②勞務提供方需要利用自己生產資料進行勞務活動，並自行組織勞務工作和自擔其風險。③勞務合同中的勞務報酬按商品定價規則執行，即成本費用加上合法的利潤，其支付方式為一次性支付或者分期支付。

（二）企業承包經營合同

在實踐中，企業承包經營合同分為企業外部承包合同和企業內部承包合同。二者與勞動合同在法律上各有區別。

企業外部承包合同即企業承包經營合同，與勞動合同有較大區別，其不同點是：合同當事人為經營承包方和經營發包方，經營發包方是企業財產的所有人或者合法經營人，經營承包方取得企業財產的經營管理權並向經營發包方支付承包費用，其實行的是企業財產所有權與經營權分離原則。經營承包方可以是企業也可以是自然人。

企業內部承包合同即企業內部責任制合同，其主要特點：①承包合同以經營管理責任制為基本內容。②承包人在其承包範圍內是生產經營活動的組織者和管理者。③承包人對承包項目的經營成果負責。企業內部承包合同與勞動合同有很多共性：①承包關係和勞動關係都屬於企業內部關係，並且主體資格重合，即承包人本身就是企業職工。②承包合同的權利與義務與勞動合同有交叉。③遵守企業規章制度，接受企業監督，往往是承包人和職工的共同關係。因此，在勞動司法實踐中，企業內部承包合同關係符合勞動關係特徵的，即認定為勞動關係，應受勞動法保護。

> 【知識拓展】　　　　　　　　人力資源管理勞動合同的職責
> 人力資源管理離不開勞動合同管理。勞動合同管理是人力資源管理的最基礎性工作。人力資源管理勞動合同的職責主要涉及以下事務：
> 擬定單位的規章制度，保障其有效性；
> 擬定勞動合同，將單位的規章制度納入勞動合同，並產生法律效力；
> 根據單位需要特點，負責員工的招聘錄用手續的辦理；
> 核查勞動者在勞動合同履行的情況，強化用工的合同式管理；
> 預防單位勞動爭議的發生，維護單位正常生產秩序。

第二節　勞動合同訂立與內容

　　勞動合同訂立，是指勞動關係雙方當事人就勞動權利義務經協商一致達成協議的行為。它是勞動合同生效的基本條件之一。勞動合同訂立是法律行為，基於勞動法對勞動關係強烈干預，因此合同訂立不能完全由勞動者或用人單位自由商定。人力資源管理的首要工作應確保勞動合同依法訂立，不得與勞動法律、行政法規的強制性規定相抵觸。只有依法訂立的勞動合同，才能讓勞動管理工作順利進行，各方享有的勞動合同權利才會受到法律保護。

一、勞動合同訂立原則

> 【案例討論】某貿易公司通過當地報刊發布國際貿易業務員崗位的招聘廣告，要求應聘者應當具有大學英語四級、國際貿易專業本科畢業和外銷員資格證書三項條件。國際貿易專業的劉某見到招聘廣告後，向公司提出了求職申請。經過公司面試和試用期，劉某成為公司職員，並簽訂了3年期的勞動合同，月薪8,000元，另有業務提成。對這份工作，劉某感覺很滿意。在劉某工作的第8個月，公司人事部經理核實員工個人信息時發現劉某所提供的外銷員資格證系偽造的。經公司經理會討論，公司決定解除與劉某的勞動關係，雙方的勞動合同無效。劉某認為，自身符合公司招聘的基本條件，而且也能勝任崗位工作，主張勞動合同具有法律效力。
> 根據《勞動合同法》規定，該勞動合同具有法律效力嗎？

　　勞動合同是勞動者與用人單位經過平等協商、雙向選擇的結果。當事人如何訂立勞動合同、怎樣訂立勞動合同，直接關係到將來勞動合同的履行，也關係到可能發生勞動爭議如何處理。為了規範勞動合同行為，避免勞動糾紛發生，勞動法確立了訂立勞動合同的基本原則。

（一）平等自願原則

　　平等自願原則是訂立勞動合同的前提和基礎。它包括平等原則和自願原則。平等原則，是指在訂立勞動合同時用人單位和勞動者雙方法律地位上平等，任何一方不得利用自身優勢對勞動者提出不平等的條件。自願原則，是指是否訂立勞動合同、同誰訂立勞動合同、何時訂立勞動合同以及訂立何種內容的勞動合同，完全出於雙方當事人的真實意願。任何機關、團體和個人不得強迫勞動關係雙方當事人違背意願訂立勞動合同。

（二）協商一致原則

　　協商一致原則是勞動合同的實質要求。它是指在法律允許的範圍內，勞動合同的內容由雙方當事人共同討論，充分表達自己意志，在協商取得完全一致的意見基礎上確定。在實踐中，勞動合同往往是用人單位事先擬定的格式合同，除了勞動者簽訂時加強審閱外，用人單位負有法律義務向勞動者清楚解釋合同內容，提請勞動者注意減輕或者免除用人單位責任的條款，否則這些條款不具有法律效力。

(三) 公平原則

公平原則是民法基本原則，要求勞動合同中權利與義務的對等性。公平原則是對勞動合同自願原則的完善和補充，遵循公平原則兼顧雙方的利益。若一方採取脅迫或者乘人之危手段，損害對方利益，都屬於違反公平原則。公平原則要求在處理勞動合同糾紛時，避免過分強調一方利益而損害另一方利益，使絕大多數社會成員都是受益者，利於勞動關係和諧，利於社會發展。

(四) 誠實信用原則

誠實信用原則是道德規範在法律上的體現，在勞動合同訂立時倡導誠實信用原則，凡是採用詐欺方式所訂立的勞動合同不受法律保護。例如在現實生活中，違反誠信原則發布虛假廣告，使勞動者應聘求職時遭受時間、金錢和心理損失。該原則要求用人單位和勞動者在訂立合同時應當履行必要的如實告知義務。用人單位招用勞動者時，應當如實告知勞動者工作內容、工作條件、工作地點、職業危害、安全生產狀況、勞動報酬，以及勞動者要求瞭解的其他情況；用人單位有權瞭解勞動者與勞動合同直接相關的基本情況，如身分證明、學歷證明、工作經歷、健康狀況、職業技能等，勞動者應當如實說明。

違反誠信原則，會導致勞動合同無效。做人事管理工作，還應注意招聘方面的法律責任。《違反〈勞動法〉有關勞動合同規定的賠償辦法》規定：用人單位招用尚未解除勞動合同的勞動者，對原用人單位造成經濟損失的，除該勞動者承擔直接賠償責任外，該用人單位應當承擔連帶賠償責任。其連帶賠償的份額應不低於對原用人單位造成經濟損失總額的百分之七十。

(五) 合法原則

合法原則要求勞動合同在訂立時應當遵守勞動法律、法規的規定，不得與勞動法的強制性規定相抵觸。合法原則涉及範圍廣泛，內容複雜。它主要包括勞動合同的主體合法、形式合法、內容合法和勞動行為合法。

1. 勞動合同主體合法

(1) 用人單位主體合法，即必須是依法成立的組織機構。用人單位主體合法，表現為取得了合法登記手續以及必要的用工手續。在招聘用工時，用人單位負有出示營業執照許可證或登記證等證件的義務，為了維護自身權益，勞動者還應核實證件的真實性，以防非法單位用工欺騙。有下列情形的，還應注意勞動合同簽章的用人單位：

①用人單位的分支機構。若其依法取得營業執照或者登記證書的，可以作為用人單位與勞動者訂立勞動合同；未依法取得營業執照或者登記證書的，受用人單位委託可以與勞動者訂立勞動合同。

②國企的上級部門。企業屬於國有企業或國有控股企業，企業經理由其上級部門聘任（委任）的，應與聘任（委任）部門簽訂勞動合同，以避免代表企業的經理與自己簽訂勞動合同。

③公司董事會。實行公司制的經理和有關經營管理人員，應由董事會選舉產生，應依據《公司法》規定與董事會簽訂勞動合同。

④租賃或承包經營的企業。租賃經營（生產）、承包經營（生產）的企業所有權並沒有發生改變，法人名稱未變，在與職工訂立勞動合同時，該企業仍為用人單位一方。依據租賃合同或承包合同，租賃人、承包人如果作為該企業的法定代表人或者該

法定代表人的授權委託人時，可代表該企業（用人單位）與勞動者訂立勞動合同。

⑤涉外就業服務單位。外國企業和港、澳、臺企業在中國的駐華代表機構，不能直接聘用中國勞動者，而是涉外就業服務單位與中國勞動者建立勞動關係後，由涉外就業服務單位派遣到駐華代表機構工作。

（2）勞動者主體合法，即其具有勞動權利能力和勞動行為能力，能以自己名義與用人單位簽訂勞動合同。作為單位人力資源管理工作人員在招聘勞動者時，應當檢驗勞動者的身分信息，核實勞動年齡，識別冒名頂替。對於下列勞動者，還應當注意在簽訂勞動合同時履行法定手續：

①未成年工。因文化、體育和特殊工藝單位等招聘未滿16週歲的未成年人，除須經未成年人的父母或者其他監護人同意外，用人單位還應當依法履行審批手續。招聘已滿16週歲的未成年工，用人單位應向所在地的縣級以上勞動行政部門辦理登記手續，由勞動行政部門依法核發「未成年工登記證」。持有「未成年工登記證」的未成年工，與用人單位簽訂勞動合同，且持證上崗。

②在中國就業的外國人。在中國就業的外國人，應持職業簽證入境，入境後依法取得「外國人就業證」和外國人居留證件，方可在中國境內就業。用人單位聘用外國人須為該外國人申請就業許可，經獲準並取得《中華人民共和國外國人就業許可證書》後方可聘用。《最高人民法院關於審理勞動爭議案件適用法律若干問題的解釋（四）》規定，外國人、無國籍人未依法取得就業證件即與中國境內的用人單位簽訂勞動合同，當事人請求確認與用人單位存在勞動關係的，人民法院不予支持。

【律師提示】　　　　非法轉包、分包的勞動關係認定

具備用工主體資格的承包單位（如建築公司等）違反法律、法規規定，將承包業務轉包、分包給不具備用工主體資格的組織或者自然人（如包工頭等），該不具備用工主體資格的組織或者自然人招用的人員僅以轉包、分包事實為由請求確認與具備用工主體資格的承包單位存在勞動關係的，勞動爭議仲裁委員會或人民法院不予支持。

2. 勞動合同形式合法

在以往勞動就業過程中，勞動合同的訂立有的採用書面形式，有的採用口頭形式。勞動者與用人單位之間沒有訂立書面勞動合同，只要符合勞動關係特徵，視為雙方之間形成了事實勞動關係，並受勞動法保護。但是，沒有書面勞動合同導致勞動權利與義務難以確定，正如俗話所說「口說無憑」，一旦勞動爭議發生，無論是勞動者還是用人單位都難以保護自身的勞動權益。實踐證明，書面勞動合同是勞動者權益保護的「護身符」。

【案例連結】　　　　項目經理善意代簽，公司承擔雙倍工資處罰

成都市某保潔公司招聘員工並安排在市區各項目處工作。公司人事經理認為，依據《勞動合同法》規定，公司第一個月可以不簽訂勞動合同，而且不會承擔法律責任。待員工第一個月試用期滿後，根據其工作表現，公司再決定是否簽訂書面勞動合同。有一次，公司委託下面某項目經理對新聘員工簽訂勞動合同。其中，一位女職工要求項目經理代簽。考慮到該員工正在處理工作事務，項目經理於是代簽勞動合同並上交公司。該女職工工作

快滿一年時，提出辭職，要求公司承擔未簽訂書面勞動合同的雙倍工資法律責任。在勞動爭議仲裁庭，公司無法證明是女職工要求項目經理代簽的，最終裁決公司承擔未簽訂書面勞動合同的雙倍工資支付責任。項目經理好心卻辦了「壞事」，根據公司規章制度承擔了部分賠償責任。

關於勞動合同應當採用書面形式，《勞動法》已有明確規定，但因沒有規定相應的違法責任，致使實際勞動用工過程中許多用人單位不願與勞動者簽訂書面勞動合同的情況沒有根本改變。為了糾正書面勞動合同缺失引發的社會問題，《勞動合同法》規定用人單位負有訂立書面勞動合同的義務以及法律責任：

（1）用人單位在一個月內訂立書面勞動合同的責任與權利

對已建立勞動關係但未同時訂立書面勞動合同的，用人單位應當自用工之日起一個月內訂立書面勞動合同。

自用工之日起一個月內，經用人單位書面通知後，勞動者不與用人單位訂立書面勞動合同的，用人單位應當書面通知勞動者終止勞動關係，無須向勞動者支付經濟補償，但應當依法向勞動者支付其實際工作時間的勞動報酬。其中的「用工」，包括用人單位首次招錄勞動者情形，如包括勞動合同期滿後用人單位再次續聘勞動者的情形。

（2）用人單位在滿一年內不訂立書面勞動合同的責任和權利

自用工之日起超過一個月不滿一年未與勞動者訂立書面勞動合同的，用人單位應當依照《勞動合同法》規定向勞動者每月支付兩倍的工資，並與勞動者補訂書面勞動合同。

勞動者不與用人單位訂立書面勞動合同的，用人單位應當書面通知勞動者終止勞動關係，並支付經濟補償。

（3）用人單位超過一年內不訂立書面勞動合同的法律責任

自用工之日起滿一年未與勞動者訂立書面勞動合同的，用人單位自用工之日起滿一個月的次日至滿一年的前一日應當依法向勞動者每月支付兩倍的工資，並視為自用工之日起滿一年的當日已經與勞動者訂立無固定期限勞動合同，應當立即與勞動者補訂書面勞動合同。

在勞動司法實踐中，因未訂立書面勞動合同而由用人單位支付雙倍工資的，實際支付最長計算週期為十一個月。同時，「二倍工資」中加付的一倍工資並不屬於勞動報酬，勞動者申請仲裁的時效為一年，並按日分別計算仲裁時效。從勞動者主張權利之日起向前倒推一年。對超過仲裁時效一年的二倍工資主張，勞動司法部門將不予支持。

【律師提示】 用人單位不承擔未簽訂書面勞動合同法律責任的情形

簽訂書面勞動合同系用人單位的法定義務，但確系不可歸責於用人單位的原因導致未簽訂書面勞動合同，勞動者因此主張二倍工資的，可不予支持。下列情形一般可認定為「不可歸責於用人單位的原因」：①用人單位有充分證據證明勞動者利用主管人事等職權故意不簽訂勞動合同的；②工傷職工在停工留薪期內的，女職工在產假期內或哺乳假內的，職工患病或非因工負傷在病假期內的，因其他客觀原因導致用人單位無法及時與勞動者簽訂勞動合同的。

用人單位人事管理部門負責人或主管人員向用人單位主張未簽勞動合同二倍工資，如用人單位能夠證明訂立勞動合同屬於該人事管理部門負責人或主管人員工作職責的，不予支持。人事管理部門負責人或主管人員有證據證明向用人單位提出簽訂勞動合同，而用人單位予以拒絕的除外。

3. 勞動合同內容合法

勞動合同的內容是指根據勞動合同勞動者與用人單位雙方所享有的權利和承擔的義務。一般情況下，勞動合同的內容由雙方當事人平等協商確定，但為了保護勞動者的基本權益，勞動合同內容不得違反法律對用人單位基準勞動義務和特殊勞動群體的從業範圍限制的強制性規定。

在實踐中，用人單位濫用勞動合同擬定優勢，制訂顯失公平條款以損害勞動者權益的社會問題十分突出。根據勞動法的規定，在試用期、工作時間、工資待遇、勞動保護、經濟補償金、違約金、社會保險、工傷待遇等方面都做出了強制性規定。它包含兩個方面：一是合同約定用人單位承擔的勞動義務，不得低於勞動法規定的最低標準；二是合同約定用人單位的勞動權利，不得超過勞動法所規定的最高標準和範圍。若勞動合同中有用人單位承擔的勞動義務與國家法律所規定的強制性規定相抵觸，則導致合同全部或者部分無效。

4. 勞動行為合法

勞動行為是雙方當事人權利義務共同指向的對象，也是勞動法律關係的客體。勞動行為是勞動者為完成用人單位任務而支出的勞動力的活動。勞動合同要約定勞動者所提供的勞動行為，如工作崗位、主要職責等。勞動行為不但涉及勞動者和用人單位雙方的切身利益，也涉及社會第三人的利益。因此，勞動行為的實施不得損害任何一方當事人合法利益、社會利益和國家利益。勞動行為反應了當事人的主觀意願，不法的勞動行為表明了當事人惡意的主觀目的。違法勞動行為，不僅實現不了勞動合同目的，反而要受到法律制裁。

【案例評析】該勞動合同無效。《勞動合同法》第八條規定：用人單位有權瞭解勞動者與勞動合同直接相關的基本情況，勞動者應當如實說明。在本案中，外銷員資格證屬於與勞動合同直接相關的基本情況，作為勞動者應當如實說明。但劉某違反了誠實信用原則即未履行如實說明的義務，對用人單位存在詐欺行為。根據《勞動合同法》第二十六條規定，該勞動合同不具有法律效力，不受法律保護。

二、勞動合同的內容

勞動合同內容，是指勞動關係主體之間約定並通過勞動合同條款予以確定的勞動權利與勞動義務。

勞動合同內容，既要符合雙方當事人的實際情況，也要遵守勞動法律規定。為了規範和指引當事人訂立勞動合同，勞動法將勞動合同條款分為必備條款和約定條款兩類。必備條款又稱法定條款，是法律規定勞動合同中必須約定或者說明的事項；約定條款是根據實際情況由當事人自由商定勞動合同內容的條款。

(一) 勞動合同的必備條款

（1）用人單位的名稱、住所和法定代表人或者主要負責人。確定勞動合同主體身分必要信息，不但有利於勞動合同的履行，而且也為將來勞動合同發生爭議提起勞動仲裁和訴訟提供便利條件。

（2）勞動者的姓名、住址和居民身分證或者其他有效身分證件號碼。其法律意義與上述相同。

（3）勞動合同期限。勞動合同期限條款是指勞動合同的起始終止日期，包括勞動者的試用期和正式期。由用人單位和勞動者依照法律規定進行確定。勞動合同期限約定方式包括固定期限、無固定期限和以完成一定工作任務為期限三種。

（4）工作內容和工作地點。工作內容是指勞動者具體從事什麼種類、什麼內容的工作，主要包括勞動者的工作種類、具體職位以及該職位要完成的主要工作任務，以及應當達到的數量和質量指標。工作地點是指勞動者履行勞動義務的地點，工作地點對於勞動者來說意味著工作環境，涉及勞動者的切身利益。

（5）工作時間和休息休假。工作時間是勞動者接受用人單位安排用於完成勞動任務的時間。工作時間包括每日工作小時數和每週工作的天數。中國勞動法對工作時間做出限制規定，用人單位安排工作時間不得與法律相抵觸。休息時間是勞動者在任職期間，不必從事生產和工作而自行支配的時間，是保障勞動者恢復體力、業務學習、參加社會活動和料理家務等必要的時間。根據實際情況，中國制定了一個工作日內的休息時間、兩個工作日之間的間隔休息時間、休息日、法定休假日和加班加點時間等勞動法律制度。

（6）勞動報酬。勞動報酬是指用人單位根據法律規定和勞動合同約定，以貨幣形式直接支付給勞動者的報酬。工資是勞動報酬最重要的組成部分，是工薪勞動者的基本生活來源，是勞動者最關心問題。勞動報酬條款應當約定具體數額、發放時間和發放形式以及病假期間的工資待遇等。勞動報酬條款規定得越詳盡具體越有利於保護勞動者權益。

（7）社會保險。社會保險是勞動法對勞動者建立的在其生、老、病、死、傷、失業以及生活發生其他困難時，國家給予物質幫助制度。社會保險包括養老保險、疾病保險、失業保險、工傷保險和生育保險，它涉及勞動者重大利益，是用人單位和勞動者的法定義務。

（8）勞動保護、勞動條件和職業危害防護。它涉及勞動者生產工作時的安全和健康，是勞動者權益保護的重要內容。國家要求用人單位在提供勞動條件、防止工傷事故、預防職業病、加強女職工和未成年工的特殊保護必須採取各種組織措施和技術措施，為勞動者安全和健康提供基本保障。勞動者可以在勞動合同中約定較高的勞動保護標準，以更好地保護勞動者的健康權及相關權益。

（9）法律、法規規定應當納入勞動合同的其他事項。

（二）勞動合同約定條款

約定條款主要包括試用期、培訓、保守秘密、競業限制、補充保險和福利待遇等其他事項。約定條款體現了用人單位與勞動者的意思自治，但應以不違反法律規定為前提，並經過雙方當事人平等自願協商一致。

對於用人單位的多餘人員、放長假的職工、長期被外單位借用的人員、帶薪上學人員、請長病假的職工、經批准的停薪留職人員以及其他非在崗但仍保持勞動關係的人員，用人單位應當依據《勞動部關於〈勞動法〉的若干意見》規定與其簽訂勞動合同，勞動合同條款可以與在職勞動者的勞動合同有不同規定。

三、勞動合同的生效時間

勞動合同的生效時間，是指勞動合同產生法律約束力的起止時間。

勞動合同由用人單位與勞動者依法協商一致，並經用人單位與勞動者在勞動合同

文本上簽字或者蓋章時生效。《勞動合同法》關於勞動合同生效時間的規定，可以看出其與勞動合同的成立時間是一致的，這與民事合同生效成立時間的規定不同。

> 【律師提示】　　勞動合同的生效時間與勞動關係的建立時間
>
> 勞動合同生效時間是以勞動者與用人單位在勞動合同文本上簽章時間為準。勞動關係的建立時間是以用人單位的實際用工為標誌。因此，勞動合同生效時間與勞動關係的建立時間是兩個不同的法律概念，對勞動者和用人單位產生不同的法律後果。它們在時間上可能同步，也可能出現差異。勞動關係的建立可能在勞動合同訂立之前發生，也可能在勞動合同訂立時同時發生，還可能出現在勞動合同生效之後。

第三節　用人單位基準勞動義務

用人單位基準勞動義務是指國家法律規定的用人單位在勞動用工過程中承擔的強制性法律義務。雖然勞動合同由用人單位與勞動者雙方共同協商確定，但實際上勞動合同幾乎都是由用人單位事先擬定的格式合同。在很多情況下，這些合同僅考慮用人單位的權益及其保護，沒有顧及勞動者權利和需求。換言之，就是用人單位濫用勞動合同擬定優勢，減輕或規避自己勞動法律責任，不合理增加勞動者的義務。為了平衡勞動關係，實現對勞動者基本勞動權利的保護，國家規定了用人單位基準勞動義務，也成為單位人力資源管理的「紅線」。

> 【案例討論】張某是武漢某職業學院的勞動合同工，從事文秘工作。張某大學畢業後就到該單位上班，雙方初次簽訂了2年期的勞動合同。2017年7月其勞動合同期滿後，雙方同意續簽勞動合同。當張某審查新勞動合同條款時，發現該份合同中與第一份勞動合同一樣，其中包括試用期2個月的規定。張某感到有些奇怪，在本單位都工作了2年，雙方應當非常瞭解彼此實際情形，還有約定試用期的必要嗎？於是，向身邊的其他勞動合同工瞭解，大家都一樣。張某感覺再次約定試用期，不但會降低其勞動待遇，而且使其擁有的勞動關係處於非穩定狀態。
>
> 在本案中，用人單位續簽勞動合同時可以再次約定試用期嗎？

一、關於勞動合同試用期的基準規定

試用期是用人單位和勞動者為相互瞭解、選擇而約定的考察期。通過試用期考驗對方所提供的勞動行為和勞動條件等是否符合當事人要求的時期，是雙方確立正式勞動關係的考查期。試用期屬於勞動合同期限，但相對於正式期而言，勞動者的試用期工資較低且勞動關係不穩定，對勞動者而言極為不利。為了防止用人單位多次約定試用期或者約定超長試用期，損害勞動者基本權益，《勞動合同法》對試用期約定的長度、次數和禁止情形等做出了強制規定：

（1）對勞動合同最長試用期的限制。勞動合同期限三個月以上不滿一年的，試用期不得超過一個月；勞動合同期限一年以上不滿三年的，試用期不得超過二個月；三年以上固定期限和無固定期限的勞動合同，試用期不得超過六個月。

（2）對勞動合同試用期約定次數的限制。同一用人單位與同一勞動者只能約定一次試用期。換言之，用人單位與勞動者續簽勞動合同、改變工作崗位或者工種的，不得再次約定試用期。

（3）禁止約定試用期的情形。《勞動合同法》規定，下列三種情形不得約定試用期：一是以完成一定工作任務為期限的勞動合同；二是勞動合同期限不滿三個月的；三是非全日制勞動合同。

《勞動合同法》還明確規定，試用期包含在勞動合同期限內。勞動合同只約定試用期的，試用期不成立，該期限為勞動合同期限。違法約定試用期已經履行的，勞動部門責令改正，並以勞動者轉正期的月工資標準和超過法定試用期限的期間計算向勞動者支付賠償金。

【法律連結】　　　　　　學徒期、見習期與試用期

《勞動部辦公廳對〈關於勞動用工管理有關問題的請示〉復函》規定：「學徒期是對進入某些工作崗位的新招工人熟悉業務、提高工作技能的一種培訓方式。學徒期按照技術等級標準規定的期限執行，並可以和試用期同時約定在勞動合同中。見習期是指大中專、技校畢業生新分配到用人單位工作的，執行為期一年的見習期制度。見習期內可以約定不超過半年的試用期。」

《關於貫徹執行〈中華人民共和國勞動法〉若干問題的意見》規定：「勞動者與用人單位形成或建立勞動關係後，試用、熟練、見習期間，在法定工作時間內提供了正常勞動，其所在的用人單位應當支付其不低於最低工資標準的工資。」

二、關於試用期最低工資的基準規定

試用期和轉正期是勞動合同履行過程中兩個不同的階段。一般情況下，轉正期的勞動者基於業務的熟練能為單位創造更多的價值，理應獲得更高的勞動報酬。因此，用人單位在與勞動者商定勞動合同的試用期工資與轉正期工資存在明顯差異。為了降低用工成本，有些用人單位不但延長試用期，而且還惡意降低試用期工資，將試用期變成勞動力的超級廉價期。

為了保障勞動者在試用期取得合理數額的工資報酬，以維護勞動者基本生活需要，《勞動合同法》第二十條對試用期工資做出了強制性規定。為了便於操作，《勞動合同法實施條例》第十五條規定：用人單位在試用期內支付勞動者工資不得低於本單位相同崗位最低檔工資的80%或者勞動合同約定工資的80%，並不得低於用人單位所在地的最低工資標準。其中，用人單位在試用期內支付勞動者工資不得低於本單位相同崗位最低檔工資的80%，主要是指在勞動合同中沒有約定工資標準。關於試用期工資的計算，以勞動者完成正常工作量的工資標準進行計算。

【案例連結】　　　　　　　　試用期工資標準

大學畢業的青某受聘於太原市某雙語幼兒園，雙方簽訂2年期的勞動合同，其中，合同約定崗位工資4,800元，試用期2個月，試用期工資1,600元。學習《勞動合同法》後，青某對試用期工資表示了異議。《勞動合同法》規定「用人單位在試用期內支付勞動者工資不得低於本單位相同崗位最低檔工資或者勞動合同約定工資的百分之八十，並不得低於用人單位所在地的最低工資標準」。青某的試用期工資雖然高於當地最低工資，但低於勞動合同約定工資百分之八十。鑒於青某的工作表現和《勞動合同法》的規定，幼兒園主動向青某補發了工資差額。

三、關於禁止收取勞動者定金、抵押物的規定

為了限制勞動者離職或者勞動者失職損害時獲得賠償優勢,甚至轉移單位生產經營風險,用人單位常在勞動合同訂立時或履行時收取勞動者定金、保證金或者抵押物等。用人單位收取勞動者的定金、保證金或者抵押物等行為,不但違反了勞動者的意願,還更多地限制了勞動者的擇業權和人身自由,有失公正。

訂立勞動合同時,用人單位不得以任何形式向勞動者收取定金、保證金(物)或抵押金(物)。這是《關於貫徹〈勞動法〉若干問題的意見》《勞動合同法》等先後對用人單位做出的禁止性規定。在勞動合同訂立時,無論勞動者是否同意,用人單位都不得違反法律規定收取勞動者的定金、保證金(物)或者抵押(物)。用人單位違反此項義務的,勞動行政部門有權責令用人單位限期退還給勞動者本人並予以行政處罰。

在勞動合同履行期間,用人單位能否收取抵押金問題,原勞動部辦公廳、國家經貿委辦公廳在《對「關於用人單位要求在職職工繳納抵押性錢款或股金的做法應否制止的請示」的復函》做出了答復,即「全民所有制企業在勞動合同履行過程中,根據經營管理需要,應當按照職工本人意願收取風險抵押金」。換言之,在勞動合同履行期間用人單位收取抵押金時應當符合三個要求:①屬於全民所有企業;②應尊重職工意願;③單位經營管理需要。

【案例評析】單位約定試用期的做法是違反法律規定的。因為根據勞動法律的規定,同一用人單位與同一勞動者只能約定一次試用期,即用人單位與勞動者續簽勞動合同時,不得再次約定試用期。在本案中,用人單位與勞動者同意續簽勞動合同,屬於禁止再次約定試用期的情形。用人單位再一次約定試用期的做法,不但違反勞動者意願,而且也違反了法律強制性規定。根據法律規定,該條款屬於無效條款。對此,勞動者有權向勞動行政管理部門申訴並要求責令用人單位整改。

四、關於訂立無固定期限勞動合同的規定

勞動合同分為固定期限勞動合同、無固定期限勞動合同和以完成一定工作任務為期限的勞動合同。一般情況下,用人單位與勞動者經協商一致可以選擇簽訂不同期限的勞動合同。勞動就業實踐表明,用人單位與勞動者建立長期穩定的勞動關係,不但防止了單位勞動用工短期化,而且還有利於企業生產經營,有利於勞動者的職業規劃和生活穩定。在選擇勞動合同期限時,用人單位應當遵守強制性規定。

(一)用人單位訂立無固定期限勞動合同義務的法定情形

《勞動合同法》第十四條規定,有下列情形之一的,勞動者提出或者同意、續訂勞動合同的,除勞動者提出訂立固定期限勞動合同外,用人單位應當訂立無固定期限勞動合同:

(1)勞動者在該用人單位連續工作滿十年的。其中,「連續工作滿10年」的起始時間,應當自用人單位用工之日起計算,包括勞動合同法施行前的工作年限。

(2)用人單位初次實行勞動合同制度或者國有企業改制重新訂立勞動合同時,勞動者在該用人單位連續工作滿十年且距法定退休年齡不足十年的。

(3)連續訂立二次固定期限勞動合同,且勞動者沒有本法第三十九條和第四十條

第一項、第二項規定的情形，續訂勞動合同的。關於連續訂立固定期限勞動合同的次數，《勞動合同法》第九十七條規定，應自本法施行後續訂固定期限勞動合同開始計算。

（4）法律規定的其他情形。

用人單位自用工之日起滿一年不與勞動者訂立書面勞動合同的，視為用人單位與勞動者已訂立無固定期限勞動合同，並補簽該勞動合同。

在勞動司法中，對用人單位在勞動合同不約定期限的，視為合同沒有固定期限，按照無固定期限勞動合同處理勞動糾紛。

（二）用人單位違反訂立無固定期限勞動合同義務的法律責任

用人單位依法應當簽訂而不與勞動者訂立無固定期限勞動合同的，自應當訂立無固定期限勞動合同之日起向勞動者每月支付二倍的工資。勞動司法實踐，對於連續訂立兩次固定期限的勞動合同且第二次勞動合同期限屆滿的，用人單位無權以第二次勞動合同期限屆滿為由而終止勞動合同，但下列兩種情形除外：①雙方協商一致終止勞動合同的；②勞動者沒有提出或同意續訂勞動合同的。不符合前述除外情形，用人單位以合同期限屆滿為由直接終止勞動關係的，視為違法終止勞動合同行為。對此，用人單位應當按照《勞動合同法》第八十七條規定經濟補償標準的二倍向勞動者支付賠償金。

【案例連結】　　　　　華為萬名員工「集體辭職」事件

華為技術有限公司是全球領先的信息與通信技術（ICT）解決方案供應。2007年9月，華為公司要求單位工作滿8年的近萬名員工「先辭職再競崗」的事件，成為中國勞動就業領地的「大地震」。華為公司要求，員工主動向公司提交辭職申請，在達成補償協議後，再競爭上崗，與公司重新簽訂新的勞動合同，且必須在2008年1月1日《勞動合同法》實施前完成。華為公司管理人員認為企業生命力來源於勞動力的流動，而即將實施的《勞動合同法》關於「勞動者在該用人單位連續工作滿十年的或連續訂立二次固定期限勞動合同，續訂勞動合同的，應當訂立無固定期限的勞動合同」的規定，滋生企業人力資源的「惰性」，不利於企業的發展。勞動法律人士認為，華為公司此舉將「老員工」變成「新員工」的人力資源管理行為是對《勞動合同法》的誤解，也有逃避社會責任之嫌。

五、關於約定勞動者承擔違約金的限制性規定

勞動合同違約金是勞動合同當事人不履行或者不完全履行勞動合同時，向對方支付一定數額的金錢或者其他財物。從性質上講，違約金可分為賠償性違約金和懲罰性違約金。違約金條款可以適用於勞動合同雙方當事人，對勞動合同的正常履行起著重要的保障作用。在勞動用工實踐中，用人單位更多地通過勞動合同約定「天價」違約金，限制勞動者的擇業權和人身自由。

為了保障勞動者的擇業權，《勞動合同法》規定，除法律允許約定勞動者承擔違約金的情形外，用人單位不得另外約定由勞動者承擔違約金的其他情形。為了便於具體操作，對勞動者承擔違約金的情形和最高金額還做出了限制性規定：

（1）勞動者違反服務期承擔違約金情形。用人單位為勞動者進行專業技術培訓並提供專項培訓費用，可以約定服務期。勞動者違反服務期約定的，應當按照約定向用人單位支付違約金。違約金的數額不得超過用人單位提供的培訓費用。用人單位要求

勞動者實際支付的違約金不得超過服務期尚未履行部分所應分攤的培訓費用。人力資源管理應當注意：①該培訓費用應當有支付憑證，企業自身內部員工培訓成本，不能構成培訓費用；②勞動者因用人單位過錯而依法解除勞動合同的，不屬於違反服務期的約定，用人單位不得要求勞動者支付違約金。

（2）勞動者違反競業限制承擔違約金情形。對負有保密義務的勞動者，用人單位可以在勞動合同或者保密協議中與勞動者約定競業限制條款。勞動者違反競業限制約定的，應當按照約定向用人單位支付違約金。競業限制影響到勞動者的就業權和生存權，實際運用時應符合以下法律要求：

①適用主體的限制。競業限制主體限於用人單位的高級管理人員、高級技術人員和其他負有保密義務的人員。根據《公司法》的規定，高級管理人員包括公司經理、副經理、財務負責人、董事會秘書和公司章程規定的其他人員。

②從業範圍的限制。在解除或者終止勞動合同後，負有競業限制的勞動者不得到與本單位生產或者經營同類產品、從事同類業務的有競爭關係的其他用人單位工作，或者自己開業生產、經營同類產品、從事同類業務。

③競業期限的限制。競業限制期限，在解除或者終止勞動合同後不得超過二年。

④用人單位支付經濟補償義務。在解除或者終止勞動合同後，在競業限制期限內按月給予勞動者經濟補償。在勞動用工實踐中，用人單位提前按期或一次性支付勞動者競業限制補償金且未對勞動者造成不利的，不屬於違法情形。

【律師提示】　　　　競業限制的經濟補償金標準

《最高人民法院關於審理勞動爭議案件適用法律若干問題的解釋（四）》規定，當事人在勞動合同或者保密協議中約定了競業限制，但未約定解除或者終止勞動合同後給予勞動者經濟補償，勞動者履行了競業限制義務，要求用人單位按照勞動者在勞動合同解除或者終止前十二個月平均工資的30%按月支付經濟補償的，人民法院應予支持。因此計算的經濟補償金低於勞動合同履行地最低工資標準的，按照勞動合同履行地最低工資標準支付。

六、關於工作時間與休息時間的強制性規定

用人單位出於生產經營和成本考慮，往往通過勞動合同約定或者行政管理權隨意安排勞動者加班加點，擠占勞動者基本休息時間，損害勞動者的人身健康。為了保障勞動者的休息權和身體健康，勞動法對用人單位在勞動合同中約定勞動者工作時間和休息休假進行了限制性規定，即對加班時間長度、加班勞動報酬、加班法定情形和辦理加班手續等做出了強制性規定。對此，本書第四章和第五章予以闡述。

七、關於用人單位義務的其他強制性規定

關於用人單位勞動義務的其他強制規定主要有：最低工資義務、對女職工和未成年工的特殊保護義務、勞動安全衛生義務、工傷期間職工待遇和醫療期間職工待遇義務等。對此，本書相關章節予以介紹。

【案例連結】　　單位違反支付義務導致競業限制協議被勞動者解除案

2014年7月，高級工程師趙博士應聘到北京某電力設備製造有限公司（以下簡稱公司），從事電力設備市場售前技術支持工作，並擔任公司行銷部副總經理。對此，雙方簽訂

了勞動合同。同時，為了公司保密和市場競爭的需要，還與公司其他高層管理人員一樣，趙博士與公司達成了「競業限制協議」。根據「競業限制協議」規定，趙博士在離開公司後2年內，「不得組建、參與組建、參股或者受雇於從事電力設備的生產經營企業以及其他與其密切關聯的企業。」在競業限制期間，公司每月支付趙博士1,500元的經濟補償金；在競業期間違反競業限制義務的，趙某應向公司支付違約金10萬元和損害賠償金。

2016年7月，雙方勞動合同到期，公司提出續簽合同，趙博士表示了拒絕。離職後，趙博士應聘到當地某高校從事教研工作。2017年3月，銀行帳戶顯示電力設備公司停止支付趙博士的經濟補償金。趙博士要求電力公司履行合同義務，但公司沒有給予相關答復，趙博士次月通知公司解除雙方競業限制協議。同年6月，趙博士應聘到北京某科技服務中心作兼職技術顧問，該中心與電力設備公司有業務競爭關係。在發現趙博士違反了競業限制義務後，電力設備公司認為其行為損害了公司合法利益。公司立即向勞動爭議仲裁委員會提起仲裁申請，要求趙博士支付違約金、賠償金和停止侵權。

2017年8月，勞動仲裁庭依法審理案件後認為，競業限制的主要內容是指用人單位的勞動者在其任職期間和離職後的約定期間，不得從事與原單位有競業競爭關係的工作，以保護單位的商業秘密不受侵犯。競業限制協議是雙務合同，除了勞動者承擔相關義務外，用人單位還應當向勞動者支付經濟補償金。在本案中，雖然趙博士有違反競業限制事實，但公司違反競爭限制義務在先。依據法律規定，趙博士解除競業限制協議符合法律規定，屬於合法行為。根據《中華人民共和國勞動合同法》第二十四條和相關法律規定，支持趙博士的解除競業限制協議的主張，駁回申請人電力設備公司的各項勞動仲裁請求。

第四節　無效勞動合同

勞動合同訂立後，其效力狀態可能是有效勞動合同，也有可能是無效勞動合同。有效勞動合同，通過雙方當事人的履行合同義務，即能實現當事人訂立合同所追求的目的；無效勞動合同不受法律保護，不但不會實現當事訂立勞動合同的目的，還會對過錯一方當事人產生不利的勞動法律責任。

一、無效勞動合同

無效勞動合同，是指勞動合同雖然經用人單位與勞動者協商一致，但不具有勞動法律所規定的生效條件，自始不發生法律效力的勞動合同。

無效勞動合同的特徵表現為：該合同已經成立，但存在違法性，即違反了勞動法的義務性規定和禁止性規定；該合同從訂立時起就沒有法律約束力。

無效勞動合同可能是整個勞動合同無效，也可能是勞動合同部分條款無效。

【律師提示】　　　勞動合同與民事合同效力狀態比較

勞動合同屬於民事合同範疇，但因其受勞動法的強烈干預和勞動者對用人單位的人身依賴屬性，勞動合同作為特殊的民事合同而由勞動法進行調整。《勞動合同法》與《中華人民共和國合同法》（以下簡稱《合同法》）關於二者的效力狀態有不同的規定。《合同法》規定民事合同效力狀態有四種情形，即有效合同、無效合同、可撤銷可變更合同和效力待定合同等；《勞動合同法》規定只有兩種情形，即有效勞動合同和無效勞動合同。

二、無效勞動合同的法定情形

關於無效勞動合同,《勞動法》和《勞動合同法》都做出了規定。《勞動合同法》第二十六條規定,勞動合同無效或者部分無效的情形:

(1) 以詐欺、脅迫的手段或者乘人之危,使對方在違背真實意思的情況下訂立或者變更勞動合同的

其中,詐欺是指一方當事人故意捏造虛假情況或者故意隱瞞真實情況,使對方陷入錯誤認識與之訂立勞動合同;脅迫是指以現實或者將來的危害使他人陷入恐懼而簽訂的勞動合同;乘人之危是指一方當事人利用對方處於危難境地為謀取不正當利益使對方違背真實意願所訂立的勞動合同。這些情形都違反了勞動合同訂立的自願原則和誠實信用原則。

(2) 用人單位免除自己的法定責任、排除勞動者權利的

勞動合同的首要原則是公平原則。公平原則要求當事人權利與義務的一致性,享有權利必須承擔相應的義務。任意減少對方基本權利,免除自身法定義務,顯然違反公平原則。在勞動合同訂立過程中,用人單位常利用優勢地位,利用勞動合同免除或者減輕自己的法定義務,排除勞動者的權利。為了保護勞動者的權益,對此《勞動合同法》明確規定為無效。

(3) 違反法律、行政法規強制性規定的

法律、行政法規中存在大量的對勞動者基本權利、勞動保護、工作時間、工資待遇等方面的強制性規定,體現了國家對勞動者保護的基本要求。同時,國家也會根據社會的變化隨時調整相關強制性規定的範圍和標準。當勞動合同內容違反了這些強制性規定,就會導致勞動合同無效或者部分無效。

三、無效勞動合同的認定機關

對於勞動合同是否有效存在爭議的,其效力認定主體不在於用人單位或者勞動者單方。

對勞動合同的無效或者部分無效有爭議的,由勞動爭議仲裁機構或者人民法院確認。其中,經仲裁未引起訴訟的,由勞動爭議仲裁機構認定;經仲裁又提起訴訟的,由人民法院認定。

【案例連結】　　　　禁止婚戀的勞動合同條款無效

大學畢業的女孩程某與寧波某貿易公司簽訂了2年期的勞動合同,擔任公司辦公室的公關經理工作。其勞動合同除了約定工資待遇、工作要求等條款外,還明確規定:「因單位工作特別需要,在合同期限內,勞動者承諾不戀愛和不結婚。否則,公司有解除勞動合同的權利。」工作一年後,程某因雙方父母催婚,於是與男朋友辦理了結婚手續。2個月後,公司得知此事,遂根據勞動合同約定解除了與程某的勞動合同。程某不服,向當地勞動爭議仲裁委員會提起仲裁。仲裁庭審理查明,勞動合同中不戀愛不結婚條款違反了中國《憲法》《婚姻法》關於結婚自由的規定,也違反了勞動法的強制性規定,應屬於無效條款。對此,用人單位應當承擔過錯責任,賠償程某因此所遭受的經濟損失。

四、無效勞動合同的法律後果

（1）勞動合同部分無效，不影響其他部分效力的，其他部分仍然有效。

（2）勞動合同被確認無效，勞動者已付出勞動的，用人單位應當向勞動者支付勞動報酬。其勞動報酬的數額，參照本單位相同或者相近崗位勞動者的勞動報酬確定。

（3）因無效勞動合同造成損失的，由過錯方承擔賠償責任。雙方均有過錯的，各自承擔相應的賠償責任。

（4）法律、法規所規定的其他責任。如用人單位使用童工的，除承擔勞動合同無效的民事責任外，用人單位還要承擔行政責任和刑事責任。

第五節　勞動合同履行、變更與終止

一、勞動合同履行

（一）勞動合同履行

勞動合同履行，是指在勞動合同生效後，雙方當事人按照勞動合同的約定，履行勞動義務，實現勞動權利的行為。依法訂立的勞動合同具有約束力，用人單位與勞動者應當履行勞動合同約定的義務。只有通過勞動合同的全面履行，才能實現當事人訂立勞動合同的目的。對勞動合同履行的管理，是人力資源管理的最核心工作，是勞動者工作報酬最主要的依據。

（二）勞動合同履行原則

【案例討論】某培訓中心因業務需要，高薪聘請一名會計專業的講師擔任資格考試培訓教師。曾在高校任教的陶女士認為該招聘符合自身條件，遂前往應聘。根據陶女士提供的個人材料和面試，培訓中心感覺滿意，並要求陶女士立即上班，以頂替剛剛出國的趙老師的工作。由於事急，雙方都未談及工資，也未簽訂勞動合同。上完一個月班後，陶女士到培訓中心財務處領取工資時，發現其他同樣職稱的老師領取課酬是200元/節，而自己的則是80元/節。根據財務處工作人員的解釋，試用期間課酬標準80元/節，是單位新制定實施的工資標準。陶女士未與單位簽訂勞動合同，沒有特別的約定，因此按照該標準發放。面對培訓中心的解釋，陶女士覺得單位不夠誠信，遂向當地勞動爭議仲裁委員會申請勞動仲裁。

根據勞動法規定，你認為勞動仲裁庭會如何裁決？

為了保障勞動合同訂立目的的實現，勞動合同履行應當遵循以下原則：

（1）親自履行原則。勞動合同是特定當事人之間雙向選擇、協商一致的結果。無論是勞動者還是用人單位，雙方都為建立勞動關係進行了一定的考查和評估，並建立了勞動合同的信賴基礎。對於用人單位而言，勞動合同的親自履行直接關係到勞動者的工作環境和相關待遇；對於勞動者而言，勞動合同的親自履行直接關係到勞動的質量，因為勞動的人身依附性讓勞動者及其所提供的勞動具有不可分性。勞動義務由當事人本人親自履行，不允許請人代為履行。

(2) 實際履行原則。法律和勞動合同另有規定或者客觀上已不能履行的除外，當事人應當按照勞動合同的規定完成勞動義務，不能以履行其他義務來代替勞動合同約定義務的履行。

(3) 全面履行原則。它是實際履行原則的補充和發展，即勞動合同雙方當事人除按照勞動合同規定的義務履行外，還要按照勞動合同規定的時間、地點、方式，按質按量地履行全部義務。《勞動合同法》第二十九條規定：用人單位與勞動者應當按照勞動合同的約定，全面履行各自的義務。

(4) 協作履行原則。即在勞動合同履行過程中，勞動者與用人單位應當相互協作，配合對方當事人來共同完成勞動合同所規定的義務。任何一方當事人在履行勞動合同遇到困難時，另一方都應當依據勞動合同給予幫助，以便對方全面履行勞動合同。

(三) 勞動合同約定不明確的履行規則

勞動合同對當事人義務約定不明確或者未作約定的，法律允許當事人協議補充。不能達成協議的，按相關法律規定履行。

(1) 關於新進勞動者待遇約定不明確的。用人單位未在用工的同時訂立書面勞動合同，與勞動者約定的勞動報酬不明確的，勞動者的勞動報酬按照集體合同規定的標準執行；沒有集體合同或者集體合同未規定的，實行同工同酬。

(2) 關於勞動報酬和勞動條件等標準約定不明確的。其引發爭議的，用人單位與勞動者可以重新協商；協商不成的，適用集體合同規定；沒有集體合同或者集體合同未規定勞動報酬的，實行同工同酬；沒有集體合同或者集體合同未規定勞動條件等標準的，適用國家有關規定。

(3) 關於未約定勞動合同期限的。《勞動合同法》第三十九條規定：用人單位自用工之日起滿一年不與勞動者訂立書面勞動合同的，視為用人單位與勞動者已訂立無固定期限勞動合同。

(4) 關於勞動合同履行地與用人單位註冊地不一致的。《勞動合同法實施條例》第十四條規定：勞動合同履行地與用人單位註冊地不一致的，有關勞動者的最低工資標準、勞動保護、勞動條件、職業危害防護和本地區上年度職工月平均工資標準等事項，按照勞動合同履行地的有關規定執行；用人單位註冊地的有關標準高於勞動合同履行地的有關標準，且用人單位與勞動者約定按照用人單位註冊地的有關規定執行的，從其約定。

(5) 勞動合同期滿後，勞動者仍在原用人單位工作的。在勞動合同期滿後，勞動者仍在原用人單位工作，原用人單位未表示異議的，視為雙方同意以原條件繼續履行勞動合同。

【案例連結】　　　　工資不明確，員工討說法

2016年6月，高職學院畢業的秦某等8人被某大型物流配送中心招聘為倉庫管理員，當其連續兩個月領取月工資1,500元時，與公司發生了工資爭議，原來招聘時公司多次承諾月基本工資為3,000元。由於雙方無法說服對方，於是請勞動管理部門出面調解。由於雙方沒有簽訂書面勞動合同，也沒有集體合同，勞動管理部門要求公司提供倉庫管理部門全體員工最近6個月的工資表。經核查該中心共有30名員工，最高工資是部門主管5,500元，其他倉庫管理員工資最高3,500元，最低的2,500元。經勞動管理部門出面調解，公司接受並按勞動者所稱月工資給付，同時雙方補簽了勞動合同書。

(四) 勞動合同履行中的勞動安全衛生規則

根據國家法律規定，在勞動合同履行過程中，用人單位有義務保護勞動者的人身安全和生命健康。用人單位不但要執行國家勞動安全衛生相關法律制度，而且還要完善單位相關技術規範和操作制度，採取切實措施，保護勞動者的權益。除勞動者負有勞動安全衛生注意義務外，在勞動合同履行過程中，用人單位還負有勞動安全衛生保障義務：

(1) 禁止強迫或者變相強迫勞動者加班。用人單位應當嚴格執行勞動定額標準，保障勞動者有足夠的休息時間，不得強迫或者變相強迫勞動者加班。

安排加班的，用人單位應當按照相關法律規定辦理手續；同時，應當按照國家有關規定向勞動者支付加班費。

(2) 禁止違章指揮、強令冒險勞動者作業。違章作業是指勞動現場管理人員要求勞動者違反規定制度和操作規程進行作業。強令冒險作業是指勞動現場管理人員違反法律規定和操作規程，強行命令勞動者從事不安全和容易引發危險的勞動。它們給勞動者人身安全和健康帶來了危險，直接損害了勞動者的權益。對此，勞動者拒絕違章指揮、強令冒險作業，不屬於違反勞動合同的行為，不承擔違約責任。

【案例評析】在本案中，單位制定實施的工資標準不符合法定程序，不具有法律效力。勞動合同對當事人義務約定不明確或者未作約定的，法律允許當事人協議補充。如果用人單位不能與陶女士就課酬達成協議的，則按相關法律規定履行。根據《勞動合同法》規定，用人單位未在用工的同時訂立書面勞動合同，與勞動者約定的勞動報酬不明確的，勞動者的勞動報酬按照集體合同規定的標準執行；沒有集體合同或者集體合同未規定的，實行同工同酬。因此，在沒有集體合同規定的情形下，單位應當實行同工同酬標準發放其課酬。

二、勞動合同的變更

(一) 勞動合同主體的變更

在勞動合同履行過程中，由於各方面原因，勞動合同主體會發生變化。勞動合同主體的變化從法理上講應當包括勞動者與用人單位雙方的變更。根據勞動合同勞動者親自履行原則和勞動力人身依附特點，凡勞動者一方變更會對勞動合同的履行產生實質影響，意味著勞動合同的終止。但用人單位本身或者其生產經營方式會發生變化，雖然對勞動合同的繼續履行產生影響，但依據法律規定不會直接導致勞動合同的終止。為了保護勞動者的權益，勞動法規定了用人單位主體變化的勞動合同履行規則：

(1) 用人單位變更名稱、法定代表人、主要負責人或者投資人等事項，不影響勞動合同的履行。因為這些變化不但是非實質性的變化，而且不實質影響用人單位對勞動合同的繼續履行。因此，用人單位發生這些變化並不影響用人單位作為勞動合同一方主體的有效性，該勞動合同繼續有效，雙方當事人應當本著誠實信用原則繼續履行該勞動合同。

【案例連結】　　　　勞動合同不受法定代表人變更的影響

伍某是某房地產發展有限公司的售樓部經理，約定月薪 6,000 元，並與公司簽訂 2 年期的書面勞動合同。該合同簽訂時，由當時的公司法定代表人劉某簽字，但沒有加蓋公章。在勞動合同的最後半年，公司人事變更，由新來的顧某擔任公司的法定代表人。在顧某上任時，遇到全球漫延的金融危機，於是顧某對公司進行改革，開源節流，其中一項重要措施就是對公司每位員工工資下調 30%。根據工資調整方案，伍某計算了一下，每月少領了

1,800元，會導致家庭經濟陷入困難。伍某找顧某反應情況，說明困難，但顧某說「一朝天子一朝臣，原來的勞動合同是劉某簽的，應由劉某負責」。

張某不服，向當地勞動爭議仲裁委員會申請仲裁。仲裁庭審理認為，勞動合同簽訂後，公司法定代表人的更換，不影響原來簽訂的勞動合同。工資調整未徵得勞動者的同意屬於無效行為。根據《勞動合同法》第三十三條規定，公司應當按照原勞動合同約定標準向伍某補發所扣發的工資。

（2）用人單位發生合併或者分立等情況，原勞動合同繼續有效，勞動合同由承繼其權利和義務的用人單位繼續履行。合併是指用人單位與其他單位在組織上發生了融合，它包括吸收合併和新設合併兩種情況。分立是指一個單位分裂成兩個或者兩個以上的新單位，包括派生分立和新設分立兩種情況。根據法律規定，在用人單位合併、分立的情況下，原合同包括勞動合同繼續有效。合併或者分立後存續的單位或者新設的單位，承繼原勞動合同中的權利和義務，並繼續履行原勞動合同。用人單位發生分立或合併後，分立或合併後的用人單位也可依據其實際情況與原用人單位的勞動者遵循平等自願、協商一致的原則變更原勞動合同。

（3）租賃經營（生產）、承包經營（生產）的企業，所有權並沒有發生改變，法人名稱未變，在與職工訂立勞動合同時，該企業仍為用人單位一方。依據租賃合同或承包合同，租賃人、承包人如果作為該企業的法定代表人或者該法定代表人的授權委託人時，可代表該企業（用人單位）與勞動者訂立勞動合同。新簽勞動合同之前，原勞動合同繼續有效。在原勞動合同基礎上新簽勞動合同的，租賃人、承包人不得降低或者損害勞動者的權益。

（4）派出到合資、參股單位的職工如果與原單位仍保持著勞動關係，應當與原單位簽訂勞動合同，原單位可就勞動合同的有關內容在與合資、參股單位訂立勞務派遣合同時，明確職工的工資、保險、福利、休假等有關待遇。

【律師提示】　　　　勞動合同與規章制度的關係
用人單位的規章制度是對用人單位內部全體人員的規定；勞動合同是用人單位與勞動者就個別勞動關係所做的約定。特定人之間的約定，只要不違反法律法規的強制性規定，則優於其他針對群體人之間的約定。用人單位不得以規章制度單方面修訂來變更已經訂立的勞動合同，即所謂「規章不破合同」。當確因生產經營管理需要而變更勞動者權益或添加勞動者義務的，用人單位可以依法協商達成變更勞動合同的補充協議。

（二）勞動合同內容變更

【案例討論】在一次「海歸」招聘會上，陳某看到一家昆明某制藥有限公司招聘科研部部長，待遇及工作條件較為理想，同時該崗位也符合自身的專業特長，遂投遞個人簡歷，並在簡歷中註明了應聘崗位即科研部部長。通過層層選拔，最終陳某勝出，並與公司簽訂了勞動合同，期限五年。但勞動合同書上對其具體工作崗位沒有明確規定。上班後，陳某擔任公司生產部長。工作後第三年，公司新任總經理對公司人事崗位進行了一次大調整。根據調整方案，陳某被調到後勤擔任部長。對此，陳某當即反對。公司總經理說：你是公司的職工，公司享有人事任免權，公司職員應當服從公司安排。陳某不服氣，決定根據勞動法規定向當地勞動仲裁委員會申請勞動仲裁。

根據勞動法規定，你認為仲裁委員會會支持陳某的主張嗎？

勞動合同內容變更，是指在勞動合同履行過程中，用人單位和勞動者就已經訂立的勞動合同就部分條款進行修改、補充或者廢止所實施的法律行為。勞動合同是當事人意思自治的結果，因此當事人依法享有對勞動合同內容的變更權。

在實踐用工過程中，用人單位濫用行政管理權，隨意單方變更勞動者的工作崗位和工作地點等，甚至以此逼迫勞動者解除勞動合同的現象比較突出。因此，勞動合同內容變更成為勞動爭議比較突出的領域。對勞動合同已經明確規定內容的變更，無論是勞動者提出還是用人單位提出，都應當徵得對方當事人的同意，且不得與勞動法強制性規定相抵觸。勞動合同內容變更的程序和形式：

（1）勞動合同內容變更的程序。當某種情況的出現使得原勞動合同的繼續履行存在困難或者成為不可能時，用人單位和勞動者可以依法協商，對原勞動合同部分內容進行變更。在協商變更勞動合同內容達成協議之前，原勞動合同繼續有效。

（2）勞動合同內容變更的形式。如同勞動合同的訂立一樣，勞動合同內容變更形式應當採用書面形式。變更後的勞動合同文本由用人單位和勞動者各執一份。勞動合同內容的變更一經雙方簽章同意即生效，雙方當事人應當本著誠實信用原則履行變更後的勞動合同義務。

用人單位單方調整勞動者工作崗位或地點的，且沒有合理理由，勞動者因拒絕履行而被解除勞動合同的，可以對用人單位主張違法解除勞動合同的賠償責任。在勞動司法實踐中，徵得勞動者同意有時也會非常困難，用人單位單方行使勞動合同變更的行政管理權。對此，勞動司法會判斷單位合理運用行政管理權具體標準：第一有必要性，即確為生產經營所必要；第二有合理性，調整後崗位為勞動者的勞動能力上所能勝任，工資待遇等勞動條件方面無不利變化；第三有正當性，即崗位調動的目的是正當的，調動的結果是社會一般觀念所能接受的。

【案例評析】雖然勞動合同書上對其具體工作崗位沒有明確規定，並不意味著其工作崗位可以隨意安排。本案中，陳某的工作崗位通過招聘求職時的應聘材料反應出，陳某根據自己的專業特長謀求用人單位特定的工作崗位即公司科研部部長；其次，兩年來陳某實際所在工作崗位也是公司科研部部長。雙方應本著誠實信用原則履行勞動合同。根據客觀情況，公司可以提出調整工作崗位，但屬於勞動合同的變更，理應徵得勞動者的同意。否則，這項工作崗位調動在勞動者及時反對的情況下，不具有法律約束力。公司因人事任免權而隨意重新安排勞動者新的工作崗位，構成公司行政權的濫用，不但損害勞動者的合法利益，也違反了勞動合同法。因此，陳某的主張能得到仲裁庭的支持。

三、勞動合同的終止

勞動合同終止，是指因法定事實的出現，勞動合同不再具有法律效力，用人單位與勞動者之間的勞動關係消滅。《勞動法》第二十三條規定：「勞動合同期滿或者當事人約定的勞動合同終止條件出現，勞動合同即行終止。」換言之，在《勞動合同法》實施之前，勞動合同終止包括法定終止和約定終止。

在勞動用工過程中，有的用人單位濫用勞動合同約定終止權，以逃避經濟補償和經濟賠償責任，規避經濟裁員程序限制等，使勞動者權益遭受損害。因此，《勞動合同法》取消了勞動合同約定終止情形，增加了《勞動法》規定的勞動合同法定終止情形。

對此,《勞動合同法實施條例》第十三條還進一步明確規定:「用人單位與勞動者不得在《勞動合同法》規定的勞動合同終止情形之外約定其他的勞動合同終止條件。」

(一) 勞動合同終止的法定情形

(1) 勞動合同期滿。

勞動合同期滿,包括固定期限勞動合同期限屆滿和以完成一定工作任務為期限的勞動合同因該工作任務完成而期滿,勞動合同因此而終止。

(2) 勞動者開始依法享受基本養老保險待遇。

這種情況主要指達到法定退休年齡的勞動者,也包括依法提前退休享受基本養老保險待遇的勞動者和未繳滿社會保險而續繳期滿享受基本養老保險待遇的勞動者。《勞動合同法實施條例》第二十一條規定:「勞動者達到法定退休年齡的,勞動合同終止。」

(3) 勞動者死亡,或者被人民法院宣告死亡或者宣告失蹤。

《民法總則》規定,公民下落不明滿4年或者因意外事故下落不明滿2年(因意外事件下落不明,經有關機關證明該自然人不可能生存的,申請宣告死亡不受2年時間的限制)的,經利害關係人申請由人民法院宣告死亡或者宣告失蹤。當勞動者死亡,或者被人民法院宣告死亡或者宣告失蹤時,勞動者主體缺失,勞動合同效力因此而終止。

(4) 用人單位被依法宣告破產。

當用人單位經營不善資不抵債時,依法被人民法院宣告破產的,導致勞動合同失去用人單位主體,勞動合同效力因此而終止。

(5) 用人單位被吊銷營業執照、責令關閉、撤銷或者用人單位決定提前解散的。

(6) 法律、行政法規規定的其他情形。

【律師提示】 在解除或者終止勞動合同後,用人單位的法定義務

在解除或者終止勞動合同後,用人單位提供相關證明手續,與勞動者有著切身利益關係,如有助於勞動者享受失業保險待遇和再就業等。

《勞動合同法》第五十條:用人單位應當在解除或者終止勞動合同時出具解除或者終止勞動合同的證明,並在15日內為勞動者辦理檔案和社會保險關係轉移手續。

《勞動合同法實施條例》第二十四條:用人單位出具的解除、終止勞動合同的證明,應當寫明勞動合同期限、解除或者終止勞動合同的日期、工作崗位、在本單位的工作年限。

(二) 對勞動合同終止情形的限制

為了保障勞動者特殊情況下的就業權益和基本生活需求,《勞動合同法》對勞動合同終止情形限制有兩方面的規定,即勞動合同續延至法定情形消失時終止和用人單位無權終止勞動合同兩種情形。

1. 勞動合同不得因期滿而終止,而應續延至相應情形消失時終止的情形

(1) 從事接觸職業病危害作業的勞動者未進行離崗前職業健康檢查,或者疑似職業病病人在診斷或者醫學觀察期間的。

(2) 患病或者非因工負傷,在規定的醫療期內的。

(3) 女職工在孕期、產期和哺乳期的。勞動合同期限屆滿時,用人單位不得終止勞動合同。

(4) 在本單位連續工作滿十五年,且距法定退休年齡不足五年的。

（5）法律、行政法規規定的其他情形。

例如，對工會主席、委員的任期超出勞動合同期限情形的，《工會法》規定勞動合同期限應當續延至任期屆滿。對約定服務期與勞動合同期限不一致情形的，《勞動合同法實施條例》規定勞動合同應當續延至服務期滿，但雙方另有約定除外。

2. 用人單位無權終止勞動合同的情形

在本單位患職業病或者因工負傷並被確認喪失或者部分喪失勞動能力的勞動者，《勞動合同法》等規定用人單位無權終止勞動合同，但勞動者提出終止勞動合同除外。

（三）用人單位非法終止勞動合同的雙倍賠償處罰

用人單位違法終止勞動合同的，應當按照《勞動合同法》第八十七條規定經濟補償標準的二倍向勞動者支付賠償金。

【案例連結】　　　勞動合同終止，因孕期事實而恢復勞動關係

在北京某大學出版社工作的女職工鄭某，其勞動合同於2016年6月期滿。5月30日，人事部通知鄭某單位不再與其續簽勞動合同。鄭某在6月30日辦理了離職手續。7月中旬，鄭某感覺身體不適，去醫院檢查後發現自己已經懷孕有一個半月之久。在此情況下，鄭某感覺自己懷孕不好聯繫新的工作，於是回原單位協商，表示希望再保持一段時間的勞動關係，但遭到了單位的拒絕。對此，鄭某向當地勞動爭議仲裁委員會申請勞動仲裁，要求恢復勞動關係。仲裁委審理認為，勞動者在醫療期、孕期、產期和哺乳期內，勞動合同期限屆滿時，用人單位不得終止勞動合同，勞動合同的期限應自動延續至醫療期、孕期、產期和哺乳期滿為止。本案中，鄭某辦理離職手續時，並不知道自己懷孕的事實，其辦理離職手續是屬於重大誤解的民事行為，經當事人申請應當依法予以撤銷。仲裁委裁決，恢復鄭某與出版社之間的勞動關係，雙方勞動合同有效期依法順延。

第六節　勞動合同解除

勞動合同解除權是勞動者擇業自主權和用人單位用工自主權的重要內容。一般情況下，一方當事人行使解除權是對另一方當事人違法或違約行為的處罰，在法律上屬於最嚴處罰措施。勞動合同的解除，導致勞動關係的終止，直接影響勞動者和用人單位的切身經濟利益。因此，勞動法對勞動合同的解除做出特別嚴格的規定。為了保護勞動者的合法利益和擇業自主權，《勞動合同法》對勞動者和用人單位行使解除勞動合同權做出了區別性規定。人力資源管理不依據法律規定解除勞動合同所引發的勞動爭議，成為單位勞動司法敗訴的主要根源。

一、勞動合同的解除的概念

（一）勞動合同的解除

1. 勞動合同的解除

勞動合同的解除是指在勞動合同訂立後，尚未全部履行之前，由於某種原因導致當事人提前終止勞動關係的法律行為。勞動合同訂立之後，任何一方不得隨意解除勞動合同，當事人應當按照勞動合同的規定嚴格履行各自的勞動義務，並遵守全面履行

原則，以保障對方當事人的權益。但是由於某種特殊情況的出現，繼續履行勞動合同已經成為不可能或者沒有必要時，雙方當事人均可依法解除勞動合同。

【案例連結】　勞動者依法單方解除勞動合同，無須徵得用人單位同意

　　何某與長春某環保綠化有限公司簽訂了勞動合同，並約定3年的勞動合同期限。在第二年時，公司有陸續拖欠工資的現象，並使何某的經濟生活陷於困境。對此，公司負責人解釋說公司資金週轉不靈，需要待公司客戶支付工程款後才能解決工資發放問題。2017年3月，何某以公司拖欠工資為由向公司遞交了一份辭職通知，但公司領導不同意並要求何某繼續工作。一週後，何某離開了公司。離開後的第三個月，當得知公司收到一筆工程款時，何某向公司主張工資。公司不但不發放其工資，反而要求擅自離職的何某承擔違約金和賠償金。

　　對此，何某向當地勞動爭議仲裁委員會提起仲裁。勞動爭議仲裁委員會經審理認為，該公司沒有按照法律規定支付勞動者的工資，勞動者有權依法單方解除勞動合同，無須徵得用人單位同意。用人單位應當支付勞動者何某的工資並發放經濟補償金。

2. 勞動合同解除特點

（1）勞動合同解除發生在勞動合同依法訂立後而尚未履行完畢之前。在正常情況下，勞動合同只有在勞動者和用人單位雙方履行了自己的義務後才終止，雙方才不受其法律效力的約束。勞動合同的解除是在雙方當事人或者一方當事人未完全履行合同義務的情況下使合同效力終止。

（2）解除的勞動合同是合法有效的勞動合同。無效勞動合同從訂立時起就不具有法律效力，不受勞動法律保護，其不存在勞動合同解除情形。

（3）勞動合同的解除應當依法進行。除雙方協商一致解除勞動合同外，用人單位必須在具備法律規定的情形下才能解除勞動合同，無權擅自解除勞動合同。勞動者既可以依據用人單位違法情形解除勞動合同，也可以在無任何理由的情形下解除勞動合同，但應當遵守勞動法律所規定程序的要求。

（4）勞動合同的解除不影響當事人勞動法律責任。勞動合同的解除使當事人的勞動權利義務關係終止，但依據勞動法律規定的勞動法律後果如賠償責任、經濟補償等並未消滅。同時，勞動合同的解除，只對未履行的部分發生效力，不涉及已履行的部分。

（二）勞動合同解除的種類

（1）按照解除勞動合同依據不同，勞動合同的解除有法定解除和約定解除。其中，法定解除是指在勞動合同履行過程中，出現了勞動法所規定的情形，當事人一方或者雙方解除勞動合同的行為。約定解除是指在勞動合同履行過程中，當事人一方或者雙方認為繼續履行勞動合同已經成為不可能或者沒有必要時，在自願基礎之上經雙方協商一致後，可以解除勞動合同的行為。值得注意的是，在勞動合同中，雙方當事人可以約定解除情形而不能約定終止情形。

法定解除與約定解除的區別：法定解除勞動合同是指由一方當事人依法實施的解除行為，因此應當遵守法律所規定的前提條件和形式要件等要求；約定解除是用人單位和勞動者共同實施的行為，要麼具備勞動合同中約定解除情形要麼雙方協商一致，方能解除勞動合同。

（2）按照解除勞動合同的主體不同，勞動合同的解除可分為用人單位與勞動者共同協商解除、用人單位單方解除以及勞動者單方解除三種情形。除了採用法定解除和

約定解除外，為了便於勞動合同單方行使解除權，《勞動法》《勞動合同法》採用按主體不同而規定解除勞動合同不同法定情形的立法形式。根據《勞動合同法》規定，無論是勞動者還是用人單位行使單方解除勞動合同的權利，都無須徵得對方當事人的同意。單方解除勞動合同的，應當嚴格依法行使，否則過錯方承擔不利法律後果。

在單方解除勞動合同的法定情形中，《勞動法》《勞動合同法》等對不同主體規定了不同的權限。比較而言，勞動者單方解除勞動合同的權限比用人單位的要大得多，而且條件寬鬆。二者最明顯的區別是，用人單位必須在具備法定理由即勞動法律所規定的情形下才能解除勞動合同。若沒有法律理由的情形，用人單位無權單方解除勞動合同，否則要承擔擅自解約的法律責任。在用人單位勞動用工違法的情形下，勞動者可以單方解除勞動合同；在無任何理由的情形下，勞動者仍可解除勞動合同，但應遵守勞動法律所規定程序的要求。

【案例連結】　　錯把無固定期限勞動合同當成「鐵飯碗」，結果因違紀被砸

員工老孫在國有股份公司工作9年，在續簽勞動合同時，公司人力資源管理工作人員提供了無固定期限的勞動合同。對此，老孫心裡非常高興，這是他盼望已久的「鐵飯碗」，可以說自己的工作進入了「保險箱」，公司不能解除自己的工作關係。自從無固定期限勞動合同簽訂之後，老孫工作態度和工作紀律有些微妙變化。老孫工作崗位是管理油庫的，但又喜歡抽菸，以前一直在工作崗位憋著菸癮，現在可以偷偷地抽一支。一次公司領導進行安全檢查，在監控錄像中發現老孫的抽菸行為。因此，第二天老孫就被以違反公司重要管理規定而解除勞動合同，而且沒有任何經濟補償。

勞動者應當明白，無固定期限勞動合同與固定期限勞動合同最大的區別在於合同裡是否規定了終止期限，僅此而已。

二、雙方協商解除勞動合同

《勞動合同法》第三十六條規定：用人單位與勞動者協商一致，可以解除勞動合同。根據勞動法規定，雙方協商解除勞動合同應當遵守下列條件：

（1）雙方自願。協商解除勞動合同必須是當事人雙方出於自願，而不能是一方強迫另一方，或者第三方強迫一方或雙方解除勞動合同。

（2）平等協商。協商解除勞動合同時，雙方當事人應當就解除勞動合同的所有問題進行平等協商，法律不允許一方將自己的意志強加給對方。

（3）不得損害一方的利益。在平等協商的基礎上達成解除勞動合同的，勞動合同當事人雙方權利義務應當保持平衡，不得損害一方的利益，尤其是勞動者的權益。依據勞動法規定，若是用人單位提出並協商解除勞動合同的，應當向勞動者支付經濟補償金。

【案例連結】　　「末位淘汰制」與勞動法「撞車」

何某是某合資「貴族」學校的教師，與單位簽訂了五年的聘用合同。何某覺得單位待遇相對較好，一直努力地工作。但最近為了迎接全省「創優」活動，學校實行了一系列改革措施，包括全員教師崗位的「末位淘汰制」。「末位淘汰制」規定，凡每年綜合考核名列所在部門最後一名者，將自動與單位解除聘用合同。何某愛好法律，覺得「末位淘汰」有違勞動法的規定，於是向當地勞動管理部門投訴。勞動管理部門認為「末位淘汰」與《勞動合同法》規定的「不能勝任工作」是兩個不同的概念，單位不能根據自己規定的「末位淘汰制」來解除聘用合同。經勞動管理部門的解釋，學校主動改正了錯誤制度。

三、勞動者單方解除勞動合同

為了保護勞動者的人身自由權、充分發揮其專業特長等，勞動法律允許勞動者在勞動合同履行期內享有單方解除勞動合同的權利，但並不意味著勞動者可以無視法律和職業道德隨意離職，損害用人單位的利益。在實踐中，勞動者依法單方解除勞動合同的原因也有所不同，主要分為兩類：一是無任何理由情形下的單方解除勞動合同情形，二是用人單位違法損害勞動者權益情形下的單方解除勞動合同。根據單方解除勞動合同理由的不同，在解除勞動合同後勞動者所承擔的法律後果也有所區別。相對於用人單位而言，勞動者在單方解除勞動合同上享有更多更廣泛的權利。

【案例討論】謝某是天津市某國有商業銀行普通員工，與單位簽訂五年期的勞動合同。勞動合同履行的第三年即2015年5月，由於較高的薪水待遇和良好的事業發展吸引，謝某競聘上了當地的一家知名的外資銀行。於是，謝某提前30日向單位人事部門提交瞭解除勞動合同的通知，並要求單位及時辦理相關手續。單位領導認為，雙方簽訂了合法有效的勞動合同，在有效的合同期內任何一方不得擅自解除勞動合同。因此，單位不同意謝某的辭職。經多次交涉無效後，謝某向當地勞動爭議仲裁委員會提出申請，要求原單位為其辦理離職手續。接到仲裁申請書後，單位也提出了反訴，要求謝某繼續工作以履行勞動合同義務。
請問：雙方的主張誰有法律依據？

（一）勞動者無須理由可以依法解除勞動合同

無須任何理由，勞動者依法享有單方解除勞動合同的權利，這是勞動者人身自由和擇業自由權的體現。《勞動合同法》第三十七條規定是其主要法律依據。勞動者提前30日以書面形式通知用人單位，可以解除勞動合同。勞動者在試用期內提前3日通知用人單位，可以解除勞動合同。在此情形下，勞動者單方解除勞動合同時應當遵守以下法律義務：

1. 遵守解除勞動合同的預告期

各國勞動法均允許勞動者無任何理由解除勞動合同，但為了保護用人單位的權益，規定了勞動者在享有無任何理由單方解除勞動合同時，應當遵守解除合同的預告期。預告期便於用人單位及時安排工作交接，保障生產的連續性，避免給用人單位造成不必要的損失。《勞動合同法》在預告期規定上與《勞動法》規定有所區別。根據《勞動合同法》規定，勞動者在試用期和正式期單方解除勞動合同的預告期分別為3天和30天。

2. 履行通知用人單位的義務

《勞動合同法》規定，勞動者在享有無任何理由單方解除勞動合同時，應當履行通知用人單位的義務。履行該項義務，一方面使用人單位明確勞動者單方解除勞動合同的法律性質，另一方面也是遵守解除勞動合同的預告期的起算時間。關於通知的形式，法律對在試用期和正式期分別做出了不同的規定，即試用期內的無特別形式要求而正式期內應當採用書面形式。

在無任何理由的情形下，勞動者可依照法律規定行使單方解除勞動合同的權利，但勞動者應當承擔違約責任。《關於〈勞動法〉若干條文的說明》第三十一條規定：

「本條規定了勞動者的辭職權，除此條規定的程序外，對勞動者行使辭職權不附加任何條件。但違反勞動合同約定者要依法承擔責任。」根據《關於貫徹執行〈勞動法〉若干問題意見》第三十二條規定，勞動者無任何理由解除勞動合同，應當提前 30 日以書面形式通知用人單位。超過三十日，勞動者可以向用人單位提出辦理解除勞動合同手續，用人單位予以辦理。勞動者違法解除勞動合同給原用人單位造成經濟損失，應當承擔賠償責任。

【案例評析】用人單位所說勞動者無權單方解除勞動合同是沒有法律依據的。勞動合同生效後，勞動者與用人單位應當全面嚴格履行勞動合同所規定的義務。根據勞動法的規定，在勞動合同義務履行完畢之前，勞動者享有無任何理由即可以單方解除勞動合同的權利，但應當遵守法定的預告期和通知要求。《勞動合同法》第三十七條規定：勞動者提前 30 日以書面形式通知用人單位，可以解除勞動合同。本案中謝某提前 30 日向單位人事部門提交瞭解除勞動合同的通知，即屬於解除勞動合同的合法行為，雙方勞動合同因解除而不再具有法律效力，用人單位應當及時辦理謝某的離職手續。根據勞動法規定，謝某應對自己解除勞動合同行為承擔相應的違約責任。

（二）因用人單位違法行為而解除勞動合同

當勞動者權益遭到用人單位的違法行為損害時，勞動者依法享有解除勞動合同的權利。根據《勞動合同法》第三十八條規定，用人單位有違法損害勞動者權益的下列情形，勞動者有權單方解除勞動合同：

1. 未按照勞動合同約定提供勞動保護或者勞動條件的

勞動保護和勞動條件是法律規定的勞動合同的必備條款，也是勞動者全面履行勞動合同義務的基礎。缺乏必要的勞動保護措施和勞動保護用品，會對勞動者的生命安全和身體健康構成潛在的威脅，甚至引發實質性傷害。用人單位未能按照法律規定或者勞動合同約定提供勞動保護或者勞動條件的，本身也是違反勞動合同的根本義務，屬於重大違約行為。因此，勞動者有權通知用人單位解除勞動合同。

2. 未及時足額支付勞動報酬的

用人單位和勞動者在訂立勞動合同時，應當按照法律規定約定好勞動報酬。勞動報酬條款也是勞動合同的必備條款。支付勞動報酬，是用人單位的主要義務。用人單位應根據勞動合同的約定，本著誠實信用原則及時、足額地向勞動者支付勞動報酬。用人單位未及時足額支付勞動報酬，損害勞動者的根本利益。因此，勞動者有權解除勞動合同。

3. 未依法為勞動者繳納社會保險費的

社會保險涉及勞動者的根本利益，為勞動者辦理社會保險是勞動合同中約定的用人單位和勞動者的共同義務。社會保險不但是勞動合同義務，更是法定的強制義務。保障勞動者的權益，用人單位應當依法履行社會保險義務。用人單位違反此項義務表現為不辦理社會保險手續、不及時辦理社會保險手續和不足額辦理社會保險手續等。凡用人單位有上述違法情形的，勞動者有權解除勞動合同。

4. 用人單位規章制度違反法律損害勞動者權益的

用人單位規章制度是用人單位根據法律規定制定的生產經營管理規則，其核心內容是單位內部生產、經營和工作紀律。用人單位規章制度直接涉及勞動者的工作時間、

休息休假、勞動安全衛生、保險福利、勞動報酬、勞動紀律和勞動處罰等。因此，用人單位規章制度的制定、修改，必然影響勞動者的權益。為了維護勞動者的權益，《勞動合同法》等不但要求用人單位的規章制度在內容上不得與法律、法規相抵觸，而且其制定、修改等程序上也應當遵守法定程序。用人單位規章制度違反法律損害勞動者權益的，不但不產生法律效力，而且勞動者有權依此解除勞動合同。

  5. 由於用人單位原因致使勞動合同無效的
  《勞動合同法》規定勞動合同無效或者部分無效的情形有：①以詐欺、脅迫的手段或者乘人之危，使對方在違背真實意思的情況下訂立或者變更勞動合同的；②用人單位免除自己的法定責任、排除勞動者權利的；③違反法律、行政法規強制性規定的。用人單位有上述行為導致勞動合同無效的，勞動者有權解除與用人單位形成的勞動關係。
  6. 用人單位以暴力等手段強迫勞動者勞動或者違章作業損害勞動人身安全的
  用人單位以暴力、威脅或者非法限制人身自由的手段強迫勞動者勞動的，或者用人單位違章指揮、強令冒險作業危及勞動者人身安全的，勞動者有權立即解除勞動合同，不需要事先告知用人單位。
  7. 法律、行政法規規定勞動者可以解除勞動合同的其他情形
  除上述第6情形外，因用人單位勞動用工違法而單方解除勞動合同的，勞動者應當事先以書面形式通知用人單位，以便工作交接、職工檔案和社會保險手續的轉移，同時也對用人單位生產影響最小。在勞動司法實踐中，因用人單位違法損害勞動者權益的，勞動者有權單方解除勞動合同，不但不承擔違約責任，而且還有權要求用人單位承擔經濟補償金等法律責任。因此，因用人單位違法而勞動者單方解除勞動合同的，對勞動者處理勞動爭議極為有利。

【律師提示】　　　勞動者解除勞動合同時的注意事項

  一是勞動者單方解除勞動合同應當採用解除勞動合同通知書或者辭職書形式，而非辭職申請形式。
  二是在無任何理由的情況下解除合同的，勞動者應遵守法定的預告期和通知要求。在此情形下，勞動者依法承擔解除勞動合同的違約責任，但只限於解除行為生效前的損失範圍。
  三是在法定理由下解除勞動合同時，勞動者應當在解除合同文書中說明解除勞動合同的法定理由及事實。
  四是遞交解除勞動合同文書時，應當要求用人單位簽收，否則採用特快專遞方式並保留送達回執。

四、用人單位單方解除勞動合同

  依據勞動法的規定，用人單位依法享有行使單方解除勞動合同的權利。勞動法將用人單位單方解除勞動合同的情形分為過失性解除勞動合同、非過失性解除勞動合同和經濟性裁員三種情形。為了保護勞動者的權益，構建和諧勞動關係，勞動法對用人單位單方解除勞動合同權進行了嚴格的限制，即不但規定了用人單位單方解除勞動合同的法定情形，而且也規定了用人單位不得解除勞動合同的法定情形以及違法解除勞動合同的法律後果。

【案例討論】馬某2014年7月大學畢業後進入一家外貿公司上班。2016年3月，馬某因承受不住失戀打擊，患上了精神分裂症，無法正常工作和生活。經過3個多月住院治療，仍不見好轉。一天，公司人事部經理探望，對其母親表示：公司考慮到馬某特殊的經濟情況，決定延長醫療期待遇3個月。但轉眼延長的醫療期過去了，馬某的病情依然沒有好轉，仍不能回單位上班。公司向馬某的母親發來了與馬某解除合同的通知。對此，其母親認為女兒有特殊疾病，在醫療期間公司解除勞動合同無異於「落井下石」，使其家庭經濟陷於更困難境地。於是，馬某母親依法向當地勞動仲裁委員會提出了仲裁請求，要求繼續享受醫療期待遇並保持勞動關係。

公司能否解除勞動合同？請說說法律依據。

（一）因勞動者過失而解除勞動合同

因勞動者過失而解除勞動合同的權利又稱過失性勞動合同解除權，是指用人單位在勞動者存在一定過失的情況下，可以依法單方解除勞動合同的權利。用人單位此項解除勞動合同權利的行使，不受《勞動合同法》第四十二條的限制，也不因勞動合同所約定的期限不同而有所差別。換言之，勞動者即使簽訂了無固定期限的勞動合同也會因勞動者過失而被解除勞動關係丟掉「鐵飯碗」。目前，法律沒有規定用人單位在此情形下負有預先告知義務，但對勞動者的過錯負有舉證責任。《勞動合同法》第三十九條規定，勞動者有下列情形的，用人單位享有過失性勞動合同解除權：

1. 在試用期間被證明不符合錄用條件的

錄用條件是用人單位在招用勞動者時針對工作崗位和職責不同所提出的具體招錄標準。為了考察勞動者是否真正符合用人單位的錄用條件，用人單位一般都會規定勞動合同試用期。在試用期內，被證明符合錄用條件的，雙方將繼續履行勞動合同。否則，用人單位有權解除勞動合同。

2. 嚴重違反用人單位規章制度的

用人單位的規章制度對維護生產經營的順利進行、提高勞動效率、保證勞動者生產經營過程中的安全都有很重要的現實意義。勞動法特別強調用人單位和勞動者共同遵守勞動規章制度，任何一方違反均要承擔一定責任，甚至可能導致勞動合同的解除。用人單位依法對嚴重違反規章制度行為進行補充、量化和細化，不但有助於單位的勞動關係管理，還能保障單位勞動合同解除權的正常行使。

3. 嚴重失職，營私舞弊，對用人單位造成重大損害的

勞動者嚴格履行勞動合同，盡心盡職地完成工作是勞動法對勞動者的基本要求。勞動者在工作過程中有嚴重失職，營私舞弊行為，同時也給用人單位造成重大損害的，用人單位有權解除勞動合同。其中，「重大損害」由單位內部規章合理界定。

4. 勞動者同時與其他用人單位建立勞動關係，對完成本單位的工作任務造成嚴重影響或者經用人單位提出拒不改正的

勞動者同時與兩個以上的用人單位建立勞動關係，即構成所謂的兼職。勞動法對勞動者的兼職行為實行允許又限制的態度，要求勞動者的兼職不得影響本單位工作任務的完成。勞動者的兼職行為對完成本職工作造成了嚴重影響或者經用人單位提出而拒不改正的，用人單位有權解除勞動合同。

5. 由於勞動者原因致使勞動合同無效的

《勞動合同法》第二十六條第一款規定勞動合同無效或者部分無效情形有：①以詐

欺、脅迫的手段或者乘人之危，使對方在違背真實意思的情況下訂立或者變更勞動合同的；②用人單位免除自己的法定責任、排除勞動者權利的；③違反法律、行政法規強制性規定的。勞動者有上述行為導致勞動合同無效的，用人單位有權解除與勞動者形成的勞動關係。

6. 被依法追究刑事責任的

《關於貫徹執行〈勞動法〉若干問題意見》規定，被依法追究刑事責任包括被檢察院免予起訴的、被法院依據《刑法》第三十七條規定免予刑事處分的和被法院判處刑罰的三種情形。勞動者有上述情形之一的，用人單位有權解除勞動合同。值得注意的是，當勞動者處於司法審查、拘留或者逮捕時，用人單位不應解除勞動關係，但可暫時停止勞動合同的履行。

【案例連結】 職工代表大會通過的規章制度因無合理性和可操作性不予採信案

2016年1月4日，鄭某進入某貿易公司擔任採購工作，雙方簽訂了為期三年的勞動合同，約定月工資5,000元。2017年3月6日下午和3月13日下午，鄭某分別曠工半天。此事被其同事反應給公司領導後，公司隨即在2017年3月20日書面通知鄭某解除勞動合同，理由為鄭某經常曠工，嚴重違反用人單位的規章制度。鄭某不服該公司決定而向勞動爭議仲裁委申請仲裁，要求某貿易公司支付違法解除勞動合同的賠償15,000元。庭審中，公司向仲裁委提交了單位的規章制度。該規章制度規定：「經常無故曠工屬於嚴重違紀，公司有權提前解除勞動合同。」該規章制度在制訂時經過職工代表大會討論通過，並向全體職工公示。鄭某表示知道單位的規章制度，但認為兩次曠工不能被認定為經常曠工。對此，仲裁委裁決某貿易公司應向鄭某支付違法解除勞動合同賠償金15,000元。

《勞動合同法》賦予了用人單位制訂規章制度的權利，但並非所有的規章制度都會得到認可，單位在制訂規章制度時既要有合法性、合理性、系統性，也要有實際操作性，還應具有明確的評判標準。否則，仲裁委或法院不會採信單位的規章制度。

（二）非因勞動者過失而解除勞動合同

非因勞動者過失而解除勞動合同的權利又稱非過失性勞動合同解除權，是指在勞動者在勞動過程中沒有重大過失但因其他事由的出現，用人單位依法提前告之即可解除勞動合同的權利。非過失性勞動合同解除權的行使，用人單位必須履行事先預告的義務，即應當提前三十日以書面形式通知勞動者本人（或者額外支付勞動者本人一個月工資）。

《勞動合同法》第四十條規定，勞動者有下列情形的，用人單位享有非過失性勞動合同解除權：

1. 勞動者患病或非因工負傷，醫療期滿後，不能從事原工作也不能從事由用人單位另行安排的工作的

在患病或非因工負傷情況下，按照原勞動部《企業職工患病或非因工負傷醫療期限規定》勞動者享有不同期限的醫療期。在醫療期內，用人單位不得解除勞動者的勞動合同，其工資待遇按照規定發放。勞動者在醫療期滿後，不能從事原工作也不能從事由用人單位另行安排的工作的，用人單位可以解除勞動合同，但必須依法提前通知勞動者。

根據《勞動部關於實行勞動合同制若干問題的通知》等規定，勞動者患病或者非因工負傷，合同期滿勞動者終止勞動合同的，根據其勞動能力鑒定為5~10級的，用人

單位應當支付不低於六個月工資的醫療補助費。鑒定為1~4級的，應當辦理退休、退職手續，享受退休、退職待遇。

2. 勞動者不能勝任工作，經過培訓或者調整工作崗位，仍不能勝任工作的

「不能勝任工作」，是指不能按照勞動合同要求完成約定任務或者同種崗位的正常工作量。用人單位不得故意提高勞動定額標準，使勞動者無法完成。當勞動者不能勝任工作，經過職業技能培訓或者調整工作崗位後，其仍不能勝任工作的，用人單位有權依法解除勞動合同。

3. 勞動合同訂立時所依據的客觀情況發生重大變化，致使原勞動合同無法履行，經當事人協商不能就變更勞動合同達成協議的

「客觀情況」，是指勞動合同訂立後發生的不可抗力或者出現使勞動合同全部或者部分無法履行的客觀情況。由於勞動合同訂立時所依據的客觀情況發生重大變化，導致勞動合同無法履行，經當事人協商不能就變更勞動合同達成協議的，用人單位有權解除勞動合同。

【法律連結】　　　　勞動者患病或非因工負傷的醫療期

《企業職工患病或非因工負傷醫療期規定》等按照勞動者實際參加的工作年限和在本單位的工作年限，給予3個月到24個月的醫療期，具體規定如下：

（1）實際工作年限十年以下的，在本單位工作年限五年以下的為三個月；五年以上的為六個月。

（2）實際工作年限十年以上的，在本單位工作年限五年以下的為六個月；五年以上十年以下的為九個月；十年以上十五年以下的為十二個月；十五年以上二十年以下的為十八個月；二十年以上的為二十四個月。

對某些患特殊疾病（如癌症、精神病、癱瘓等）的職工，在二十四個月內尚不能痊癒的，經企業和勞動主管部門批准，可以適當延長醫療期。

（三）因單位經濟性裁員而解除勞動合同

單位經濟性裁員，是指在市場形勢發生變化或者用人單位自身經營陷入困境時，裁減多餘人員以降低成本，增強單位競爭力的用工管理行為。由於裁減員工涉及大批勞動者的利益，對於社會穩定具有一定影響，因此《勞動合同法》等對經濟性裁員的情形、優先留用人員、裁減程序等做出了特別性規定。

1. 單位經濟性裁員的情形

（1）依照企業破產法規定進行重整的。企業破產，是指企業因經營管理不善造成嚴重虧損，不能清償到期債務的，由債權人或者債務人依法申請，由人民法院依法宣告破產並按照法定程序償還債權人債務的程序和制度。破產企業重整是破產程序的一部分，在法律規定的整頓期間企業可能會重獲新生。在企業破產整頓中，裁減一定人員是不可避免的。在此情形下，企業可以進行經濟性裁員，按照法律規定程序解除與部分勞動者的勞動合同。

（2）生產經營發生嚴重困難的。企業生產經營發生嚴重困難，為了減少開支範圍，確實需要裁減人員的，企業可以行使企業用工自主權，依法裁減多餘人員，以擺脫經濟困境，重新贏得企業競爭力。

（3）企業轉產、重大技術革新或者經營方式調整，經變更勞動合同後，仍需裁減

人員的。在市場經濟中，企業根據市場需要以及生產和管理技術的發展，實施企業轉產、重大技術革新或者經營方式調整，以降低成本，提高經濟效益，增強企業市場競爭力。因此，企業可以依法解除與部分勞動者的勞動合同。

（4）其他因勞動合同訂立時所依據的客觀經濟情況發生重大變化，致使勞動合同無法履行的。

2. 單位經濟性裁員時禁裁人員和優先留用人員的範圍

法律規定了經濟性裁員時禁裁人員和優先留用人員的範圍，即表示用人單位不得任意決定被裁減人員和留用人員。其中同，用人單位不得裁減的人員與法律規定禁止解除勞動合同的人員範圍相同；裁減人員時應當優先留用人員的範圍：①與本單位訂立較長期限的固定期限勞動合同的；②與本單位訂立無固定期限勞動合同的；③家庭無其他就業人員，有需要扶養的老人或者未成年人的。

3. 單位經濟性裁員程序

經濟性裁員是企業自主經營權的重要體現，為了保證經濟裁員的公正性，避免社會消極影響，《企業經濟性裁減人員規定》和《勞動合同法》等作了程序性規定。根據《勞動合同法》第四十一條第一款規定，需要裁減人員二十人以上或者裁減不足二十人但占企業職工總數百分之十以上的，用人單位應當遵守裁員程序：

首先，用人單位提前三十日向工會或者全體職工說明情況，提交裁減人員方案和生產經營狀況等資料，聽取工會或者職工的意見。其目的是讓職工做好各方面準備，對裁減方案進行修改和完善，盡量減輕失業造成的不利影響。

其次，用人單位的裁減人員方案應向勞動行政部門報告，提交裁減人員方案和工會或者全體職工意見。勞動行政部門審查裁減方案中是否有違法行為。

最後，由用人單位正式公布裁減人員方案，並與被裁減人員辦理解除勞動合同手續，支付經濟補償金和出具裁減人員證明書等。

五、對用人單位單方解除勞動合同權的限制

為了保護勞動者的勞動就業權益，防止用人單位濫用單方解除勞動合同權的行為，《勞動合同法》對用人單位單方解除勞動合同權就解除程序、解除範圍和違法責任做出了規定，即對用人單位單方解除勞動合同權進行了限制。這些限制性規定主要表現在以下方面：

（一）工會對用人單位單方解除勞動合同的監督權利

用人單位建立的工會組織有權對本單位解除勞動合同行為進行監督。用人單位單方解除勞動合同的，應當事先將理由通知工會。用人單位違反法律、行政法規規定或者勞動合同約定的，工會有權要求用人單位糾正。用人單位應當研究工會的意見，並將處理結果書面通知工會。

用人單位單方解除勞動合同的，未事先將解除理由通知工會的，應當向勞動者承擔違法解除勞動合同的損害賠償責任。

（二）對用人單位解除勞動合同情形的限制

在非過失性解除勞動合同和經濟性裁員的情形下，用人單位有解除勞動合同的權利，但該項權利受到的法律限制。勞動者有下列情形之一的，用人單位不得依據《勞動合同法》第四十、第四十一條規定即非因勞動者過失和單位經濟性裁員為由解除勞動合同：

（1）從事接觸職業病危害作業的勞動者未進行離崗前職業健康檢查，或者疑似職業病病人在診斷或者醫學觀察期間的。
（2）在本單位患職業病或者因工負傷並被確認喪失或者部分喪失勞動能力的；
（3）患病或者非因工負傷，在規定的醫療期內的；
（4）女職工在孕期、產期、哺乳期的；
（5）在本單位連續工作滿十五年，且距法定退休年齡不足五年的；
（6）法律、行政法規規定的其他情形。

（三）對用人單位非法解除勞動合同的雙倍賠償處罰

用人單位違法解除勞動合同的，應當按照《勞動合同法》第八十七條規定經濟補償標準的二倍向勞動者支付賠償金。

【案例評析】本案中，根據馬某 2014 年 7 月上班至 2016 年 7 月生病時，其在用人單位實際工作年限不滿 2 年。根據原勞動部《企業職工患病或非因工負傷醫療期規定》，馬某享有 3 個月的醫療期。對患病或者非因工負傷的勞動者，在規定的醫療期內的，用人單位不得解除勞動合同。但本案中，馬某除了享受 3 個月法定醫療期外，公司另外給予了 3 個月的延長醫療期待遇。延長的醫療期過去了，馬某的病情依然沒有好轉。根據《勞動合同法》第四十條規定，勞動者患病或非因工負傷，醫療期滿後，不能從事原工作也不能從事由用人單位另行安排的工作的，公司有權解除勞動合同。因此，公司解除勞動合同的行為是有法律依據的。

第七節　特殊勞動合同管理

基於勞動就業某些特殊需要，在勞動用工過程中還大量存在集體合同、勞務派遣合同和非全日制用工合同等。它們區別於普通勞動合同，但其反應的社會關係在本質上仍然屬於勞動關係。因此，法律稱其為特殊勞動合同。為了節省成本和便於用工管理，用人單位都註重特殊勞動合同在人力資源管理中的運用。為了規範單位人力資源管理，切實保障特殊勞動關係下勞動者的基本權益，《勞動合同法》等對其做出了特別管理規定。

一、集體合同的特別管理

（一）集體合同概述

1. 集體合同

集體合同，是指工會或者上級工會指導勞動者推舉的代表代表全體職工與用人單位依法協商勞動報酬、工作條件、工作時間、休息休假、勞動安全衛生、保險福利等事項而簽訂的協議。

集體合同主要確定用人單位的勞動義務，並成為用人單位勞動用工不得逾越的底線。法律規定，職工個人與企業訂立的勞動合同中勞動條件和勞動報酬等標準不得低於集體合同的規定。一般來說，集體合同的內容比相關法律規定更具體更專業，但是比單個勞動合同更有原則更有一般性。因此，勞動者可以依據法律法規和參照集體合同的規定，訂立更有利於保護自己勞動權益的勞動合同。在實踐中，集體合同成為保障勞動者基本權益的重要方式，成為構建社會和諧勞動關係的「穩定器」。

【社會觀察】　　　　　　　　　集體合同與職工利益

　　2006年3月，山東省機械電子工會與省機械工業辦公室的首席代表簽訂的《山東省機械行業集體合同》，成為中國第一份行業集體合同。該集體合同涉及行業內職工工資、工作時間和休假、保險福利、勞動爭議等多個方面。本省3,000餘家企業、科研院所和300多萬企業職工，包括農民工等都適用該集體合同。

　　該集體合同有許多「閃光點」：例如，職工最低工資不得低於當地最低工資120%的標準額；建立工資增長機制，實行工資與企業效益同步增長，工資增幅不得低於利潤增幅三個百分點；企業應以貨幣形式按月足額支付工資等。該集體合同成為保護當地機械電子行業勞動者權益的重要法律依據，也給該行業發展創造了新的活力。

2. 集體合同的類型

（1）一般集體合同。一般集體合同即綜合性集體合同，是指工會（或職工代表）代表職工與用人單位就勞動報酬、工作條件等各方面事項所簽訂的具有綜合內容的集體合同。

（2）專項集體合同。專項集體合同，是指專門針對勞動安全、女職工權益保護、工資調整機制等某些特殊事項所簽訂的集體合同。

（3）行業性集體合同。行業性集體合同，是指在一定行業內，由行業工會或行業性工會聯合會與相應行業內各企業就勞動報酬、工作時間、休息休假、勞動安全衛生、保險福利等事項所簽訂的集體合同。

（4）區域性集體合同。區域性集體合同，是指在縣級以下區域內，由區域性工會聯合會與相應經濟組織或區域內企業，就勞動報酬、工作時間、休息休假、勞動安全衛生、保險福利等事項所簽訂的集體合同。

（二）集體合同法律制度

採用集體合同制度的主要目的，是勞動者通過工會組織等集體力量與企業等用人單位協商談判訂立集體合同，以矯正單個勞動者與用人單位在協商訂立勞動合同的不平等關係，最終實現全體勞動者基本權益保障。

《勞動法》《勞動合同法》等規定了集體合同的基本制度。為了配合《勞動法》關於集體合同制度的實施，2004年5月1日國家頒發實施了《集體合同規定》。其對集體合同的內容、訂立原則、審查制度、集體合同的效力及其爭議處理等做出了更具有操作性的規定。

（三）集體合同的特別規定

集體合同內容，涉及廣大職工的基本勞動權益，其必須嚴格依照法律規定程序訂立。法律對集體合同做出了特別規定：

【案例討論】王某與某公司簽訂了為期三年的勞動合同。其合同中約定：工資每月計發一次。在其合同履行期間，工會又與該公司協商簽訂了一份集體合同，其中約定：企業所有員工每年年終考核合格者，可獲得一次第13個月的工資。該企業的集體合同獲得企業職代會的通過，並經當地勞動行政部門審核後生效實施。但王某沒有得到企業支付的第13個月工資。於是，他向企業提出補發第13個月工資的要求，但企業表示王某和企業簽訂的勞動合同中約定了勞動報酬的支付次數，雙方應當嚴格按照勞動合同的約定履行。對第13個月工資，雙方產生了爭議。

問：王某能否得到第13個月工資？為什麼？

1. 集體合同簽約主體的特別規定

集體合同的簽約主體：一方是作為職工代表的工會或者勞動者依法推舉的代表，另一方是用人單位代表。《勞動合同法》規定，集體合同由工會代表企業職工一方與用人單位訂立；尚未建立工會的用人單位，由上級工會指導勞動者推舉的代表與用人單位訂立。《集體合同規定》規定，集體協商雙方代表人數應當對等，每方至少3人，並各確定1名首席代表。用人單位協商代表與職工協商代表不得相互兼任。法律對集體協商代表及首席代表的產生和更換做出了明確的規定。

2. 集體合同生效程序的特別規定

集體合同實行勞動行政部門備案登記生效制。集體合同訂立後，應當報送勞動行政部門；勞動行政部門自收到集體合同文本之日起十五日內未提出異議的，集體合同即行生效。這與一般勞動合同自雙方簽章時生效不同。

3. 集體合同法律效力的特別規定

依法訂立的集體合同對用人單位和全體勞動者具有約束力。勞動者具有廣泛性，不但包括集體合同訂立時的在職勞動者，也包括集體合同生效後成為單位職工的勞動者。

行業性、區域性集體合同對當地本行業、本區域的用人單位和勞動者具有約束力。

4. 集體合同爭議的處理程序的特別規定

集體合同爭議分為簽訂集體合同發生的爭議和履行集體合同發生的爭議兩種類型。由於集體合同主體的廣泛性，其發生必然產生較大的社會影響。集體合同爭議的處理程序因集體合同爭議類型不同而各不相同。

（1）因簽訂集體合同發生爭議的處理程序

對於因簽訂集體合同發生的爭議，當事人雙方應當通過協商自行解決。《集體合同規定》第四十九條規定：「集體協商過程中發生爭議，雙方當事人不能協商解決的，當事人一方或雙方可以書面向勞動保障行政部門提出協調處理申請；未提出申請的，勞動保障行政部門認為必要時也可以進行協調處理。」

《集體合同規定》第五十二條規定：勞動行政主管部門協調處理在集體協商、簽訂集體合同過程中發生的爭議，應當自決定受理之日起30日內處理完畢；情況複雜確需延長協調時間的，延長時間不得超過15日。

（2）因履行集體合同發生爭議的處理程序

因履行集體合同發生爭議的處理，可以依據《勞動爭議調解仲裁法》規定進行解決。當事人不願協商或協商不成的，可以向調解組織申請調解；不願調解或調解不成的，可以向勞動爭議仲裁委員會申請仲裁；對仲裁裁決不服的，可以自收到仲裁裁決書之日起15日內向人民法院提起訴訟。

【案例評析】王某應當得到第13個月工資。《勞動合同法》第五十四條：「依法訂立的集體合同對用人單位和勞動者具有約束力。該法55條規定：用人單位與勞動者訂立的勞動合同中勞動報酬和勞動條件等標準不得低於集體合同規定的標準。」因此，王某與企業簽訂的勞動合同中雖然沒有約定可以享受第13個月工資，但工會與企業簽訂的集體合同中規定了第13個月工資等有關內容同樣對單位和勞動者王某具有約束力。根據《勞動合同法》的規定，企業應當按照集體合同的規定補發王某年終第13個月的工資。

二、勞務派遣管理

【案例討論】在德克基工作了6年的員工張某，因為工作中的疏忽被德克基辭退。張某起訴要求德克基支付自己的當月工資和2萬元解除勞動合同的經濟補償金。仲裁庭經審理查明，張某與康鑫公司簽訂有勞動合同確立了雙方之間的勞動關係。張某作為康鑫公司的職員被派遣到德克基工作，與德克基之間並沒有形成事實勞動關係。

問：張某的要求能否得到支持？為什麼？

(一) 勞務派遣概念

勞務派遣，是指勞務派遣單位（即用人單位）根據接受單位（即用工單位）的要求，與接受單位簽訂派遣協議，將與自己建立勞動關係的勞動者派往接受單位，受派勞動者在接受單位的指揮和管理下提供勞動，派遣單位從接受單位獲取勞務費並向勞動者支付勞動報酬的一種特殊勞動關係。

勞務派遣業務是新型勞動服務用工模式，屬於較為複雜的「一僕二主」的用工關係。用工單位可以根據自身工作和發展需要，通過勞務派遣單位派遣獲得所需要的各類工作人員。實行勞務派遣後，實際用工單位與勞務派遣單位簽訂勞務派遣合同，勞務派遣單位與被派遣勞動者簽訂勞動合同，實際用工單位與被派遣勞動者簽訂勞務協議。其運作方式是「勞務派遣單位招人不用人，用工單位用人不招人」。由於勞務派遣中各單位為了追求利益最大化，對勞動者勞動待遇和工傷責任相互推諉，從而損害被派遣勞動者的勞動權益。

(二) 勞務派遣法律制度

為解決勞務派遣工同工不同酬、同崗不同權，社保福利待遇低，沒有職業培訓，職業發展受限等問題，打擊違反臨時性、輔助性、替代性的「三性」規定，抵制勞務外包，濫用派遣制度等違法行為，《勞動合同法》對勞務派遣做出了特別規定。為了貫徹落實《勞動合同法》規定，人力資源和社會保障部頒布實施了《勞務派遣暫行規定》(2014)。《勞務派遣暫行規定》對勞動合同、勞務派遣協議的訂立、履行、解除和終止以及法律責任等加以明確。

(三) 勞務派遣中各方的法律關係

勞務派遣涉及勞務派遣單位、被派遣勞動者和勞務接受單位（用工單位）三方主體，也就形成三種不同內容的法律關係：

(1) 勞務派遣單位與被派遣勞動者之間的關係

勞務派遣單位與被派遣勞動者之間通過簽訂勞動合同形成勞動關係。被派遣勞動者不向勞務派遣單位提供勞動，而是根據勞務派遣單位的指派為第三方即用工單位提供勞動。被派遣勞動者是勞務派遣單位的「勞動者」。被派遣勞動者依法享有勞動者的權利並承擔勞動者的義務。勞務派遣單位是被派遣勞動者的「用人單位」，依法承擔用人單位的勞動義務。

(2) 勞務派遣單位與用工單位之間的關係

勞務派遣單位與用工單位之間通過簽訂勞務派遣協議，形成特殊合同關係。該協議在內容上受到勞動法一定程度的干預。如用工單位應當根據工作崗位的實際需要與勞務派遣單位確定派遣期限，不得將連續用工期限分割訂立為數個短期勞務派遣協議。

（3）用工單位與被派遣勞動者之間的關係

用工單位與被派遣勞動者之間不存在勞動關係。根據勞動合同和勞務派遣協議的約定，被派遣勞動者直接受用工單位的指揮、為用工單位提供勞動；用工單位享有對勞動者的勞動請求權。基於用工單位為被派遣勞動者提供勞動場所和安排勞動者工作的事實，為了保護被派遣勞動者權益，《勞動合同法》規定了用工單位對被派遣勞動者的義務。

> 【案例評析】勞動者應當分清提供勞動力的對象和建立勞動關係的對象。本案是勞務派遣關係，存在三方主體，即勞動者（張某）、用工單位（德克基）與勞務派遣單位（康鑫公司）。在勞務派遣關係中，依法設立的勞務派遣單位和勞動者訂立勞動合同後，依據與用工單位訂立的勞務派遣協議，將勞動者派遣到用工單位工作。因此，張某應向勞動合同相對方即康鑫公司主張解除勞動合同經濟補償金。所以，他向用工單位德克基主張解除勞動合同經濟補償不能得到仲裁庭的支持。

（四）勞務派遣的特別管理規定

1. 勞務派遣單位的設立管理

勞務派遣單位應當以公司組織形式存在。《勞動合同法》第五十七條規定：「勞務派遣單位應當按照公司法的有關規定設立，註冊資本不少於五十萬元。」因此，除註冊資本最低限額外，勞務派遣公司的設立應符合公司法的相應規定。

2. 勞務接受單位的用工管理

（1）用工單位只能在臨時性、輔助性或者替代性的工作崗位上使用被派遣勞動者。臨時性工作崗位是指存續時間不超過 6 個月的崗位；輔助性工作崗位是指為主營業務崗位提供服務的非主營業務崗位；替代性工作崗位是指用工單位的勞動者因脫產學習、休假等原因無法工作的一定期間內，可以由其他勞動者替代工作的崗位。

（2）用工單位決定使用被派遣勞動者的輔助性崗位，應當經職工代表大會或者全體職工討論，提出方案和意見，與工會或者職工代表平等協商確定，並在用工單位內公示。

（3）用工單位應當嚴格控制勞務派遣用工數量，使用的被派遣勞動者數量不得超過其用工總量的 10%。其中，用工總量是指用工單位訂立勞動合同人數與使用的被派遣勞動者人數之和。

（4）用工單位應當依法向被派遣勞動者提供與工作崗位相關的福利待遇，不得歧視被派遣勞動者。

3. 勞務派遣單位的勞動關係管理

（1）勞務派遣單位應當依法與被派遣勞動者訂立 2 年以上的固定期限書面勞動合同。該勞動合同中可以約定試用期，但勞務派遣單位與同一被派遣勞動者只能約定一次試用期。

（2）勞務派遣單位依法對被派遣勞動者承擔的勞動義務主要有：

①如實告知被派遣勞動者勞動合同法規定的事項、應遵守的規章制度以及勞務派遣協議的內容。

②按照國家規定和勞務派遣協議約定，依法支付被派遣勞動者的勞動報酬和相關待遇。

③按照國家規定和勞務派遣協議約定，依法為被派遣勞動者繳納社會保險費，並辦理社會保險相關手續。

④督促用工單位依法為被派遣勞動者提供勞動保護和勞動安全衛生條件。

⑤協助處理被派遣勞動者與用工單位的糾紛。

⑥法律、法規和規章規定的其他事項。

4. 對勞務派遣單位和勞務接受單位的共同責任管理

（1）被派遣勞動者在用工單位因工作遭受事故傷害的，勞務派遣單位應當依法申請工傷認定，用工單位應當協助工傷認定的調查核實工作。勞務派遣單位承擔工傷保險責任，但可以與用工單位約定補償辦法。

被派遣勞動者在申請進行職業病診斷、鑒定時，用工單位應當負責處理職業病診斷、鑒定事宜，並如實提供職業病診斷、鑒定所需的勞動者職業史和職業危害接觸史、工作場所職業病危害因素檢測結果等資料，勞務派遣單位應當提供被派遣勞動者職業病診斷、鑒定所需的其他材料。

（2）勞務派遣單位行政許可有效期未延續或者《勞務派遣經營許可證》被撤銷、吊銷的，已經與被派遣勞動者依法訂立的勞動合同應當履行至期限屆滿。雙方經協商一致，可以解除勞動合同。

（3）勞務派遣單位被依法宣告破產、吊銷營業執照、責令關閉、撤銷、決定提前解散或者經營期限屆滿不再繼續經營的，勞動合同終止。用工單位應當與勞務派遣單位協商妥善安置被派遣勞動者。

（4）用工單位可以依法將被派遣勞動者退回勞務派遣單位。被派遣勞動者退回後在無工作期間，勞務派遣單位應當按照不低於所在地人民政府規定的最低工資標準，向其按月支付報酬。

5. 被派遣勞動者勞動合同的解除管理

（1）被派遣勞動者提前 30 日以書面形式通知勞務派遣單位，可以解除勞動合同。被派遣勞動者在試用期內提前 3 日通知勞務派遣單位，可以解除勞動合同。勞務派遣單位應當將被派遣勞動者通知解除勞動合同的情況及時告知用工單位。

（2）被派遣勞動者非本人過錯被用工單位退回的，勞務派遣單位重新派遣時維持或者提高勞動合同約定條件，被派遣勞動者不同意的，勞務派遣單位可以解除勞動合同。但勞務派遣單位重新派遣時降低勞動合同約定條件，被派遣勞動者不同意的，勞務派遣單位不得解除勞動合同，被派遣勞動者提出解除勞動合同的除外。

三、非全日制用工管理

【案例分析】向某，45歲，高級工程師，擅長修理從美國、日本進口的高檔印刷機。他沒有與任何單位簽訂全日制書面勞動合同，但與重慶市幾家印刷廠口頭約定聘用協議：每週在約定時間內到各受聘廠巡查和保養機器，如果印刷廠機器出現故障，則可以電話通知並立即承擔檢修機器的任務；在履行特定印刷廠工作期間，若勞動者受到的傷害由該檢修任務的印刷廠負責。工資報酬為 1,200 元／4 小時；接受聘用單位的內部規章制度等。有一次，向某在沙坪壩區某印刷廠進行檢修任務時，因機器部件脫落造成手指 9 級傷殘。請問：

（1）向某的受傷是否應受勞動法的保護？

（2）因工作原因造成的工傷，應當由誰承擔賠償責任？

（一）非全日制用工

非全日制用工，是指以小時計酬為主，勞動者在同一用人單位一般平均每日工作時間不超過 4 小時，每週工作時間累計不超過 24 小時的一種特殊的勞動用工形式。

非全日制用工突破了傳統的全日制用工模式，滿足了用人單位靈活用工和勞動者自主擇業的需要，具有一定的「靈活性」。就勞動者來說，非全日制用工為其提供一個易進和易出的就業空間；就用人單位來說，在非全日制用工形式下可以享有更多的彈性用工需求，在節約成本的同時產生更多的效益。不過，非全日制用工缺點也非常突出，即非全日制用工下勞動者的薪水及福利待遇有限、獲得職業培訓機會少、難以對用人單位產生歸屬感。這都不利勞動者和用人單位的長遠發展。

（二）非全日制用工法律制度

為規範用人單位非全日制用工行為，保障勞動者的合法權益，促進非全日制就業健康發展，勞動保障部頒布實施了《關於非全日制用工若干問題的意見》（2003）。為了進一步保障非全日制用工下勞動者的權益，2008 年頒布實施的《勞動合同法》對非全日制用工做出了區別於《關於非全日制用工若干問題的意見》特別規定。

（三）非全日制用工的特別管理規定

在非全日制用工下，勞動者與用人單位建立勞動關係，各方均受勞動法的保護。但非全日制用工不同於全日制用工，因此法律對二者關係做出了特別規定：

1. 非全日制用工的勞動合同形式

非全日制用工是一種靈活的用工形式工，法律對該勞動合同形式無特別要求。《勞動合同法》規定：「非全日制用工雙方當事人可以訂立口頭協議。」

2. 非全日制用工的勞動合同內容

非全日制用工勞動合同的內容由雙方協商確定，內容應包括工作時間和期限、工作內容、工作地點、勞動報酬、勞動保護、勞動條件和職業危害防護等，但不得違反法律強制性規定：

（1）非全日制用工雙方當事人不得約定試用期。

（2）非全日制用工小時計酬標準不得低於用人單位所在地人民政府規定的小時最低工資標準。

（3）非全日制用工的工資支付可以按小時、日、周為單位結算，但支付週期最長不得超過 15 日。

3. 非全日制用工勞動合同的終止

非全日制用工雙方當事人任何一方都可以隨時通知對方終止用工。通知可以是口頭的形式，也可以是書面的形式。

4. 非全日制用工的經濟補償

非全日制用工勞動合同終止後，用人單位不向勞動者承擔支付經濟補償的責任。

5. 非全日制用工的社會保險

從事非全日制工作的勞動者，應當參加基本養老保險，原則上參照個體工商戶的參保辦法執行；可以以個人身分參加基本醫療保險，並按照待遇水準與繳費水準相掛勾的原則，享受相應的基本醫療保險待遇。

用人單位應當按照國家有關規定為建立勞動關係的非全日制勞動者繳納工傷保險費。從事非全日制工作的勞動者發生工傷，依法享受工傷保險待遇；被鑑定為傷殘 5~

10級的，經勞動者與用人單位協商一致，可以一次性結算傷殘待遇及有關費用。

6. 非全日制用工的勞動爭議處理

從事非全日制工作的勞動者與用人單位因履行勞動合同引發的勞動爭議，按照國家勞動爭議處理規定執行，但勞動者直接向其他家庭或個人提供非全日制勞動的除外。

【案例評析】向某與多家印刷廠口頭約定聘用協議，無論是聘用協議主體還是協議所約定的內容以及合同的履行都符合非全日制勞動合同特點。因此，向某與各印刷廠之間的關係屬於非全日制的勞動關係。雙方之間的勞動糾紛應當依據勞動法進行解決。

向某在沙坪壩的印刷廠維修時因機器部件脫落，依法屬於工傷。根據國家非全日制用工管理規定，用人單位應按照國家有關規定為建立勞動關係的非全日制勞動者繳納工傷保險費。從事非全日制工作的勞動者發生工傷，依法享受工傷保險待遇。因此，向某的工傷責任應由此次安排維修任務的單位承擔。

第八節　經濟補償金

一、經濟補償金

經濟補償金，是指在勞動合同解除或者終止時符合法定情形的，依據勞動者工作年限，由用人單位依法向勞動者支付的一定數額的金錢。勞動合同解除或者終止，意味著勞動者暫時失業而失去經濟收入，造成經濟生活困難。因此，勞動法規定了對勞動者的經濟補償，以緩解生活壓力。

經濟補償金與違約金不同，其支付不以用人單位違約行為存在為前提，只要符合法定情形，用人單位就有向勞動者支付經濟補償金的法定義務。經濟補償金與損害賠償金不同，後者以違約行為或侵權行為的存在為前提。

依據勞動法規定，在勞動合同解除或終止後辦理工作交接時，用人單位依法向勞動者支付經濟補償金。關於經濟補償的支付法定情形、計算方式、最高限額等，《勞動法》《勞動合同法》等做出了具體的規定。

二、經濟補償金的計算標準

【案例討論】顧某曾是一家國有企業職工，在上班8年後其所在單位與一家外國公司共同舉辦了一家合資企業。顧某由原單位安排又在合資企業中工作了6年。前不久，顧某因患病醫療期滿後，不能從事原工作，也不能從事單位另行安排的工作，被單位依法解除了勞動合同。但在支付經濟補償金時，雙方發生了爭議，單位認為應當按顧某與單位所簽訂的勞動合同期限即6年標準計算工作年限，顧某認為應當按其進入國有企業時起連續計算，即14年標準計算工作年限。

根據勞動法的規定，誰的主張合法？為什麼？

用人單位對勞動者給付的經濟補償金，一般按照勞動者的工作年限和月工資進行計算發放。其計算公式是：經濟補償金＝月工資×工作年限。

（一）月工資

經濟補償的月工資是指勞動者在勞動合同解除或者終止前十二個月的平均工資。對於經濟補償所涉及的月工資的統計、最低月工資標準和最高月工資標準等，《勞動合同法》等有以下具體規定：

（1）經濟補償的月工資按照勞動者應得工資計算，包括計時工資或者計件工資以及獎金、津貼和補貼等貨幣性收入。在勞動司法實踐中，經濟補償金按照勞動者正常工作狀態下十二個月的應得工資計算，即未扣除社會保險費、稅費等之前的當月工資總額。

（2）勞動者在勞動合同解除或者終止前十二個月的平均工資低於當地最低工資標準的，按照當地最低工資標準計算。

（3）勞動者工作不滿十二個月的，按照實際工作的月數計算平均工資。

（4）對於高端收入者在計算經濟補償月工資的限制。勞動者月工資高於用人單位所在直轄市、設區的市級人民政府公布的本地區上年度職工月平均工資三倍的，向其支付經濟補償的標準按職工月平均工資三倍的數額支付，但經濟補償年限自《勞動合同法》施行之日起計算。《勞動合同法》施行之前的工作年限仍按以前規定的標準計算經濟補償金。

（二）工作年限

工作年限是指用人單位支付勞動者經濟補償時應當計算的工作年限。工作年限應按勞動者在用人單位連續工作的年限計算，試用期屬於工作年限範疇。工作年限與經濟補償支付標準：每滿一年支付一個月工資的標準向勞動者支付經濟補償。六個月以上不滿一年的，按一年計算；不滿六個月的，向勞動者支付半個月工資的經濟補償。基於勞動用工關係的複雜性，《勞動合同法》等對特殊情況下工作年限的計算做出如下規定：

（1）在同一單位的工作年限的計算不受勞動合同簽訂次數的影響。對於因用人單位的合併、兼併、合資、單位改變性質、法人改變名稱等原因而改變工作單位的，其改制前的工作時間可以計算為「本單位的工作年限」。

（2）勞動者非因本人原因從原用人單位被安排到新用人單位工作的，勞動者在原用人單位的工作年限合併計算為新用人單位的工作年限。原用人單位已經向勞動者支付經濟補償的，新用人單位在依法解除、終止勞動合同計算支付經濟補償的工作年限時，不再計算勞動者在原用人單位的工作年限。

（3）對於高端收入者在計算經濟補償工作年限的限制。勞動者月工資高於用人單位所在直轄市、設區的市級人民政府公布的本地區上年度職工月平均工資三倍的，向其支付經濟補償的年限最高不超過十二年。

（4）《勞動合同法》施行之日存續的勞動合同在本法施行後解除或者終止，依照本法規定應當支付經濟補償的，經濟補償年限自本法施行之日起計算；本法施行前按照當時有關規定，用人單位應當向勞動者支付經濟補償的，按照當時有關規定執行。

【案例評析】勞動者非因本人原因從原用人單位被安排到新用人單位工作的，勞動者在原用人單位的工作年限合併計算為新用人單位的工作年限。除非合資企業能證明原用人單位已經向勞動者支付經濟補償，新用人單位在依法解除、終止勞動合同計算支付經濟補償的工作年限時，不再計算勞動者在原用人單位的工作年限。顧某在國有企業上班8年，後因原單位安排在合資企業中工作了6年，其工作年限應當從進入國有企業時起連續計算，即其工作年限為14年。

三、用人單位應當支付經濟補償金的法定情形

向勞動者支付經濟補償是用人單位的法定義務，只要具備經濟補償的法定情形，用人單位就負有支付義務，而不以用人單位存在過錯為前提條件。

（一）在勞動合同解除時應當支付經濟補償金的情形

1. 由用人單位提出並與勞動者協商一致解除勞動合同的，用人單位應當依法支付經濟補償金。相反，由勞動者提出並與用人單位協商一致解除勞動合同的，用人單位可以不支付經濟補償金。

在勞動司法實踐中，對於勞動者與用人單位均無法證明勞動者的離職原因時的經濟補償問題，視為用人單位提出且經雙方協商一致解除勞動合同，用人單位應向勞動者支付經濟補償。這也符合勞動爭議仲裁程序法所確立的舉證原則，即「因用人單位做出的開除、除名、辭退、解除勞動合同、減少勞動報酬、計算勞動者工作年限等決定而發生的勞動爭議，用人單位負舉證責任」。

2. 勞動者以用人單位過錯為由解除勞動合同的，用人單位應當支付經濟補償。因用人單位過錯解除勞動合同的情形有：

①未按照勞動合同約定提供勞動保護或者勞動條件的；

②未及時足額支付勞動報酬的，但在勞動者提出解除勞動關係前用人單位已經足額發放的除外。

③未依法為勞動者繳納社會保險費的，但用人單位未足額繳納或欠繳社會保險費的除外；

④用人單位的規章制度違反法律、法規的規定，損害勞動者權益的；

⑤因用人單位原因致使勞動合同無效的；

⑥用人單位以暴力、威脅或者非法限制人身自由的手段強迫勞動者勞動的，或者用人單位違章指揮、強令冒險作業危及勞動者人身安全的；

⑦法律、行政法規規定勞動者可以解除勞動合同的其他情形。

> 【律師提示】　用人單位未依法為勞動者繳納社會保險費的勞動爭議處理
>
> 在勞動司法實踐中，對用人單位未依法為勞動者繳納社會保險費的處理，又分為兩種情形：
>
> （1）用人單位未按社會保險法規定的險種為勞動者建立社會保險關係的，勞動者請求解除勞動合同並要求用人單位支付經濟補償金的，仲裁機構或法院應予支持。
>
> （2）以用人單位未足額繳納或欠繳社會保險費為由，勞動者請求解除勞動合同並要求用人單位支付經濟補償金的，仲裁機構或法院不予支持。

3. 用人單位單方解除勞動合同時應當支付經濟補償的情形

（1）非過失解除勞動合同的，用人單位應當支付經濟補償的情形：

①勞動者患病或者非因工負傷，在規定的醫療期滿後不能從事原工作，也不能從事由用人單位另行安排的工作的；

②勞動者不能勝任工作，經過培訓或者調整工作崗位，仍不能勝任工作的；

③勞動合同訂立時所依據的客觀情況發生重大變化，致使勞動合同無法履行，經用人單位與勞動者協商，未能就變更勞動合同內容達成協議的。

（2）經濟性裁員的，用人單位應當支付經濟補償的情形：
①依照企業破產法規定進行重整的；
②生產經營發生嚴重困難的；
③企業轉產、重大技術革新或者經營方式調整，經變更勞動合同後，仍需裁減人員的；
④其他因勞動合同訂立時所依據的客觀經濟情況發生重大變化，致使勞動合同無法履行的。

（二）在勞動合同終止時應當支付經濟補償金的情形
①勞動合同期滿的，除用人單位維持或者提高勞動合同約定條件續訂勞動合同且勞動者不同意續訂的外，應當支付經濟補償金；
②用人單位被依法宣告破產的；
③用人單位被吊銷營業執照、責令關閉、撤銷或者用人單位決定提前解散的；
④以完成一定工作任務為期限的勞動合同因任務完成而終止的。《勞動合同法實施條例》第二十二條規定：以完成一定工作任務為期限的勞動合同因任務完成而終止的，用人單位應當依法向勞動者支付經濟補償。

【律師提示】　　　　用人單位對解除勞動合同的管理
　　在勞動合同解除時，用人單位可能承擔經濟補償責任。為了避免或降低此項人力資源成本的發生，用人單位在解除勞動合同時會採取下列應對措施：
（1）通過用工管理，讓員工主動辭職或申請解除勞動合同；
（2）收集證據並利用員工過失而解除勞動合同；
（3）充分利用雙方協商一致以解除勞動合同；
（4）採取適當措施預防員工利用單位過錯而解除勞動合同；
（5）嚴格遵守勞動法關於勞動合同解除的程序性規定。

四、用人單位可以不支付經濟補償金的法定情形

在解除或終止勞動合同時，用人單位依法向勞動者支付經濟補償，但也並非任何解除勞動合同或終止勞動合同都負支付經濟補償的責任。在下列情形下，用人單位可以不支付經濟補償：
（1）因勞動者過錯被依法解除勞動合同的。
《勞動合同法》第三十九條規定，因勞動者過錯被依法解除勞動合同的情形：
①在試用期間被證明不符合錄用條件的；
②嚴重違反用人單位的規章制度的；
③嚴重失職，營私舞弊，給用人單位造成重大損害的；
④勞動者同時與其他用人單位建立勞動關係，對完成本單位的工作任務造成嚴重影響，或者經用人單位提出，拒不改正的；
⑤因勞動者過錯致使勞動合同無效的；
⑥被依法追究刑事責任的；
⑦自用工之日起一個月內，經用人單位書面通知後，勞動者不與用人單位訂立書面勞動合同，用人單位終止勞動關係的。

(2) 政府提供有崗位補貼和社會保險補貼的公益性崗位。

對於地方各級人民政府及縣級以上地方人民政府有關部門為安置就業困難人員提供的給予崗位補貼和社會保險補貼的公益性崗位的,《勞動合同法實施條例》規定該勞動合同不適用《勞動合同法》關於經濟補償的規定。

(3) 因勞動者達到退休年齡而勞動合同終止的。

(4) 主管部門調動或轉移工作單位而被解除勞動合同,未造成失業的。

《關於實行勞動合同制度若干規定的通知》(勞部發〔1996〕354號文件)規定,勞動者在勞動合同期限內,由於主管部門調動或轉移工作單位而被解除勞動合同,未造成失業的,用人單位可以不支付經濟補償金。

(5) 勞動者為非全日制用工被終止用工的,用人單位可以不向勞動者支付經濟補償。

五、經濟補償金爭議處理

用人單位與勞動者之間的經濟補償爭議,勞動者可以通過協商、勞動保障監察投訴、勞動爭議仲裁、勞動爭議訴訟等方式解決爭議問題。

值得注意的是,在勞動者通過勞動保障監察投訴解決經濟補償的,勞動行政部門享有行政處罰權。根據《勞動合同法》第八十五條規定,用人單位未依法向勞動者支付經濟補償的,經勞動者投訴後,勞動行政部門的處理措施如下:

(1) 責令用人單位限期向勞動者支付經濟補償金;

(2) 對於違反勞動保障監察處理決定的,用人單位逾期仍不支付的,勞動行政部門有權責令用人單位按應付金額百分之五十以上百分之一百以下的標準向勞動者加付賠償金。

第九節　違約責任

勞動合同以及特殊勞動合同在生效後,合同當事人都應當按照約定,全面地履行各自的義務,以實行訂立合同所追求的目的。在合同履行過程中,出現違反勞動合同或者特殊勞動合同的違約行為,違約方應當承擔違約責任。勞動法的違約責任形式主要有:繼續履行、支付違約金、解除勞動合同和損害賠償等。由於勞動者與用人單位在勞動關係中實際地位存在較大差異,為了平衡雙方的利益,維護勞動者的權益,勞動法對不同當事人承擔違約責任做出了差異性規定。

一、繼續履行

繼續履行又稱依約履行,是指債權人有權直接要求債務人或者請求國家機關運用強制措施使債務人按照勞動合同的規定履行義務。繼續履行屬於民法中的強制履行概念。由於勞動者與用人單位履行義務特點不同,對於雙方要求繼續履行勞動合同的救濟方法,勞動法做出了不同規定。

(一) 勞動者原則上有權要求用人單位繼續履行

用人單位違反勞動合同、違法解除勞動合同或者終止勞動合同,勞動者要求繼續履行勞動合同的,用人單位應當繼續履行。勞動合同履行民事合同,用人單位違反勞

動合同時，勞動者享有依據《民法總則》要求繼續履行的權利。《勞動合同法》第四十八條規定，用人單位違法解除勞動合同或者終止勞動合同，勞動者要求繼續履行勞動合同的，用人單位應當繼續履行。

在實踐中，在用人單位違反勞動合同時，勞動者要求繼續履行的，應當具備下列條件：①用人單位存在違反勞動合同或者勞動法的行為；②用人單位能夠繼續履行勞動合同；③勞動者認為有繼續履行勞動合同的必要並向國家機關提出申請；④要求繼續履行的債務可以強制履行。如果在法律上或者事實上不能履行的，債務標的不適用強制履行或者履行費用過高的，當事人在合理的期限內未提出履行要求的，均不適用繼續履行。

（二）用人單位原則上不能要求勞動者繼續履行

勞動者違反勞動合同、違法解除勞動合同或者終止勞動合同，用人單位原則上不得要求勞動者繼續履行勞動合同。這是因為勞動者履行勞動合同所提供的勞動力與勞動者人身具有不可分性，強制履行必然牽扯勞動者人身權益，也影響勞動合同繼續履行的實際效果。對勞動者違反勞動合同時，各國勞動法原則上不支持用人單位的繼續履行請求，但可以提供其他救濟方法的保護。

二、支付違約金

【案例討論】小陳在成都某科技有限公司工作期間，工作表現很突出。2015年1月，公司決定安排小陳到德國參加某科研項目的培訓，培訓期一年。對此，小陳與單位簽訂《培訓協議》。其中，約定由單位負擔小陳培訓期間的所有學習、住宿、交通費用，並按月雙倍發放小陳工資，小陳則須在培訓結束後回單位上班，並約定服務期8年，否則按服務剩餘期以每年3萬元標準承擔違約金。在德國培訓期間，單位承擔小陳各項費用共計8萬元。回國在單位工作兩年後，小陳打算到深圳某企業工作，並向單位提出解除勞動合同。單位不同其解除勞動合同，否則公司根據培訓協議，要求小陳支付18萬元違約金。

根據勞動法的規定，你認為此事應當怎麼處理？

違約金，是指以保證勞動合同履行為目的，由勞動者與用人單位事先約定，當債務人違反勞動合同時應向債權人支付的金錢。違約金具有懲罰性和補償性且操作相對簡單的特點，所以用人單位與勞動者往往在勞動合同中約定違約金條款，以保障勞動合同的嚴格和全面履行。

違約金與經濟補償金具有不同的性質和功能，依據勞動法規定兩者可以並存使用。當勞動合同約定了違約金條款時，因用人單位違反勞動法規定或者勞動合同約定而解除勞動合同的，除了要求用人單位支付經濟補償金外，勞動者還有權要求用人單位支付違約金。

在勞動實踐中，用人單位往往濫用合同條款擬定優勢，制定不公平的違約金條款，造成對勞動者違約行為的「漫天要價，」損害勞動者的人身自由權和財產權。為保護勞動者的權益，勞動法對勞動者與用人單位約定違約金方面給予不同待遇。根據《勞動合同法》的規定，勞動合同雙方當事人可以約定違約金條款，但勞動者承擔違約金的範圍不得超過法律規定。對於約定用人單位承擔違約金的範圍，勞動法沒有給予任何限制。

【知識拓展】　　　　　勞動違約金與經濟補償金的主要區別
①適用對象不同。經濟補償適用於用人單位，違約金適用於勞動合同雙方當事人。②法律依據不同。經濟補償金的依據是勞動法規定用人單位承擔的相關法定義務。違約金是勞動合同雙方當事人在合同中的約定，無約定則無違約金。③法律性質不同。經濟補償金沒有懲罰性，違約金具有懲罰性和賠償性雙重屬性。④歸責原則不同。經濟補償金不以用人單位過錯為前提條件，違約金則以違約方主觀有過失為條件。

(一) 勞動者承擔違約金的限制範圍

依據《勞動合同法》規定，用人單位只能在下列範圍內與勞動者約定由勞動者承擔勞動合同違約金：

(1) 用人單位為勞動者提供專項培訓費用，對其進行專業技術培訓的，可以與該勞動者訂立協議，約定服務期和違約金。勞動者違反服務期約定的，應當按照約定向用人單位支付違約金，但違約金的數額不得超過用人單位提供的培訓費用，也不得超過服務期尚未履行部分所應分攤的培訓費用。因用人單位損害勞動者權益，勞動者解除勞動合同的，不受本項違約金條款約束。

(2) 對負有保密義務的勞動者，即用人單位的高級管理人員、高級技術人員和其他負有保密義務的人員，用人單位可以與其在勞動合同或者保密協議中約定競業限制和違約金。在解除或者終止勞動合同後，在競業限制期限內用人單位應當按月給予勞動者經濟補償。勞動者違反競業限制約定的，應當按照約定向用人單位支付違約金。

勞動法對勞動者依勞動合同承擔違約金範圍做出了限制規定，以保護勞動者的權益。只有在上述範圍內約定的違約金條款才對勞動者具有約束力。根據《勞動合同法》第二十五條規定，除上述兩種情形外，用人單位不得與勞動者約定由勞動者承擔違約金。

(二) 用人單位承擔違約金的範圍

勞動法對用人單位承擔違反勞動合同的違約金，沒有任何範圍的限制性規定。也就是說，只要用人單位與勞動者雙方經平等協商一致約定的違約金條款，就具有法律效力。出現違反勞動合同的行為，用人單位就應當按照勞動合同的約定承擔違約金責任。

【案例評析】根據《勞動合同法》的規定，用人單位為勞動者提供專項培訓費用，對其進行專業技術培訓的，可以與該勞動者訂立協議，約定服務期和違約金。勞動者違反服務期約定的，應當按照約定向用人單位支付違約金，但違約金的數額不得超過用人單位提供的培訓費用，也不得超過服務期尚未履行部分所應分攤的培訓費用。本案中，小陳有權向單位提出解除勞動關係，但應當根據其與單位簽訂的《培訓協議》承擔違約金責任。由於協議中的違約金條款為每年3萬元，超過了勞動法所規定的最高限額即服務期分攤費用為每年1萬元，對於超過標準部分不會得到法律的支持。根據勞動法的違約金責任和《培訓協議》，小陳因尚有未履行的6年服務期而應向單位支付違約金6萬元。

三、解除勞動合同

解除勞動合同，是指在勞動合同訂立後，尚未全部履行之前，由於某種原因導致當事人提前終止勞動關係的法律行為。解除勞動合同是守約方維護自身權益最重要的

救濟措施，直接影響到勞動合同雙方當事人的切身利益。

除雙方協商一致解除勞動合同外，《勞動合同法》對勞動者與用人單位單方解除勞動合同做出相關規定。

(一) 勞動者單方解除勞動合同

根據勞動者單方解除勞動合同原因不同，其可分為兩類：一是無任何理由情形下的單方解除勞動合同情形，二是用人單位違法損害勞動者權益情形下的單方解除勞動合同。在前者情形下勞動者單方解除勞動合同，其必須履行法定的預告期和通知的義務，並承擔提前解除勞動合同的違約責任。在前者情形下勞動者單方解除勞動合同，只要符合法定解除情形即可，不承擔任何違約責任。

(二) 用人單位單方解除勞動合同

根據用人單位單方解除勞動合同的法定原因不同，其可分為三類：一是過失性解除勞動合同，二是非過失性解除勞動合同，三是經濟性裁員。除上述情形外，勞動法對用人單位擅自單方解除勞動合同做出了禁止性規定，例如《勞動合同法》第四十八條規定：用人單位擅自單方解除勞動合同的，勞動者要求繼續履行勞動合同的，用人單位應當繼續履行；勞動者不要求繼續履行勞動合同或者勞動合同已經不能繼續履行的，用人單位應當依照本法規定支付賠償金。

特別強調，只要依據法律規定的條件、程序，無論是勞動者還是用人單位都有權解除固定期限勞動合同、無固定期限勞動合同或者以完成一定工作任務為期限的勞動合同。

四、賠償損失

【案例討論】2009 年 6 月 7 日，老朱像往常一樣到公司上班。下午，公司人事部經理突然來到老朱所在部門，宣布公司因金融危機影響企業效益不好決定裁員，並告知老朱被列入裁員名單，限他一週內辦理離職手續，同時承諾公司將按高於法定標準的「N+1」方式支付經濟補償金。所謂「N」，即給予每工作一年補償一個月工資的經濟補償金。老朱在這家公司工作了將近 5 年，前 12 個月平均工資約為 5,000 元，照此計算可得經濟補償金 30,000 元。但這突然的變故還是讓老朱無法接受。

依據法律規定，老朱能獲得多少賠償金？

賠償損失：勞動者或者用人單位因違反勞動合同義務造成對方損失時向對方進行經濟補償。當事人因此支付的金錢又稱賠償金。損害賠償是違反勞動合同時最常用的救濟方法。損害賠償金與經濟補償金具有不同的性質和功能，兩者可以並存使用。

勞動法上的賠償金具有雙重功能：一是補償守約方因對方違反勞動合同所遭受的經濟損失即損害賠償金，二是勞動法對違反勞動合同的當事人予以懲罰即懲罰賠償金。與勞動法上的違約金一樣，用人單位與勞動者承擔賠償金在性質上也有重大區別。關於勞動中的損害賠償法律依據，主要有《民法總則》《勞動合同法》和《違反〈勞動法〉有關勞動合同規定的賠償辦法》等。

(一) 用人單位承擔的損害賠償責任

用人單位承擔的賠償金可以分為兩類：一是損害賠償金，二是懲罰賠償金。根據勞動法的規定，懲罰賠償金只有在法律明確規定的情形下用人單位才會承擔。

1. 用人單位承擔損害賠償金的情形
（1）用人單位規章制度違反法律、法規規定的；
（2）用人單位提供的勞動合同文本缺少必備條款的或者未將勞動合同文本交付勞動者的；
（3）用人單位以擔保或者其他名義向勞動者收取財物的；
（4）因用人單位原因造成勞動合同無效的、採用暴力或者威脅等手段強迫勞動者勞動的；
（5）用人單位未向勞動者出具解除或者終止勞動合同的書面證明的；
（6）違法約定的試用期已經履行的；
（7）用人單位未及時移交勞動者檔案或丟失勞動者檔案的；
（8）法律、法規所規定的用人單位承擔損害賠償金的其他情形。

【案例連結】　　　　　精神賠償不屬於勞動合同法領域

辛某2017年5月到市區某會計培訓學校任教，多次向學校提出簽訂勞動合同和辦理社會保險手續，但學校以事務繁忙為理由拖延，直到8月才補簽勞動合同。因學校仍未辦理社會保險手續，9月辛某提出辭職申請，但學校卻以種種理由遲遲不批准辛某的辭職，致使辛某失去了其他高薪崗位的應聘機會。10月，學校以辛某的工作能力差為由，將其辭退。盛怒之下，辛某將學校訴至勞動仲裁委，要求學校向其公開賠禮道歉，賠償其精神損失費50,000元等。該案經勞動仲裁委調解無果後，最終裁決駁回辛某的該項仲裁請求。對此不服，辛某訴訟在一審和二審也敗訴。辛某敗訴的原因在於，法律規定侵權之訴才有精神損害賠償之說，而違約之訴不存在精神損害賠償之說。勞動關係從本質上講屬於一種合同關係，因此申請勞動仲裁屬於違約之訴。

2. 用人單位承擔的懲罰賠償金的法定情形
（1）未訂立書面勞動合同的。用人單位自用工之日起超過一個月不滿一年未與勞動者訂立書面勞動合同的，應當向勞動者每月支付二倍的工資。用人單位向勞動者每月支付兩倍工資的起算時間為用工之日起滿一個月的次日，截止時間為補訂書面勞動合同的前一日，計算週期最長不超過十一個月。
（2）未訂立無固定期限勞動合同的。用人單位違反勞動合同法規定不與勞動者訂立無固定期限勞動合同的，自應當訂立無固定期限勞動合同之日起向勞動者每月支付二倍的工資。勞動司法實踐，其計算週期最長不超過十二個月。
（3）用人單位違反法律規定解除或者終止勞動合同的。用人單位應當依照《勞動合同法》規定的經濟補償標準的二倍向勞動者支付賠償金。賠償金的計算年限從用工之日開始計算。勞動者因此獲得賠償金的，用人單位不再支付經濟補償金。
（4）未及時足額支付勞動者勞動報酬的、低於當地最低工資標準支付勞動者工資的、安排加班不支付加班費或者未按規定向勞動者支付經濟補償的。除限期支付勞動報酬、補足差額部分、加班費或者經濟補償外，根據《勞動合同法》第八十五條規定，勞動行政管理部門可以責令用人單位按應付金額百分之五十以上百分之一百以下的標準向勞動者加付賠償金。
（5）法律、法規所規定的用人單位承擔懲罰性損害賠償金的其他情形。

【案例評析】對於違法解除勞動合同的，勞動者要求繼續履行勞動合同的，用人單位應當繼續履行；勞動者不要求繼續履行勞動合同或者勞動合同已經不能繼續履行的，用人單位應當按照經濟補償金標準的兩倍向勞動者支付賠償金，賠償金的計算年限自用工之日起計算。《勞動合同法實施條例》規定，用人單位違反《勞動合同法》的規定解除或者終止勞動合同，依照《勞動合同法》第八十七條的規定支付了賠償金的，不再支付經濟補償。因此，根據本案情形，老朱可有權選擇恢復勞動關係或獲得賠償。其中選擇賠償金的，單位應支付賠償金為 5,000×5×2=50,000 元。

(二) 勞動者承擔的損害賠償責任

依據勞動法的規定，勞動者承擔的賠償金與用人單位承擔的賠償金在性質上存在明顯的區別，即勞動法只規定了勞動者承擔損害賠償金，沒有規定勞動者承擔懲罰賠償金。其因違反勞動合同承擔損害賠償金情形：

(1) 違反法律規定或勞動合同的約定解除勞動合同，對用人單位造成損失的。對此，勞動者賠償用人單位損失的範圍：

①用人單位招收錄用其所支付的費用；
②用人單位為其支付的培訓費用，雙方另有約定的按約定辦理；
③對生產、經營和工作造成的直接經濟損失；
④勞動合同約定的其他賠償費用。

(2) 違反勞動合同中約定的保密事項，對用人單位造成經濟損失的。對此，勞動者應按《反不正當競爭法》規定確定損害賠償的範圍。

(3) 用人單位招用尚未解除勞動合同的勞動者，對原用人單位造成經濟損失的，除該勞動者承擔直接賠償責任外，該用人單位應當承擔連帶賠償責任。其連帶賠償的份額應不低於對原用人單位造成經濟損失總額的 70%。用人單位和勞動者應向原用人單位賠償下列損失：

①對生產、經營和工作造成的直接經濟損失；
②因獲取商業秘密給原用人單位造成的經濟損失，本項損失按《反不正當競爭法》規定標準進行計算。

(4) 法律、法規所規定的勞動者承擔損害賠償金的其他情形。

實訓項目

一、改錯題

1. 用人單位招用尚未解除勞動合同的勞動者對原用人單位造成經濟損失的，由勞動者承擔賠償責任，用人單位無過錯可以不承擔連帶責任。

2. 用人單位未履行訂立書面勞動合同的，自用工之日起超過一個月不滿二年的，承擔向勞動者支付二倍工資的法律責任。

3. 用人單位可以在勞動合同中約定由勞動者承擔違約金的情形。

4. 勞務派遣單位應當依法與被派遣勞動者訂立 1 年以上的固定期限書面勞動合同。

5. 對於簽訂無固定期限的勞動合同的，無論是勞動者還是用人單位都無權單方解

除勞動合同。

6. 集體勞動合同發生爭議，各方當事人可以向勞動爭議仲裁委員會申請仲裁。

7. 在終止非全日制用工勞動合同的，無論是勞動者還是用人單位都應當提前3日以書面形式通知對方當事人。

8. 用人單位向勞動者支付經濟補償的最長年限計算不得超過十二年。

二、案例分析

（一）大學畢業後的錢某，進入了上海某外企工作。為了穩定勞動關係，雙方簽訂了4年期的勞動合同，並約定任何一方提前解除勞動合同都應當向對方支付6萬元的違約金。工作兩年後，錢某在一次高級人才招聘會上找到了一家條件更好的金融財務有限公司。2018年8月，錢某向單位提出解除勞動合同，單位表示可以但錢某必須按照勞動合同的約定向單位支付違約金6萬元。如果沒有履行解約的違約金，單位不會辦理相關離職手續。錢某認為違約金實在太高，難以承受，只同意支付2萬元。對此，雙方發生勞動爭議。

1. 依據勞動法規定，單位要求合法嗎？

2. 若單位長期存在未辦社會保障的事實，請幫助錢某擬寫一份維護勞動者合法權益的辭職書。

（二）2017年5月，福州某制藥股份有限公司在當地勞動力市場公布招聘員工30人，工作崗位實行三班倒生產作業。由於工作環境和勞動強度等原因，其招聘廣告附註：招聘崗位不適合有孕在身的女職工等事項。新婚後的李某，急於找到一份相對穩定和收入較高的工作，在應聘書上沒有註明懷孕事項。在上班後第3個月，李某以自己懷孕為由要求單位對其調換工作崗位。單位調查後，認為李某在訂立勞動合同時已經懷孕在身，違反公司招聘要求有欺騙行為。基於雙方勞動合同無效，單位遂終止勞動關係並停發工資。李某認為，自己是孕婦，在懷孕期間用人單位不能解除或者終止勞動合同。對此，雙方發生了爭議。

依據勞動法的規定，此事該如何處理？請說明理由。

（三）張某是武漢某會計師事務所的文員，與單位簽訂的勞動合同於2016年8月到期。在合同有效期屆滿前一個月，事務所通知張某單位可以續簽勞動合同，但由於行業經濟不景氣的影響，續簽勞動合同時員工月工資都將下調2,000元。張某不同意，與單位協商時要求維持原勞動合同的月工資7,000元標準，否則就不會續簽勞動合同。雙方協商不一致，導致勞動合同終止。張某要求事務所支付工作三年的經濟補償金。單位認為，雙方勞動關係的終止是由於張某不續簽勞動合同所致，與單位無關。基於勞動者原因終止勞動關係的，單位可以支付經濟補償金。

請問：單位不支付經濟補償金的想法有法律根據嗎？

附勞動合同範本

勞動合同書
（固定期限）

　　根據《中華人民共和國勞動法》《中華人民共和國勞動合同法》和有關法律、法規，甲乙雙方經平等自願、協商一致簽訂本合同，共同遵守本合同所列條款。
一、勞動合同雙方當事人基本情況
第一條　甲方＿＿＿＿＿＿＿＿＿＿＿＿＿＿＿＿＿＿＿＿＿＿＿＿＿＿
法定代表人（主要負責人）或委託代理人＿＿＿＿＿＿＿＿＿＿＿＿＿＿
註冊地址＿＿＿＿＿＿＿＿＿＿＿＿＿＿＿＿＿＿＿＿＿＿＿＿＿＿＿＿
第二條　乙方＿＿＿＿＿＿性別＿＿＿＿居民身分證號碼＿＿＿＿＿＿＿
居住住址＿＿＿＿＿＿＿＿＿＿郵政編碼＿＿＿＿＿＿聯繫電話＿＿＿＿
戶口所在地＿＿＿＿＿省（市）＿＿＿＿區（縣）＿＿＿＿街道（鄉鎮）
二、勞動合同期限
第三條　本合同為固定期限勞動合同。
本合同於＿＿＿年＿＿月＿＿日生效，其中試用期至＿＿＿年＿＿＿月＿＿＿日止。本合同於＿＿＿＿＿年＿＿＿月＿＿＿日終止。
三、工作內容和工作地點
第四條　乙方同意根據甲方工作需要，擔任＿＿＿＿＿＿＿崗位（工種）工作。
第五條　根據甲方的崗位（工種）作業特點，乙方的工作區域或工作地點為＿＿＿＿＿＿＿＿＿＿＿＿。
第六條　乙方工作應達到＿＿＿＿＿＿＿＿＿＿＿＿＿＿＿＿＿＿＿＿標準。
四、工作時間和休息休假
第七條　甲方安排乙方執行＿＿＿＿＿＿＿＿工時制度。
執行標準工時制度的，乙方每天工作時間不超過8小時，每週工作不超過40小時。每週休息日為＿＿＿＿＿＿＿＿甲方安排乙方執行綜合計算工時工作制度或者不定時工作制度的，應當事先取得勞動行政部門特殊工時制度的行政許可決定。
第八條　甲方對乙方實行的休假制度有＿＿＿＿＿＿＿＿＿＿＿＿＿＿＿
五、勞動報酬
第九條　甲方每月＿＿＿＿日前以貨幣形式支付乙方工資，月工資為＿＿＿＿＿＿＿＿元或按＿＿＿＿＿＿＿＿＿＿＿＿＿＿＿＿執行。
乙方在試用期期間的工資為＿＿＿＿＿＿＿＿＿＿＿元。
甲乙雙方對工資的其他約定＿＿＿＿＿＿＿＿＿＿＿＿＿
第十條　甲方生產工作任務不足使乙方待工的，甲方應支付乙方的月生活費為＿＿＿＿＿元或按＿＿＿＿＿＿＿＿＿＿＿＿＿＿＿＿執行。
六、社會保險及其他保險福利待遇
第十一條　甲乙雙方按國家和勞動合同履行地的相關規定參加社會保險。甲方為乙方辦理有關社會保險手續，並承擔相應社會保險義務。
第十二條　乙方患病或非因工負傷的醫療待遇按國家、北京市有關規定執行。甲

方按＿＿＿＿＿＿＿＿＿＿＿＿＿＿＿＿支付乙方病假工資。

第十三條　乙方患職業病或因工負傷的待遇按國家和北京市的有關規定執行。

第十四條　甲方為乙方提供以下福利待遇：
　　　　　＿＿＿＿＿＿＿＿＿＿＿＿＿＿＿＿

七、勞動保護、勞動條件和職業危害防護

第十五條　甲方根據生產崗位的需要，按照國家有關勞動安全、衛生的規定為乙方配備必要的安全防護措施，發放必要的勞動保護用品。

第十六條　甲方根據國家有關法律、法規，建立安全生產制度；乙方應當嚴格遵守甲方的勞動安全制度，嚴禁違章作業，防止勞動過程中的事故，減少職業危害。

第十七條　甲方應當建立、健全職業病防治責任制度，加強對職業病防治的管理，提高職業病防治水準。

八、勞動合同的解除、終止和經濟補償

第十八條　甲乙雙方解除、終止、續訂勞動合同應當依照《中華人民共和國勞動合同法》和國家有關規定執行。

第十九條　甲方應當在解除或者終止本合同時，為乙方出具解除或者終止勞動合同的證明，並在十五日內為乙方辦理檔案和社會保險關係轉移手續。

第二十條　乙方應當按照雙方約定，辦理工作交接。應當支付經濟補償的，在辦結工作交接時支付。

九、當事人約定的其他內容

第二十一條　甲乙雙方約定本合同增加以下內容（如保密條款等）
＿＿＿＿＿＿＿＿＿＿＿＿＿＿＿＿＿＿＿＿＿＿＿＿＿＿＿＿＿＿＿＿＿＿＿＿＿

十、勞動爭議處理及其他

第二十二條　雙方因履行本合同發生爭議，當事人可以向甲方勞動爭議調解委員會申請調解；調解不成的，可以向勞動爭議仲裁委員會申請仲裁。當事人一方也可以直接向勞動爭議仲裁委員會申請仲裁。

第二十三條　本合同的附件如下＿＿＿＿＿＿＿＿＿＿＿＿＿＿＿＿＿＿＿＿＿＿
＿＿＿＿＿＿＿＿＿＿＿＿＿＿＿＿＿＿＿＿＿＿＿＿＿＿＿＿＿＿＿＿＿＿＿＿＿

第二十四條　本合同未盡事宜按有關規定執行。

第二十五條　本合同一式兩份，雙方簽章生效，甲乙雙方各執一份。

甲方（公　章）　　　　　　　　　　　乙方（簽字或蓋章）

法定代表人（主要負責人）或委託代理人
（簽字或蓋章）

　　　　　　　　　　　　　　簽訂日期：　　　年　　　月　　　日

第四章
工作時間與休息休假法實務

【導入案例】

計件工時制的加班工資案

2015年6月，王梅等9名中專畢業的川妹子應聘到上海某公司，並成為該公司EPE車間的工作人員。她們都與公司簽訂了書面勞動合同，合同約定實行計件工時制度，多勞多得，但未約定每月的基本工資。在工作一年後，雙方再次同意續簽勞動合同期限至2017年5月。根據公司規定，王梅等職工實行早、中、晚輪轉式三班制。在實際工作中，公司要求星期六加班，川妹子不但超額完成產品件數，而且每週工時累計超過了48小時。在勞動合同期間，公司沒有答應職工關於加班工資或者安排補休的要求。2017年7月，在用人單位不同意續簽勞動合同的情況下，王梅等川妹子向當地勞動爭議仲裁委員會申請勞動仲裁，要求公司支付申請人自2016年6月至2017年5月期間的加班工資以及解除勞動合同的經濟補償金。

在仲裁過程中，被申請人公司辯稱，公司對員工實行的是計件工資，多勞多得，不存在加班問題，生產產品件數的多少由員工自己決定。同時，公司規定加班必須填寫加班申請單並得到領導的同意，在工廠的其他行為均不算加班；對於休息日加班公司已安排調休。因此，要求駁回申請人的勞動仲裁請求。

勞動爭議仲裁庭審理認為，計件工時制和標準工時制都是法定的工時制度。被申請人提供的員工工資匯總表、申請人所提供的工資單和勞動產品件數等，可以確定被申請人實行計件工時制。申請人在星期六存在加班並且有相應的工作量記錄，但被申請人不能出示加班工資或者安排補休證明。根據《勞動法》等規定，對於執行計件工時制的員工，用人單位在員工完成法定標準工作時間以外延長工作時間的，應依法支付延長工時的加點工資；休息日安排勞動者工作又不能安排補休的，用人單位應當依法支付加班工資報酬。經仲裁庭核算，申請人每人應得34,200元到36,500元不等的加班工資。

2017年12月18日，勞動仲裁庭做出裁決，被申請人自裁決生效之日起10日內，向申請人王梅等9名員工支付計件工資的加班工資和解除勞動合同的經濟補償。

第一節　工作時間管理

　　工作時間，是指勞動者向用人單位提供勞動，創造物質財富和精神財富的時間。工作時間是用人單位管理的重要內容，它直接關係到單位對勞動者的勞動紀律的考核、工資報酬的計算，甚至還可能涉及勞動者工傷認定等。對勞動者而言，單位工作時間和勞動者休息休假時間是此消彼長的關係。勞動者應當在勞動合同所約定的工作時間內提供工作服務，以保障單位正常生產秩序。為了保障勞動者休息休假權和健康權等，勞動法對用人單位的工作時間做出了法律基準規定。

一、工作時間的概念

>　　【案例討論】王某是廣東省某機械廠的電焊工，2016年3月2日上午，王某感到身體不適，到廠長辦公室請假。廠長說，請假應當先經電焊工組長曾某同意。當王某來到曾某工作處，恰逢曾某在燒焊。於是，王某在一旁等候，但在等待過程中，曾某敲擊時飛起的焊渣擊中了王某的右眼，雖經醫治但仍然失明。事後，機械廠承擔了很少部分醫療費就再也不管了。王某認為是工傷，但企業認為王某是在請假過程中有受傷，不是在工作時受傷，因此企業不應承擔責任。
>　　請問王某是在非工作時間受傷的嗎？為什麼？

（一）工作時間

　　工作時間，是指勞動者為履行勞動合同義務，在法定限度內應當從事工作的時間。工作時間是勞動者履行勞動義務的時間，也是用人單位進行勞動紀律考核和計發勞動報酬的時間標準。一般情況下，工作時間包括勞動者每日工作的小時數、每週工作的天數和小時數。

　　工作時間的標準長度和最長限度由法律規定，當事人在法定的範圍內通過集體合同和勞動合同約定具體的工作時間。在一定的時期內，工作時間與休息時間是一對「此長彼短、此短彼長」的關係，換言之，工作時間的延長必然意味著休息休假時間的縮短和勞動強度的增加。因此，工作時間長短不但關係到用人單位的勞動成果，還直接影響勞動者體力的恢復和身體健康。

（二）工作時間的法律特徵

　　（1）工作時間的標準長度和最長限度由國家法律規定。當事人通過集體合同和勞動合同約定具體工作時間。

　　（2）工作時間是勞動者履行勞動義務和用人單位計發勞動報酬的時間。勞動者不遵守工作時間應承擔法律責任。

　　（3）工作時間包括實際工作時間與從事相關活動時間總和。工作時間既包括勞動者的實際工作時間，也包括準備工作時間、結束工作時間以及法定非勞動消耗時間（如勞動者自然需要中斷時間、工藝需要中斷的時間、停工待活時間、女職工哺乳嬰兒時間等）；工作時間不僅包括在崗位上工作的時間，還包括依照法律規定或有關行政機關指令參加社會活動的時間，如懷孕女職工在勞動時間內進行產前檢查所需時間計入

工作時間等。

【案例評析】王某所受傷害是否屬於工傷，其關鍵點是其發生的請假時間是否屬於工作時間。王某向企業領導請假本身不屬於工作崗位內容，但根據單位規定，請假是職工必須履行的勞動義務，請假屬於單位規範管理範圍。在其獲得準假之前，其時間均屬於工時管理時間。因此，在本案中，王某的請假時間屬於工作時間，在此期間所受傷害有權申請工傷認定。

二、工作時間法律制度

為了規範用人單位的工作時間管理行為，限制工作時間長度，保護勞動者的休息權和健康權，各國都制定了工作時間的法律制度。

目前，中國的工作時間的法律制度主要由《勞動法》和國務院的行政法規予以規定。其中，《勞動法》第三十六條規定：「國家實行勞動者每日工作時間不超過八小時、平均每週工作時間不超過四十四小時的工時制度。」為了配合《勞動法》關於工作時間的規定，1994年2月3日國務院發布實施《關於職工工作時間的規定》。

為了合理安排職工的工作和休息時間，維護職工的休息權利，調動職工的積極性，促進社會主義現代化建設事業的發展，1995年3月25日國務院決定再次縮短勞動者周標準工作時間，即發布實施《關於修改〈國務院關於職工工作時間的規定〉的決定》規定「職工每日工作八小時、每週工作四十小時」。該規定自1995年5月1日起施行；1995年5月1日施行有困難的企業、事業單位，可以適當延期；但事業單位最遲應當自1996年1月1日起施行，企業最遲應當自1997年5月1日起施行。

【法律連結】　　　　　　　　職工月平均工作天數

2007年12月7日，《國務院關於修改〈全國年節及紀念日放假辦法〉的決定》規定：全體公民放假的節日為全年共計11天（元旦節放假1天、春節放假3天、清明節放假1天、勞動節放假1天、端午節放假1天、中秋節放假1天、國慶節放假3天）。

職工全年月平均工作天數為20.83天〔（365天-104天周休日-11天法定節假日）/12月=20.83天/月〕。值得注意的是，月平均工作天數不是月薪天數，是有區別的。

三、工作時間制度

（一）標準工時制

標準工時，是指法定的在正常情況下普遍適用的，在一定自然時間（一日或一週）內按照正常作息辦法安排的工作時間。標準工時即法定最長工時，適用於用人單位的正常作息時間，用人單位不得突破法定最長工時的限制，法定特殊情形除外。企業因生產特點不能按照法定日和周最長工時的要求實行作息辦法而採用其他工時形式的，必須符合法定條件，並且履行法定審批程序。對實行計件工資的勞動者，用人單位應當根據標準工時，合理確定其勞動定額和勞動報酬。

標準工時一般包括標準工作周和標準工作日兩種。

1. 標準工作周

標準工作周，是指法律規定的勞動者在1周（7天）內從事工作的時間。標準工

周以日曆周為計算單位，1年內有52個標準工作周。根據國務院《關於修改〈國務院關於職工工作時間的規定〉的決定》規定，自1997年5月1日起全國統一實施標準工作周為平均每週工作5天、每週工作40小時的工時制度。

2. 標準工作日

標準工作日又稱勞動日，是指法律規定的勞動者在1晝夜內工作時間的長度（小時數）。它是以日為計算單位的工作時間。根據《國務院關於修改〈國務院關於職工工作時間的規定〉的決定》規定，中國的標準工作日為每日工作8小時，即8小時工作制。

由於標準工作日符合人們的正常作息習慣，有利於人們工作和休息，因而在中國適用範圍最為廣泛。國家機關、社會團體、企業事業單位以及其他組織的職工，均可適用標準工作日。由於工作性質或職責及生產經營特點的限制，不能實行標準工作日的，可以實行不定時工作日制或綜合計算工作日制，但是必須依法履行審批手續。

（二）非標準工時制

為適應不同的生產和工作的需要，除標準工時制外，勞動法還規定了縮短工作日、不定時工作日、綜合計算工作日等非標準工時制。

1. 縮短工作日制

縮短工作日制，是指用人單位依法實施的少於標準工作日或標準工作周時數的工作日，即每日少於8小時、每週少於40小時的工時制度。它是在特殊情況下對標準工作日長度的縮短，目的是保護特殊條件下從事勞動和有特殊情況的勞動者的身體健康。《貫徹〈國務院關於職工工作時間的規定〉的實施辦法》規定：「在特殊條件下從事勞動和有特殊情況，需要在每週工作40小時的基礎上再適當縮短工作時間的，應在保證完成生產和工作任務的前提下，根據《勞動法》第三十六條的規定，由企業根據實際情況決定。」其主要適用於下列職工：

（1）特定崗位的勞動者。從事礦山井下、嚴重有毒有害崗位和國家規定第四級體力勞動強度作業的勞動者，每日工作不得超過6小時、每週工作時間不得超過36小時。此外，冶煉、地質勘探、森林採伐、裝卸搬運等繁重體力勞動，根據本行業特點也可以不同程度地縮短工作日。

（2）從事夜班工作的勞動者。夜班工作是指在晚22時至次日6時從事勞動。由於夜班工作與勞動者的正常生活規律、作息習慣相衝突，增加了勞動者的精神緊張和身體疲倦的程度，為減輕夜班工作的勞動強度，夜班工作時間比白班減少1小時，並按規定發給夜班津貼；連續生產不容間斷工作的，如發電、鋼鐵冶煉等夜班工作時間可與白班相等，但要給夜班工作的職工增發夜班津貼。

（3）哺乳期女工。根據《女職工勞動保護規定》第九條規定，哺乳未滿1週歲嬰兒的女職工，每日在工作時間內可以哺乳兩次，每次不超過半小時；路途較遠的，可將兩次哺乳時間合併使用，每次哺乳時間為1小時（含人工餵乳），可提前1小時下班。一般不得安排其從事夜班勞動。

（4）未成年工和懷孕女工。對未成年工，應實行少於8小時工作日制度。對懷孕7個月以上女職工，一般不得安排其從事夜班勞動，在正常工作時間內應安排一定的休息時間。

【法律連結】 　　　　　　　特定崗位的縮短工時制

　　勞動部、人事部對《國務院關於職工工作時間的規定》作出說明中明確表示：化工行業對從事有毒有害作業的工人，根據生產的特點和條件分別實行「三工一休」制和6小時至7小時工作制；煤礦井下實行四班每班6小時工作制；紡織業實行「四班三運轉」制度；有不滿一週歲嬰兒的女職工，每天可在工作時間內有一小時哺乳時間，等等。

　　2. 不定時工作日制
　　不定時工作日制，是指每日無固定工作時數和無固定起訖時點限制的工時制度。其適用於工作性質和職責範圍不能受固定工作時數限制的勞動者。根據《企業實行不定時工作制和綜合計算工時工作制審批辦法》第四條的規定，可以實行不定時工作制的職工主要有以下幾種：
　　（1）企業中的高級管理人員、外勤人員、推銷人員、部分值班人員和其他因工作無法按標準工作時間衡量的職工；
　　（2）企業中的長途運輸人員、出租汽車司機和鐵路、港口、倉庫的部分裝卸人員以及因工作性質特殊，需機動作業的職工；
　　（3）其他因生產特點、工作特殊需要或職責範圍的關係，適合實行不定時工作制的職工。
　　企業實行不定時工作制的，應履行審批手續。對於實行不定時工作制的勞動者，企業應根據標準工時制度合理確定勞動者的勞動定額或其他考核標準，以便安排勞動者休息。由企業按照本單位的工資制度和工資分配辦法，並根據勞動者的實際工作時間和完成勞動定額情況計發工資。對實行不定時工作日的勞動者，《工資支付暫行規定》第十三條規定不執行加班加點待遇。
　　3. 綜合計算工作日制
　　綜合計算工作日，是指分別以週、月、季、年等為週期計算工作時間，其平均日工作時間和平均周工作時間與法定標準工作時間基本相同的一種工作時間制度。其適用於因工作性質特殊，勞動者需要不間隔地連續兩個以上工作日不離開崗位。根據《企業實行不定時工作制和綜合計算工時工作制審批辦法》的規定，允許部分企業從生產實際出發，實行相對集中工作、集中休息、輪流調休、彈性工作時間等適當方式，以保證生產的正常進行和勞動者的休息休假權的實現。其主要適用下列職工：
　　（1）交通、鐵路、郵電、水運、航空、漁業等行業中因工作性質特殊，需連續作業的職工；
　　（2）地質及資源勘探、建築、制鹽、制糖、旅遊等受季節和自然條件限制的行業的部分職工；
　　（3）其他適合實行綜合計算工時工作制的職工。
　　從綜合工時制的特點來看，其基礎仍然是標準工時制，雖然允許一定週期範圍內員工工作時間綜合計算，允許具體的某日（或某周）可以超過法定標準工作，但是仍然要堅持一定週期內總的工作時間及平均工作時間都不能違反法定的標準。所以，實行綜合計算工時工作制的企業，在綜合計算週期內，某一具體日（或周）的實際工作時間可以超過8小時（或40小時），但綜合計算週期內的總實際工作時間不應超過總法定標準工作時間。超過部分應視為延長工作時間並按《勞動法》第四十四條第一項

的規定支付工資報酬；法定休假日安排勞動者工作的，按《勞動法》第四十四條第三項的規定支付工資報酬。延長工作時間的小時數平均每月不得超過 36 小時。

【法律連結】　　不定時工作制和綜合計算工作制的申請與審批

　　實行綜合計算工作制的企業，應與工會和勞動者協商，並履行審批手續。中央直屬企業實行不定時工作制和綜合計算工時工作制等其他工作和休息辦法的，經國務院行業主管部門審核，報國務院勞動行政部門批准。地方企業實行不定時工作制和綜合計算工作制等其他工作和休息辦法的審批辦法，由各省、自治區、直轄市人民政府勞動行政部門制定，報國務院勞動行政部門備案。

　　申請審批時所需要提交的材料有：①申請報告；②《企業實行不定時工作制及綜合計算工時工作制申請表》；③實行不定時工作制及綜合計算工時制員工名冊；④企業法人營業執照副本複印件，並攜帶原件供查驗。

4. 計件工時制

　　計件工時制，是指在參照標準工時基礎上根據崗位社會平均熟練程度來確定勞動者生產合格品的數量（或作業量）以作為工時管理的制度。它不是直接用勞動時間來計算工作量，而是用一定時間內的勞動成果、產品數量或作業量來間接計算勞動時間。

　　實行計時工資制度的崗位，計算和支付加班工資的基數為勞動合同約定的勞動者本人小時工資標準。實行計件工資的勞動者，在完成計件定額任務後，由用人單位安排延長工作時間的，應按照不低於其本人法定工作時間計件單價計算加班工資。

【律師提示】　　如何判斷不定時工作制、綜合計時工作制和計件工時制的合法性

　　少數用人單位利用勞動者不瞭解「不定時工作制、綜合計時工作制和計件工時制」等相關法律規定，在勞動合同中規定隨意約定不定時工作、綜合計時工作或者計件工時，使勞動者不瞭解哪些是工作時間、哪些是休息時間或者正常工作量標準。用人單位因此實現不支付加班工資或者少支付加班工資目的。因此，勞動者應當瞭解用人單位採用不定時工作制、綜合計時工作制須向勞動管理部門辦理審批手續，計件工時應當以社會平均熟練標準計算，以免休息時間和加班工資遭受損失。未辦理審批手續的，一律按標準工作時制計算加班工資。

第二節　休息休假管理

一、休息休假的概念

　　休息休假，是指在法律規定的範圍內，由勞動者與用人單位雙方約定，勞動者免於履行勞動義務而自行支配的時間總和。休息休假可以使勞動者在勞動中消耗的體力和腦力得以恢復，保證勞動者勞動能力的恢復和身體健康。它是勞動者實現休息權的必要時間，包括勞動者每天休息的時數、每週休息的天數和法定休假時間等。

　　法律規定了勞動者所享有的休息時間和休假時間，目的是保障勞動者的休息權。休息權是法定的勞動者休息和休養的權利。它是憲法規定的公民基本權利之一，也是勞動法規定的勞動者的基本權利之一。休息權受法律保障，用人單位不得隨意縮短勞

動者的休息休假時間，侵犯勞動者的休息權。

二、休息休假法律制度

休息休假是勞動者的基本權利，也是衡量社會文明進步的尺度。為了保障勞動者休息休假權利，勞動法一方面限制用人單位工作時間安排，另一方面還規定了勞動者休息休假的時間安排，並給予法律保護。

目前，中國關於休息休假時間的法律制度主要有：《中共中央、國務院關於職工休假問題的通知》（1991 年）、《中華人民共和國勞動法》、《貫徹執行中華人民共和國勞動法若干意見》、《全國年節及紀念日放假辦法》（2007 年修訂）、《國務院關於職工探親待遇的規定》（1981 年）和《職工帶薪年休假條例》（2007 年）等。

三、休息時間

（一）工作日內的休息時間

工作日內的休息時間，是指職工在每日的工作崗位上生產或工作的過程中的工間休息和用膳時間。目前，中國對一個工作日內的間歇時間的長短尚無法律規定，可由勞動者的工作單位通過規章制度加以規定。在實際工作中，工間休息通常每班兩次，每次 20 分鐘；用膳時間通常每班 1 次，不少於 30 分鐘。

（二）工作日間的休息時間

工作日間的休息時間，是指兩個鄰近工作日之間的休息時間。目前中國對兩個工作日間的休息時間尚無法律規定，在實際工作中，一般為 15 小時至 16 小時。以保證職工在完成一個工作日後到下一個工作日開始前體力和精力得以恢復。

（三）周休息日

周休息日又稱公休假日，是指職工工作滿一個工作周以後的休息時間。它是每週的公休日。法律保障職工工作滿一個工作周以後享有一定的連續休息時間。周休息日一般安排在星期六和星期日。由於生產經營或服務工作需要，不能在星期六和星期日公休，可以安排職工分別在一週的非星期六、星期日內輪流休息。

在中國，自 1995 年 5 月 1 日起，國家機關、企事業組織、社會團體等用人單位實行職工每日工作 8 小時、每週工作 40 小時工作制，星期六和星期日為周休息日。企業和不能實行上述統一工作時間的事業單位，可以根據實際情況靈活安排周休息日。《勞動法》第三十八條規定，用人單位應當保證勞動者每週至少休息 1 日。因公出差人員的周休息日，應在出差地點享用；如因工作需要未能享用者，可給予補休。

四、休假時間

休假時間，即勞動者帶薪休息時間，是法定的勞動者免於上班勞動並且有工資保障的休息時間。勞動法所規定的休假時間主要有：

（一）法定節假日

法定節假日又稱法定節日，是指國家法律統一規定的用以開展紀念、慶祝活動的休息時間。法定節日是國家考慮政治、傳統習慣等因素確立的，用人單位必須按照國家法律規定安排勞動者在法定節日期間休假。

《勞動法》和《全國年節及紀念日放假辦法》規定的法定節日有：

(1) 屬於全體公民的節日：①新年，1月1日放假1日；②春節，農曆除夕、正月初一、初二放假3日；③清明節，農曆清明當日放假1天；④勞動節，5月1日放假1天；⑤端午節，農曆端午當日放假1天；⑥中秋節，農曆中秋當日放假1天；⑦國慶節，10月1日、2日、3日放假3天。

　　(2) 屬於部分公民的節日及紀念日有：①婦女節，3月8日，婦女放假半天；②青年節，5月4日，14週歲以上的青年放假半天；③兒童節，6月1日，不滿14週歲的少年兒童放假1天；④中國人民解放軍建軍紀念日，8月1日，現役軍人放假半天。

　　(3) 屬於少數民族習慣的節日，由各少數民族集聚地區的地方人民政府按照各該民族習慣，規定放假日期。

　　為了保證公民休假權的切實實現，法律規定屬於全體公民的節日，如適逢星期六、星期日，應在工作日補假；屬於部分公民的假日，如適逢星期六、星期日，則不補假休息。

【法律連結】　　　　　政治性節日和職業性節日
　　政治性節日有二七紀念日、五卅紀念日、「七七」抗戰紀念日、九三抗戰勝利紀念日、「九一八」紀念日等，職業性節日有護士節、教師節、記者節、植樹節等。根據法律規定，這些節日、紀念日均不放假。

(二) 年休假

　　年休假，是指職工某一單位連續工作滿一定年限後，每年可以享有的帶薪連續休息的假期。享受年休假是勞動者休息權的重要體現。用人單位應當保證職工享受年休假。職工在年休假期間享受與正常工作期間相同的工資收入。

　　為了維護職工休息休假權利，調動職工工作積極性，中國從2008年1月1日起實施《職工帶薪年休假條例》。其主要規定有：

　　(1) 享受年休假的主體。在用人單位連續工作1年以上的職工，除《職工帶薪年休假條例》規定不享受年休假情形除外的，都有權享有帶薪年休假（即年休假）。

　　(2) 年休假長度。職工累計工作已滿1年不滿10年的，年休假5天；已滿10年不滿20年的，年休假10天；已滿20年的，年休假15天。為了保證年休假，該條例還規定國家法定休假日、休息日不計入年休假的假期。

　　(3) 年休假的安排。單位根據生產、工作的具體情況，並考慮職工本人意願，統籌安排職工年休假。年休假在1個年度內可以集中安排，也可以分段安排，一般不跨年度安排。單位因生產、工作特點確有必要跨年度安排職工年休假的，可以跨1個年度安排。

　　(4) 年休假的保障措施。單位確因工作需要不能安排職工休年休假的，經職工本人同意，可以不安排職工休年休假。對職工應休未休的年休假天數，單位應當按照該職工日工資收入的300%支付年休假工資報酬。單位未給予上述待遇的，應承擔相應法律責任。

【法律連結】　　　　　不能享受年休假的法定情形
　　《職工帶薪年休假條例》第四條規定，職工有下列情形的，不享受當年的年休假：
　　(1) 職工依法享受寒暑假，其休假天數多於年休假天數的。

（2）職工請事假累計 20 天以上且單位按照規定不扣工資的。
（3）累計工作滿 1 年不滿 10 年的職工，請病假累計 2 個月以上的。
（4）累計工作滿 10 年不滿 20 年的職工，請病假累計 3 個月以上的。
（5）累計工作滿 20 年以上的職工，請病假累計 4 個月以上的。

（三）探親假

探親假，是指法定給予家屬分居兩地的職工，在一定時期內與父母或配偶團聚的假期。實行探親假制度，在於滿足勞動者家庭生活的需要，提高其休息的質量，同時也表現了國家對與父母、配偶分居兩地的職工的人文關懷。

為了落實探親假政策，1981 年 3 月國務院修訂實施《國務院關於職工探親待遇的規定》。其主要規定有：

（1）享受探親假的條件。探親假制度適用於在國家機關、人民團體和全民所有制企業、事業單位工作滿一年的固定職工，其與配偶不住在一起，又不能在公休假日團聚的，可以享受探望配偶的待遇。其與父親、母親都不住在一起，又不能在公休假日團聚的，可以享受探望父母的待遇。這裡的「父母」，對已婚職工來說，僅限於職工本人的父母，而不包括職工配偶的父母（公婆或岳父母）。但是職工與父親或與母親一方能夠在公休假日團聚的，不享受探望父母的待遇。

（2）探親假的假期。①職工探望配偶的，每年給予探親假一次，假期為 30 天。②未婚職工探望父母的，原則上每年給假一次，假期為 20 天；如果因工作需要或者職工本人自願兩年探親一次的，可兩年給假一次，假期為 45 天。③已婚職工探望父母的，每 4 年給假一次，假期為 20 天。④凡已實行週期性集中休假制度的職工（如學校教師），應在休假期間探親，若休假較短，可由本單位適當安排，補足其探親假天數。⑤內地進藏職工在藏工作達 1 年半的，可回內地休假一次，其假期一般幹部和工人為 3 個月，縣級幹部和八級以上工人為 4 個月，地級以上幹部為 5 個月。⑥華僑、僑眷職工出境探望配偶，4 年以上一次的給假半年，不足 4 年的按每年給假 1 個月計算；未婚歸僑、僑眷出境探望父母，4 年以上一次的給假 4 個月，3 年一次的給假 70 天，1 年或 2 年一次的按國內其他職工同樣處理。

（3）探親假期間的待遇。職工在規定的探親假期和路程假期內，按照本人的標準工資發給工資。職工探望配偶和未婚職工探望父母的往返路費，由所在單位負擔，已婚職工探望父母的往返路費，在本人月標準工資 30% 以內的，由本人自理，超過部分由所在單位負擔。

（四）職工婚喪假

職工婚喪假，是指勞動者本人結婚或者勞動者的直系親屬死亡時依法享受的假期。婚喪假期間，職工工資照發。國有企業職工婚喪假，由《關於國營企業職工請婚喪假和路程假問題的通知》（1980）做出規定。非國有企業職工婚喪假，由各省級人民政府做出地方性規定。

《關於國營企業職工請婚喪假和路程假問題的通知》主要內容：職工本人結婚或職工的直系親屬（父母、配偶和子女）死亡時，可以根據具體情況，由本單位行政領導批准，酌情給予一至三天的婚喪假。若職工結婚時雙方不在一地工作的、職工在外地的直系親屬死亡時需要職工本人去外地料理喪事的，用人單位可以根據路程遠近另給

予路程假。在批准的婚喪假和路程假期間，職工的工資照發，但途中的車船費等全部由職工自理。

> 【法律連結】《四川省勞動廳關於企業職工請婚喪假規定的復函》（川勞險〔1993〕95號）
> 1. 職工本人結婚，可以根據情況，由本單位行政領導批准，給予五天的婚假（未含按規定應享受的晚婚假）。職工結婚時雙方不在一地工作（居住）的，其中的一方單位可根據另一方所在地的路程遠近，另給予路程假。
> 2. 職工的直系親屬（父母、配偶或子女）死亡時，由本單位行政領導批准，給予五天的喪假。職工在外地的直系親屬死亡時需要職工本人去外地料理喪事的，可以根據路程遠近，另給予路程假。
> 3. 職工在批准的婚喪和路程假期間，本人的工資照發，獎金（獎勵工資）是否發給，由單位自定，途中的車船費等，全部由職工自理。
> 4. 職工的岳父、岳母或公、婆死亡時，需要其料理喪事的，可參照上述規定執行。

（五）女職工產假和男方護理假

女職工產假，是指女職工享有的產期前後休假。男職工護理假，是指男職工因配偶生育而享有的護理休假。

（1）女職工基本產假。《女職工勞動保護特別規定》（2012）第七條規定：女職工生育享受98天產假即基本產假，其中產前可以休假15天；難產的，應增加產假15天；生育多胞胎的，每多生育1個嬰兒，可增加產假15天。女職工懷孕未滿4個月流產的，享受15天產假；懷孕滿4個月流產的，享受42天產假。

（2）延長生育假和男職工護理假。除女職工基本產假外，對符合計劃生育的女職工，各省還給予生育延長假和男職工護理假。例如，《四川省人口與計劃生育條例》（2018）第二十六條規定：「符合本條例規定生育子女的夫妻，除法律、法規規定外，延長女方生育假60天，給予男方護理假20天。生育假、護理假視為出勤，工資福利待遇不變。」

> 【法律連結】　　　　　獨生子女護理老人假
> 獨生子女護理老人假，是指對於需要照顧失能或者患病住院年老父母的獨生子女，用人單位每年應給予其護理老年人的假期。截至2018年1月，中國的河南、廣西、福建、廣東、重慶、海南、黑龍江、湖北8個省份通過地方立法建立了獨生子女家庭老年人護理假制度。比如，河南省地方法規規定，獨生子女護理老人假每年累計20日，陪護期間工資、津貼、補貼、獎金待遇不變。

第三節　加班加點管理

一、加班加點的概念

加班是指職工按照用人單位的要求，在法定節日或周休息日從事生產或工作；加點是指職工按照用人單位的要求，在標準工作日以外繼續從事生產或工作，即提前上

班或推遲下班。

基於用人單位生產經營實際需要，也基於對勞動者休息權的尊重和身體健康的保護，國家對加班加點既允許又限制，同時還規定補償標準。勞動法防止用人單位濫用加班加點，侵害勞動者休息休假權。

> **【律師提示】　　　　　　加班加點的適用**
>
> 單位人力資源管理工作應正確把握加班加點規定及報酬計算，有利於維護勞動者權益，也有利於單位正常生產秩序。
>
> 對實行標準工作日、縮短工作日者和綜合工作日的勞動者，適用加班加點法律制度。其中，對實行綜合計算工時和計件工時的勞動者，平均日（周）工時超過法定標準工時標準的，其超出部分應視為加班或加點。
>
> 對實行不定時工作日的勞動者，《工資支付暫行規定》第十三條規定不執行加班加點待遇。

二、加班加點的限制

> **【案例討論】** 小宋中專畢業後在長沙一家私營企業機械公司找到了一份工作。公司與他簽訂了一年期限的勞動合同，合同約定基本工資每月2,500元，崗位津貼2,200元，月全勤獎300元，通信伙食補貼費500元。2017年的下半年，公司連續接到了多筆大業務。為了完成訂單，公司安排每位員工每天加班4個小時，並讓每個員工簽字聲明自願加班，公司承諾支付加班工資。這樣算下來，員工的每個月累計加班100小時。沒有很好的休息，連續工作三個月的小宋身體難以承受，日漸憔悴。想想社會流行語「拿健康去掙錢，再拿錢買健康」，心裡不是滋味的小宋向公司提出暫停加班，保養身體。對此，公司不同意，還說不願意幹就走人。小宋覺得很委屈，打算向當地的勞動監察大隊投訴公司的違規行為。
>
> 根據勞動法規定，談談你對本案的看法。

國家不鼓勵加班加點，但由於在生產、經營中，可能會出現意外事故、特殊事件或突擊性的勞動任務，為保證生產、經營的連續性、穩定性，不可避免地會出現加班加點現象。為防止用人單位任意加班加點，《勞動法》及相關法律法規對加班加點的條件、審批手續、工資發放、管理和監督等作了具體規定。

（一）加班加點的限制

因用人單位生產經營的需要，經與工會和勞動者協商後單位可以延長工作時間。實踐操作過程中，用人單位由於生產經營需要決定加班加點的，應遵守以下限制性規定：

（1）條件限制。加班加點應當以「生產經營需要」為條件，在勞動用工中，為了避免爭議，有必要由集體合同約定或者用人單位與工會共同界定「生產經營需要」的具體範圍。

（2）程序限制。即單位須履行與工會和勞動者協商程序，加班加點應徵得勞動者的同意。

（3）時間限制。《勞動法》第四十一條規定，延長工作時間的，一般每日不得超過1小時，因特殊原因需要延長工作時間的，在保障勞動者身體健康的條件下延長工作時

間每日不得超過 3 小時，但是每月不得超過 36 小時。

（4）人員限制。禁止安排未成年工、懷孕 7 個月以上的女工和哺乳未滿週歲嬰兒的女工加班加點。

（二）加班加點限制的例外

涉及國家利益、社會公共利益和單位生產經營的特殊情況時，延長工作時間不受《勞動法》第四十一條的限制。這些特殊情形有：

（1）發生自然災害、事故或者因其他原因，威脅勞動者生命健康和財產安全，或使人民的安全健康和國家資財遭到嚴重威脅，需要緊急處理的。

（2）生產設備、交通運輸線路、公共設施發生故障，影響生產和公共利益，必須及時搶修的。

（3）在法定節日和公休假日內工作不能間斷，必須連續生產、運輸或營業的。

（4）必須利用法定節日或公休假日的停產期間進行設備檢修、保養的。

（5）為了完成國防緊急生產任務，或者完成上級在國家計劃外安排的其他緊急生產任務，以及商業、供銷企業在旺季完成收購、運輸、加工農副產品緊急任務的。

（6）法律、行政法規規定的其他情形。

【案例評析】在本案中，公司即使在加班方面依法支付了加班費，但加班事項仍存在明顯的違法行為：一是違反了加班程序規定，即須履行與工會和勞動者協商程序；二是違反了加班時間限制規定，即加班加點一般每日不得超過 1 小時，因特殊原因需要延長工作時間的，在保障勞動者身體健康的條件下延長工作時間每日不得超過 3 小時，但是每月不得超過 36 小時。對於公司違反勞動者意願並每日加班在 3 個小時以上的違法事實，勞動監察部門有權依法給予警告，責令改正，並可給予相應處罰。

三、加班加點的補償

（一）加班加點的補償形式

為有效限制用人單位任意延長工作時間，中國現行有兩種形式對加班加點進行補償，即補休或者支付加班加點工資。根據勞動法相關規定，在休息日加班的，一般予以補休，不能補休的應支付加班工資，但在法定節日加班的，則不予補休而應支付加班工資。

（二）加班加點的補償標準

關於加班加點工資的標準，用人單位應當按照下列標準支付高於勞動者正常工作時間工資的工資報酬：

（1）用人單位依法安排勞動者在日法定標準工作時間以外延長工作時間的，按照不低於勞動合同規定的勞動者本人小時工資標準的 150% 支付勞動者工資；

（2）用人單位依法安排勞動者在休息日工作，而又不能安排補休的，按照不低於勞動合同規定的勞動者本人日或小時工資標準的 200% 支付勞動者工資；

（3）用人單位依法安排勞動者在法定休假節日工作的，按照不低於勞動合同規定的勞動者本人日或小時工資標準的 300% 支付勞動者工資。

計件工時制和綜合工作日制符合加班加點規定，應當依法支付加班加點工資。對於實行不定時工作日的勞動者，《工資支付暫行規定》第十三條規定不執行加班加點

待遇。

【法律連結】　　　　　　　計件工時制的加班補償規定

原勞動部頒布的《工資支付暫行規定》（勞部發〔1994〕489號）第十三條規定：實行計時工資制度的崗位，計算和支付加班工資的基數為勞動合同約定的勞動者本人小時工資標準。實行計件工資的勞動者，在完成計件定額任務後，由用人單位安排延長工作時間的，應分別按照不低於其本人法定工作時間計件單價的150%、200%、300%支付其工資。

四、違法加班加點的法律責任

(一) 強迫延長工時的法律責任

用人單位未與工會和勞動者協商，強迫勞動者延長工作時間的，應給予警告，責令改正，並可按每名勞動者每延長工作時間1小時罰款100元以下的標準處罰。

(二) 超過法定時數延長工時的法律責任

用人單位在由於生產經營需要而延長工時的情況下，一日內延長工時超過3小時或一個月內延長工時超過36小時，應給予警告，責令改正，並可按每名勞動者每超過工作時間1小時罰款100元以下的標準處罰。

(三) 安排法定禁止延長工時職工延長工時的法律責任

用人單位安排在哺乳未滿一週歲的嬰兒期間的女職工和懷孕7個月以上的女職工延長工作時間和夜班工作的，應責令改正，並按每侵害一名女職工罰款3,000元以下的標準處罰。

(四) 拖欠、拒付加班加點工資的法律責任

加班加點工資標準屬於法定標準。根據《勞動合同法》第八十五條的規定，用人單位安排加班不支付加班費的，即無故拖欠、拒付加班加點工資，或無故扣除而低於法定標準發放加班加點工資的，由勞動行政部門責令限期支付加班費，逾期不支付的，責令用人單位按應付金額50%以上100%以下的標準向勞動者加付賠償金。

實訓項目

一、改錯題

1. 為適應不同的生產和工作的需要，用人單位可以與勞動者雙方約定選擇標準工時制、縮短工作日、不定時工作日、綜合計算工作日等非標準工時制。

2. 用人單位職工連續工作1年以上的職工，都有權享受帶薪年休假（即年休假）。

3. 職工年休假期與國家法定休假日、休息日重複的，法定休假日、休息日應計入年休假的假期。

4. 在法定休假日，用人單位安排勞動者工作又不能補休的，按照不低於勞動合同規定的勞動者本人日或小時工資標準的300%支付勞動者工資。

5. 在用人單位工作滿一年的職工，若其與配偶或父母不住在一起且又不能在公休假日團聚的，可以享受探望配偶或父母的待遇（即探親假）。

二、案例分析

2015年1月,黃女士進入重慶某婚慶公司工作。雙方勞動合同規定:黃女士擔任公司倉庫管理和出納工作;勞動合同期限為2015年1月15日至2017年1月14日;工資總額為4,600元。2016年7月3日,黃女士想休年休假向公司提出要求,以便與家人一起出國旅遊,但遭到了公司的拒絕。黃女士於是提交辭職報告,辭職理由為「公司在用工方面不規範、自身休假權益受到侵害」。黃女士就有關勞動權益向當地勞動爭議仲裁委員會申請仲裁,要求支付一年半期間應休年休假而未休的加班工資。2016年8月,勞動爭議仲裁委員會做出裁決,支持其第二年應當享受的年休假對應的加班工資1,582元,但對工作第一年的年休假工資3,172元請求不予支持。

公司不服仲裁裁決,向法院提起勞動爭議訴訟。在訴訟中,公司堅持認為:在勞動合同期第二年,公司可以在黃女士下半年安排年休假,但其提前辭職導致不能享受年休假。因此,公司有權不支付黃女士第二年上半的年休假工資。

根據本案,請回答下列問題:

(1) 仲裁裁決沒有支持黃女士工作第一年的年休假加班工資,有什麼法律依據?

(2) 勞動合同的第二年僅工作半年的黃女士,可以享有年休假嗎?其年休假有什麼法律保障措施?

第五章
工資法實務

【導入案例】

年休假未休的加班工資案

2013年8月1日，關某入職北京市某高檔酒樓從事後廚管理工作，並與酒樓簽訂了2年的勞動合同。該勞動合同約定，關某月基本工資2,400元，崗位津貼3,600元。2015年7月，在合同期滿後，雙方未續簽勞動合同。關某提出，其第二年工作期間應休而未休年休假，酒樓應按照未休年休假天數向其支付3倍工資作為補償。對此，酒樓則認為，關某工作期間從未提出過休帶薪年休假，且酒樓的規章制度也規定帶薪年休假跨年不休即作廢，故不同意支付未休帶薪年休假補償金。

2015年9月，因雙方不能協商解除年休假補償金問題，關某向當地勞動爭議仲裁委員會提出仲裁申請，請求單位發放年休假的加班工資和解除勞動合同的經濟補償金。勞動爭議仲裁庭審理認為，關某在入職酒樓之前，已經連續工作超過一年，符合享有帶薪年休假的法定條件。在關某工作期間，酒樓未安排其休帶薪年休假5天，應當支付其年休假的加班工資。根據勞動合同約定和月計薪天數，關某日工資標準為（2,400元+3,600元）／月÷21.75天＝276元／天。本案中關某未休帶薪年休假天數共計5天。因此，在已支付其工資的基礎上，單位還應再向關某支付兩倍工資作為補償金，即276元／天×5天×2＝2,758元。對於關某的經濟補償金問題，也符合單位應當支付的法定情形。勞動爭議仲裁庭最終支持了關某的合理請求。

勞動爭議仲裁員介紹，用人單位可根據生產、工作情況，在工作忙的時候統籌員工休年假，但並不代表員工不提出休假就意味著放棄年假。員工放棄年假必須由其自己提出書面申請，且系勞動者自身個人原因而不是單位工作原因。否則，單位都應向勞動者支付3倍工資。

第一節 工資法概述

工資是用人單位對勞動者提供勞動的經濟回報，是勞動報酬中最重要組成部分。在勞動合同訂立時，勞動者和用人單位都非常關注工資的約定標準。對於勞動者而言，工資是其自身發展和家庭生活的物質保障，工資標準不但折射其勞動價值大小，還決

定著勞動者及家族成員的生活質量；對於用人單位而言，工資標準決定勞動力成本大小，工資結構設計直接關係到單位長遠發展。目前，因用人單位拖欠工資、扣發工資和少發工資等引發的糾紛可以說是勞動爭議範圍內的「重災區」。工資規範管理，避免勞動糾紛，是單位人力資源管理的核心任務。

一、工資的概念

【案例討論】理工大學畢業後的小宋在長沙一家建築監理公司找到了一份工作。公司與他簽訂了一年期限的勞動合同，合同約定基本工資每月2,400元，崗位津貼每月3,600元，季度獎金1,800元，通信補貼費每月100元和野外作業交通補貼每月600元。由於國慶節期間業務繁忙，公司安排其加班七天，即使10月1日至7日。在計發國慶加班費時，小宋與單位發生了爭議，因為公司提供加班費的計算方式為2,400元/30天×（4天×200%+3天×300%）=1,360元。

根據工資法的規定，談談你的看法。

（一）工資

工資又稱薪金，是指基於勞動關係，由用人單位依據國家有關規定和勞動合同的約定，以各種形式支付給勞動者的工資報酬。工資報酬是勞動報酬的重要組成部分，勞動報酬除了貨幣性工資收入外，還包括實物性收入和用人單位支付繳納的保險金等。用人單位與勞動者可以約定勞動合同中的工資報酬，但不得與國家工資法律制度相抵觸。

【知識拓展】　　　　　勞動報酬

勞動報酬是勞動者付出體力或腦力勞動所得的對價，體現的是勞動者創造的社會價值。用人單位在生產過程中支付給勞動者的全部報酬包括三部分：一是貨幣工資，即用人單位以貨幣形式直接支付給勞動者的各種工資、獎金、津貼、補貼等；二是實物報酬，即用人單位以免費或低於成本價提供給勞動者的各種物品和服務等；三是社會保險，指用人單位為勞動者直接向政府和保險部門支付的失業、養老、人身、醫療、家庭財產等保險金。

（二）工資的特徵

（1）工資是勞動者基於與用人單位之間的勞動關係而取得的勞動報酬。基於勞務關係或雇傭關係取得的勞動報酬或收入就不是勞動法意義上的工資，如已享受養老保險待遇的離退休人員被再次聘用，與用人單位之間建立勞務合同關係而取得的勞務報酬。

（2）工資是用人單位對本單位職工履行勞動義務的物質補償。只要勞動者按規定付出勞動，用人單位就應履行相應的義務，即向勞動者支付工資。用人單位不得無故克扣勞動者工資。

（3）工資標準是依據勞動法和勞動合同等來確定的。勞動合同中的工資等勞動報酬，主要由勞動關係雙方當事人進行依法協商確定。若用人單位與勞動者約定的勞動報酬不明確的，新招用的勞動者的勞動報酬按照集體合同規定的標準執行；沒有集體合同或者集體合同未規定的，實行同工同酬。用人單位支付的工資標準不得低於當地最低工資標準。

（4）工資必須以法定的形式支付。根據相關規定，工資必須以貨幣形式在雙方約定的日期向勞動者支付，不得以實物及有價證券替代貨幣支付。

二、工資法律制度

用人單位獲得勞動力與勞動者獲得工資報酬，是勞動關係合作的基石。在現實中，勞動者付出正常勞動，卻無法獲得正常工資回報。勞動者的工資待遇常常被用人單位有意無意地「打折」，克扣工資、拖欠工資事件可以說屢見不鮮。用人單位工資支付的違法行為，成為勞動爭議案件中最突出最集中的領域。勞動者的工資報酬除了勞動合同約定外，還需要國家工資法律制度的保障。

工資法律制度是指國家制訂實施的與工資有關的法律規範的總稱。工資支付法律問題主要包括：工資支付項目、工資支付水準、工資支付形式、工資支付對象、工資支付時間以及特殊情況下的工資支付等。

目前，中國工資支付的法律制度主要有《勞動法》、《工資支付暫行規定》（1994）、《對〈工資支付暫行規定〉有關問題的補充規定》（1995）、《建設領域農民工工資支付管理暫行辦法》（2004）和《最低工資規定》（2004）等。

【案例連結】　　　　用人單位拖欠勞動報酬被查處案

2018年2月國家人力資源和社會保障部公布：2016年12月27日，寧夏回族自治區銀川市西夏區勞動保障監察大隊接到農民工投訴，稱西夏區和佳居項目存在拖欠農民工工資問題。經查，寧夏臺建房地產開發有限公司在開發西夏區和佳居項目期間，拖欠362名農民工工資共計996.6萬元。西夏區人社局依法先後對該公司下達了《勞動保障監察限期整改指令書》和《勞動保障監察行政處理決定書》，該公司逾期未履行。2017年1月6日，西夏區人社局以涉嫌拒不支付勞動報酬罪依法將該案移送公安機關立案查處。

三、工資形式

工資形式是指對勞動者實際付出量和相應勞動報酬所得量進行具體的計算與支付的方法，工資形式規定著勞動狀況和勞動報酬量之間的比例關係。工資形式一般有計時工資、計件工資、定額工資、浮動工資、獎金、津貼等。

（一）計時工資

計時工資，是指根據勞動者的實際工作時間和工資等級以及工資標準檢驗和支付勞動報酬的工資形式。按照勞動者的勞動時間支付的工資，是當前工資基本形式之一。計時工資按一定時間來計量和支付，表現為日工資、周工資、月工資等。其中，月工資制是中國目前最主要的計時工資制形式。計時工資實際上是按照勞動時間支付的勞動力價值的轉化形式。其優點是直接以勞動時間計量報酬，考核和計量容易實行，具有適應性和及時性；缺點是不能直接反應勞動強度和勞動效果。

【知識拓展】　　　　計時工資的換算與月計薪天數

日工資、月工資和小時工資之間的換算關係為：日工資標準＝月工資標準÷月計薪天數；小時工資標準＝日工資標準÷8小時。

2007年《全國年節及紀念日放假辦法》的規定，全體公民的節日假期由原來的10天增設為11天。據此，按照《關於職工全年月平均工作時間和工資折算問題的通知》（勞社部發〔2008〕3號）規定，目前月計薪天數為21.75天。

(二) 計件工資

計件工資，是按照勞動者生產合格產品的數量和預先規定的計件單價計量和支付勞動報酬的一種形式。按照勞動者所完成的產品數量或作業量支付的工資，實現工資報酬與勞動成果掛勾，體現「多勞動多得，少勞少得」的公平分配原則。計件工資是由計時工資轉化而來的，是變相的計時工資，二者的本質是相同的。其適用範圍不具有普遍性，一般只適用於勞動工序相對獨立、產品的數量能夠準確計算、有比較健全的質量標準體系的企業。

(三) 定額工資

定額工資，是按照勞動定額完成的情況支付勞動報酬的一種工資形式。定額工資制包括三個組成要素：第一，能反應職工勞動量的各種定額，即職工無論從事何種具體形式的勞動，都必須明確具體地規定生產、工作和應完成的數量及質量。第二，各種定額都應該有科學準確的計量標準，並能進行嚴格的考核。第三，職工工資的多少取決於其完成定額的多少。完成定額多，其工資就多；完成定額少，其工資就少。

(四) 浮動工資

浮動工資，是勞動者勞動報酬隨著企業經營好壞及勞動者勞動貢獻大小而上下浮動的一種工資形式。浮動工資總額通常不包括固定性的津貼和補貼（如副食品價格補貼）以及特殊情況下支付的工資。「克服平均主義、打破大鍋飯」的工資報酬指導思想，企業可以根據需要，選擇工資總額中浮動部分的構成。

(五) 獎金

獎金，是對超額勞動的補貼，以現金方式給予的物質鼓勵。獎金作為一種工資形式，其主要作用是對與生產或工作直接相關的超額勞動給予的物質補償。

(六) 津貼

津貼，是對勞動者在特殊條件下的額外勞動消耗或額外費用支出給予補償的一種工資形式。津貼主要包括補償職工特殊或額外勞動消耗的津貼、保健性津貼、技術性津貼、年功性津貼及其他津貼。補貼主要包括為保證職工工資水準不受物價上漲或變動影響而支付的各種補貼，如糧、煤、副食品補貼、高溫津貼、職務津貼、放射性或有毒氣體津貼等。

【案例評析】小宋國慶加班七天中，國慶假三天屬於法定節假日另外四天屬於周休日。根據法律規定，法定節假日上班的，應享受日工資標準300%的待遇；周休日加班而不能補休的，應享受日工資標準200%的待遇。本案所適用的月計薪天數為21.75天。根據雙方所簽訂勞動合同的約定，小宋的月正常工資為2,400元+3,600元，其可換算成日工資標準為(2,400元+3,600元) ÷21.75天=276元/天。據此，小宋可領取的加班費總額為：276元/天（300%×3天+200%×4天）= 4,692元。

四、工資總額與除外範圍

(一) 工資總額

工資總額，是指各單位在一定時期內直接支付給本單位全部職工的勞動報酬總額。工資總額的計算應以直接支付給職工的全部勞動報酬為根據。工資總額的組成共計六個部分：①計時工資；②計件工資；③獎金；④津貼和補貼；⑤加班加點工資；⑥特

殊情況下支付的工資。

其中，特殊情況下的工資是指依法或按協議在非正常情況下，由用人單位支付給勞動者的工資。特殊情況下的工資包括：①根據國家法律、法規和政策規定，因病、工傷、產假、計劃生育假、婚喪假、事假、探親假、定期休假、停工學習、執行國家或社會義務等原因按計時工資標準或計時工資標準的一定比例支付的工資；②附加工資、保留工資。

(二) 工資總額的除外範圍

工資是勞動者勞動收入的主要部分，但並不是勞動者的收入都是工資收入。按照工資法律法規的規定，勞動者的下列收入不入工資總額範圍：根據國務院發布的有關規定頒發的發明創造獎、自然科學獎、科學技術進步獎和支付的合理化建議和技術改進獎以及支付給運動員、教練員的獎金；有關勞動保險和職工福利方面的各項費用；勞動保護的各項支出；稿費、講課費及其他專門工作報酬；出差伙食補助費、誤餐補助、調動工作的旅費和安家費；勞動合同制職工解除勞動合同時由企業支付的醫療補助費、生活補助費；支付給參加企業勞動的在校學生的補貼；計劃生育獨生子女補貼等。

五、工資分配原則

(一) 按勞分配的原則

按勞分配原則是指把勞動者提供的勞動量（數量和質量）作為分配個人消費品的主要標準和形式，其基本內容為：多勞多得，少勞少得。在按勞分配的過程中，不但要註重勞動數量，也要把勞動質量的差異區別開來，對腦力勞動和體力勞動、複雜勞動和簡單勞動、熟練勞動和非熟練勞動、繁重勞動和輕易勞動，要規定不同的工資。按勞分配原則由社會主義公有制本質所決定，主要體現公平與效率價值。

同工同酬是按勞分配的重要方面，是指勞動者提供的勞動數量和勞動質量相同，則領取相等的報酬。1951年國際勞工組織通過的《同工同酬公約》和建議書及中國《憲法》第四十八條「國家保護婦女的權利和利益，實行男女同工同酬」的規定，對勞動報酬上消除基於性別的歧視提供了相應指導及依據。但實行同工同酬，還要求對所有勞動者不分年齡、種族、民族，只要付出的勞動量相同，就應給予同等的勞動報酬。《勞動合同法》進一步規定了同工同酬的標準，即在相同或者相似的工作崗位且付出了相同的勞動，應當獲得相等的勞動報酬。

(二) 工資水準在經濟發展的基礎上逐步提高的原則

工資水準是指一定區域一定時期內勞動者平均工資的高低程度。工資發展水準在經濟發展的基礎上逐步提高，是中國勞動法關於工資制度的一項重要規定。生產決定分配，只有經濟發展了才會有更多的可分配的社會產品。因此，該原則首先要求工資水準的提高應當以經濟發展為前提，不能脫離經濟發展實際而片面追求工資增長；其次要求在經濟發展的條件下，工資水準應當有所提高，保證勞動者生活水準的提高；最後要求工資總額增長幅度低於企業經濟效益的增長幅度，職工實際平均工資增長幅度低於勞動生產率增長幅度，保證一定數量的社會累積，以保持國民經濟的穩定、協調發展。

(三) 工資總量宏觀調控原則

工資總量是指一定時期內國民生產總值用於工資分配的總數量。工資總量的宏觀

調控原則，是國家通過立法確認的以社會公正和社會進步為目標，對工資總額和工資分配中不合理因素或現象實行國家干預的法律調控原則。在社會主義市場經濟下，企業擁有自主分配職工工資的權利。同時，為避免工資分配差距過大，形成貧富懸殊現象，破壞社會和諧與進步，國家對工資總量實行宏觀調控十分必要。

第二節 工資支付管理

工資支付管理工作應當遵守工資支付制度。國家建立工資支付制度，以保障職工獲得全部應得工資及其所得工資支配權的行使。目前，勞動者及其家屬的生活來源仍然主要依靠工資收入，用人單位不得克扣和無故拖欠勞動者的工資。作為單位人力資源管理部門，應當及時合理計發勞動者工資。為保障勞動者合法收入不受侵犯，國家建立健全了工資支付制度。為了解決農民工為主體的勞動者的欠薪等問題，法律還規定了欠薪保障措施和支付令措施。

一、工資支付規則

【案例討論】某家具廠與職工簽訂的勞動合同中都約定每月15日為發薪日。可是，到了7月底時職工都還沒有領到工資，於是職工紛紛到財務室詢問原因。財務室負責人解釋說，廠裡決定重新裝修辦公室，廠長通知暫時不發放這個月的工資。職工們對此不理解，紛紛埋怨道：「我們又不在辦公室辦公，憑什麼拖欠我們的工資？」在多次要求廠方發放工資未果的情況下，職工便委派職工代表向當地勞動監察部門投訴，要求廠方立即補發其拖欠的工資，並支付補償金。

問：該廠行為是否是無故拖欠職工工資？

（一）法定貨幣支付規則

工資應當以法定貨幣支付。在一般情況下，用人單位應以人民幣支付勞動者工資；特定用人單位（如外資企業）或對於特定勞動者（如外籍勞動者）可按規則用外幣支付工資，但均不得以實物或者其他有價證券代替貨幣支付。

（二）直接支付規則

用人單位應當將工資支付給勞動者本人，勞動者本人因故不能領取工資時，可由其親屬或者勞動者委託的其他人員代領。用人單位還可委託銀行代發工資。用人單位必須書面記錄所支付的勞動者工資的數額、時間、領取者姓名及簽字，並保存兩年以上備查。

（三）按期支付規則

用人單位應當按照與勞動者約定的日期支付工資。如遇節假日或休息日，應提前在最近的工作日支付；工資至少每月支付一次。實行周、日、小時工資制的可按周、日、小時支付工資；對完成一次性臨時勞動或某項具體工作的職工，用人單位應按協議在完成勞動任務後即行支付；企業與勞動者依法解除、終止勞動合同的，用人單位應當在終止勞動合同時一次付清勞動者工資。與其相反的是無故拖欠，即用人單位無正當理由超過規定付薪時間未支付勞動者工資。

【法律連結】　　　　　用人單位可以延期支付工資的情形

有下列理由之一的，用人單位可暫時延期支付工資：①用人單位遇到非人力所能抗拒的自然災害、戰爭等原因，無法按時支付工資；②用人單位確因生產經營困難、資金週轉受到影響，在徵得本單位工會同意後，可暫時延期支付勞動者工資。延期時間的最長限制可由各省、自治區、直轄市勞動行政部門根據各地情況確定。其他情況下拖欠工資均屬無故拖欠。

（四）全額支付規則

用人單位應當按法定和約定的工資項目和工資額向勞動者全部支付，不得無故克扣，並在發放工資時應向勞動者提供一份勞動者本人的工資清單。與其相反的是克扣工資，即用人單位無正當理由扣減勞動者應得工資（即在勞動者已提供正常勞動的前提下用人單位按勞動合同規定的標準應當支付給勞動者的全部勞動報酬）。

因勞動者本人原因給用人單位造成經濟損失的，用人單位可按照勞動合同的約定要求其賠償經濟損失。經濟損失的賠償，可從勞動者本人的工資中扣除。但每月扣除的部分不得超過勞動者當月工資的20%。若扣除後的剩餘工資部分低於當地月最低工資標準，則按最低工資標準支付。

（五）法律、法規規定的其他規則

【案例評析】《勞動合同法》第三十八條規定：用人單位應當按照勞動合同約定和國家規定，向勞動者及時足額支付勞動報酬。國家相關法律規定，除用人單位遇到非人力所能抗拒的自然災害、戰爭等原因，或確因生產經營困難，資金週轉受到影響，並徵得本單位工會同意這兩種情形可以延期支付工資外，其他情況下拖欠工資均屬無故拖欠。本案中，廠長以裝修辦公室為由不及時發放職工工資，顯然屬於無故拖欠。對此，勞動監察部門有權責令單位改正錯誤，以保護勞動者的權益。

二、特殊情況下的工資支付規定

特殊情況下的工資是指依照法律、法規規定或勞動合同的約定，用人單位在特殊時間內或特殊情況下計發勞動者的工資。涉及勞動者特殊情況下計發工資的情形主要有：

（一）違法犯罪追責期間勞動者的工資支付

涉及三種情形的處理：①勞動者涉嫌違法犯罪被司法機關依法限制人身自由期間，用人單位可以暫時中止履行勞動合同。暫停履行勞動合同期間，用人單位不承擔勞動合同約定的相應義務，用人單位可以停發工資。②在受行政處分後，勞動者仍在原單位工作（如留用察看、降級等）或受刑事處分後重新就業的，應主要由用人單位根據具體情況自主確定其工資報酬。③勞動者被依法追究刑事責任的，用人單位可以依法解除與其簽訂的勞動合同，但用人單位未與其解除勞動合同，且勞動者提供了正常勞動的，用人單位應當按照國家或勞動合同約定的工資標準支付工資。

（二）試用期勞動者的工資支付

按照《勞動合同法》第二十條的規定，勞動者與用人單位訂立勞動合同後，在試用期的工資不得低於本單位相同崗位最低檔工資或者勞動合同約定工資的百分之八十，並不得低於用人單位所在地的最低工資標準。

（三）患病或非因工負傷治療期間勞動者的工資支付

勞動者患病或非因工負傷治療期間且符合法律規定的醫療期間內，由企業按有關規定支付其病假工資或疾病救濟費，病假工資或疾病救濟費可以低於當地最低工資標準支付，但不能低於最低工資標準的80%。

（四）依法參加社會活動期間勞動者的工資支付

勞動者在法定工作時間內依法參加社會活動期間，用人單位應視同其提供了正常勞動而支付工資。社會活動主要包括：依法行使選舉權或被選舉權；當選代表出席政府、黨派、工會以及其他合法社會團體召開的代表大會；出任人民法院證明人、陪審員；出席勞動模範、先進工作者的大會；其他依法參加的社會活動。

（五）年休假、探親假、婚喪假期間勞動者的工資支付

勞動者法定休息日和年休假、探親假、婚假、喪假期間，用人單位應按規定標準支付工資。

（六）停工、停產期間勞動者的工資支付

非勞動者原因造成的停工、停產在一個工資支付週期內的，用人單位應按勞動合同規定的標準支付工資；超過一個工資支付週期的，若勞動者提供了正常勞動，則支付的勞動報酬不得低於當地最低工資標準；若勞動者未提供正常勞動，應按國家有關規定辦理。

（七）女職工產假和男職工護理假期間工資支付

用人單位不得因女職工懷孕、生育、哺乳而降低其工資，不影響其享有的工資福利待遇。女職工產假期間，用人單位參加生育保險的，由社會保險機構發給生育津貼；用人單位沒有參加生育保險的，產假期間的工資由用人單位支付。女職工保胎假、提前休產假的，單位可以根據情況參照病假工資發放。男職工護理假期視為提供了正常勞動，工資照常發放。

（八）加班加點勞動者的工資支付

加班是指法定節日、公休假日從事工作；加點是指在一個工作日內延長時間從事工作。加班加點勞動者的工資支付規定，依據《勞動法》第四十四條規定和《工資支付暫行規定》第十三條規定，涉及以下三種情形：

（1）計時工資制的加班加點勞動者的工資支付。計時工資制包括標準工作時間和非標準工作時間。有下列情形之一的，用人單位應當按照下列標準支付高於勞動者正常工作時間工資的工資報酬：①安排勞動者延長工作時間的，支付不低於工資的150%的工資報酬；②休息日安排勞動者工作的，支付不低於工資的200%的工資報酬；③法定休假日安排勞動者工作的，支付不低於工資的300%的工資報酬。

（2）計件工資制的加班加點勞動者的工資支付。在完成計件定額任務後，由用人單位安排延長工作時間的，應根據上述規定分別按照不低於勞動者本人法定工作時間計件單位的150%、200%、300%支付其工資。用人單位實行計件工資制的加班工資，勞動司法部門應當首先審查計件工資勞動定額是否合理。勞動合同對計件工資勞動定額有約定的按照約定的定額審查，無約定的按行業規定審查。對勞動定額明顯不合理或無行業規定的，可以按標準工時折算計算加班工資。

（3）綜合計算工作日工資制的加班加點勞動者的工資支付。經勞動行政部門批准實行綜合計算工時工作制的，其綜合計算工作時間超過法定標準工作時間的部分，應

視為延長工作時間，並按勞動者本人日或小時工資標準的150%支付加班工資。實行綜合工作制的用人單位的勞動者，工作日正好是周休息日的，屬於正常工作，但工作日正好是法定節假日的，按不低於勞動者本人工資的300%的工資支付工資報酬。

> 【律師提示】　　　　　加班工資計算基數
> 關於勞動者加班工資計算基數，都以其正常工作時間工資作為計算標準。用人單位與勞動者約定獎金、津貼、補貼等項目不屬於正常工作時間工資的，從其約定。非按月放發的一次性獎金、津貼等收入不宜列入計算加班工資的工資基數。
> 各種方法確定所加班工資基數都不能低於用人單位所在地最低工資標準。

（九）身分特殊勞動者的工資支付

學徒工、熟練工、大中專畢業生在學徒期、熟練期、見習期、試用期及轉正定級後的工資待遇由用人單位自主確定。新就業復員軍人的工資待遇由用人單位自主確定，但分配到企業軍隊轉業幹部的工資待遇按國家有關規定執行。

三、法定代扣或者減發工資的情形

（一）法定代扣工資

《工資支付暫行規定》規定，用人單位可以代扣勞動者工資的情形如下：

（1）用人單位代扣代繳的個人所得稅。

（2）用人單位代扣代繳的應由勞動者本人負擔的各項社會保險費用。

（3）法院判決、裁定中要求代扣的撫養費、贍養費、損害賠償金或其他款項；但每月扣除時應保證該勞動者的基本生活需要。

（4）法律、法規規定可以從勞動者工資中扣除的其他費用。

（二）用人單位可以減發勞動者的工資的法定情形：

《對〈工資支付暫行規定〉有關問題的補充規定》規定，用人單位可以減發勞動者的工資的情形如下：

（1）國家的法律、法規、規章中有明確規定的。

（2）用人單位與勞動者在雙方依法簽訂的勞動合同中明確約定的。

（3）用人單位依法制定並經職工代表大會批准的企業規章制度及勞動紀律中明確規定的。

（4）企業工資總額與經濟效益相聯繫，經濟效益下降時，工資必須下浮的。

（5）因勞動者請事假等相應減發勞動者工資等。

此外，經勞動者本人同意，用人單位可以從職工工資扣減應由其本人負擔的房租、水、電費、伙食費等費用。

> 【律師提示】單位的工資制度與勞動者的工資知情權
> 工資是企業財務的一部分，有的企業將其視為商業秘密，但這並不與保障職工工資支付知情權相衝突。根據《工資支付暫行規定》規定：用人單位應根據本規定，通過與職工大會、職工代表大會或者其他形式協商制定內部的工資支付制度，並告知本單位全體勞動者，同時抄報當地勞動行政部門備案。用人單位在支付工資時應向勞動者提供一份其個人的工資清單。

四、欠薪支付保障與支付令措施

(一) 欠薪支付保障

欠薪支付保障，是指在用人單位拖欠工資時保障勞動者取得所欠工資的特別措施。對欠薪支付保障的法律措施主要有：

(1) 用人單位依法破產時，勞動者有權獲得其工資。按照《企業破產法》的規定，用人單位應首先支付欠付本單位勞動者的工資。

(2) 勞動者在追索勞動報酬的案件中，在當事人之間權利義務關係明確，不先予執行將嚴重影響申請人的生活的情形下，根據《勞動爭議調解仲裁法》第四十四條的規定，經當事人的申請，法院可以依法裁定先予執行。

(3) 針對建築企業普遍拖欠農民工工資的嚴重現象，2004年9月勞動和社會保障部、建設部聯合發布了《建設領域農民工工資支付管理暫行辦法》。其主要規定有：業主或工程總承包企業未按合同約定與建設工程承包企業結清工程款，致使建設工程承包企業拖欠農民工工資的，由業主或工程總承包企業先行墊付農民工被拖欠的工資，先行墊付的工資數額以未結清的工程款為限。企業因被拖欠工程款導致拖欠農民工工資的，企業追回的被拖欠工程款，應優先用於支付拖欠的農民工工資。

為了保障勞動者的工資收入，個別地方還建立欠薪保障基金制度。《深圳經濟特區企業欠薪保障條例》(1996)，是中國的第一個欠薪保障的地方法規。

【律師提示】　　　非法轉包、分包的工資支付主體責任

具備用工主體資格的承包單位違反法律、法規規定，將承包業務轉包、分包給不具備用工主體資格的組織或者自然人，該不具備用工主體資格的組織或者自然人所招用的人員以其與承包單位存在勞動關係為由請求承包單位支付工資的，不予支持。該人員不服仲裁裁決向人民法院起訴，變更以勞務關係為由要求承包單位承擔支付工資連帶責任的，人民法院應當追加不具備用工主體資格的組織或者自然人為共同被告。如果其請求符合《建設領域農民工工資支付管理暫行辦法》等相關規定的，可以予以支持。該人員堅持主張勞動關係的，判決駁回其訴訟請求。

(二) 支付令措施

支付令是人民法院根據債權人的申請，督促債務人履行債務的程序，是民事訴訟法規定的一種法律制度。根據《民事訴訟法》對支付令的規定，欠薪支付令關係中勞動者為債權人和申請人，用人單位為債務人和被申請人。在解決勞動爭議中引入支付令制度，一方面是為了盡快解決勞動爭議，保護勞動者的合法權益，另一方面是為了解決調解協議的效力問題，對調解起到強化的作用。

1. 申請支付令的法定情形

(1) 用人單位拖欠或者未足額支付勞動報酬的。勞動者可以依法向當地人民法院申請支付令，人民法院應當依法發出支付令。

(2) 因支付拖欠勞動報酬、工傷醫療費、經濟補償或者賠償金事項達成調解協議，用人單位在協議約定期限內不履行的。勞動者可以持調解協議書依法向人民法院申請支付令，人民法院應當依法發出支付令。

2. 申請支付令的基本程序

勞動者申請支付令，必須由勞動者自己向有管轄權的基層人民法院提交申請書並附有相關的債權文書。法院接到勞動者的申請後，應當在 5 日內做出是否受理的答復。法院受理勞動者的申請後，對債權債務關係明確、合法的，應當在受理之日起 15 日內向用人單位發出支付令。

法院依法發出支付令後，用人單位自收到支付令之日起在限期內清償債務的，支付令實際上與生效裁判起到同等的作用；用人單位收到支付令後若在限期內向人民法院提出書面異議，支付令即失效；用人單位收到支付令後在限期內不履行支付令，又不提出異議的，勞動者可向法院申請強制執行。

【法律連結】　　　　　違反工資支付的處罰規定

各級勞動行政部門有權監察用人單位工資支付的情況。用人單位有下列侵害勞動者合法權益行為的，由勞動行政部門根據《工資支付暫行規定》規定責令其支付勞動者工資和經濟補償，並可責令其支付賠償金：①克扣或者無故拖欠勞動者工資的；②拒不支付勞動者延長工作時間工資的；③低於當地最低工資標準支付勞動者工資的。

經濟補償和賠償金的標準，按國家有關規定執行。

第三節　最低工資標準管理

一、最低工資標準的概念

【案例討論】2016 年年初，小王經村裡的老鄉介紹到成都某玩具廠做質檢工作。雙方簽訂了為期五年的勞動合同，合同約定：試用期為三個月，在試用期內每月工資為 900 元，轉正後月工資 1,600 元，另加崗位津貼 2,000 元。小王技校畢業後半年多時間未找到合適的工作，所以很珍惜這份工作，工作十分努力，試用期過後，小王順利成為該廠的正式員工。一次偶然的機會，小王瞭解到成都市當年的最低工資標準是 1,600 元，於是他找到單位領導，要求按照最低工資標準補足自己三個月的試用期工資。負責人稱，小王是在試用期內，不適用最低工資標準。

請問：試用期員工是否需要執行最低工資標準？

（一）最低工資標準

最低工資標準，是指勞動者在法定工作時間或依法簽訂的勞動合同約定的工作時間內提供了正常勞動的前提下，用人單位依法應支付的最低勞動報酬。最低工資標準一般採取月最低工資標準和小時最低工資標準的形式。月最低工資標準適用於全日制就業勞動者，小時最低工資標準適用於非全日制就業勞動者。

省級行政區實施不同的最低工資標準。最低工資的制定反應了政府對勞動者權益的保護。為了保護勞動者取得勞動報酬的合法權益，保障勞動者個人及其家庭成員的基本生活，中國勞動和社會保障部頒布實施《最低工資規定》（2004）。

【社會觀察】　　　　　　　「零工資試用期」就業違法

畢業季是各高校大學生求職高峰時期，為了搶得就業先機，社會上出現了「零工資試用期」大學生群體。「零工資試用期」主要是大學生迫於嚴峻的就業形勢，在初次就業時承諾在用人單位試用期從事無報酬工作。它也是大學畢業生面對心儀的工作舍不得放棄，又擔心企業不予接納，所採取「迂迴戰術」就業。有的用人單位坦然接受「零工資就業」群體，認為大學畢業生沒有工作經驗，「零工資試用期」相當於單位給予「培訓」。

國家人力資源社會勞動保障部門指出，「零工資試用期」對就業者而言是「違心」的，對於用人單位則是一種違法用工行為。用人單位與勞動者建立勞動關係，只要勞動者提供正常勞動，用人單位必須依法向其支付不低於當地最低工資標準的工資，並為其繳納社會保險費。否則，勞動保障監察部門有權查處用人單位類似的違法用工行為。

(二) 最低工資標準的特徵

(1) 最低工資標準，是由國家規定的，而不由勞動關係雙方當事人自願協商確定。勞動合同中的工資報酬由勞動者與用人單位進行協商確定，但不得低於當地最低工資標準。否則，約定條款無效，按最低工資標準執行。

(2) 取得最低工資的前提條件是勞動者在法定工作時間內提供了正常勞動。勞動者未提供正常勞動的，不享受最低工資標準的保護。

(3) 為保障勞動者本人及其家庭成員的基本生活需要，改善勞動條件，不論勞動者的工種及崗位如何，均適用最低工資標準。

【律師提示】　　　　　　　勞動法裡的「正常勞動」

「正常勞動」的理解直接關係到加班加點工資和最低工資的正確計算。勞動法上所指的正常勞動，主要是指勞動者按照勞動合同的約定在法定工作時間內從事的勞動，也包括基於法律規定「視為提供了正常勞動」的勞動者其他行為。後者包括勞動者享受帶薪休假、探親假、婚喪假、生育（產）假、節育手術假等國家規定的假期以及法定工作時間內依法參加社會活動期間的行為。

二、最低工資標準的計算範圍

在勞動者提供正常勞動的情況下，用人單位應支付給勞動者的工資在剔除下列各項以後，不得低於當地最低工資標準：

(1) 延長工作時間工資。
(2) 中班、夜班、高溫、低溫、井下、有毒有害等特殊工作環境、條件下的津貼。
(3) 法律、法規和國家規定的勞動者福利待遇等。

實行計件工資或提成工資等工資形式的用人單位，在科學合理的勞動定額基礎上，其支付勞動者的工資不得低於相應的最低工資標準。

【案例評析】《勞動合同法》第二十條規定：勞動者在試用期的工資不得低於本用人單位所在地的最低工資標準。在本案例中，用人單位每月支付小王的試用期的工資為900元，低於當年成都市最低工資標準。最低工資標準適用於與用人單位建立勞動關係的勞動者，不但包括轉正後的勞動者，也包括處於試用期的勞動者。用人單位應當主動補足差額部分。否則，勞動保障行政部門有權根據《最低工資規定》責令按所欠工資的1~5倍支付勞動者賠償金的處罰。

三、最低工資標準的適用範圍

（1）適用地域。凡在中華人民共和國境內的企業、民辦非企業單位、有雇工的個體工商戶和與之形成勞動關係的勞動者，國家機關、事業單位、社會團體和與之建立勞動關係的勞動者，均應適用最低工資標準。

（2）適用對象。在法定工作時間內提供了正常勞動的勞動者。當勞動者由於本人原因造成在法定工作時間內或依法簽訂的勞動合同約定的工作時間內未提供正常勞動的，不適用於最低工資標準。根據《關於貫徹執行〈勞動法〉若干問題的意見》規定，未提供正常勞動的情形主要有：

①勞動者在工作時間內有遲到、早退、曠工等違紀行為；
②企業下崗待工人員；
③因患病或非因工負傷處於治療期間的職工；
④處於非帶薪假期的人員，如事假等。

四、最低工資標準的制定

（一）確定最低工資標準的原則

（1）協調原則。最低工資受多種因素及條件的影響，確定最低工資標準應從中國實際國情出發，參考當地經濟發展水準、城鎮居民消費價格指數、社會平均工資水準、勞動生產率狀況等多種因素，在保持社會基本平衡的基礎上確立最低工資的標準。

（2）基本生活保障原則。最低工資法律制度的目的就在於保證勞動者最低收入，滿足勞動者及其家庭成員的最基本生活需求。

（3）分級管理原則。因全國各地區經濟發展和生活水準極不平衡，不可能在全國實行統一的最低工資標準。按照《勞動法》第四十八條及《最低工資規定》第七條的規定，省、自治區、直轄市範圍內的不同行政區可以有不同的最低工資標準。

（4）民主協商原則。因最低工資標準直接涉及勞動關係雙方當事人的利益，因此，最低工資標準的制定應當組織工會組織和用人單位的代表，參與制定過程。

（二）確定最低工資標準的考慮因素

《勞動法》規定確定和調整最低工資標準所應綜合參考的因素：①勞動者本人及平均贍養人口的最低生活費用；②社會平均工資水準；③勞動生產率；④就業狀況；⑤地區之間經濟發展水準的發布；等等。

《最低工資規定》對確定和調整月最低工資標準參考的因素補充規定如下：當地就業者及其贍養人口的最低生活費用、城鎮居民消費價格指數、職工個人繳納的社會保險費和住房公積金、職工平均工資、經濟發展水準、就業狀況等因素。確定和調整小時最低工資標準，應在頒布的月最低工資標準的基礎上，考慮單位應繳納的基本養老保險費和基本醫療保險費因素，同時還應適當考慮非全日制勞動者在工作穩定性、勞動條件和勞動強度、福利等方面與全日制就業人員之間的差異。

（三）最低工資標準的調整

最低工資標準發布實施後，當影響最低工資標準的因素發生變化時，政府及有關部門應根據變化後的各種實際因素對最低工資標準及時進行調整。《最低工資標準》規定：「最低工資標準每兩年至少調整一次。」

五、違反最低工資標準的行政處罰

工會有權對用人單位執行最低工資情況進行監督，發現用人單位支付勞動者工資低於有關最低工資標準的，有權要求有關部門處理。

各級人民政府勞動保障行政主管部門負責對用人單位執行最低工資標準的情況進行檢查和監督。對用人單位違反最低工資管理的行為，勞動保障行政部門有權進行處罰：

（1）用人單位應在最低工資標準發布後10日內將該標準向本單位全體勞動者公示。否則，由當地政府勞動保障行政部門責令限期改正。

（2）用人單位支付給勞動者的工資低於最低工資標準的，由當地勞動行政部門責令限期補發所欠勞動者工資，並可根據《最低工資規定》第十五條規定責令用人單位按所欠工資的1~5倍支付勞動者賠償金。

實訓項目

一、改錯題

1. 勞動合同中的工資等勞動報酬，由勞動關係雙方當事人自由協商確定。
2. 工資形式只有計時工資、計件工資、定額工資、浮動工資四種形式。
3. 勞動者患病或非因工負傷治療期間且符合法律規定的醫療期間內，用人單位可以不支付工資而只支付補償。
4. 加班加點待遇在計時工資制裡，只適用於標準工作時間，而不適用於非標準工作時間。
5. 只要勞動者提供了勞動就能享受國家最低工資標準的法律保護。

二、案例分析題

李某於2017年1月到南寧市某外貿服裝生產公司從事標準件加工工作。公司與本單位的勞動者簽訂勞動合同都約定：「工資實行計件制，每完成1個標準件的工資為30元，每月標準為150件。」2017年8月，由於公司業務開展迅速，接到大批外貿訂單，在徵得工會同意後，公司要求李某等全體車間工作人員每月生產件數改為300件。李某等職工同意了公司的要求，在2017年8月至10月完成正常定額1倍以上的工作量。公司計發工資時按照30元每件向李某等人支付工資每月9,000元。對此，李某等提出異議，認為自己在正常工作時間以外加班加點才完成了超額生產任務，公司理應支付加班工資。公司以「計件工資不適用加班工資的規定」予以拒絕。雙方多次協商未果，李某等10名職工以拖欠工資為由提出10天後離職，要求結算當月工資和工作期間每個月未發放的工資1,000元，公司又以李某等未提前三十日以書面形式通知單位為由，拒絕發放工資。無奈之下，李某等10名職工向當地勞動爭議仲裁委員會提起仲裁，要求公司支付當月工資和拖欠的工資、加班加點工資以及經濟補償金。根據案情，請回答下列問題：

（1）計件工資制是否適用加班工資的規定？為什麼？
（2）工作期間單位扣發職工每個月工資1,000元是否屬於違法行為？
（3）李某等人以拖欠工資為由解除勞動合同是否需要提前30天？其依據是什麼？

第六章
勞動安全衛生法實務

【導入案例】

　　2017年9月15日，外地農民工李某成為鄭州市某食品加工企業職工，並從事食品衛生保潔工作。在一次清掃成品倉庫作業時，李某昏倒在倉庫內，後被職工發現並急送至當地醫院搶救，但因中毒過深和時間過長而醫治無效死亡。根據企業反應和臨床診斷，確認該起事故為高濃度二氧化碳急性中毒伴缺氧引起窒息，屬於急性職業中毒事故。在事故發生後，該食品企業以李某違章操作作業、企業沒有過錯為由，拒絕向死者家屬承擔賠償責任，表示只承擔適當的經濟補償。無奈，李某家屬只得向當地勞動監察大隊進行投訴。

　　在接到勞動者的投訴後，勞動監察大隊立即派人實地調查，發生事故是多種因素所致：一是成品倉庫內，無通風設施；二是李某作業時未將倉庫門窗打開通風，同時李某違章操作清掃機械，致使事故現場二氧化碳濃度大大超過國家衛生安全標準；三是食品企業沒有對李某進行崗前培訓，也沒有對他進行必要的安全衛生知識教育。企業行為違反了相關法律規定。根據《勞動法》第五十二條規定：「用人單位必須建立、健全勞動安全衛生制度，嚴格執行國家勞動安全衛生規程和標準，對勞動者進行勞動安全衛生教育，防止勞動過程中的事故，減少職業危害。」其第六十八條規定：「用人單位應當建立職業培訓制度，按照國家規定提取和使用職業培訓經費，根據本單位實際，有計劃地對勞動者進行職業培訓。」結合本案具體情況來看，食品企業沒有建立、健全勞動安全衛生制度，沒有履行防止勞動事故和減少職業危害的法定義務，違反了《勞動法》和《安全生產法》等，對事故發生負有重大責任。根據調查取證，勞動監察大隊對該企業做出停業整頓和行政處罰決定。

　　根據申請材料和勞動監察意見等，關於李某工亡的認定申請得到當地勞動工傷部門的認可和支持。李某家屬提起了工傷索賠程序，最終維護了自己的合法權益。

第一節　勞動安全衛生法概述

　　勞動安全衛生既涉及勞動者生命安全與身分健康，也涉及單位財產安全。勞動法規定用人單位負有勞動安全衛生職責，也是勞動者實現憲法賦予的生命權、健康權的

具體保障。勞動安全與勞動衛生，既相互聯繫又彼此獨立，共同組成勞動者勞動保護的屏障。勞動安全衛生因生產勞動而產生，與生產勞動並存，是勞動過程中必然現象。因此，用人單位和相關政府部門必須建立、健全勞動衛生制度，嚴格執行國家勞動安全衛生規程和標準，對人力資源管理部門加強對勞動者勞動安全衛生教育，防止勞動過程中的責任事故的發生，減少職業病的作業危害。

一、勞動安全衛生概述

(一) 勞動安全衛生的概念

勞動安全衛生，是指生產過程中依法不應當存在對勞動者或其他人員的人身造成傷害或產生職業病、構成精神和健康威脅、導致財物損失的狀態。其中，勞動安全是指在勞動過程中防止中毒、觸電、機械外傷、車禍、墜落、塌陷、爆炸、火災及勞動者人身安全事故發生的防範性措施；勞動衛生是指在勞動過程中對有毒有害物質危害勞動者身體健康或者引起職業病發生的防範性措施。

長期以來，企業對勞動安全衛生不夠重視、擔心勞動安全衛生投入會增加企業成本，導致企業安全衛生事故時有發生，造成嚴重社會惡性事件。從勞動安全衛生事故發生的情況來看，可能導致重大人身傷亡或重大經濟損失的因素，或者潛伏於作業場所、設備設施之中，或者表現為生產組織、管理行為中的缺陷，並隨時在不斷變化。由於企業沒有及時有效地採取預防措施，錯誤行為使得職業危害的可能性轉變為現實性。勞動安全衛生事故的發生，往往是由於企業在生產經營過程中沒有嚴格執行勞動安全衛生制度所導致的，也是安全衛生防護措施缺位和違規的行政管理行為的必然結果。預防安全衛生事故，用人單位、勞動者和政府都「人人有責」。

【案例連結】　　　　「11·24」冷卻塔施工平臺坍塌特別重大事故

2016年11月24日，江西豐城發電廠三期擴建工程發生冷卻塔施工平臺坍塌特別重大事故，造成73人死亡、2人受傷、直接經濟損失10,197.2萬元。安全責任事故與安全意識有直接的關係。2017年10月，國務院調查組查明，冷卻塔施工單位河北億能煤塔工程有限公司施工現場管理混亂，未按要求制定拆模作業管理控制措施，對拆模工序管理失控。事發當日，在7號冷卻塔第50節筒壁混凝土強度不足的情況下，違規拆除模板，致使筒壁混凝土失去模板支護，不足以承受上部荷載，造成第50節及以上筒壁混凝土和模架體系連續傾塌墜落。對此，相關政府部門和企業被追究行政責任，31人被追究刑事責任。

(二) 勞動安全衛生的特徵

(1) 勞動安全衛生具有強制性。勞動者的生命權和健康權是中國《憲法》賦予公民最基本的權利。保護勞動者的生命權和健康權等合法權益，是勞動安全衛生法律制度的根本任務和重要的立法目的。用人單位和相關職責部門必須嚴格遵守勞動安全衛生制度，不得違反，否則須承擔相應的法律責任。

(2) 勞動安全衛生以勞動過程為保護範圍。勞動保護是基於勞動關係而由用人單位承擔的一項義務，用人單位只在勞動者為本單位提供勞動的過程中才負有保護勞動者的義務。因此，用人單位僅對勞動過程中勞動者的安全和健康負責。

(3) 勞動安全衛生以改善勞動條件和勞動環境為主要途徑。用人單位和相關部門通過消除勞動過程中不安全和不衛生的因素，實現對勞動者生命安全和身體健康的保

護。用人單位要消除勞動過程中的職業安全與危害，就必須採用先進技術和方法，不斷改善勞動條件和勞動環境，以更好地保護勞動者的生命與健康。

二、勞動安全衛生法概述

(一) 勞動安全衛生法

勞動安全衛生法，又稱職業安全衛生法，是指國家為了保護勞動者在勞動生產過程中的生命安全和身體健康等權益而制定的法律規範的總稱。它主要涉及安全責任制、安全教育制度、安全檢查制度、傷亡事故和職業病調查制度等。為從法律制度上保證生產經營單位健康有序地開展生產經營活動，督促各級地方政府、生產經營單位從制度、體制、經濟等方面採取各種有效措施避免和減少工傷事故、職業病的發生，中國頒布實施了一系列勞動安全衛生的法律制度。

《憲法》規定：「國家通過各種途徑，創造勞動就業條件，加強勞動保護，改善勞動條件，並在發展生產的基礎上，提高勞動報酬和福利待遇。」《勞動法》第6章規定「勞動安全衛生」，以勞動基本法的形式對勞動安全衛生作了原則性規定。《礦山安全法》(2009修正)、《職業病防治法》(2016修正)、《消防法》(2008)、《建築法》(2011)、《道路交通安全法》(2011)和《安全生產法》(2014修正)等構成了中國的勞動安全衛生基本法律體系。

為了配合勞動安全衛生基本法律的實施，國務院還頒布了一系列勞動安全衛生行政法規。其主要有《鍋爐壓力容器安全監察暫行條例》(2003)、《塵肺病防治條例》(1987)、《礦山安全法實施條例》(1996)、《煤礦安全監察條例》(2000)、《建設工程質量管理條例》(2000)、《危險化學品安全管理條例》(2002)、《使用有毒物品作業場所勞動保護條例》(2002)、《建設工程安全生產管理條例》(2003)、《安全生產許可證條例》(2004)和《生產安全事故報告和調查處理條例》(2007)等。除此之外，國務院相關部門就勞動安全衛生作了相應規定，如《職業病範圍和職業病患者處理辦法的規定》(2002修訂)、《企業職工勞動安全衛生教育管理規定》(1995)、《關於特大安全事故行政責任追究的規定》(2001)、《生產安全事故報告和調查處理條例》(2007)等。

【法律連結】　　　　　　　屬於工傷的職業病的認定條件

《職業病防治法》規定，職業病屬於工傷必須具備四個條件：①患病主體是企業、事業單位或個體經濟組織的勞動者；②必須是在從事職業活動的過程中產生的；③必須是因接觸粉塵、放射性物質和其他有毒、有害物質等職業病危害因素引起的；④必須是國家公布的職業病分類和目錄所列的職業病。

(二) 勞動安全衛生立法的作用

1. 為保護勞動者的安全健康提供法律保障

安全衛生法規是以搞好安全生產、工業衛生、保障職工在生產中的安全、健康為目的的。它從法律層面上規定了人們的安全行為規範，也從生產技術上、設備上規定實現安全生產和保障職工安全健康所需的物質條件。實踐表明，用人單位要切實維護勞動者安全健康的合法權益，就必須按照科學辦事，尊重自然規律、經濟規律和生產

規律，尊重群眾，保證勞動者得到符合安全衛生要求的勞動條件。

2. 有利於加強安全生產的法制化管理

安全生產法規是加強安全生產法制化管理的法律規範，明確規定了用人單位加強安全生產、安全生產管理的職責，促使用人單位不斷改善勞動條件和勞動環境，建立健全勞動安全衛生管理制度，依法依規對單位的安全生產進行管理。

3. 有利於指導和推動企業的安全生產

安全生產法規反應了保護生產正常進行、保護勞動者安全健康所必須遵循的客觀規律，對企業搞好安全生產工作提出了明確要求。同時，由於勞動安全衛生法律規範具有法律約束力，要求人人都要遵守，用國家強制力推動整個安全生產工作的開展。

4. 有利於保證企業效益的實現和國家經濟建設事業的順利發展

安全生產是關係到企業切身利益的大事，通過安全生產立法，使勞動者的安全健康有了保障，勞動者在符合安全健康要求的條件下從事勞動生產，必然會激發他們的勞動積極性和創造性，從而促使勞動生產率的大大提高。同時，安全衛生法規和標準的遵守和執行，必然提高生產過程的安全性，使生產的效率獲得保障和提高，從而也能提高企業的生產效率和效益。

三、勞動安全衛生法的基本原則

《安全生產法》第三條規定：「安全生產工作應當以人為本，堅持安全發展，堅持安全第一、預防為主、綜合治理的方針，強化和落實生產經營單位的主體責任，建立生產經營單位負責、職工參與、政府監管、行業自律和社會監督的機制。」這條規定，明確了勞動安全衛生立法的基本原則。

（一）以人為本原則

安全生產堅持以人為本原則，就是以尊重勞動者，愛護勞動者，維護勞動者的人身安全為出發點，以消滅生產過程中的潛在隱患為主要目的。《憲法》第四十二條規定：「國家通過各種途徑，創造勞動就業條件，加強勞動保護，改善勞動條件。」《勞動法》第五十四條規定：「用人單位必須為勞動者提供符合國家規定的勞動安全衛生條件和必要的勞動防護用品，對從事有職業危害作業的勞動者應當定期進行健康檢查。」這些法律規定，都體現了中國安全生產以人為本的原則。

（二）安全第一，預防為主原則

「安全第一，預防為主原則」是中國安全生產管理的基本方針。「安全第一」就是把實現安全生產放在首位，正確處理安全生產和經濟發展的關係，不能片面強調效率，而忽視生產安全。在市場經濟活動中，由於利益的驅動所產生的「重效益、輕安全」的現象始終存在。忽視安全生產付出的代價更大，會抵消經濟發展的成果。「預防為主」就是把各種安全事故消滅在隱患之中，把職業病杜絕在發病之前。《勞動法》第五十三條規定：新建、改建、擴建工程的勞動安全衛生設施必須與主體工程同時設計、同時施工、同時投入生產和使用。

（三）國家監督與社會監督、群眾監督相結合原則

安全生產事關社會各方面的利益，不僅是企業生產問題，而且也是社會問題。一方面，國家作為社會利益的總代表，必須運用國家權力對生產經營活動中的安全問題進行強有力的監督；另一方面，國家監督應與社會監督、群眾監督相結合，積極調動

社會各方面力量，發揮政府其他主管部門的監督作用，發揮工會組織的監督作用，發揮公民個人的監督作用，發揮社會輿論監督的作用，實現安全生產局勢的根本好轉。

（四）堅持教育與懲罰相結合的原則

對違反勞動安全衛生法的單位和個人依法進行處罰，讓違法者承擔法律責任；同時，還必須對違法者進行教育，使其增強法律意識，並真正認識到保護勞動者合法權益的重要性。

四、勞動者安全衛生權利與義務

【案例討論】某建築材料公司安排50名職工生產水泥，生產車間就在一個較大的廠房裡。50人和15臺設備擁擠在一起，廠房的通風設備差，空氣污濁；裡面電線密布，有火災危險；無任何消防設施。雖然消防大隊下令企業整改，但企業怕花錢而拖延不改。2017年的一天下午，廠房不慎起火，幸虧及時救火，才未釀成人身傷亡和重大財產損失。此事發生後，工人再次要求企業增設消防設施，改善工作條件，企業表面答應，但仍拖延不予辦理。同時，企業為獲取更多利潤，經常強令職工每天工作10小時，對加點工資按120%的比例支付。對於公司的所作所為，職工意見很大。鑒於公司現狀，職工張某決定辭職。公司認為張某的辭職行為屬於違約行為，拒絕發放最後一月的工資和返還12,000元押金。張某對企業的做法非常不滿，於是到當地勞動監察大隊和安全生產管理部門投訴。

請問：該企業在安全生產和勞動用工方面有哪些違法行為？

（一）勞動者安全衛生權利

用人單位在勞動安全衛生方面所負擔的義務，就是勞動者應當享有的勞動安全衛生權益。法律賦予勞動者享有勞動安全衛生的權利，主要包括以下幾項權利：

（1）安全生產保障權。勞動安全衛生法律制度的宗旨是保護勞動者的生命安全和身體健康，安全生產保障是用人單位的基本義務，也是勞動者的基本權利。《安全生產法》第六條規定：「生產經營單位的從業人員有依法獲得安全生產保障的權利。」勞動者的安全生產保障權主要包括：依法獲得符合勞動安全衛生條件的權利、獲得勞動保護用品的權利、獲得定期健康檢查的權利等。

（2）知情權。用人單位應當與勞動者訂立勞動合同，將工作過程中可能產生的職業中毒危害及其後果、職業中毒危害防護措施和待遇等如實告知勞動者，並在勞動合同中寫明，不得隱瞞或者欺騙。《安全生產法》規定，用人單位有義務並向從業人員如實告知作業場所和工作崗位存在的危險因素、防範措施以及事故應急措施。《安全生產法》第五十條規定：「生產經營單位的從業人員有權瞭解其作業場所和工作崗位存在的危險因素、防範措施及事故應急措施，有權對本單位的安全生產工作提出建議。」由此可見，用人單位有如實告知勞動者工作內容、工作條件、工作地點、職業危害、安全生產狀況、勞動報酬等義務。《使用有毒物品作業場所勞動保護條例》對用人單位的有毒物品作業場所職業勞動做出了更明確的規定。

（3）拒絕權。勞動者有權拒絕違章指揮和強令冒險作業，即勞動者對企業及其領導不執行勞動安全衛生規定，不提供法律規定的安全衛生條件，以及違章指揮、強令冒險作業等行為，有權拒絕執行。同時，《安全生產法》規定，生產經營單位不得因從業人員拒絕違章指揮、強令冒險作業而降低其工資、福利等待遇或者解除與其訂立的

勞動合同。

（4）監督權。勞動者有權對本單位安全生產工作中存在的問題提出批評、檢舉、控告。勞動者對企業及其領導不執行勞動安全衛生規定，不提供法律規定的安全衛生條件，以及違章指揮、強令冒險作業等行為，有權提出批評、檢舉和控告。對此，生產經營單位不得因此而降低勞動者的工資、福利等待遇或者解除與其訂立的勞動合同。

（5）緊急情況下的停止作業和緊急撤離權。《安全生產法》第五十二條規定：「從業人員發現直接危及人身安全的緊急情況時，有權停止作業或者在採取可能的應急措施後撤離作業場所。」生產經營單位不得因此對從業人員在緊急情況下停止作業或者採取緊急撤離措施而降低其工資、福利等待遇或者解除與其訂立的勞動合同。

（6）索賠權。《安全生產法》規定，生產經營單位不得以任何形式與從業人員訂立協議，免除或者減輕其對從業人員因生產安全事故傷亡依法應承擔的責任。《安全生產法》規定，因生產安全事故受到損害的勞動者，除依法享有工傷社會保險外，依照有關民事法律尚有獲得賠償的權利的，有權向本單位提出賠償要求。

【案例評析】該企業的違法行為主要表現在：①未建立勞動安全衛生制度，勞動環境嚴重污染，時刻有火災危險，衛生條件差；②非法延長勞動時間，且不足額支付加班工資；③企業非法扣發工資和扣押3,000元押金。用人單位不但違反了勞動者享有的工資權益，而且還侵犯了勞動者的安全衛生作業的權利。《勞動法》第五十六條規定，勞動者對單位管理人員違章指揮、強令冒險作業，有權拒絕執行。在安全得不到保障的情況下，張某有權拒絕勞動；在企業未按勞動合同約定支付勞動報酬或提供勞動條件的，張某有權依法通知企業解除勞動關係。

（二）勞動者的義務

獲得勞動安全衛生保障是勞動者的權利，用人單位違反安全生產規範損害勞動者人身安全的，勞動者有權立即解除合同。安全生產的保障也與勞動者的安全意識和勞動紀律有著密切的聯繫，遵守勞動安全衛生制度也是勞動者的法定義務：

（1）從業人員在作業過程中，應當嚴格遵守本單位的安全生產規章制度和操作規程，服從管理，正確佩戴和使用勞動防護用品。

（2）從業人員應當接受安全生產教育和培訓，掌握本職工作所需的安全生產知識，提高安全生產技能，增強事故預防和應急處理能力。

（3）從業人員發現事故隱患或者其他不安全因素，應當立即向現場安全生產管理人員或者本單位負責人報告；接到報告的人員應當及時予以處理。

由此可見，勞動者應承擔的主要義務是提高安全意識，嚴格遵守安全操作規程，執行企業內部規章制度和崗位責任。不斷提高熟練程度和專業技術水準，防止因主觀因素導致安全衛生事故的發生。

【案例連結】　　　　　勞動者違反安全操作事故案

2018年3月12日上午，在某火電廠的脫硝改造工作中，作業人員王某和周某站在空氣預熱器上部鋼結構上進行起重掛勾作業，2人在掛勾時因失去平衡同時跌落。周某安全帶掛在安全繩上，墜落後被懸掛在半空；王某未將安全帶掛在安全繩上，從標高24米墜落至5米的吹灰管道上，經搶救無效死亡。用人單位和勞動者吸取深刻教訓：勞動者缺乏安全生產意識，違反安全生產規則，高處作業未將安全帶掛在安全繩上；單位工作負責人不在現場，未履行安全生產監護職責。

五、用人單位的安全衛生職責

履行勞動安全衛生職責，防止勞動過程中的傷亡事故發生，防止和減少職業性危害，參加工傷保險，是用人單位的法定義務。

關於用人單位的安全衛生勞動保護職責，將在本章另一節講述。

六、勞動安全衛生行政管理部門的職權

> 【案例討論】某選礦廠是由李某和黃某共同投資的一家私營企業。為了獲得建廠的批准，投資者聘請了正規的設計單位嚴格按照國家有關規定對有關建設工程尤其是尾礦庫的安全設施進行設計，有的設計甚至還高於國家標準，因而很快獲得了有關部門的批准。在實際施工過程中，投資者為了節約資金，要求施工單位不須完全按照批准的安全設施設計施工。結果，施工單位利用一條山谷構築尾礦庫，基礎壩用石頭砌成一道不透水壩，壩頂寬5米，地上部分高4米，埋入地下約2米；後期壩採用衝積法築壩。在施工完畢後，投資者通過熟人流通關係，使選礦廠尾礦庫在未經嚴格驗收的情況下就投入使用。某日，突下大雨，由於尾礦庫積水過多，導致尾礦庫後期壩中部底層突然坍塌，隨之整個後期堆積壩也跟著坍塌，共衝出水和尾砂15,820立方米，同時衝垮43間民工簡易工棚和57間銅坑礦基建隊房屋，致使28人死亡，56人重傷。
> 請分析本案中安全事故發生的原因及責任主體。

根據《勞動法》《安全生產法》《職業病防治法》等規定，勞動安全衛生行政部門的職責主要包括：

（1）依法制定勞動安全衛生標準

勞動安全衛生標準分為國家標準、行業標準、地方標準和企業標準四級。其中，國家標準是強制性標準，其他標準為推薦性標準。國家標準主要有：勞動衛生安全管理的基礎標準，方法標準、生產工藝、生產工具、設備安全衛生標準、安全衛生專用裝置等。經過國家質量技術監督局批准發布的勞動安全衛生標準，屬於國家級標準，有200多項。《安全生產法》規定：「國務院有關部門應當按照保障安全生產的要求，依法及時制定有關的國家標準或者行業標準，並根據科技進步和經濟發展適時修訂。」

（2）加強勞動安全衛生產品研發並積極推廣運用

組織和推動勞動安全衛生科學研究工作，為建立科學合理的勞動安全衛生法律制度提供科學依據，開發更多的勞動安全衛生保護產品，並負責組織推廣。

（3）審批和驗收安全衛生事項

《安全生產法》規定，負有安全生產監督管理職責的部門依照有關法律、法規的規定，對涉及安全生產的事項需要審查批准（包括批准、核准、許可、註冊、認證、頒發證照等）或者驗收的，必須嚴格依照有關法律、法規和國家標準或者行業標準規定的安全生產條件和程序進行審查；不符合有關法律、法規和國家標準或者行業標準規定的安全生產條件的，不得批准或者驗收通過。

（4）建立健全勞動安全衛生相關制度

安全生產監督管理部門應當建立健全職業病統計報告制度、傷亡事故報告處理制度、勞動者健康檢查制度、勞動衛生安全認證制度、安全教育與培訓管理制度、職工

工傷保險制度、安全生產責任制度、安全檢查制度等，確保勞動安全衛生工作「有制可依」，切實維護勞動者的合法權益。

(5) 監督檢查安全衛生工作

對生產經營單位依法執行勞動安全衛生制度監督、檢查工作。《安全生產法》規定，對未依法取得批准或者驗收合格的單位擅自從事有關活動的，負責行政審批的部門發現或者接到舉報後應當立即予以取締，並依法予以處理。對已經依法取得批准的單位，負責行政審批的部門發現其不再具備安全生產條件的，應當撤銷原批准。同時，對違反勞動安全衛生法規的單位或個人依法給予行政處罰。

【案例評析】這是一起由於施工單位沒有按照批准的安全設施設計施工和驗收部門沒有嚴格驗收導致發生生產安全事故的案件。經調查認定，事故發生的直接原因是施工單位在建設單位的壓力下，沒有按照批准的安全設施設計施工，致使建成的基礎壩不透水，在基礎壩與後期堆積壩之間形成一個抗剪能力極低的滑動面，同時由於尾礦庫突然蓄水過多，而干灘長度不夠，壩體終因承受不住巨大壓力而沿基礎壩與後期堆積壩之間的滑動面垮塌。在此過程中，驗收部門和驗收人員對尾礦庫的驗收嚴重不負責任，也是造成本次事故的重要原因之一。

《安全生產法》第二十七條規定：「礦山建設項目和用於生產、儲存危險物品的建設項目的施工單位必須按照批准的安全設施設計施工，並對安全設施的工程質量負責。」「礦山建設項目和用於生產、儲存危險物品的建設項目竣工投入生產或使用前，必須依照有關法律、行政法規的規定對安全設施進行驗收；驗收合格後，方可投入生產和使用。驗收部門及其驗收人員對驗收結果負責。」

七、工會的安全衛生職權

《安全生產法》和《職業病防治法》等規定，工會在維護勞動者安全衛生合法權益方面負有以下職權：

工會組織應當督促並協助用人單位開展職業衛生宣傳教育和培訓，有權對用人單位的職業病防治工作提出意見和建議。工會組織有權依法代表勞動者與用人單位簽訂勞動安全衛生專項集體合同，與用人單位就勞動者反應的有關職業病防治的問題進行協調並督促解決。

工會有權對建設項目的安全設施與主體工程同時設計、同時施工、同時投入生產和使用進行監督，提出意見。

工會對生產經營單位違反安全生產法律、法規，侵犯勞動者合法權益的行為，有權要求糾正；發現生產經營單位違章指揮、強令冒險作業或者發現事故隱患時，有權提出解決的建議或者向政府有關部門建議採取強制性措施；發現危及從業人員生命健康安全的情況時，有權向生產經營單位建議組織勞動者撤離危險場所，生產經營單位必須立即做出處理。

工會有權依法參加事故調查，向有關部門提出處理意見，並要求追究有關人員的責任。

第二節　用人單位勞動安全衛生職責

用人單位作為生產經營單位，對勞動者負有勞動安全職責和勞動衛生職責，即對勞動者的生命安全和身體健康衛生負有保護義務。建立健全各項勞動安全衛生制度，防止勞動過程中的事故發生，減少職業性危害，是用人單位的法定義務。用人單位違反勞動安全衛生職責的，不但導致受傷職工工傷法律責任的發生，而且還會使單位和相關責任人員面臨行政責任和刑事責任的處罰。

一、生產經營單位勞動安全職責

【案例討論】2017 年 8 月，某食品生產廠需要安排專人對危險成品倉庫進行清掃，於是雇用了一位農民工劉某，對其未進行職業培訓和安全教育。上班第一天，劉某在清掃過程中暈倒在倉庫內，被人發現後被送往醫院，經搶救無效死亡。根據現場調查和臨床資料，確認該事故為急性職業中毒事故，為高濃度二氧化碳急性中毒伴缺氧引起窒息死亡。經調查發現，發生事故的食品生產廠成品倉庫內務無通風設施，食品生產廠既沒有對劉某進行任何形式的培訓，也沒有對其進行勞動安全衛生教育，同時劉某違章操作清掃機械，導致事故現場二氧化碳濃度遠遠超過國家衛生標準。在事故發生後，死者家屬要求食品生產廠承擔責任，但工廠以劉某違規操作清掃機械、本廠無過錯為由，拒絕承擔責任。
請問：你認為食品生產廠是否應對本次事故承擔責任，有何法律依據？

安全管理是指以國家的法律、規範、條例和安全標準為依據，採取各種手段，對企業的安全狀況實施有效制約的一種活動。生產經營單位的安全管理，除了安全生產基本管理外，還包括特殊行業的安全生產管理，如建築安裝工程以及礦山開採作業安全的特別管理。

(一) 生產經營單位安全生產的基本職責

《安全生產法》對生產經營單位安全生產管理的職責作了明確規定，要求生產經營單位應當具備本法和有關法律、行政法規和國家標準或者行業標準規定的安全生產條件；不具備安全生產條件的，不得從事生產經營活動。生產經營單位安全生產基本職責如下：

1. 生產經營單位主要負責人的安全管理職責
(1) 建立、健全本單位安全生產責任制；
(2) 組織制定本單位安全生產規章制度和操作規程；
(3) 組織制訂並實施本單位安全生產教育和培訓計劃；
(4) 保證本單位安全生產投入的有效實施；
(5) 督促、檢查本單位的安全生產工作，及時消除生產安全事故隱患；
(6) 組織制定並實施本單位的生產安全事故應急救援預案；
(7) 及時、如實報告生產安全事故。

2. 生產經營場所的安全管理職責
《安全生產法》第三十二條規定：「生產經營單位應當在有較大危險因素的生產經營

場所和有關設施、設備上,設置明顯的安全警示標誌。」《安全生產法》第三十九條規定:「生產、經營、儲存、使用危險物品的車間、商店、倉庫不得與員工宿舍在同一座建築物內,並應當與員工宿舍保持安全距離。生產經營場所和員工宿舍應當設有符合緊急疏散要求、標誌明顯、保持暢通的出口。禁止封閉、堵塞生產經營場所或者員工宿舍的出口。」

  3. 配備管理機構和人員的職責

  《安全生產法》規定,礦山、金屬冶煉、建築施工、道路運輸單位和危險物品的生產、經營、儲存單位,應當設置安全生產管理機構或者配備專職安全生產管理人員;其他生產經營單位,從業人員超過100人的,應當設置安全生產管理機構或者配備專職安全生產管理人員;從業人員在100人以下的,應當配備專職或者兼職的安全生產管理人員。《安全生產法》規定,生產經營單位的主要負責人和安全生產管理人員必須具備與本單位所從事的生產經營活動相應的安全生產知識和管理能力。危險物品的生產、經營、儲存單位以及礦山、金屬冶煉、建築施工、道路運輸單位的主要負責人和安全生產管理人員,還應當由有關主管部門對其安全生產知識和管理能力考核合格後方可任職。生產經營單位應當對從業人員進行安全生產教育和培訓,否則不得安排上崗作業。

  4. 保障設備安全的職責

  《安全生產法》第三十三條規定:「設備的設計、製造、安裝、使用、檢測、維修、改造和報廢,應當符合國家標準或者行業標準。生產經營單位必須對安全設備進行經常性維護、保養,並定期檢測,保證正常運轉。維護、保養、檢測應當作好記錄,並由有關人員簽字。」所用設備如對人有害,應採取有效的防護措施。生產經營單位使用的涉及生命安全、危險性較大的特種設備,以及危險物品的容器、運輸工具,必須按照國家有關規定,由專業生產單位生產,並經取得專業資質的檢測、檢驗機構檢測、檢驗合格,取得安全使用證或者安全標誌,方可投入使用。

  5. 危險物品生產經營管理的職責

  《安全生產法》規定,生產、經營、運輸、儲存、使用危險物品或者處置廢棄危險物品的生產經營單位,由有關主管部門依照有關法律、法規的規定和國家標準或者行業標準審批並實施監督管理;生產經營單位生產、經營、運輸、儲存、使用危險物品或者處置廢棄危險物品,必須執行有關法律、法規和國家標準或者行業標準,建立專門的安全管理制度,採取可靠的安全措施,接受有關主管部門依法實施的監督管理。

  《安全生產法》規定,生產經營單位應當對重大危險源登記建檔、定期檢測、評估、監控,並制定應急預案,告知從業人員和相關人員在緊急情況下應當採取的應急措施。生產經營單位應當按照國家有關規定將本單位重大危險源及有關安全措施、應急措施報有關地方人民政府負責安全生產監督管理的部門和有關部門備案。

【案例評析】用人單位有對勞動者提供勞動安全衛生工作條件的法定義務。《安全生產法》規定:「生產經營單位應當對從業人員進行安全生產教育和培訓,保證從業人員具備必要的安全生產知識,熟悉有關的安全生產規章制度和安全操作規程,掌握本崗位的安全操作技能,瞭解事故應急處理措施,知悉自身在安全生產方面的權利和義務。未經安全生產教育和培訓合格的從業人員,不得上崗作業。」本案中,成品倉庫的二氧化碳濃度超標可致人死亡,但食品生產廠領導、職能部門和工作人員都沒有注意該職業的危害,雇傭毫無安全意識的農民工,在其上崗前沒有進行任何形式的職業培訓、安全教育,也沒有採取任何防護措施。食品生產企業必須承擔劉某工亡的法律責任。

(二) 建築安裝工程企業勞動安全職責

建築安裝工程企業不但要履行生產經營企業勞動安全基本職責，而且還要因高風險行業而承擔特殊勞動安全義務。因建築安裝工程具有高空作業、露天作業、勞動強度大和勞動條件差等特點，使其成為安全事故高發行業。《建築法》（2011）和《建設工程安全生產管理條例》（2003）等法律法規，對建築安裝工程安全作業管理制訂了更為嚴格的要求。

【案例討論】範某是某工程隊的起重工，2015年5月16日，工程隊承建某居民生活小區內的橋樑工程，陳某被派前往吊裝水泥橋面板，因施工場地狹窄，將橋面板從載重車上吊到施工現場要跨過一條正在施工的道路，陳某向現場負責人提出，將正在路面上鋪設水泥的工人暫時撤離現場才能吊運，負責人不與理會，命令陳某繼續生產作業。陳某認為這樣存在很大的安全隱患，可能會發生事故，於是堅持要求路面施工人員離開，否則不幹。現場負責人非常惱火，打電話給工程隊隊長，另派了一名起重司機吊運，同時決定以「不服從正常工作安排」為由，扣發陳某當天工資和當月獎金，陳某不服，向勞動爭議仲裁委員申請仲裁，要求工程隊補發被扣的工資和獎金。
請問：陳某的仲裁請求是否能得到仲裁機構支持？為什麼？

1. 施工現場的安全職責

《建築法》規定，建築施工企業應當在施工現場採取維護安全、防範危險、預防火災等措施；有條件的，應當對施工現場實行封閉管理。施工現場對毗鄰的建築物、構築物和特殊作業環境可能造成損害的，建築施工企業應採取安全防護措施。《建設工程安全生產管理條例》第二十八條、二十九條規定，施工單位應當在施工現場入口處、施工起重機械、臨時用電設施、腳手架、出入通道口、樓梯口、電梯井口、孔洞口、橋樑口、隧道口、基坑邊沿、爆破物及有害危險氣體和液體存放處等危險部位，設置明顯的安全警示標誌。安全警示標誌必須符合國家標準；施工單位應當根據不同施工階段和周圍環境及季節、氣候的變化，在施工現場採取相應的安全施工措施。施工現場暫時停止施工的，施工單位應當做好現場防護，所需費用由責任方承擔，或者按照合同約定執行；施工單位應當將施工現場的辦公、生活區與作業區分開設置，並保持安全距離；辦公、生活區的選址應當符合安全性要求。施工單位不得在尚未竣工的建築物內設置員工集體宿舍。

2. 安裝、拆卸設施設備的安全職責

《建設工程安全生產管理條例》規定，建設單位應當將拆除工程發包給具有相應資質等級的施工單位。在施工現場安裝、拆卸施工起重機械和整體提升腳手架、模板等自升式架設設施，必須由具有相應資質的單位承擔。安裝、拆卸施工起重機械和整體提升腳手架、模板等自升式架設設施，應當編製拆裝方案、制定安全施工措施，並由專業技術人員現場監督。施工起重機械和整體提升腳手架、模板等自升式架設設施安裝完畢後，安裝單位應當自檢，出具自檢合格證明，並向施工單位進行安全使用說明，辦理驗收手續並簽字。施工起重機械和整體提升腳手架、模板等自升式架設設施的使用達到國家規定的檢驗檢測期限的，必須經具有專業資質的檢驗檢測機構檢測。經檢測不合格的，不得繼續使用。垂直運輸機械作業人員、安裝拆卸工、爆破作業人員、起重信號工、登高架設作業人員等特種作業人員，必須按照國家有關規定經過專門的

安全作業培訓，並取得特種作業操作資格證書後，方可上崗作業。

3. 高空作業的安全職責

從事高處作業的人員必須持證上崗，並認真遵守安全施工規定，衣著要靈活，禁止穿硬底和帶釘易滑的鞋。對於從事高空作業的職工，必須進行身體檢查，不能使患有高血壓、心臟病、癲癇病的人和其他不適於高空作業的人，從事高空作業。高處作業要設防護欄杆，支持安全網和安裝防護門，操作人員要系安全帶。高處作業物料要堆放平穩，不可放置在臨邊和洞口附近、凡有墜落可能的，要及時撤出或固定以防跌落傷人。發現安全設施有缺陷或隱患，應及時報告處理，對危及人身安全的，必須停止施工，消險後再進行高處作業。任何人不允許移動和擅自拆除安全標誌，確實因工作需要須經工長批准後移動和拆除，之後重新安裝好。冬季施工要採取可靠的防滑、防寒、防凍、防毒、防火安全措施。高空作業安全設施要經常檢查，處於良好狀態。

在進行高處作業時，應結合工程特點，相應地制定各種安全防護技術措施。每個工程項目在編製施工組織設計和施工方案時，要列入該項目所涉及高處作業的各項安全技術措施，並盡量採取地面作業，減少各種高處作業。高處作業的安全技術措施，範圍較為廣泛，如設置安全標誌，張掛安全網，系掛安全帶等各項安全專項措施。高處作業人員在各項安全技術措施和防護用品未解決和落實之前，不能進行施工。對各種用於高處作業的設施和設備，在投入前要加以檢查，確認完好方能投入使用。

4. 起重吊裝的安全職責

吊裝前應編製施工組織設計或制定施工方案，明確起重吊裝安全技術要點和保證安全的技術措施。使用各種起重機械，吊裝機具和索具時，必須嚴格遵守以下規定：各種起重機在吊裝前必須對機械、安全制動裝置詳細檢查，確保安全可靠；各種起重機械的操作使用，必須按機械本身的操作規程執行；各種起重機械必須按額定負荷進行吊裝，禁止超載使用；起重設備工具在吊裝前必須進行試吊檢查，確認無疑方可使用；嚴禁利用廠區管道、電杆、機電設備和生產性建築物等做吊裝和錨點；不停車大修或技措工程的吊裝施工，必須做出吊裝方案，經有關部門批准後方可進行吊裝；所有起重吊裝必須經安全部門審查批准，持工作安全許可證方可進行。

【案例評析】　　勞動者在勞動過程中有遵守操作規程的義務

勞動者在勞動過程中必須嚴格遵守安全操作規程。由於勞動者是生產和工作的直接行為者，如果不熟悉操作規程，不按操作規程辦事，必將產生安全隱患，甚至直接造成傷害後果。用人單位有權根據生產需要對勞動者進行統一安排和指揮，勞動者負有服從指揮和管理的義務。本案中用人單位在未撤離路面施工人員的情況下，強令範某繼續冒險作業，存在極大的安全隱患，危及路面施工人員的人身安全。《安全生產法》第四十六條規定：「從業人員有權拒絕違章指揮和強令冒險作業。生產經營單位不得因從業人員對本單位安全生產工作提出批評、檢舉、控告或者拒絕違章指揮、強令冒險作業而降低其工資、福利等待遇或者解除與其訂立的勞動合同。」本案用人單位違反本規定，強令陳某繼續吊運是對支配管理權力的濫用，勞動者有權利拒絕。用人單位應當按法律規定補發範某的工資和獎金，並賠償經濟損失。

(三) 礦山安全管理特別職責

《礦山安全法》(2009) 規定，礦山企業必須具有保障安全生產的設施，建立、健

全安全管理制度，採取有效措施改善職工勞動條件，加強礦山安全管理工作，保證安全生產。礦山作業屬於高風險作業，《礦山安全法》對礦山企業作業安全規定了特別管理職責：

1. 礦山建設的安全職責

礦山建設工程的安全設施必須和主體工程同時設計、同時施工、同時投入生產和使用。礦山建設工程的設計文件，必須符合礦山安全規程和行業技術規範，所採取的運輸和安全措施須符合相應法規，同時應設置相應的防護裝置，如通風裝置、放火滅火裝置、防水排水裝置等。礦山建設工程必須按照管理礦山企業的主管部門批准的設計文件施工。安全設施竣工後，由管理礦山企業的主管部門驗收，必須有勞動行政部門參加；不符合礦山安全規程和行業技術規範的，不得驗收，不得投入生產。

2. 礦山開採的安全職責

礦山開採必須具備保障安全生產的條件，執行開採不同礦種的礦山安全規程和行業技術規範。礦山設計規定保留的礦柱、岩柱，在規定的期限內，應當予以保護，不得開採或者毀壞。礦山使用的有特殊安全要求的設備、器材、防護用品和安全檢測儀器，必須符合國家安全標準或者行業安全標準；不符合國家安全標準或者行業安全標準的，不得使用。礦山企業必須對機電設備及其防護裝置、安全檢測儀器定期檢查、維修，保證使用安全等。

3. 礦山作業場所的安全職責

礦山企業必須對作業場所中的有毒有害物質和井下空氣含氧量進行檢測，保證符合安全要求。礦山企業必須對下列危害安全的事故隱患採取預防措施：冒頂、片幫、邊坡滑落和地表塌陷；瓦斯爆炸、煤塵爆炸；衝擊地壓、瓦斯突出、井噴；地面和井下的火災、水害；爆破器材和爆破作業發生的危害；粉塵、有毒有害氣體、放射性物質和其他有害物質引起的危害等。礦山企業對使用機械及電氣設備、排土場、矸石山、尾礦庫和礦山閉坑後可能引起的危害，應當採取預防措施。

三、生產經營單位勞動衛生職責

【案例討論】2014年5月，陳某等16人被某港口碼頭搬運公司招收，從事煤炭裝卸作業。2016年9月5日，陳某與所在班組的另兩名職工因肺部不適去醫院檢查後，被懷疑患有輕微硅肺病。此後，陳某所在班組全體職工申請公司安排身體檢查，但公司以單位採取了碼頭煤塵防治有效措施，且生產任務緊張為由，不予安排體檢。陳某等職工多次要求都被公司推脫。為此，陳某等向當地勞動爭議仲裁委員會提出申訴，要求公司履行職工健康檢查義務。仲裁委員會受案後，經審理調查，該公司從未對從事煤炭裝卸作業人員進行過體檢，依法裁決自裁決書生效後7日內，公司對從事煤炭作業的職工進行一次體檢。

請問：仲裁機構的裁決是否合法？其法律依據是什麼？

勞動安全與勞動衛生具有同等重要性。為了保護勞動者在勞動過程中的身體健康，防止有毒有害物質的危害和防止職業病的發生，生產經營單位對勞動衛生負有法定職責：

(一) 防止粉塵危害的職責

粉塵極易損害勞動者身體健康和生活質量。為保護勞動者健康，消除粉塵危害，

防止發生塵肺病，國務院頒布實施《塵肺病防治條例》（1987）。其規定了生產經營單位防止粉塵危害作業的主要職責：

（1）新建、改建、擴建、續建有粉塵作業的工程項目，防塵設施必須依法與主體工程同時設計、同時施工、同時投產。凡有粉塵作業的企業、事業單位應採取綜合防塵措施和無塵或低塵的新技術、新工藝、新設備，使作業場所的粉塵濃度不超過國家衛生標準。

作業場所的粉塵濃度超過國家衛生標準，又未積極治理，嚴重影響職工安全健康時，職工有權拒絕操作。

（2）職工使用的防止粉塵危害的防護用品，必須符合國家的有關標準。企業、事業單位應當建立嚴格的管理制度，並教育職工按規定和要求使用。

（3）對初次從事粉塵作業的職工，由其所在單位進行防塵知識教育和考核，考試合格後方可從事粉塵作業。不滿十八週歲的未成年人，禁止從事粉塵作業。

【案例連結】　　　　「開胸驗肺」工傷事件與職業病鑒定

據醫學介紹，塵肺患者有胸悶、胸痛、咳嗽、咳痰、勞力性呼吸困難等症狀，嚴重影響生活質量，而且每隔數年病情還要升級，合併感染，最後因肺心病、呼吸衰竭而死。依據當時的《職業病防治法》規定，職業病鑒定不但要求鑒定醫生和醫療機構要有相應資質，而且患者必須出示由用人單位開具勞動關係的證明材料，否則患者很難被認定患有職業病。

2009年7月份，河南農民工張某「開胸驗肺」成為職業病診斷詬病中的「爆炸性」新聞。據相關報導，改革開放初期到深圳特區像張某一樣從事風鑽工作而患上塵肺病的農民工，由於沒有勞動合同和其他材料以證明勞動關係的維權證據保存意識，使得他們在一二十年的維權路上來回奔波也難以獲得職業病的鑒定文書。

2011年12月和2016年7月，中國對《職業病防治法》先後兩次進行修正，增加了職業病預防責任和勞動者職業病鑒定便利性的相關規定。

（二）防止有毒有害物質危害的職責

在勞動過程中，長期接觸有毒有害物質會對勞動者的身體健康造成極大傷害，甚至會導致勞動者中毒死亡。為此，中國頒布了有關防止職業中毒的法律規範，如《危險化學品安全管理條例》（2011）、《使用有毒物品作業場所勞動保護條例》（2002）等。生產經營單位除嚴格按照法律規定生產、儲存有毒有害物質外，還應履行有毒有害物質環境下的勞動保護職責：

（1）新建、擴建、改建的建設項目和技術改造、技術引進項目（以下統稱建設項目），可能產生職業中毒危害的，應當依照職業病防治法的規定進行職業中毒危害預評，並經衛生行政部門審核同意；可能產生職業中毒危害的建設項目的職業中毒危害防護設施應當與主體工程同時設計，同時施工，同時投入生產和使用；建設項目竣工，應當進行職業中毒危害控制效果評價，並經衛生行政部門驗收合格。

（2）從事使用高毒物品作業的用人單位，應當配備專職的或者兼職的職業衛生醫師和護士，不具備條件的，應當與依法取得資質認證的職業衛生技術服務機構簽訂合同，由其提供職業衛生服務。用人單位應當確保職業中毒危害防護設備、應急救援設施、通訊報警裝置處於正常適用狀態，不得擅自拆除或者停止運行。

（3）使用有毒物品作業場所應當設置黃色區域警示線、警示標示和中文警示說明。

有毒物品的包裝應當符合國家標準，並以易於勞動者理解的方式加貼或者拴掛有毒物品安全標籤。有毒物品的包裝必須有醒目的警示標示和中文警示說明。經營、使用有毒物品的單位，不得經營、使用沒有安全標籤、警示標示和中文警示說明的有毒物品。

(三) 防止噪音和強光的職責

勞動者長期在噪音和強光的作業環境下生產和勞動，將會對其聽覺和視覺器官產生不良影響，進而引發各種職業病。用人單位必須採取防止噪音和強光的措施，減少和消除這些不良影響。《環境噪聲污染防治法》(1997) 規定，生產經營單位在防止噪音和強光的職責：

(1) 產生環境噪聲污染的企業事業單位，必須保持防治環境噪聲污染的設施的正常使用；拆除或者閒置環境噪聲污染防治設施的，必須事先報經所在地的縣級以上地方人民政府環境保護行政主管部門批准。

(2) 產生環境噪聲污染的單位，應當採取措施進行治理，並按照國家規定繳納超標準排污費。對產生強烈噪音的生產，單位應盡可能在設有消聲設備的工作房中進行，並實行強噪聲和低噪聲分開作業。要用低噪聲的設備和工藝代替強噪聲的設備和工藝，從聲源上根治噪聲危害。

(3) 在有噪聲、強光等場所操作的工人，單位應供給護耳器、防護眼鏡等勞動保護條件。

(四) 防暑降溫和防寒的職責

為了保護勞動者的生命安全和身體健康，防止勞動場所溫度過高或過低對勞動者健康造成損害，生產經營單位應當採取防暑降溫和防凍取暖措施。

1. 高溫作業勞動保護

《防暑降溫措施管理辦法》([2012] 89 號) 規定，高溫天氣是指地市級以上氣象主管部門所屬氣象臺站向公眾發布的日最高氣溫 35℃ 以上的天氣；高溫天氣作業是指用人單位在高溫天氣期間安排勞動者在高溫自然氣象環境下進行的作業。對高溫作業及在高溫天氣期間安排勞動者作業的，生產經營單位的主要職責有：

(1) 優先採用有力措施，從源頭上降低或者消除高溫危害。存在高溫職業病危害的建設項目，應當保證其設計符合國家職業衛生相關標準和衛生要求，高溫防護設施應當與主體工程同時設計，同時施工，同時投入生產和使用。

(2) 存在高溫職業病危害的用人單位，應當實施由專人負責的高溫日常監測；對從事接觸高溫危害作業勞動者組織上崗前、在崗期間和離崗時的職業健康檢查。不適合高溫作業環境的勞動者，應當調整作業崗位。

(3) 用人單位不得安排懷孕女職工和未成年工在 35℃ 以上的高溫天氣期間從事室外露天作業及溫度在 33℃ 以上的工作場所作業。

(4) 在高溫天氣期間，根據生產特點和具體條件，用人單位採取合理安排工作時間、輪換作業、適當增加高溫工作環境下勞動者的休息時間和減輕勞動強度、減少高溫時段室外作業、停止室外露天作業等措施。

(5) 應當向勞動者提供符合要求的個人防護用品，並督促和指導勞動者正確使用。用人單位應當為高溫作業、高溫天氣作業的勞動者供給足夠的、符合衛生標準的防暑降溫飲料及必需的藥品。

(6) 用人單位安排勞動者在 35℃ 以上高溫天氣從事室外露天作業以及不能採取有

效措施將工作場所溫度降低到33℃以下的，應當向勞動者發放高溫津貼，並納入工資總額。高溫津貼標準由省級人力資源社會保障行政部門會同有關部門制定，並根據社會經濟發展狀況適時調整。

【法律連結】　　　　室外高溫露天作業的縮短或停止作業規定
《防暑降溫措施管理辦法》規定，用人單位應當根據地市級以上氣象主管部門所屬氣象臺當日發布的預報氣溫，調整作業時間，但因人身財產安全和公眾利益需要緊急處理的除外：

（1）日最高氣溫達到40℃以上，應當停止當日室外露天作業。

（2）日最高氣溫達到37℃以上、40℃以下時，用人單位全天安排勞動者室外露天作業時間累計不得超過6小時，連續作業時間不得超過國家規定，且在氣溫最高時段3小時內不得安排室外露天作業。

（3）日最高氣溫達到35℃以上、37℃以下時，用人單位應當採取換班輪休等方式，縮短勞動者連續作業時間，並且不得安排室外露天作業勞動者加班。

2. 防凍取暖勞動保護

關於防凍取暖勞動保護，目前由企業根據行業標準或實際情形制定實施辦法。中國尚無全國性法律法規，部分省份做出了地方性規定。

（五）防治職業病的職責

職業病是指勞動者在從事用人單位的生產活動中，因接觸粉塵、放射性物質和其他有毒、有害物質等因素而引起的疾病。對產生職業病危害的用人單位在防治職業病方面，《職業病防治法》規定了以下主要職責：

（1）用人單位工作場所存在職業病目錄所列職業病的危害因素的，應當及時、如實向所在地安全生產監督管理部門申報危害項目，接受監督。

（2）用人單位應當設置或者指定職業衛生管理機構或者組織，配備專職或者兼職的職業衛生管理人員，負責本單位的職業病防治工作；制定職業病防治計劃和實施方案；建立、健全職業衛生管理制度和操作規程、職業衛生檔案和勞動者健康監護檔案、工作場所職業病危害因素監測及評價制度和職業病危害事故應急救援預案。

（3）用人單位應當在醒目位置設置公告欄，公布有關職業病防治的規章制度、操作規程、職業病危害事故應急救援措施和工作場所職業病危害因素檢測結果。對產生嚴重職業病危害的作業崗位，應當在其醒目位置，設置警示標示和中文警示說明。警示說明應當載明產生職業病危害的種類、後果、預防以及應急救治措施等內容。

（4）用人單位必須採用有效的職業病防護設施，並為勞動者提供個人使用的職業病防護用品。對職業病防護設備、應急救援設施和個人使用的職業病防護用品，用人單位應當進行經常性的維護、檢修，定期檢測其性能和效果，確保其處於正常狀態，不得擅自拆除或者停止使用。

【案例評析】本案是一起因企業違反勞動安全衛生法規，不為職工進行健康檢查而發生的勞動爭議案件。《勞動法》規定，對從事有職業危害作業的勞動者應當定期進行健康檢查。《塵肺病防治條例》規定，企業安全技術管理部門應及時掌握碼頭作業場所煤塵定期檢測數據，建立作業場所粉塵濃度情況檔案，對於長期從事煤炭裝卸作業的人員，應建立職

工衛生檔案，定期體檢。從事煤炭裝卸作業的人員屬於從事有職業危害的勞動，對其進行定期健康檢查是企業應盡的職責和義務。本案中，企業的做法明顯侵犯了職工享有的勞動安全衛生保護的權利，是一種不履行法定義務的違法行為。常言道，抓生產必須抓安全，講效益首先要依法維護職工的合法權益。

（六）保障通風照明的職責

良好的通風和充足的照明是勞動者從事生產和勞動的必要條件，也是保證勞動者身體健康的重要前提。《職業病防治法》和《礦山安全法》等規定：

（1）生產過程溫度、濕度和風速要求不嚴格的工作場所應保證自然通風；有瓦斯和其他有毒有害氣體集聚的工作場所，必須採用機械通風；通風設施應當達到規定的標準，通風系統的管理和使用必須有專人負責，並應定期檢修和清掃，如有損壞應立即修通或更換。

（2）工作場所和通道的光線應當充足，局部照明的光度應當符合操作要求，通道應該有足夠的照明，窗戶要經常擦拭，啟閉裝置應該靈活，人工照明設施應保持清潔完好。

（七）提供個人防護用品的職責

在勞動生產活動中，為了保護勞動者的安全和健康，預防工傷事故的發生，對在某些危害安全和身體健康條件下工作的勞動者，用人單位應供給必要的個人防護用品。《安全生產法》《職業病防治法》和《用人單位勞動防護用品管理規範》（2016）等法律法規，對用人單位為勞動者提供防護用品明確了職責。

在生產經營過程中，生產經營單位應當根據不同工種和作業的需要，發給工人防寒服、防護手套、防護帽、防護用鞋、防護面具、安全帶等防護用品；為增強從事有害健康作業的職工抵抗職業性中毒的能力，應滿足其特殊營養需要，免費發給保健食品；對高溫作業的職工，應免費提供鹽汽水等清涼飲料。另外，用人單位應根據需要，設置浴室、更衣室、休息室、婦女衛生室等生產輔助設施，並經常保持設施完好和清潔衛生。

第三節　勞動安全衛生政府管理

一、勞動安全衛生管理制度

勞動安全衛生管理制度，是指為了保障勞動者在勞動過程中的安全和健康，在組織勞動和科學管理方面的各項規章制度。生產經營單位認真遵守勞動安全衛生管理制度，嚴格履行勞動安全衛生基本職責，是保障勞動者生命安全和健康的根本保障。勞動安全衛生管理制度主要涉及以下幾方面：

（一）勞動安全生產責任制度

安全責任制度，是指企業各級領導、職能部門、有關工程技術人員和生產工人，在勞動過程中對各自職務或業務範圍內的安全衛生負責的安全衛生管理制度。企業各級負責人、各職能部門及其工作人員和各崗位生產工人在安全生產的責任應當加以明確規定。安全生產責任分配原則體現為：廠長、經理、礦長等企業領導應對本單位勞

動安全衛生保護工作負全面責任；分管安全衛生的領導或專職人員應對本單位的勞動安全衛生保護工作負直接責任；總工程師對本單位的勞動安全衛生保護工作負有技術指導責任；生產技術、機械動力設備、財務會計、人事保衛、材料供應等職能部門以及車間主任等各級生產組織部門在各自分管的工作範圍內具體對勞動安全衛生保護工作負責；普通員工應立足本職本崗位，必須嚴格遵守生產操作規程和安全衛生規程。

(二) 勞動安全衛生教育制度

勞動安全衛生教育制度是指企業為了增強職工的安全衛生意識，提高其安全衛生操作水準，普及安全技術法規知識，而對職工進行教育、培訓和考核的制度。勞動安全衛生教育的內容包括思想政治教育、勞動安全衛生法制教育、勞動紀律教育、勞動安全技術知識教育、典型經驗和事故教訓教育等。

用人單位必須建立、健全勞動衛生制度，嚴格執行國家勞動安全衛生規程和標準，對勞動者進行勞動安全衛生教育，防止勞動過程中的事故，減少職業危害；從事特種作業的勞動者必須經過專門培訓並取得特種作業資格。《安全生產法》規定，生產經營單位應當對從業人員進行安全生產教育和培訓，保證從業人員具備必要的安全生產知識，熟悉有關的安全生產規章制度和安全操作規程，掌握本崗位的安全操作技能。未經安全生產教育和培訓合格的從業人員，不得上崗作業。生產經營單位採用新工藝、新技術、新材料或者使用新設備，必須瞭解、掌握其安全技術特性，採取有效的安全防護措施，並對從業人員進行專門的安全生產教育和培訓。生產經營單位的特種作業人員必須按照國家有關規定經專門的安全作業培訓，取得特種作業操作資格證書，方可上崗作業。

(三) 勞動安全衛生認證制度

勞動安全衛生認證制度是指在生產經營過程進行之前，依法對參與生產經營活動主體的能力、資格以及其他安全衛生因素進行審查、評價並確認資格或條件的制度。

中國現行的安全認證包括：有關人員資格認證，如特種作業人員資格認證；有關單位、機構的勞動安全衛生資格認證，如勞動安全衛生防護用品設計、製造單位的資格認證等；與勞動安全衛生聯繫特別密切的物質技術產品的質量認證等。安全認證制度要求，凡是納入認證範圍的對象，都實行強制認證；經認證符合安全衛生要求的，頒發相應的資格證書或合格證書；經認證不符合安全衛生要求的，不得從事相應的職工活動或投入使用。

(四) 安全衛生設施「三同時」制度

安全衛生「三同時」制度是指凡在中國境內的一切生產性建設項目的安全衛生設施，都必須與主體工程同時設計、同時施工、同時投入生產和使用的勞動安全衛生保護管理制度。「三同時」制度在《安全生產法》《職業病防治法》《環境保護法》《建設項目安全設施「三同時」監督管理暫行辦法》等法律中都做出了具體規定。

「三同時」制度的具體內容為：一是建設單位在申報建設項目時，應按規定同時提出安全衛生設施的方案，所需經費應納入總投資計劃，並一起提交審批；二是設計單位在設計主體工程項目時，應同時編製《勞動安全衛生專篇》；三是施工單位對安全衛生設施必須按照審查批准的設計文件與主體工程同時進行施工，不得擅自更改安全衛生設施的設計，並對施工質量負責；工程項目完成後，必須經過主管部門、安全生產管理行政部門、衛生部門和工會的竣工驗收，方可投產和使用。

二、勞動安全衛生檢查與監察

(一) 勞動安全衛生檢查

勞動安全衛生檢查制度，是指國家有關行政部門和企業本身對企業執行勞動安全衛生法律、法規、規章的情況進行定期或不定期檢查的一項勞動安全衛生保護管理制度。

安全衛生檢查，一方面是由地方各級政府、產業部門組織的對企業、事業單位進行定期檢查和專業檢查，及時糾正、處理違反勞動安全衛生法律、法規行為；另一方面，廠、車間、班組和各職能部門要經常不斷地進行安全檢查，發現問題及時解決。除此之外，專業技術從業人員應經常對其專業性問題進行檢查，如電氣安全、鍋爐和壓力容器、防火防爆、防暑降溫等。

(二) 勞動安全衛生監察

勞動安全衛生監察制度，是指國家有關行政部門對勞動安全衛生進行檢查監督，並對違法行為進行制止和處罰的制度。

《安全生產法》規定，在不影響被檢查單位正常生產經營活動的前提下，負有安全生產監督管理職責的部門依法對生產經營單位執行有關安全生產的法律、法規和國家標準或行業標準的情況進行監督檢查，對安全生產違法行為，有權要求責令生產經營單位限期改正或者給予行政處罰等。

三、傷亡事故報告處理

【案例討論】某市娛樂會所在開業前，公安消防機構對其防火設施條件進行檢查並通過。開業後不久，該會所負責人為了擴大營業面積，擅自對會所進行了改建，改建過程中將原有的緊急出口封閉。同時，由於該會所經常違法播放一些黃片，為了掩人耳目，在播放時經常從外面把門鎖上。對該會所的行為，曾有群眾向公安消防機構舉報，但公安消防機構未予足夠重視，沒有及時對其進行檢查。某天晚上，20多名觀眾正在廳裡看錄像，突然起火，由於門被反鎖，又沒有緊急出口，導致3人死亡，5人重傷，直接經濟損失達500多萬元。

按照《生產安全事故報告和調查處理條例》規定，請分析回答以下問題：
(1) 此次事故依法屬於何種等級？
(2) 此次事故依法應上報至何級人民政府部門？
(3) 此次事故法定調查期限是多長？

傷亡事故是指企業職工在生產勞動過程中，發生的人身傷害、急性中毒事故。傷亡事故報告處理制度是指對職工傷亡事故進行報告、統計、調查和處理的勞動安全衛生保護管理制度。建立傷亡事故報告處理制度。為了規範生產經營活動中發生的造成人身傷亡或者直接經濟損失的生產安全事故的報告和調查處理行為，國務院發布實施了《生產安全事故報告和調查處理條例》(2007)。環境污染事故、核設施事故、國防科研生產事故的報告和調查處理，不適用本條例。

1. 傷亡事故分類標準

《生產安全事故報告和調查處理條例》根據生產安全事故（以下簡稱事故）造成

的人員傷亡或者直接經濟損失,將事故分為以下等級:

(1) 特別重大事故,是指造成 30 人以上死亡,或者 100 人以上重傷(包括急性工業中毒,下同),或者 1 億元以上直接經濟損失的事故。

(2) 重大事故,是指造成 10 人以上 30 人以下死亡,或者 50 人以上 100 人以下重傷,或者 5,000 萬元以上 1 億元以下直接經濟損失的事故。

(3) 較大事故,是指造成 3 人以上 10 人以下死亡,或者 10 人以上 50 人以下重傷,或者 1,000 萬元以上 5,000 萬元以下直接經濟損失的事故。

(4) 一般事故,是指造成 3 人以下死亡,或者 10 人以下重傷,或者 1,000 萬元以下直接經濟損失的事故。

2. 傷亡事故報告程序

(1) 事故發生後,事故現場有關人員應當立即向本單位負責人報告。

(2) 單位負責人接到報告後,應當於 1 小時內向事故發生地縣級以上人民政府安全生產監督管理部門和負有安全生產監督管理職責的有關部門報告;情況緊急時,事故現場有關人員可以直接向事故發生地縣級以上人民政府安全生產監督管理部門和負有安全生產監督管理職責的有關部門報告。

(3) 安全生產監督管理部門和負有安全生產監督管理職責的有關部門接到事故報告後,應當依照下列規定上報事故情況,並通知公安機關、勞動保障行政部門、工會和人民檢察院:

①特別重大事故、重大事故逐級上報至國務院安全生產監督管理部門和負有安全生產監督管理職責的有關部門;

②較大事故逐級上報至省、自治區、直轄市人民政府安全生產監督管理部門和負有安全生產監督管理職責的有關部門;

③一般事故上報至設區的市級人民政府安全生產監督管理部門和負有安全生產監督管理職責的有關部門。

安全生產監督管理部門和負有安全生產監督管理職責的有關部門上報事故情況,應當同時報告本級人民政府。必要時,安全生產監督管理部門和負有安全生產監督管理職責的有關部門可以越級上報事故情況。安全生產監督管理部門和負有安全生產監督管理職責的有關部門逐級上報事故情況,每級上報的時間不得超過 2 小時。

3. 傷亡事故調查

(1) 成立事故調查組

根據事故的具體情況,依法成立不同級別的事故調查組。事故調查組成員由有關人民政府、安全生產監督管理部門、負有安全生產監督管理職責的有關部門、監察機關、公安機關以及工會派人組成,並應當邀請人民檢察院派人參加。事故調查組可以聘請有關專家參與調查。事故調查組組長由負責事故調查的人民政府指定。事故調查組組長主持事故調查組的工作。

事故調查組成員應當具有事故調查所需要的知識和專長,並與所調查的事故沒有直接利害關係。

(2) 事故調查組的權責

事故調查組有權向有關單位和個人瞭解與事故有關的情況,並要求其提供相關文件、資料,有關單位和個人不得拒絕。事故發生單位的負責人和有關人員在事故調查

期間不得擅離職守，並應當隨時接受事故調查組的詢問，如實提供有關情況。事故調查中發現涉嫌犯罪的，事故調查組應當及時將有關材料或者其複印件移交司法機關處理。

（3）事故調查報告時限

事故調查組應當自事故發生之日起60日內提交事故調查報告；特殊情況下，經負責事故調查的人民政府批准，提交事故調查報告的期限可以適當延長，但延長的期限最長不超過60日。

4. 傷亡事故處理

（1）政府批復時限

對於重大事故、較大事故、一般事故，負責事故調查的人民政府應當自收到事故調查報告之日起15日內做出批復；對於特別重大事故，30日內做出批復，特殊情況下，批復時間可以適當延長，但延長的時間最長不超過30日。

（2）事故責任的處理

①有關機關應當按照人民政府的批復，依照法律、行政法規規定的權限和程序，對事故發生單位和有關人員進行行政處罰，對負有事故責任的國家工作人員進行處分。負有事故責任的人員涉嫌犯罪的，依法追究刑事責任。

②事故發生單位應當按照負責事故調查的人民政府的批復，對本單位負有事故責任的人員進行處理。事故發生單位應當認真吸取事故教訓，落實防範和整改措施，防止事故再次發生。防範和整改措施的落實情況應當接受工會和職工的監督。

③安全生產監督管理部門和負有安全生產監督管理職責的有關部門應當對事故發生單位落實防範和整改措施的情況進行監督檢查。

【案例評析】

（1）本起事故造成3人死亡，5名重傷，直接經濟損失達500多萬元，屬於較大事故。因為法定的較大事故是「造成3人以上10人以下死亡，或者10人以上50人以下重傷，或者1,000萬元以上5,000萬元以下直接經濟損失的事故」。

（2）屬於較大事故，相關當事人應逐級上報至省、自治區、直轄市人民政府安全生產監督管理部門和負有安全生產監督管理職責的有關部門。

（3）事故調查組應當自事故發生之日起60日內提交事故調查報告；特殊情況下，經負責事故調查的人民政府批准，提交事故調查報告的期限可以適當延長，但延長的期限最長不超過60日。

實訓項目

一、改錯題

1. 勞動者應當無條件地服從企業及其領導有關生產作業指令，否則承擔不履行勞動合同義務的法律責任。

2. 對初次從事粉塵作業的職工，應當由其所在單位進行防塵知識教育和考核，考試合格後方可從事粉塵作業，並對未成年人從事粉塵作業實行縮短工作制。

3. 用人單位不得安排懷孕女職工和未成年工在40℃以上的高溫天氣期間從事室外露天作業及溫度在35℃以上的工作場所作業。

4. 生產經營單位發生一般生產安全事故是指造成3人以上10人以下死亡，或者10人以上50人以下重傷，或者1,000萬元以上5,000萬元以下直接經濟損失的事故。

5. 事故調查組成員由有關人民政府、安全生產監督管理部門、負有安全生產監督管理職責的有關部門、監察機關、公安機關以及生產經營單位負責人組成，並應當邀請人民檢察院派人參加。

二、案例分析題

（一）楊某等10人於2015年5月被某煤礦企業招用，從事煤炭採掘工作。2017年4月8日，楊某等幾名職工因肺部不適去醫院檢查後，懷疑患有輕微矽肺病。隨後，楊某等提出讓單位為班組26名職工進行職業病身體檢查，單位以煤塵防治措施有力，生產任務緊張為由不予安排。楊某幾次要求都被單位以各種理由推脫。為此，楊某等職工向當地勞動社會保障部門提出申訴，要求單位為職工進行健康檢查，防範職業病的發生。

（1）楊某等人的請求能得到支持嗎？為什麼？
（2）若職工因作業患有矽肺病，是否屬於職業病？

（二）2018年1月10日，某溫度計廠職工石某等5人向當地勞動監察大隊提出申訴，聲稱用人單位在改建廠房過程中，沒有採取勞動保護措施，長期讓職工在不安全衛生的工作場所從事勞動，造成有的職工汞中毒。在單位整改之前，職工停止了生產作業。對於停工行為，單位視為職工違反企業生產管理，停止發放停工期間的工資。勞動監察大隊受案後，經調查核實，該廠有汞作業車間牆壁均未塗加防汞保護層，職工沒有專門的洗澡和更衣設備，車間的通風設備已經報廢。根據勞動監察建議，該廠立即改造車間的通風設施，維修和新建車間牆壁及職工淋浴室，達到了勞動作業安全衛生法律標準。根據案情，請回答下列問題：

（1）職工是否有權拒絕生產作業？
（2）對停工期間的工資，單位是否有權拒絕發放？

（三）某煤礦設計年產量300萬噸，實際年產量600萬噸，立井開拓，中央邊界式通風。該礦礦長和特種作業人員無證上崗，沒有班前會和交接班制度，井下作業任務和人員安排沒有統一布置和記錄。該礦井下物料及滅火器材存放混亂；一貫使用煤面和煤塊封堵炮孔；用電纜明接頭放炮的現象時有發生。該礦煤塵具有爆炸性，井下沒有防塵灑水設施，也沒有依法採取防塵措施，造成井下煤塵積存。2015年9月17日，早8時30分停電後，該煤礦使用柴油發電機向井下送電，由於電力不足，北翼工作面及南翼工作面輪流生產，14時班共下井72人。南翼工作面工人下井後，打眼放第一炮後出煤，15時30分左右開水泵，停南翼電，當時主扇風機和局扇都沒有開啟。17時30分全礦來電，主扇和局扇仍沒有開啟。瓦斯檢測員空班漏檢，北翼工作面打眼後放第二炮時，工作面口2米處掛在背板上的11個電雷管拖地引腳線被拖動的電纜明接頭引爆，引起瓦斯煤塵爆炸事故，共死亡26人，傷10人，直接經濟損失300萬元。

（1）試分析本案安全生產事故等級及法律依據。
（2）說說安全生產事故發生的直接原因和間接原因。
（2）根據法律規定，談談生產經營單位對安全生產問題的整改建議。

第七章
女職工和未成年工勞動保護法實務

【導入案例】

侵犯女職工勞動特別權益案

何某（女性）與武漢市某公司簽訂了勞動合同，從事控制中心監控及維護工作，勞動合同有效期為2013年7月25日至2017年7月24日。2016年8月28日，何某經醫院檢查確認懷孕，預產期是次年4月15日。2017年2月10日，公司因人手緊張，業務較多，安排何某上夜班。何某表明自己正處於7個月的懷孕期，不能上夜班。公司負責人聲稱，最近單位女職工請假較多，在安排其他人頂崗前，何某需要上一個月夜班，否則會影響單位正常運轉。無奈，何某只得接受公司加夜班安排。2017年4月1日，何某向公司提出休98天的產假申請，公司予以批准。4月16日，何某在醫院剖宮產下一子。7月15日，何某休完產假回公司上班。

7月20日，因與公司簽訂的勞動合同即將屆滿，何某提出與公司續簽勞動合同，但公司沒有與何某續簽勞動合同。在合同期滿後一月，公司宣布因單位經濟效益滑坡需要裁減工作人員，決定與單位勞動合同屆滿的職工一律終止勞動關係，限半月內辦理離職手續。在這次終止勞動關係的名單，何某名列其中。何某認為公司的做法嚴重侵犯女職工的合法權利，找公司領導理論。公司領導堅決不同意，他們認為公司不是以何某生育為由而解除勞動合同，而是因為勞動合同期限屆滿且公司經濟效益不好不得不終止勞動關係。

對此，何某只好向當地勞動監察大隊投訴。勞動監察大隊在查清申訴事實後，指出公司侵犯女職工勞動特別保護權益的違法行為：一是在勞動合同期間，公司安排懷孕七個月以上的女職工上夜班，屬於違反勞動法的強制規定的違法行為，損害了女職工的休息權和健康權；二是在女職工哺乳期，單位不得因勞動合同期限屆滿而終止勞動關係，勞動關係應順延至其哺乳期屆滿時。

勞動監察大隊依據《女職工勞動保護特別規定》第十三條規定，對公司處以5,000元罰款，並責令公司立即恢復何某的勞動關係，賠償經濟損失。

第一節　女職工勞動特別保護

　　女職工與男職工同為勞動者，在勞動權益方面應享有同等待遇。基於女職工的生理特點和哺育下一代的需要，法律又給予女職工區別於男職工的勞動特別保護。對於女職工的勞動保護包含著兩個方面：一方面，女職工作為勞動者的一部分，應當享有和男職工同樣的勞動權益，不能因性別而受到歧視；另一方面，女職工又區別於男職工，在法律上視為勞動者的特殊群體，應享有不同於男職工的特別勞動保護。

一、女職工的勞動權益
（一）女職工勞動權益法律的法律意義

　　女職工在生理特徵和家庭角色分配上區別於男職工，使得很多用人單位在招聘錄用方面將「性別成本」作為重點考核指標，導致性別歧視。性別歧視是社會「男尊女卑」「女子不如男」等落後思想的表現，也違反了法律賦予男女同工同酬平等就業的基本權利。對女職工勞動權益實行特別保護，是法治文明和社會進步的重要體現。

> 【社會觀察】　　　　　侵犯女職工勞動權益的社會現象
>
> 　　現象一：性別年齡歧視，錄用晉升受限。單位在招工時有意避開女職工生育年齡段，大量招用18~22歲的女職工。一些單位為降低社會成本，通過招聘崗位性別設置、面試錄用等方式限制女職工到本單位工作。女職工職位晉升也因性別受到不公正待遇。
>
> 　　現象二：勞動定額高，同工難同酬。女職工較集中的企業，多存在對女職工的勞動定額過高。女職工不得不靠加班加點增加收入。同時，女職工工資普遍低於男職工，男女同工不同酬現象比較普遍。
>
> 　　現象三：保護經營投入不足，勞動特別保護難以到位。在勞動密集行業特別是民營企業，不但存在女職工超時加班現象，而且對女職工勞動保護經費投入仍顯不足，絕大多數單位沒有建立女職工衛生室、孕婦休息室或哺乳室等。
>
> 　　現象四：生育期工作難保，待遇標準降低。女職工因懷孕、生育、哺乳期而被單位以各種理由勸退，或難以獲得與男職工平等的工作安排和晉升機會。有的單位不給女職工辦理生育保險，在女職工休產假期間，只發放低額的生活費。

　　1. 女職工平等勞動權益保護的意義

　　《憲法》和《婦女權益保障法》等都明確規定，中華人民共和國婦女在政治的、經濟的、文化的、社會的和家庭的生活等各方面享有同男子平等的權利，實行男女同工同酬。對此，國家通過法律的強制性規定，引起社會和用人單位對女職工勞動權益的重視。實現女職工平等勞動權利，消除性別歧視，有利於激發女職工的工作熱情和創新動力，有利於單位構建和諧的勞動關係。

　　2. 女職工特別勞動保護的意義

　　實現男女在勞動權利的真正平等，不能簡單地將男女享有勞動保護都規定成一樣，沒有任何區別。否則，這就是對女職工勞動權益的曲解和濫用。法律不僅規定女職工享有和男職工同樣的勞動權利，還規定對女職工因生理特點而給予特別法律保護。對

女職工勞動特別保護規定主要體現為：不能安排女職工從事禁忌的勞動或者崗位；用人單位違法解除處理孕期、產期、哺乳期的女職工的勞動合同等。對女職工實行特別保護，既關心了女職工身體健康，也關心了祖國下一代的成長。

(二) 女職工勞動權益保護法律制度

中國建立了對女職工特別保護的法律制度，主要有《勞動法》，其第七章對女職工特別勞動保護做出的基本規定，成為女職工勞動權益特別保護單行立法的重要依據。《婦女權益保障法》（2005修正）第四章對女職工「勞動和社會保障權益」做出規定。

為了配合《勞動法》和《婦女權益保障法》的規定，國務院頒布實施的《女職工勞動保護特別規定》（2012），對女職工勞動權益保護做出了具體規定。此外，與女職工工作相關的法律法規也對女職工勞動權益保護做出專章規定，如《就業促進法》對女性平等就業權利保護的規定，《礦山安全法》規定禁忌女職工從事礦山井下作業，《職業病防治法》對特殊生理期女職工的健康保護規定等。

【案例連結】　　　　　　　　女職工孕期降低工資案

孫某系女職工，2012年9月12日與某科技公司簽訂勞動合同，約定孫某的崗位為實驗室研究員，月工資為6,400元。2014年4月1日，孫某的月工資調整為8,200元。2014年7月即孫某懷孕3個月後，將其每月工資調整為3,000元，科技公司稱因孫某不能正常履行工作職責，故對其工資進行相應扣減。孫某在經過勞動仲裁裁決後起訴至法院，要求科技公司支付拖欠的工資32,000元。孫某表示因其懷孕，不宜再進入實驗室工作，但其一直在實驗室外的辦公區工作，工作內容包括撰寫實驗報告、整理實驗數據等。法院經審理認為：國家對女職工和未成年工實行特殊勞動保護。婦女在孕期、產期、哺乳期受特殊保護。任何單位不得因結婚、懷孕、產假、哺乳等情形，降低女職工的工資，科技公司在孫某懷孕期間降低其工資的做法明顯違反了國家的法律規定，應當將降低工資部分補發給孫某。故依法判令科技公司支付孫某扣發的工資32,000元。

二、女職工平等勞動權利的保護

(一) 平等的就業權利

女性勞動者享有與男性勞動者同等的勞動就業權利，禁忌用人單位在錄用員工時以性別為由拒絕錄用女性。《婦女權益保障法》第二十三條規定：「各單位在錄用職工時，除不適合婦女的工種或者崗位外，不得以性別為由拒絕錄用婦女或提高對婦女的錄用標準。」《就業促進法》規定：「用人單位招用人員、職業仲介機構從事職業仲介活動，應當向勞動者提供平等的就業機會和公平的就業條件，不得實施就業歧視。」

(二) 平等的獲得報酬的權利

《憲法》明確規定「實行男女同工同酬」。女性在獲得勞動報酬上能和男性平等是實現男女勞動權利平等的重要方面。《婦女權益保障法》第二十四條規定：「實行男女同工同酬。婦女在享受福利待遇方面享有與男子平等的權利。」這些規定不但保障了女性的經濟權益，還具有更重要的社會意義。

(三) 平等的晉職、晉級和評定專業技術職務的權利

提升性別歧視如同就業性別歧視一樣，成為許多用人單位在女職工的晉職、晉級時的「隱形的性別歧視」，損害了女職工的勞動權益。《婦女權益保障法》第二十五條

規定:「在晉職、晉級、評定專業技術職務等方面,應當堅持男女平等的原則,不得歧視婦女。」

三、女職工勞動權益特別保護

【案例討論】某有色金屬冶煉廠職工王某,2016年5月25日一胎生下兩個嬰兒。8月20日王某休完產假回單位上班,被廠方安排到煉鉛車間上班。王某同其他人一樣三班倒,經常上夜班,有時還要加班加點。她多次要求廠方安排其到勞動強度較輕,不用上夜班的工作崗位工作,但都遭到拒絕。上班5個月之後,王某的兩個嬰兒同時患病並被送進醫院治療,確診為鉛中毒,系王某的乳汁中含鉛量過高所致,雖經醫院治療,但仍留下後遺症。同時,經檢查,王某的身體健康也受到較大程度的損害。

經檢測,煉鉛車間鉛含量超過國家職業衛生標準。對於勞動者的申訴,當地相關職能部門調查核實,並做出如下處理:①有色金屬冶煉廠在兩天之內調換王某的工作崗位,並保證其不再從事國家規定的第三級體力勞動強度的勞動和哺乳期禁忌從事的勞動,不得安排其從事夜班勞動及延長工作時間的勞動;②廠方給王某及其嬰兒的身體健康造成了損害,應當承擔賠償責任。

依據勞動法規定,說說用人單位侵犯女職工勞動權益主要有哪些。

女職工勞動特別權益由單行勞動法規予以具體規定。用人單位履行女職工特別勞動保護義務,縣級以上人民政府人力資源社會保障行政部門、安全生產監督管理部門依法在各自職責內進行監督檢查和依法查處;同時,工會、婦女組織依法行使監督權利。

(一) 女職工禁忌勞動保護

女職工生理機能及身體特點不同於男性,特別在女職工的月經、妊娠、分娩、哺乳等生理機能變化期間,即使在同樣作業環境下,職業性有害因素將會對女性身體健康產生不利影響;同樣強度的勞動條件,男女所受的影響也不同。勞動法關於女職工禁忌從事的勞動範圍,不是對女職工勞動就業權的限制,而是對女職工的特別保護:

1. 女職工禁忌從事勞動的保護

關於女職工在任何時候都禁忌從事的勞動,各種勞動法律法規中都有規定。《勞動法》規定女職工禁忌勞動的範圍:「禁忌安排女職工從事礦山井下、國家規定的第四級體力勞動強度的勞動和其他禁忌從事的勞動。」對此,《女職工勞動保護特別規定》做出了更為具體的規定:

(1) 礦山井下作業。礦山井下作業,無論是勞動強度還是勞動環境,都非常不適合女性的生理特徵。為避免對女性的身體健康造成重大影響,法律將這種工種明確規定在婦女禁忌從事的勞動之首位。

(2) 國家規定第四級體力勞動強度的勞動。關於勞動強度的暫行國家標準是《體力勞動強度分級》(GB3869-83)。對於具體工種勞動強度的大小,可由當地勞動部門勞動安全衛生檢測站實地測量和計算。

(3) 每小時負重6次以上、每次負重超過20千克的作業,或者間斷負重、每次負重超過25千克的作業。

【知識拓展】　　　　　　　勞動作業危害分級國家標準

自 1983 年以來，國家先後頒布實施《體力勞動強度分級》《高溫作業分級》《職業性接觸毒物危害程度分級》《生產性粉塵危害程度分級》四項國家標準。這四項規定標準，是當前衡量中國企業職工勞動條件好壞、預防職業病能力大小、勞動衛生工作進展程度的主要尺度，也是瞭解勞動衛生工作現狀，明確今後職業危害治理方向的重要手段。

2. 女職工特殊生理期禁忌從事的勞動

女性特殊生理期，是指女性在生理變化過程中的四個不同時期，包括經期、孕期、產期和哺乳期。在這四個特殊生理期中，女性的身體狀況和平時有很大的區別，所能承受的勞動強度和勞動環境也不如平時，產期女職工更是完全無法從事任何勞動。出於對女職工身體健康的保護和對優生優育政策的貫徹，法律對女職工在特殊生理期期間禁忌從事的勞動做出專門規定。

（1）經期女職工禁忌從事的勞動

在《勞動法》的基礎上，《女職工勞動保護特別規定》增加了經期女職工禁忌從事的勞動範圍：冷水作業分級標準中規定的第二級、第三級、第四級冷水作業；低溫作業分級標準中規定的第二級、第三級、第四級低溫作業；體力勞動強度分級標準中規定的第三級、第四級體力勞動強度的作業；高處作業分級標準中規定的第三級、第四級高處作業。

（2）孕期女職工禁忌從事的勞動

關於女職工在孕期禁忌從事的其他勞動，《女職工勞動保護特別規定》進行列舉式規定，包括：①作業場所空氣中鉛及其化合物、汞及其化合物、苯、鎘、鈹、砷、氰化物、氮氧化物、一氧化碳、二硫化碳、氯、己內醯胺、氯丁二烯、氯乙烯、環氧乙烷、苯胺、甲醛等有毒物質濃度超過國家職業衛生標準的作業；②從事抗癌藥物、己烯雌酚生產，接觸麻醉劑氣體等的作業；③非密封源放射性物質的操作、核事故與放射事故的應急處置；④高處作業分級標準中規定的高處作業；⑤冷水作業分級標準中規定的冷水作業；⑥低溫作業分級標準中規定的低溫作業；⑦高溫作業分級標準中規定的第三級、第四級的作業；⑧噪聲作業分級標準中規定的第三級、第四級的作業；⑨體力勞動強度分級標準中規定的第三級、第四級體力勞動強度的作業；⑩在密閉空間、高壓室作業或者潛水作業，伴有強烈振動的作業，或者需要頻繁彎腰、攀高、下蹲的作業。

對於懷孕七個月以上的婦女，《勞動法》規定用人單位不得安排其延長工作時間和從事夜班工作。

（3）哺乳期女職工禁忌從事的勞動

哺乳期指的是婦女從胎兒出生時起到嬰兒滿 1 週歲這個期間。《勞動法》規定，在哺乳期的女職工，禁忌安排從事的勞動也包括兩個方面：①國家規定的第三級體力勞動強度的勞動；②哺乳期禁忌從事的其他勞動，《女職工禁忌從事的勞動範圍》第四項規定：孕期禁忌從事的勞動範圍的第一項、第三項、第九項；作業場所空氣中錳、氟、溴、甲醇、有機磷化合物、有機氯化合物等有毒物質濃度超過國家職業衛生標準的作業。

【案例評析】用人單位侵犯女職工勞動權益主要有以下兩方面：

一是女職工哺乳期禁忌從事的勞動範圍中主要包括接觸有毒有害物質的工作，其目的是保證哺乳女職工有豐富優質的乳汁喂養嬰兒，以防乳汁含毒，損害嬰兒健康。但在本案中，用人單位安排王某從事有鉛危害的有色金屬冶煉崗位工作，嚴重侵害了王某作為女職工在哺乳期所享有的特別保護勞動權益，用人單位的違法行為造成哺乳期孩子鉛中毒的嚴重後果，應當承擔賠償責任。

二是依據《勞動法》規定，用人單位不得安排哺乳期女職工延長工作時間和夜班勞動。該有色金屬冶煉廠安排王某三班倒，並經常安排其加班的行為屬於勞動違法行為。

（二）女職工產假、哺乳期特別保護

女職工的特別假期是指法律在女性生產期間、產前檢查和產後哺乳中假期的規定。由於在生產期間完全無法從事任何勞動，並且由於女性承擔著照顧孩子的責任，因此女性需要在產期進行休息，在產期前後和哺乳期期間需要占用正常的勞動時間來進行產前檢查，產後哺乳嬰兒等。

1. 基本產假

關於女職工的產假，《女職工勞動保護特別規定》規定：「女職工生育享受98天產假，其中產前可以休假15天；難產的，應增加產假15天；生育多胞胎的，每多生育1個嬰兒，可增加產假15天。」「女職工懷孕未滿4個月流產的，享受15天產假；懷孕滿4個月流產的，享受42天產假。」由於女性在臨產前的一段時間行動已經非常困難，而且隨時有生產的可能，處於比較危險的階段，在這段時間，女職工已經不適合再從事任何勞動。因此，婦女98天的產假中有15天是產前假。臨產的女職工可以在預產期前15天請產假在家休養待產。產前假一般不得放到產後使用，若孕婦提前生產，可將不足的天數和產後假合併使用；若孕婦推遲生產，可將超出的天數按病假處理。

《女職工勞動保護特別規定》規定女職工生育享受98天的基本產假。在基本產假的基礎上，對符合地方法規和政策的女職工，各省還出抬了延長產假以及男職工護理假的規定。例如，《四川省人口與計劃生育條例》第二十六條規定，符合本條例規定生育子女的夫妻，除法律、法規規定外，延長女方生育假60天，給予男方護理假20天。生育假、護理假視為出勤，工資福利待遇不變。《四川省〈中華人民共和國母嬰保健法〉》第二十四條規定，推行母乳喂養。醫療保健機構應當為母乳喂養提供技術指導和必要條件，提高嬰兒母乳喂養率。實行純母乳喂養的女職工增加一個月產假，產假視為出勤。

2. 哺乳期

哺乳期的女職工在正常勞動的同時，還要承擔著哺乳嬰兒的責任。在嬰兒1週歲前，屬於法定哺乳期。《女職工勞動保護特別規定》第九條規定，女職工依法享有哺乳期勞動待遇：①用人單位不得延長其勞動時間或者安排夜班勞動。②在每天的勞動時間內，用人單位為哺乳期女職工安排1小時哺乳時間；女職工生育多胞胎的，每多哺乳1個嬰兒每天增加1小時哺乳時間。

【法律連結】　　　　　　女職工產前檢查時間

產前檢查是確保優生優育的重要環節。因醫療機構的工作時間，女職工不得不擠占正常的工作時間做產前檢查。法律規定，用人單位應允許女職工在正常勞動時間內到醫院進行產前檢查。《女職工勞動保護特別規定》規定：「懷孕女職工在勞動時間內進行產前檢查，所需時間計入勞動時間。」

（三）女職工生理期勞動關係特別保護

（1）對在孕期、產期、哺乳期的女職工，用人單位不得單方降低工資待遇、不得非法解除勞動合同。《勞動合同法》規定，處於孕期、產期和哺乳期的女性勞動者，用人單位不能單方解除勞動合同。《女職工勞動保護特別規定》規定：「用人單位不得因女職工懷孕、生育、哺乳降低其工資、予以辭退、與其解除勞動或者聘用合同。」換言之，用人單位不得因女職工懷孕、生育、哺乳的事實或因此引發的事實作為降低其工資、予以辭退、與其解除勞動或者聘用合同的理由。否則，用人單位承擔侵犯女職工特別保護權益的違法責任。

（2）勞動者在孕期、產期、哺乳期內，勞動合同期限屆滿時，用人單位不得終止勞動合同。合同期限應自動延續至相應的期限屆滿為止。《勞動合同法》規定，使處於特殊生理期的女職工的保護更為完善，讓女職工得到更切實的保護以解決實際的困難。

【案例連結】　　　　女職工懷孕提交假材料被解除勞動合同案

2014年6月12日，程某入職某商貿公司，雙方簽訂了起止期限為2014年6月12日至2018年6月30日的勞動合同。程某於2016年3月懷孕，並在2016年4月15日至2016年9月16日期間休了病假。2016年10月12日，商貿公司以程某存在提交虛假診斷證明和門診就診記錄為由與程某解除了勞動合同。程某申請勞動仲裁，仲裁委裁決某商貿公司支付程某違法解除勞動合同賠償金368,258元。商貿公司不服裁決，起訴至法院。商貿公司向法庭提交了北京某婦幼保健院診斷證明書、門診就診記錄複印件及其休假申請表，主張該組證據系程某向其公司提交的請假材料。公司員工手冊載明：員工提供虛假的個人信息（包括但不限於教育學歷、離職證明、健康證明、體檢證明、病休證明……）屬於嚴重違紀行為，公司可立即解除與其之間的勞動合同。原告請求法院判令其公司無須向程某支付違法解除勞動關係賠償金。經法院調查核實，程某提交的門診就診記錄並非程某所述的醫院醫生所出具。2017年5月，法院審理認為，程某存在提交虛假門診就診記錄請假的行為，原告公司依據員工手冊規定與程某解除勞動合同，符合法律規定，原告公司無須向程某支付違法解除勞動合同賠償金。

（四）女職工其他勞動特別權益保護

（1）勞動合同內容方面。勞動法專門就用人單位與女職工簽訂的勞動合同的內容上做出規定，以確保女職工合法權益受到保護。例如，《婦女權益保障法》中規定用人單位在錄用女職工時，應當依法與其簽訂勞動（聘用）合同或者服務協議，而且勞動（聘用）合同或者服務協議中不得規定限制女職工結婚、生育的內容。

（2）衛生保健方面。勞動法保障女職工享有社會保險、社會救助、社會福利和衛生保健等權益。《女職工保健工作規定》（2011年修正）規定：①不同規模的用人單位應當配備的醫療保健設備和人員；②用人單位在女職工各個生理期期間的應當開展的保健工作，包括女職工經期、婚前、孕前、孕期、產後、哺乳期和更年期的保健工作。

（3）生育保險待遇方面。女職工產假期間的生育津貼，對已經參加生育保險的，按照用人單位上年度職工月平均工資的標準由生育保險基金支付；對未參加生育保險的，按照女職工產假前工資的標準由用人單位支付。

（4）生育醫療費用方面。女職工生育或者流產的醫療費用，按照生育保險規定的項目和標準，對已經參加生育保險的，由生育保險基金支付；對未參加生育保險的，

由用人單位支付。

（5）女職工衛生安全方面。女職工在特殊生理期期間進行勞動會有一些不方便，為幫助女職工解決這方面困難，勞動法律規定用人單位應建立一些方便女職工的特別設施。《女職工勞動保護特別規定》規定：女職工比較多的用人單位應當根據女職工的需要，建立女職工衛生室、孕婦休息室、哺乳室等設施，妥善解決女職工在生理衛生、哺乳方面的困難。

（6）精神和心理方面。不但關注女職工身體和生理的勞動保護，而且增加了對女職工精神和心理方面的保護，《女職工勞動保護特別規定》還強調：「在勞動場所，用人單位應當預防和制止對女職工的性騷擾。」

（7）權利救濟方面。女職工合法勞動權益受到侵害時，除了可以通過協商、調解、仲裁和訴訟的方式解決外，還可以採用向勞動監察部門、安全監督管理部門等申訴、投訴等方式解決。

四、侵犯女職工勞動特別權益的法律責任

（1）用人單位違規安排懷孕7個月以上女職工延長工作或夜班工作的、沒有安排女職工基本產假的、違規安排哺乳未滿1週歲的女職工延長工作或夜班工作的行為，由縣級以上人民政府人力資源社會保障行政部門責令限期改正，按照受侵害女職工每人1,000元以上5,000元以下的標準計算，處以罰款。

（2）用人單位違規安排女職工從事禁忌勞動的、違規安排女職工從事經期禁忌勞動的行為，由縣級以上人民政府安全生產監督管理部門責令限期改正，按照受侵害女職工每人1,000元以上5,000元以下的標準計算，並處以罰款。

（3）用人單位違規安排女職工從事孕期禁忌勞動的、違反安排女職工從事哺乳期禁忌勞動的行為，由縣級以上人民政府安全生產監督管理部門責令限期治理，處5萬元以上30萬元以下的罰款；情節嚴重的，責令停止有關作業，或者提請有關人民政府按照國務院規定的權限責令關閉。

第二節　未成年工勞動特別保護

相對於用人單位而言，勞動者往往是弱勢群體；而在勞動者的群體中，還存在著未成年工的弱勢群體。未成年工因處於身體發育期，對承擔勞動作業有特別要求。超強的勞動作業或有毒有害的勞動作業，對於未成年工來說特別容易造成身體健康的傷害。未成年工是祖國的未來，正如「少年強，則國家強」。為了保護未成年工身體健康和勞動權益，法律對未成年工勞動就業做出了特別保護規定，以區別於成年工勞動就業。未成年工勞動特別保護規定主要有：禁忌安排未成年工的勞動範圍、定期身體檢查和未成年工登記制度等方面。

一、未成年工勞動權益

【案例討論】2014年10月，17歲的李某從某電工職業技術學校畢業後應聘到某電力公司，與該電力公司簽訂了勞動合同，招用時經過了勞動部門的批准並進行了體檢。2014年

12 月初，電力公司對新招進的工人的崗位進行重新調整安排，將李某從公司調配到電力公司下屬高空高壓作業組，李某以自己未滿 18 歲的事實為由予以拒絕。電力公司認為李某不服從工作安排，決定將其辭退。2015 年 1 月 25 日，該電力公司人力資源部向李某送達了辭退通知書。對此，李某不服並向當地勞動爭議仲裁委員會提出申訴，要求撤銷用人單位的辭退決定，並另行安排工作。

請問：李某是否屬於未成年工勞動特別對象？對電力公司的調動和辭退行為是否符合法律規定？

未成年人與未成年工是兩個不同的法律概念。未成年人是指未滿 18 週歲的自然人。未成年工包括兩個群體：一是年滿 16 週歲而未滿 18 週歲的勞動者，二是文藝、體育單位依法招用未滿 16 週歲的未成年工。未成年工作為勞動者的特殊群體，受到法律的特別保護。對未成年工特別保護是指法律給予未成年工優於成年工的法律保護。

（一）未成年工勞動權益保護的意義

未成年工是勞動者中的未成年人，未成年人身體發育尚未完善。如果從事勞動工作超過其身體正常承受能力，可能對身體健康造成不良影響。特別是從事強度過大，有毒有害的勞動，更容易在未成年工的身體發育過程中引起重大的疾病。同時，未成年工年輕，職業經歷少，心理正處在從不成熟到成熟的過渡階段。在這段特殊時期，對其心理上進行正確引導和對其身體健康進行保護，是尤其必要的。未成年工是國家的未來和希望，是國家潛在的主要生產力量，對其保護就是對生產力的保護。可以說，對未成年工勞動特別保護，不僅關係到未成年人的健康成長，也關係到國家和民族的興旺發達。

（二）未成年工勞動特別保護法

未成年工勞動特別保護，是指根據未成年工身體發育尚未定型的特點，對未成年工在勞動就業時給予特別的法律保護。

國家重視未成年工勞動特別保護的立法工作。《勞動法》第七章對未成年工勞動權益保護做出了基本性規定。《未成年人保護法》（2013 年）規定：「任何組織或者個人不得招用未滿十六週歲的未成年人，國家另有規定的除外。任何組織或者個人按照國家有關規定招用已滿十六週歲未滿十八週歲的未成年人的，應當執行國家在工種、勞動時間、勞動強度和保護措施等方面的規定，不得安排其從事過重、有毒、有害等危害未成年人身心健康的勞動或者危險作業。」

對未成年工的專門立法有《禁止使用童工規定》（2002 年）和《未成年工特別保護規定》（1995 年）兩個重要行政法規。前者對禁止招錄童工及違法責任做出了明確的規定；後者對用人單位依法招錄的未成年工及其勞動特別保護做出了詳盡的規定。

二、禁止使用童工

（一）使用童工

童工是未成年人，但不是法律上的未成年工。使用童工，是指用人單位非法招用不滿 16 週歲的未成年人從事勞動的違法行為。未成年人的身心健康處於人生重要的發育階段，也是國家義務教育實施的時期，維護未成年人的合法權益，各國都在倡導禁止使用童工規定。《禁止使用童工規定》（2002 年）是中國處理使用童工行為的法律依據。

禁止使用童工,其父母、用人單位和職業仲介機構等都「人人有責」:
(1) 不滿 16 週歲的未成年人的父母或者其他監護人,應當保護其身心健康,保障其接受義務教育的權利,不得允許其被用人單位非法招用。
(2) 用人單位不得招用不滿 16 週歲的未成年人。用人單位招用人員時,必須核查被招用人員的身分證;對不滿 16 週歲的未成年人,一律不得錄用。用人單位錄用人員的錄用登記、核查材料應當妥善保管。
(3) 任何單位或者個人,不得為不滿 16 週歲的未成年人介紹就業。
(4) 不滿 16 週歲的未成年人,禁止開業從事個體經營活動。
為了監督禁忌使用童工行為,縣級以上各級人民政府勞動保障行政部門負責監督檢查,縣級以上各級人民政府公安、工商行政管理、教育、衛生等行政部門在各自職責範圍內監督檢查,並配合勞動保障行政部門的監督檢查工作。

(二) 招錄未滿 16 週歲未成年工的條件
使用童工行為屬於違法行為,但法律另有規定的除外。《禁止使用童工規定》規定,招用未滿 16 週歲的未成年工,必須符合下列條件:
(1) 招錄單位必須是文藝、體育單位。
(2) 招錄行為必須經未成年人的父母或者其他監護人同意。
(3) 招錄事由必須是未成年人從事專業文藝工作、運動事項。
在從事專業文藝工作、運動事項過程中,用人單位應當保障被招用的不滿 16 週歲的未成年工的身心健康,保障其接受義務教育的權利。

【法律連結】　　　　　　《禁止使用童工規定》規定
　　學校、其他教育機構以及職業培訓機構按照國家有關規定組織不滿 16 週歲的未成年人進行不影響其人身安全和身心健康的教育實踐勞動、職業技能培訓勞動,不屬於使用童工。

(三) 違法使用童工的法律責任
使用童工行為屬於違法行為,違法主體應當承擔法律責任。《禁止使用童工規定》規定法律責任:
(1) 單位或個人為不滿 16 週歲的未成年人介紹就業的,按照每介紹一人處 5,000 元罰款的標準給予處罰。
(2) 用人單位使用童工的,由勞動保障行政部門按照每使用一名童工每月處 5,000 元罰款的標準給予處罰。在使用有毒物品的作業場所使用童工的,從重處罰。
(3) 用人單位在規定期限內仍不改正的,將按照每使用一名童工每月處 1 萬元罰款的標準給予處罰,並吊銷營業執照或撤銷民辦非企業單位登記。
(4) 拐騙童工、強迫童工勞動,使用童工從事高空、井下、放射性、高毒、易燃易爆以及國家規定的第四級體力勞動強度的勞動,使用不滿 14 週歲的童工,或造成童工死亡或嚴重傷殘的,除承擔工傷賠償責任外,還要依法追究用人單位及相關責任人員的拐騙兒童、強迫勞動等刑事責任。

【案例連結】　　　　　　　使用童工處罰案
　　2017 年 4 月,勞動保障監察機構接到群眾舉報,反應昆明市某高校後勤集團食堂使用一名童工。勞動保障監察機構根據舉報線索找到一名疑似童工的員工,單位負責人解釋說該員工是其在本單位食堂任廚師的舅舅介紹來打工的,錄用時其舅舅保證他已滿 16 歲。據

查，該員工已經工作二十多天。單位不能提供該員工的身分證以及其他錄用登記證明材料，勞動保障監察機構立即與該員工戶籍所在地派出所聯繫核實。當地派出所積極配合，戶籍證實該員工出生於 2002 年 5 月 15 日，即違法用工時該員工年齡未滿 16 週歲，確實是童工。勞動保障監察機構根據《禁止使用童工規定》（國務院令第 364 號）第六條和第八條規定對該單位處以一萬五千元罰款，並責令單位在三日內將該童工遣送回家。

三、未成年工勞動權益特別保護

未成年工是指年滿 16 週歲而未滿 18 週歲的勞動者。中國法律雖然規定了最低就業年齡，但並不意味著國家鼓勵未成年人一旦達到最低就業年齡就參加工作。未成年人達到就業年齡就參加工作的，為了確保其勞動權益和身心健康不受侵害，法律規定了勞動特別保護。

（一）未成年工禁忌從事的勞動範圍

《勞動法》規定未成年工禁忌從事的勞動有四類型，即礦山井下作業、有毒有害勞動、國家規定的四級勞動強度勞動和其他禁忌從事的勞動。為了便於指導未成年工的勞動就業和法律保護，《未成年工特別保護規定》規定了未成年工禁忌從事的勞動的範圍。

未成年工禁忌從事的勞動範圍，是用人單位應當遵守和執行的法律義務。依據《未成年工特別保護規定》規定，用人單位不得安排未成年工從事的禁忌勞動範圍如下：

（1）分級勞動範圍。《生產性粉塵作業危害程度分級》國家標準中第一級以上的接塵作業；《有毒作業分級》國家標準中第一級以上的有毒作業；《高處作業分級》國家標準中第二級以上的高處作業；《冷水作業分級》國家標準中第二級以上的冷水作業；《高溫作業分級》國家標準中第三級以上的高溫作業；《低溫作業分級》國家標準中第三級以上的低溫作業；《體力勞動強度分級》國家標準中第四級體力勞動強度的作業。

（2）危險勞動範圍。礦山井下及礦山地面採石作業；森林業中的伐木、流放及守林作業；工作場所接觸放射性物質的作業；有易燃易爆、化學性燒傷和熱燒傷等危險性大的作業；地質勘探和資源勘探的野外作業；潛水、涵洞、涵道作業和海拔三千米以上的高原作業（不包括世居高原者）。

（3）強度大的勞動範圍。連續負重每小時在六次以上並每次超過二十千克，間斷負重每次超過二十五千克的作業；使用鑿岩機、搗固機、氣鎬、氣鏟、鉚釘機、電錘的作業；工作中需要長時間保持低頭、彎腰、上舉、下蹲等強迫體位和動作頻率每分鐘大於五十次的流水線作業；鍋爐司爐等。

（4）未成年工因身體原因禁忌從事的勞動範圍。對患有法律規定的疾病或生理缺陷的未成年工，用人單位不得安排其從事以下禁忌勞動：《高處作業分級》國家標準中第一級以上的高處作業；《低溫作業分級》國家標準中第二級以上的低溫作業；《高溫作業分級》國家標準中第二級以上的高溫作業；《體力勞動強度分級》國家標準中第三級以上體力勞動強度的作業；接觸鉛、苯、汞、甲醛、二硫化碳等易引起過敏反應的作業。

（二）未成年工的強制體檢

未成年工的強制體檢制度，是對未成年工身體健康進行保護的重要手段和前提。

通過定期的強制體檢可以掌握未成年工的身體健康狀況，並據此判斷未成年工適不適合繼續從事勞動或者繼續在原來的崗位勞動。對未成年工的體檢時間，《未成年工特別保護規定》規定：

（1）在安排工作崗位之前應當體檢。這次體檢的結果將影響用人單位對未成年工的崗位的安排，對於身體狀況不能適應某些工作崗位的未成年工，用人單位不能因為此崗位不在未成年工禁忌從事的勞動範圍內而安排其從事該崗位工作。

（2）在未成年工工作滿一年的時候應當體檢。在這個時期安排體檢是要檢查未成年工在從事了一段時間的勞動之後，其身體狀況能不能適應這種勞動，在從事勞動的過程中，有沒有對未成年工的身體健康造成影響。

（3）在未成年工年滿十八週歲並且距前一次的體檢時間已經超過半年的時候應當體檢。在這個時候，雖然未成年工已經步入成年階段，但生理方面仍然並不完全成熟，因此要註重檢查此前參加勞動有沒有對身體健康造成危害，避免對今後的成長造成不良影響。

強制體檢制度是用人單位的法定義務，體檢的安排以及所有費用的承擔都應該由用人單位完全承擔。體檢時間應算作工作時間，用人單位不得因此克扣其工資。《未成年工特別保護規定》第八條規定：用人單位應根據未成年工的健康檢查結果安排其從事適合的勞動，對不能勝任原勞動崗位的，應根據醫務部門的證明，予以減輕勞動量或安排其他勞動。

（三）未成年工的職業培訓

在未成年工上崗前，對其進行職業安全衛生教育、培訓，防範安全衛生事故的發生，保障未成年工的身心健康，也是用人單位的法定義務。

（四）未成年工的登記管理

未成年工的登記管理，是對未成年工進行行政管理保護的重要舉措。未成年工持有《未成年工登記證》，才能從事用人單位安排的工作，用人單位才有權安排未成年工從事非禁忌範圍內的勞動。勞動行政部門對用人單位使用未成年工的合法性通過登記管理，進行監督檢查和行政處罰。

用人單位招收使用未成年工，須向所在地的縣級以上勞動行政部門辦理登記手續。在辦理登記之前，用人單位應當依據法律規定先行安排未成年工進行體檢。在辦理登記管理時，勞動行政部門依法審核體檢情況和擬安排的勞動範圍，以確認未成年工的身體狀況適合從事擬安排從事的勞動並且此種勞動不屬於法律規定禁忌未成年工從事的勞動範圍。符合法律規定情形的，勞動行政管理部門根據《未成年工健康檢查表》和《未成年工登記表》等材料，向用人單位核發《未成年工登記證》。

【案例評析】李某未滿18週歲，屬於未成年工。勞動法律中對未成年工禁忌從事勞動範圍有明確規定，其中《高處作業分級》國家標準中第二級以上的高處作業屬於未成年工禁忌從事的勞動範圍，因此，該電力公司安排其從事的高空高壓作業屬於未成年工禁忌從事的勞動範圍。該電力公司違法在先，李某拒絕從事該電力公司安排的工作是有法律依據的。勞動爭議仲裁委員會應當裁定該電力公司撤銷辭退李某的決定，並安排李某從事適合未成年工的其他工作。

實訓項目

一、改錯題

1. 禁忌安排懷孕七個月以上的女職工從事礦山井下、國家規定的第四級體力勞動強度的勞動和其他禁忌從事的勞動。

2. 對於哺乳期女職工，用人單位可以根據生產經營狀況安排其延長工作時間和夜班勞動。

3. 女職工生育享受98天產假，但女職工懷孕期間流產的，不能享受產假。

4. 未成年工是指已滿14週歲未滿18週歲的勞動者。

5. 用人單位可以與已滿16週歲的未成年工簽訂勞動合同，無須向勞動行政管理部門辦理登記手續。

6. 用人單位不得安排未成年工從事《高處作業分級》國家標準中第一級以上的高處作業。

二、案例分析題

1. 潘某於2015年10月開始在某廣告公司工作，雙方簽有《勞動合同》，並約定潘某工資為每月6,000元。2016年8月潘某懷孕，廣告公司於2017年1月起對其進行了崗位調換，降低工資至4,500元。2014年4月，公司再次更換潘某工作並降低工資至3,000元。多次與公司溝通無果後，潘某提起仲裁申請，要求公司補足工資差額。

請問潘某的要求是否合法？為什麼？

2. 範某、李某是夫妻關係，舉辦個體戶經營，並租用廣州市越秀區王聖堂大街十一巷16號201房做手錶加工業務及員工住宿場所。2015年4月至10月間，範某與李某以招工為名，先後從仲介處招來鐘某（案發時16歲）、蘇某（案發時13歲）、周某（案發時15歲）三名被害人，使用鎖門禁止外出的方法強迫三名被害人在該處從事手錶組裝工作。其間，範某對被害人鐘某、周某有毆打行為，李某對三名被害人有語言威脅的行為。羅某於2015年5月入職後，協助範某看管三名被害人。2015年10月20日，經被害人報警，公安人員到場解救了三名被害人，並將範某、李某、羅某抓獲歸案。經法醫鑒定，被害人鐘某和周某的頭部、頸部、臂部受傷，損傷程度屬輕微傷。

請說說範某、李某違反了勞動法的哪些規定，並說明理由。

第八章
職工民主管理法實務

【導入案例】

職工民主管理也是生產力

珠海某松下有限公司是2003年成立的一家外資企業。在建立初期，該公司並沒有一套完善的工資發放制度，員工拿多少工資都是由公司說了算。因為勞資糾紛，松下公司成立第五年還發生過一次規模不小的「罷工」事件，給公司的行政管理方和投資方上了深刻的一課。在「罷工」事件之後，公司成立了工會組織，通過各種形式搭建勞資雙方溝通的「綠色和平橋樑」。

在企業工會的倡議下，公司採納了勞資雙方協商月例會，即每個月第四週週一下午為松下公司的勞資關係協商會議召開時間。該協商會談判代表由勞資雙方組成，其中資方代表由總經理、財務經理和總務經理三人組成；勞方代表由工會主席和兩位副主席組成。在協商例會的進程中，首先由資方先向勞方匯報公司經營收支狀況、當月銷售、員工福利獎金等運作狀況；其次由工會代表員工就公司需要整改的勞動條件和勞動安全衛生等向公司提出要求；最後雙方就職工問題和企業問題進行「論辯」，找到解決問題的方案。正如公司工會主席說：「通過協商例會，我們找到了員工利益和企業利益的平衡點，特別是工資協商不但改善了職工待遇，還調動職工積極性和創造性，提升了產品合格率和客戶滿意度，促進了企業快速發展。」

公司工會的頭等大事就是每兩年一次的工資集體協商。每到談判前，工會委員們都要進行市場調研，內容涉及本企業經營效益、勞動強度，還涉及國家的物價指數、同行業工資水準等經濟數據，為了更具有說服力，委員們還要調查公司『左鄰右舍』的其他外資企業的工資情況和生產情況等。在大量真實可靠的數據面前，職工協商代表和單位協商代表很快就能達成一個雙方都能接受的工資集體合同方案。例如，2015年4月份的工資談判，資方提出工資增長幅度為4%，工會提出10%的增幅方案。工會提交了增幅的理由，上年度是企業成立以來業績最好的一年，且同行業的工資均有較大幅度提高。特別是企業工資合理增長更能激發員工的工作熱情，提高工作效率和加快產品創新。通過努力談判，最終實現了集體合同工資8%的漲幅。

松下公司推行工資集體協商制度，保障了公司職工工資與公司效益掛勾，職工分享企業經濟增長成果。從引發職工民主管理開始，公司效益蒸蒸日上，規模不斷壯大，職工人數從當初的900人發展到4,500人。

集體協商制度作為企業民主管理的重要措施，不僅實現了職工通過集體力量維護

自身利益，真正實現了與用人單位平等協商，不再讓工資等多年「原地踏步」。集體協商作為企業民主管理的重要形式，為職工參與企業管理，提供了一個良好的切入點，不但讓勞動者更有尊嚴，還讓企業主明白「職工民主管理也是生產力」。

第一節　職工民主管理概述

凡是在激烈市場競爭中發展壯大的現代化企業，無論是投資者還是企業管理人員都擅於利用職工民主管理措施來激發全體職工的智慧和責任。與用人單位建立勞動關係後，勞動者就成了用人單位的職員。當單位註重勞動者參與企業事務管理權時，職工就會視單位為自己的大家庭。如何促進單位快速發展和提高經濟效益，就會成為投資方、企業管理者以及廣大員工共同的責任和努力方向。「職工民主管理也是生產力」。結合企業實際情況，做好職工民主管理，是企業人力資源管理的重要工作內容。

一、職工民主管理的概念

【案例討論】為了加強物質安全工作，某特殊貨物押運公司招聘了4名高中畢業的農民工擔任保安工作，雙方簽訂了一年期的勞動合同。公司人事負責人說，加入工會的勞動者要按工資的一定比例繳納會員費。基於各種因素的考慮，他們表示不參加公司工會活動。在工作過程中，這4名勞動者發現自己的工資待遇低於同樣崗位的其他保安的待遇標準，當問及原因時才知其他員工參加工會，享受了集體合同所約定的最低工資和福利待遇標準。當4名農民工重新提出加入公司工會組織，但因自己的身分被公司拒絕。「農民工不能成為工會會員」成為勞動者心中的不解之謎。

對此，請談談你的看法。

（一）職工民主管理

職工民主管理，主要是指通過工會代表或組織職工民主參與單位生產經營活動和管理活動的行為。其主要目的是實施職工監督，促進單位決策民主、利益關係公平公正、職工團結和諧。職工參與單位民主管理是國家法律賦予勞動者的一項權利，讓勞動者不僅獲得勞動報酬還包括對其勞動的尊重。職工民主管理是現代管理制度和管理方式的重要內容，是構建和諧勞動關係的強大動力。

職工民主管理形式多種多樣，有職工代表大會、集體協商、職工董事制或者監事制、廠務公開制和職工合理化建議等。職工民主管理是職工依法直接或間接參與管理所在單位內部事務，其在協調勞動關係中的作用主要表現為職工意志對用人單位意志的影響和制約以及用人單位意志對職工意志的吸收和體現，從而使勞動關係建立在民主的基礎上。

（二）職工民主管理特徵

1. 職工民主管理的主體是單位職工

職工民主管理的主體是單位職工，也就是說，職工民主管理的主體是勞動者以職工的身分參與管理的。勞動者以單位職工身分參與管理，有別於以股東等其他身分參

與管理。實行內部職工持股的企業，職工參與管理和股東參與管理有一定的關聯關係，但二者是兩種不同性質的法律行為。

2. 職工民主管理的對象是單位內部事務

單位內部事務可分為重大決策事務、一般經營管理事務、職工切身利益事務、廉政建設事務等不同層次，而每個層次又包含許多具體內容。職工民主管理參與對象，體現了職工民主管理的深度和廣度，是衡量職工民主管理的重要指標。

3. 職工民主管理是參與性管理

職工作為單位的被管理者，通過民主管理，使自身意志體現在單位管理中，並與管理者意志相協調。民主管理組織中的決策是在員工參與的情況下做出的，從某種意義上體現了職工的意志，但這並不意味著完全替代單位經營者、決策者和高級管理者的意志。

【案例連結】　　　工會主席履行職責遭辭退的二倍索賠案

岳某是某管理諮詢（上海）公司北京分公司的區域銷售總監。2011年9月，經民主選舉成為北京分公司的工會主席，任職期為5年。2014年6月23日，單位以不勝工作為由將他辭退。岳某認為單位的管理規定有悖《勞動法》，他代表工會與公司溝通時產生了矛盾，單位領導對其打擊報復，把可以放到北京的項目放到了上海，造成業績下滑，隨後與其解除了勞動關係。對此，申請勞動爭議仲裁，要求公司繼續履行勞動合同。庭審核實，用人單位以工會主席不勝任工作為理由解除勞動合同，公司既未告知岳某本人，也沒按照《勞動合同法》的規定，對其進行調崗或者培訓。同時，在庭審過程中單位對解除勞動合同理由未出示相關證據。因此，仲裁庭認定公司與岳某解除勞動合同不符合法律規定。仲裁裁決單位繼續履行與岳某的勞動合同。單位不服，提起訴訟，一審和二審均敗訴。

在二審後，岳某及其代理律師繼續與公司協商合同履行事項。最後，雙方達成和解協議：①雙方同意解除勞動關係；②《工會法》第五十二條規定，即單位違法解除履行工會職責的工會工作人員的勞動合同，按照其本人年收入二倍標準賠償。據此，單位向岳某一次性支付賠償金共計229萬元。

二、職工民主管理立法

落實和保障職工民主管理，離不開法律制度的規範和指導。為實現單位職工民主權利，發揮國家主人翁的作用，維護工人階級領導的、以工農聯盟為基礎的人民民主專政的社會主義國家政權，中國建立了職工民主管理法律制度。

《憲法》規定：國有企業依照法律規定，通過職工代表大會和其他形式，實行民主管理；集體經濟組織依照法律規定實行民主管理，由它的全體勞動者選舉和罷免管理人員，決定經營管理的重大問題。

《勞動法》規定：「企業職工一方與企業可以就勞動報酬、工作時間、休息休假、勞動安全衛生、保險福利等事項，簽訂集體合同，集體合同草案應當提交職工代表大會或者全體職工討論通過。集體合同由工會代表職工與企業簽訂，沒有建立工會的企業，由職工推舉的代表與企業簽訂。」

為了配合《憲法》《勞動法》關於單位職工民主管理精神，中國頒布實施了《中華人民共和國工會法》（2016年修訂，以下簡稱《工會法》）。《工會法》是職工民主管

理最重要的法律依據。公司是現代企業最主要形式，是勞動者最為集中的用人單位。對此，《公司法》規定：「公司職工依照《中華人民共和國工會法》組織工會，開展工會活動，維護職工合法權益。公司應當為本公司工會提供必要的活動條件。公司工會代表職工就職工的勞動報酬、工作時間、福利、保險和勞動安全衛生等事項依法與公司簽訂集體合同。公司依照憲法和有關法律的規定，通過職工代表大會或者其他形式，實行民主管理。」除此之外，《全民所有制工業企業職工代表大會條例》《私營企業暫行條例》《中外合資經營企業法實施條例》《中外合資經營企業法實施條例》《城鎮集體所有制企業條例》等針對不同性質企業的職工民主管理提供了法律依據。

三、基層職工民主管理組織

（一）工會履行職工民主管理的主要方式

工會是職工自願結合的工人階級的群眾組織，承擔維護職工合法權益的基本職責。勞動者作為單位職工都有自願參加或者退出工會的權利，任何組織和個人不得阻撓和限制。為了便於工會開展工作，工會成立工會委員會，由會員大會或者會員代表大會依照法律規定民主選舉產生。其中，基層工會委員會每屆任期三年或者五年。

企業、事業單位依法建立的基層工會組織，是實現單位職工民主管理最主要的組織保障。基層工會履行職工民主管理的主要方式：

（1）工會通過平等協商和集體合同制度，協調勞動關係，維護企業職工勞動權益。

（2）工會依照法律規定通過職工代表大會或者其他形式，組織職工參與本單位的民主決策、民主管理和民主監督。

（3）工會必須密切聯繫職工，聽取和反應職工的意見和要求，關心職工的生活，幫助職工解決困難，全心全意為職工服務。

【律師提示】　　對參加工會或履行工會職責的勞動權益保護

1. 對依法履行職責的工會工作人員無正當理由調動工作崗位進行打擊報復的，由勞動行政部門用人單位責令改正、恢復原工作；造成損失的，給予賠償。

2. 因下列原因違法解除勞動合同的，由勞動行政部門責令用人單位恢復工作並補發被解除勞動合同期間應得的報酬或者責令給予本人年收入二倍的賠償：

（1）職工因參加工會活動而被解除勞動合同的；

（2）工會工作人員因履行本法規定的職責而被解除勞動合同的。

（二）基層工會職工民主管理主要職權

（1）對企業、事業單位違反職工代表大會制度和其他民主管理制度的，工會有權要求糾正，保障職工依法行使民主管理的權利。

（2）工會依法代表職工與企業以及實行企業化管理的事業單位進行平等協商，簽訂集體合同。

（3）對企業、事業單位處分職工的，工會認為不適當有權提出意見。

（4）企業單方面解除職工勞動合同時應當事先將理由通知工會。工會認為企業違反法律、法規和有關合同規定要求重新研究處理的，企業應當研究工會的意見並將處理結果書面通知工會。

（5）企業、事業單位違反勞動法侵犯職工勞動權益的，工會應當代表職工與企業、

事業單位交涉，要求企業、事業單位採取措施予以改正；企業、事業單位拒不改正的，工會可以請求當地人民政府依法做出處理。

（6）工會發現企業違章指揮、強令工人冒險作業或者生產過程中發現明顯重大事故隱患和職業危害，有權提出解決的建議；發現危及職工生命安全的情況時，工會有權向企業建議組織職工撤離危險現場，企業必須及時做出處理決定。

（7）職工因工傷亡事故和其他嚴重危害職工健康問題的調查處理，必須有工會參加。工會應當向有關部門提出處理意見，並有權要求追究直接負責的主管人員和有關責任人員的責任。對工會提出的意見，應當及時研究，給予答復。

（8）企業、事業單位發生停工、怠工事件，工會應當代表職工同企業、事業單位或者有關方面協商，反應職工的意見和要求並提出解決意見。對於職工的合理要求，企業、事業單位應當予以解決。

（9）法律、法規規定基層工會組織的其他權利和義務。

（三）基層工會工作經費與財產保障規定

（1）工會經費主要用於為職工服務和工會活動。工會經費的來源主要有：

①工會會員繳納的會費；

②建立工會組織的企業、事業單位、機關按每月全部職工工資總額的百分之二向工會撥繳的經費；

③工會所屬的企業、事業單位上繳的收入；

④人民政府的補助；

⑤其他收入。

（2）工會應當根據經費獨立原則，建立預算、決算和經費審查監督制度。各級工會建立經費審查委員會。工會經費的使用符合國家相關規定，並依法接受國家的監督。

（3）企業、事業單位無正當理由拖延或者拒不撥繳工會經費，基層工會或者上級工會可以向當地人民法院申請支付令；拒不執行支付令的，工會可以依法申請人民法院強制執行。

（4）工會的財產、經費和國家撥給工會使用的不動產，任何組織和個人不得侵占、挪用和任意調撥。

【案例評析】《勞動法》規定，勞動者有權依法參加和組織工會。《工會法》規定：「在中國境內的企業、事業單位、機關中以工資收入為主要生活來源的體力勞動者和腦力勞動者，不分民族、種族、性別、職業、宗教信仰、教育程度，都有依法參加和組織工會的權利。任何組織和個人不得阻撓和限制。」農民工與公司簽訂了勞動合同，即成為公司的職工，符合《勞動法》和《工會法》加入工會的標準。因此，本案中14名農民工有權利參加工會，在履行工會會員義務的同時，享受工會會員權利。

四、職工民主管理的職能

（一）審議職能

審議職能，是指職工大會或職工代表通過一定的形式，對單位的重大決策方案進行審議，提出改進建議，單位在此基礎上做出決定或決議的一種有組織的民主參與活動。無論是職工代表大會還是集體談判，都體現了職工民主管理的重要職能。審議職

能是建立社會主義新型勞動關係的保障，也是單位決策的民主化和科學化的重要措施。

（二）監督職能

職工民主管理的監督職能來源於民主體制，是民主的本質要求。民主的本質是制約，制約的目的在於防止權力腐敗。在單位內部通過民主管理，如工會組織、公司職工監事制等，建立對單位的經營者、決策者和高級管理者的監督機制，保障單位正常運轉，保障職工勞動權益得到應有的尊重。另外，職工除民主參與方式對決策過程和決策的執行情況進行檢查外，還可以通過考核、評議、獎懲等方式，對發現的問題及時予以糾正，確保單位勞動關係公平和諧。

（三）維護職能

職工民主管理的組織形式主要是工會。俗話說工會是勞動者的「娘家」，當勞動者的合法權益受到不法侵害時，勞動者可以借助工會的力量來維護自己的合法利益。當然，職工民主管理在履行維護職工合法權益的同時，也要處理好勞動者權益與單位整體利益的關係。

（四）協調職能

協調職能，是指協調勞動關係主體之間以及勞動者不同群體之間的各種利益矛盾，使經營者與勞動者之間、管理者與被管理者之間、部門之間、職工群眾之間建立起良好的人際和工作關係，增強組織的凝聚力和向心力，有效實現管理目標。其主要手段是推進廠務公開、開展勞動爭議調解等工作。

（五）教育職能

職工民主管理是一種應用性、政策性很強的活動。職工參與民主管理，一方面需要職工民主管理的組織者對其職工尤其是職工代表進行有針對性的培訓，讓他們學習民主管理的法律法規和操作規程，引導他們參與民主管理實踐；另一方面，通過積極組織職工參加民主管理，讓單位管理者認識到提高民主管理的質量和水準，有助於單位生產經營順利發展。

【律師提示】　　　企事業單位職工民主管理主要途徑

一是企業制定勞動規章制度必須通過職代會討論，並向全體職工公開；二是企業的集體合同草案、工資集體協議草案必須經職代會審議通過後公開，履行情況要向職代會報告；三是平等協商的職工代表要經職代會選舉產生；四是公司制企業的職工董事、職工監事必須通過職代會選舉並接受其監督。在企業民主制度建設過程中，還應當把職代會制度與企業勞動合同、集體合同等協調勞動關係的制度和機制結合起來，以促進單位民主管理。

五、職工民主管理的機制

（一）完善職代會制度，確保職工民主管理

職代會是單位職工開展民主管理的主要渠道，職代會職權的實現依賴於完善的配套制度和機制。如單位建立職代會組長聯席會議制度、職代會督辦事項檢查匯報制度、職工代表巡視及質詢制度等，並以此開展工作，確保職工民主管理權利的實現。

（二）強化勞動爭議調解機制，化解勞動糾紛

勞動爭議調解委員會應當堅持以制度為依據，以法律為準繩，加強信訪和調研工作，並建立企業領導每週接待日制度。針對職工的難點、熱點問題，宣傳政策，聽取

意見，化解職工與單位之間的矛盾糾紛。

(三) 完善廠務公開機制，註重職工監督管理

廠務公開是實施民主監督的有效形式，其最大優勢在於讓職工知情、參與、監督。

(四) 完善平等協商，實現集體合同制度

集體合同在協調勞動關係中具有強制力，進而使勞動關係在合同框架內達到高度的協調。單位應當重視並認真實行平等協商和簽訂集體合同制度，更好地保障職工的合法權益和激發職工的工作熱情。

第二節　職工民主管理

對於不同類型的企（事）業單位，法律規定了符合其自身特點需要的職工民主管理形式。全民所有制工業企業實行職工代表大會制，公司企業實行職工董事和職工監事制，所有企（事）業單位都可以實行集體協商制、廠務公開制和職工合理化建議等。當然，除法律專屬於某類企業的職工民主管理形式外，其他類型的民主管理都可以因單位生產經營活動的需要而搭配組合運用。

一、全民所有制工業企業職工代表大會

【案例討論】李剛是某信託投資有限責任公司的職員，該公司系全民所有制工業企業。公司在2014年12月出拾了新的考勤管理制度，其中有一項是實行出勤簽到制度，職工須每天早、中、晚都必須按時在《職工簽到冊》上簽名以示出勤，且每日有值班領導進行考勤管理。出勤簽到制度還規定，職工當月無故缺勤一次即扣發當月獎金，月累計缺勤兩次，單位可以單方解除勞動合同。李剛認為，公司可以加強規範管理，但不符合職工民主管理。公司負責人表示，考勤管理制度是由公司董事會集體表決的，具有約束力。

請問公司的做法是否合法？為什麼？

(一) 職工代表大會制度

職工代表大會制度是全民所有制工業企業職工實行民主管理的基本形式，是職工代表通過民主選舉，組成職工代表大會，在單位內部行使民主管理權的制度。職工代表大會是全民所有制工業企業職工依法行使民主管理權力的機構，企業工會委員會是職工代表大會的工作機構，負責職工代表大會的日常工作。

全民所有制工業企業職工代表大會，實現職工的民主管理權力，充分發揮職工的積極性、智慧和創造力，辦好全民所有制工業企業和發展社會主義經濟。對職工代表行使民主權利，任何組織和個人不得壓制、阻撓和打擊報復。《全民所有制工業企業職工代表大會條例》(1986)對企業民主管理做出了明確規定。《全民所有制工業企業法》(1988)以法律的形式肯定了職工代表大會的性質和職權。它們共同構成了規範全民所有制工業企業以及全民所有制交通運輸、郵電、地質、建築施工、農林、水利等企業的職工民主管理基本法律制度。《工會法》《公司法》等，進一步完善全民所有制工業企業職工民主管理。

(二) 職工代表的產生、比例和任期

凡依法享有政治權利的職工都可以當選為職工代表。職工代表的產生有兩種方式：一是以班組或者工段為單位的，由職工直接選舉；二是大型企業的職工代表可以由分廠或者車間的職工代表相互推選產生。

職工代表中應當有工人、技術人員、管理人員、領導幹部和其他方面的職工。其中企業和車間、科室行政領導幹部一般為職工代表總數的五分之一。青年職工和女職工應當占適當比例。為了吸收有經驗的技術人員、經營管理人員參加職工代表大會，可以在企業或者車間範圍內，經過民主協商，推選一部分代表。

《全民所有制工業企業職工代表大會條例》第十三條規定：職工代表實行常任制，每兩年改選一次，可以連選連任。職工代表對選舉單位的職工負責。選舉單位的職工有權監督或者撤換本單位的職工代表。

(三) 職工代表的權利與義務

1. 職工代表的權利

(1) 在職工代表大會上，有選舉權、被選舉權和表決權。

(2) 有權參加職工代表大會及其工作機構對企業執行職工代表大會決議和提案落實情況的檢查，有權參加對企業行政領導人員的質詢。

(3) 因參加職工代表大會組織的各項活動而占用生產或者工作時間，有權按照正常出勤享受應得的待遇。

2. 職工代表的義務

(1) 努力學習黨和國家的方針、政策、法律、法規，不斷提高政治覺悟、技術業務水準和參加管理的能力。

(2) 密切聯繫群眾，代表職工的合法利益，如實反應職工群眾的意見和要求，認真執行職工代表大會的決議，做好職工代表大會交給的各項工作。

(3) 模範遵守國家的法律、法規和企業的規章制度、勞動紀律，做好本職工作。

(四) 職工代表大會的職權

職工代表大會接受企業黨的基層委員會的思想政治領導，貫徹執行黨和國家的方針、政策，正確處理國家、企業和職工三者的利益關係，在法律規定的範圍內行使職權。職工代表大會實行民主集中制。根據《全民所有制工業企業法》《全民所有制工業企業職工代表大會條例》等規定，職工代表大會的職權主要有五項：

(1) 定期聽取單位負責人的工作報告，審議企業的經營方針、長遠和年度計劃、重大技術改造和技術引進計劃、職工培訓計劃、財務預決算、自有資金分配和使用方案，提出意見和建議，並就上述方案的實施做出決議。

(2) 審議通過單位負責人提出的企業的經濟責任制方案、工資調整計劃、獎金分配方案、勞動保護措施方案、獎懲辦法及其他重要的規章制度。

(3) 審議決定職工福利基金使用方案、職工住宅分配方案和其他有關職工生活福利的重大事項。

(4) 評議、監督企業各級領導幹部，並提出獎懲和任免的建議。對工作卓有成績的幹部，可以建議給予獎勵，包括晉級、提職。對不稱職的幹部，可以建議免職或降職。對工作不負責任或者以權謀私，造成嚴重後果的幹部，可以建議給予處分，直至撤職。

(5) 主管機關任命或者免除企業行政領導人員的職務時，必須充分考慮職工代表大會的意見。職工代表大會根據主管機關的部署，可以民主推薦廠長人選，也可以民主選舉廠長，報主管機關審批。

【律師提示】　　　　　用人單位獎懲制度的法律依據
《全民所有制工業企業職工代表大會條例》第七條規定，職工代表大會審議通過廠長提出的企業的經濟責任制方案、工資調整計劃、獎金分配方案、勞動保護措施方案、獎懲辦法及其他重要的規章制度。《集體合同規定》第十七條規定，集體談判的獎懲主要包括：①勞動紀律；②考核獎懲制度；③獎懲程序。根據職工民主管理規定，用人單位可以採用適當方式制定單位獎懲辦法，以加強單位勞動紀律管理，維護單位正常生產秩序。

(五) 職工代表大會組織及法律效力

1. 職工代表大會組織

職工代表大會選舉主席團主持會議。主席團成員應有工人、技術人員、管理人員和企業的領導幹部。其中工人、技術人員、管理人員應超過半數。《全民所有制工業企業職工代表大會條例》第十八條規定，職工代表大會至少每半年召開一次。每次會議必須有三分之二以上的職工代表出席。遇有重大事項，經廠長、企業工會或三分之一以上職工代表的提議，可召開臨時會議。職工代表大會進行選舉和做出決議，必須經全體職工代表過半數通過。

職工代表大會閉會期間，需要臨時解決的重要問題，由企業工會委員會召集職工代表團（組）長和專門小組負責人聯席會議，協商處理，並向下一次職工代表大會報告予以確認。

2. 職工代表大會決議的法律效力

職工代表大會應當圍繞增強企業活力、促進技術進步、提高經濟效益，針對企業經營管理、分配制度和職工生活等方面的重要問題確定議題。職工代表大會在其職權範圍內決定的事項，非經職工代表大會同意不得修改。

(六) 企業工會職責

企業工會委員會作為職工代表大會的工作機構，在上級工會的指導、支持和維護職工代表大會正確行使職權下，承擔下列工作：

(1) 組織職工選舉職工代表。

(2) 提出職工代表大會議題的建議，主持職工代表大會的籌備工作和會議的組織工作。

(3) 主持職工代表團（組）長、專門小組負責人聯席會議。

(4) 組織專門小組進行調查研究，向職工代表大會提出建議，檢查督促大會決議的執行情況，發動職工落實職工代表大會決議。

(5) 向職工進行民主管理的宣傳教育，組織職工代表學習政策、業務和管理知識，提高職工代表素質。

(6) 接受和處理職工代表的申訴和建議，維護職工代表的合法權益。

(7) 組織企業民主管理的其他工作。

【案例評析】《勞動合同法》規定，用人單位在制定規章制度時，對於其中涉及勞動者切身利益的方面，例如勞動報酬、工作時間、休息休假等，要經職工代表大會或者全體職工討論，提出方案和意見，與工會或者職工代表平等協商確定。其中，涉及勞動者切身利益的項目用人單位應當公示或者告知勞動者。作為全民所有制工業企業，還應當遵守《全民所有制工業企業職工代表大會條例》。其規定單位負責人提出的企業的經濟責任制方案、工資調整計劃、獎金分配方案、勞動保護措施方案、獎懲辦法及其他重要的規章制度，應由職工代表大會審議通過。本案中，用人單位在制定規章制度時沒有經過職工代表大會程序，只是董事會的決議，沒有滿足民主程序標準，該規章制度不具備法律效力。

二、集體協商

（一）集體協商與集體合同

1. 集體協商

集體協商又稱集體談判，是指職工方代表（工會組織）與企業方代表（企業組織）為簽訂關於勞動標準和勞動條件的集體合同所進行平等對話與磋商的行為。集體協商是為糾正職工單獨弱勢簽訂苛刻勞動合同而制定的。

2. 集體合同

集體協商成果是集體合同。集體合同，是指工會或者職工推舉的職工代表代表職工與用人單位依法協商勞動報酬、工作條件、工作時間、休息休假、勞動安全衛生、保險福利等事項而簽訂的協議。

職工個人與企業訂立的勞動合同中勞動條件和勞動報酬等標準不得低於集體合同的規定。行業性、區域性集體合同對當地本行業、本區域的用人單位和勞動者具有約束力。它適用於簽訂集體合同的企業和所有與企業形成勞動關係的勞動者。

（二）集體協商的作用

職工代表大會適用範圍受企業所有制的限制，而集體協商的民主管理形式可以廣泛適用各行各業的單位組織。作為企業職工民主管理的重要形式之一，它產生如下作用：

（1）在簽訂勞動合同時，單個勞動者處於弱勢而不足以同用人單位相抗衡，因而難以爭取到公平合理的勞動條件。由工會代表全體勞動者同用人單位簽訂集體合同，就可以規定集體勞動條件，集體勞動條件是本單位內的最低個人勞動條件。因此，集體合同能夠糾正和防止勞動合同對於勞動者的過分不公平，使之比較公平合理，也使勞資雙方在實力上達到基本的平衡。

（2）勞動合同難以涉及的職工整體利益問題，可通過集體合同進行約定，如企業工資水準的確定、勞動條件的改善、集體福利的提高等。這樣就會大大簡化勞動合同的內容，也會大大降低簽訂勞動合同的成本。由於集體合同和勞動合同具有上述作用，集體合同被認為是勞動合同的「母合同」。

（3）在勞動合同的有效期內，如果企業經營狀況和社會經濟形勢等因素發生了較大變化，那麼可以通過集體合同調整和保障勞動者的利益。根據勞動法的有關規定，用人單位需要裁減人員，採用集體協商方式，使企業經濟性裁員規範化，有利於社會的穩定。

（4）實行集體合同制度，可以實現對勞動關係的多方位、多層次調整。集體合同

對勞動關係的調整,同一般的勞動法律法規相比對不同企業勞動關係的針對性比較強,同時也有利於消除或彌補勞動合同存在的某些隨意性,實現工會在協調勞動關係和維護職工勞動權益的職能發揮得更直接、更有效,使工會的「維權」職能實現法制化。

（5）實行集體合同制度,有利於職工和企業之間的溝通和理解,有利於維護和發展企業生產經營的良好秩序,促進企業的穩定和發展。

【律師提示】　　　　　　集體合同的特殊性

集體合同不同於規定勞動者個人勞動條件的勞動合同,而是規定勞動者集體的勞動條件。集體合同是特殊的勞動合同,特殊性主要有以下幾點:

（1）集體合同是特定的當事人之間訂立的協議。在集體合同中當事人一方是代表職工的工會組織或職工代表;另一方是用人單位。

（2）集體合同內容包括勞動報酬、工作時間、休息休假、勞動安全衛生、保險福利等事項。勞動標準是集體合同的核心內容,生效的集體合同勞動條件就會構成用人單位的基準勞動義務。

（3）集體合同的雙方當事人的權利義務不均衡,其規定用人單位的勞動義務,強調勞動者勞動權益的保護。

（4）集體合同採取要式合同的形式。其還需要履行勞動行政部門的登記、審查、備案手續,才能產生法律效力。

（5）集體合同效力高於勞動合同。勞動合同規定的職工個人勞動條件和勞動報酬標準,不得低於集體合同的規定。

（三）集體協商法律制度

為了規範集體協商,確保集體合同的履行,《勞動法》《工會法》和《勞動合同法》等都對集體協商作了規定。《工會法》第二十條規定:「工會代表職工與企業以及實行企業化管理的事業單位進行平等協商,簽訂集體合同。集體合同草案應當提交職工代表大會或者全體職工討論通過。」

為規範集體協商和簽訂集體合同行為,依法維護勞動者和用人單位的合法權益,國家頒布實施《集體合同規定》（2003年）。《集體合同規定》適用於中國境內的企業和實行企業化管理的事業單位與本單位職工之間進行集體協商。為規範工資集體協商和簽訂工資集體協議行為,國家頒布實施了《工資集體協商試行辦法》（2000年）。

（四）集體協商代表

集體協商代表應依照法定程序產生。《集體合同規定》規定,集體協商雙方代表人數應當對等,每方至少3人,並各確定1名首席代表。用人單位協商代表與職工協商代表不得相互兼任。法律對集體協商代表及首席代表的產生和更換做出如下規定:

職工協商代表,由工會選派,未建工會的企業由職工民主推舉代表,並得到半數以上職工的同意。職工首席代表應當由工會主席擔任,工會主席可以書面委託其他人員作為自己的代理人;未成立工會的,由職工集體協商代表推舉。

用人單位協商代表,由用人單位法定代表人指派,首席代表由單位法定代表人擔任或由其書面委託的其他管理人員擔任。

集體協商雙方首席代表可以書面委託本單位以外的專業人員作為本方協商代表。委託人數不得超過本方代表的三分之一。首席代表不得由非本單位人員代理。工會可

以更換職工一方協商代表；未建立工會的，經本單位半數以上職工同意可以更換職工一方協商代表。用人單位法定代表人可以更換用人單位一方協商代表。

【法律連結】　　　　　　集體協商職工代表的權利與義務

企業內部的協商代表參加集體協商的行為，視為提供了正常勞動。

職工一方協商代表在其履行協商代表職責期間勞動合同期滿的，勞動合同期限自動延長至完成履行協商代表職責之時。用人單位不得非法與其解除勞動合同。

職工一方協商代表履行協商代表職責期間，用人單位無正當理由不得調整其工作崗位。

協商代表應當保守在集體協商過程中知悉的用人單位的商業秘密。

（五）集體協商程序

1. 制定集體合同草案的擬訂

一般情況下，各個企業應當成立集體合同起草委員會或者起草小組，主持起草集體合同。起草委員會或者起草小組由企業行政和工會各派相同數量的代表組成。起草委員會或者起草小組進行調查研究，廣泛徵求各方面的意見和要求，提出集體合同的初步草案。

2. 集體合同草案的審議

起草委員會或者起草小組將集體合同草案文本提交職工大會或職工代表大會審議，企業經營者和工會主席分別就協議草案的產生過程、依據及涉及的主要內容作說明。由職工大會或職工代表大會對協議草案文本進行討論，做出審議決定。

職工代表大會或者全體職工討論集體合同草案，應當有 2/3 以上職工代表或者職工出席，且須經全體職工代表半數以上或者全體職工半數以上同意，集體合同草案方獲通過。

3. 集體合同的簽章

經職工大會或職工代表大會審議通過的集體合同草案，由雙方首席代表簽字或蓋章。

4. 集體合同的登記備案

在集體合同簽訂後，將集體合同文本提請勞動保障行政主管部門登記備案。《集體合同規定》規定，勞動保障行政部門對集體合同有異議的，應當自收到文本之日起 15 日內將《審查意見書》送達雙方協商代表。勞動保障行政部門在收到集體合同文本之日起 15 日內未提出異議的，集體合同發生法律效力。

5. 集體合同的公布

集體合同一經生效，企業應及時向全體職工公布集體合同內容。

【案例連結】　　　　　　集體協商隨意，集體合同無效

2014 年，銀川市一家中外合資企業在簽訂集體合同時，面臨的一個問題就是該企業沒有設立工會。企業認為應當選取瞭解企業狀況的職工參與，決定提名 7 名職工代表候選人名單供職工推選 5 人。職工認為集體合同協商的職工代表應當全體職工推選，對公司的方案半數以上職工不參與表決。最終，參與表決過半數職工同意選舉 5 名職工協商代表。5 名職工代表與企業行政 5 名代表就集體合同開始談判。為了防止出現反對和贊成同等票數情況的發生，企業決定由企業方的某代表作為談判的總決定人，在意見難以通過時行使最終決定票。談判中的議案是企業預先擬定的，忽視了職工基本訴求，2 名職工代表堅決反對，

但受到了企業解雇的威脅。無奈之下，職工代表簽訂了企業的集體合同。

根據反應情況，當地勞動行政部門審查備案時指出企業的違法行為有：①集體協商中職工代表推選程序錯誤，企業不能確定勞動者協商代表名單。若單位沒有工會，則應當由職工代表大會選舉產生，而且應當由全體員工半數以上同意才能擔任協商代表，而不是參與投票的人半數以上同意即可。②企業行政方的談判代表無權擔任總決定人。③簽訂集體勞動合同時應當相互尊重，平等協商，公司威脅談判職工代表的行為屬於違法行為。根據《集體合同規定》，勞動部門送達了《審查意見書》，此次集體合同不產生法律效力。

三、職工董事和職工監事

(一) 職工董事與職工監事

職工董事和職工監事，是指公司職工依照法律規定，選舉一定數量的職工代表進入董事會和監事會，擔任董事或者監事，參加企業重大決策，實現企業民主管理。職工董事和職工監事的民主管理模式，只存在於公司企業中。

職工董事與職工監事，讓職工代表直接參與公司高層管理決策機構和監督機構，體現了職工作為企業成員應當享有的勞動權利。職工董事、職工監事制度，是現代企業制度的客觀要求，是公司制企業民主決策、民主管理和民主監督的必要途徑。與其他職工民主管理形式相比，職工董事和監事制有參與層次高、管理直接性強等優點。

(二) 實行職工董事和職工監事的法律安排

職工董事和職工監事在公司相關機構中的安排，與公司的類型以及投資者身分不同有關。根據《公司法》的規定，其具體主要體現在以下幾方面：

(1) 有限責任公司的職工董事

兩個以上的國有企業或者兩個以上的其他國有投資主體投資設立的有限責任公司，其董事會成員中應當有公司職工代表；其他有限責任公司董事會成員中可以有公司職工代表。董事會中的職工代表由公司職工通過職工代表大會、職工大會或者其他形式民主選舉產生。（《公司法》第四十五條）

(2) 有限責任公司和股份有限公司的職工監事

監事會應當包括股東代表和適當比例的公司職工代表，其中職工代表的比例不得低於三分之一，具體比例由公司章程規定。監事會中的職工代表由公司職工通過職工代表大會、職工大會或者其他形式民主選舉產生。（《公司法》第五十二條）

(3) 國有獨資公司職工董事和職工監事

國有獨資公司董事會成員中應當有公司職工代表。董事會成員由國有資產監督管理機構委派；但是，董事會成員中的職工代表由公司職工代表大會選舉產生。（《公司法》第六十八條）

國有獨資公司監事會成員不得少於五人，其中職工代表的比例不得低於三分之一，具體比例由公司章程規定。監事會成員由國有資產監督管理機構委派；監事會成員中的職工代表由公司職工代表大會選舉產生。（《公司法》第七十一條）

四、其他職工民主管理制度

(一) 廠務公開

廠務公開是指企業、事業和民辦非企業單位通過一定的形式和程序，適時向本單

位職工公開與本單位發展和職工切身利益密切相關的重大事項，接受職工監督的民主管理制度。廠務公開是加強單位民主管理和保障職工民主監督的基礎和前提。為了加強單位民主管理，各地都在推行廠務公開並制度化、責任化和法律化。

1. 廠務公開的基本形式

廠務公開的基本形式是職工代表大會，企業、事業單位還可通過固定的廠務公開欄、廠情發布會等形式及時公開廠務。企業、事業單位應當將廠務公開的內容每年至少向職工（代表）大會報告一次。遇有重大事項需要公開的，經單位法定代表人、工會組織或者三分之一以上職工（代表）提議，應當召開職工（代表）大會予以公開。企業、事業單位的法定代表人或行政主要負責人是廠務公開的責任人。

2. 廠務公開的內容

廠務公開要求單位一切有關單位重大決策問題、企業生產經營管理方面的重要問題、涉及職工切身利益方面的問題、與單位領導班子建設和黨風廉政建設密切相關的問題，都應向職工公開。

廠務公開有兩點需要注意：一是國有、集體及其控股企業和事業單位與民營企業、事業單位的廠務公開在內容上有所不同；二是國家法律規定禁止公開的不得公開，單位商業秘密和技術秘密不得公開。

(二) 職工合理化建議

職工合理化建議，是指由職工向用人單位提出的有關改進和完善企事業單位生產技術和經營管理方面的辦法和措施。

在實踐中，職工位於生產第一線，對單位生產經營遇到的問題最先瞭解，最為關心。發揮職工合理化建議，單位可以及時發現生產問題，解決問題，防微杜漸。廣大企業事業單位，採用獎勵措施，鼓勵職工合理化建議，實現單位的職工民主管理。

實訓項目

一、判斷題

1. 職工代表大會制度是各類企（事）業單位職工民主管理的基本形式。

2. 職工代表大會的職工代表由職工直接選舉、職工代表相互推選和單位領導直接任命三種方式產生。

3. 集體合同只適用於簽訂集體合同的企業和與企業形成勞動關係的勞動者，但不包括合同簽訂後新加入的職工。

4. 集體合同草案經職工大會或職工代表大會審議通過，並自雙方首席代表簽字後生效。

5. 有限責任公司董事會應當配有公司職工董事，實現職工代表參與企業民主管理。

二、案例分析題

(一) 2016年3月，內蒙古某市礦業公司發生一起生產安全事故，造成2人死亡，直接經濟損失達600萬元。事故發生後，所在省煤礦安全監察局、市安全生產委員會

與市工會組成了事故調查組。但礦業公司對市工會的事故調查不予積極配合，認為工會不是行政管理部門，不應當參加事故調查。公司一名負責人甚至對參與調查的工會同志說：「這事跟工會沒有什麼關係，工會不要瞎摻和。」事故調查處理受到阻撓。

該礦業公司負責人的觀點是否正確？為什麼？

（二）海口市某大型建材生產有限公司董事長關某經常強令工人加班加點，不安排補休，象徵性地發放加班津貼。對此，公司職工意見很大。在單位工會聽取職工意見後，工會主席侯某多次找關某解決問題，糾正違反勞動法損害職工利益的行為。對於侯某三番五次找他麻煩，關某很是惱火，認為工會有意與企業生產經營管理為難。當侯某要求單位撥發工會經費時，關某說：「工會搞不搞都無所謂，現在廠裡的資金都要用於生產開支以保證企業生產經營。」面對關某的無理行為，侯某只有請求上級有關部門協調解決。

關某的做法對嗎？請說出你的法律依據。

# 第九章
社會保險法實務

【導入案例】

用人單位瞞報社會保險被處罰案

小張是四川都江堰市一家建築工程有限公司的技術骨幹，一年前與公司簽訂了勞動合同，約定小張的基本工資為3,500元，另有績效工資6,000元。小張每月完成單位所安排的工作，單位都能及時足額地發放合同所約定工資。前段時間，聽職工反應，單位對職工社會保險存在「打折繳費」現象，那就是公司在為職工繳納社會保險時一直是按照上一年全省職工月平均工資的40%作為繳費基數。這與國家規定按勞動者月實際收入繳納費用不符。當然，單位這樣做的目的是降低單位所承擔的社會保險繳費金額，從而節省企業社會保險成本開支。小張到當地社會保險經辦部門查看個人社會保險信息，發現職工之間的「傳聞」屬實。

通過對社會保險法律知識的學習，小張明白社會養老保險是勞動者退休時期經濟上「最忠誠的依靠」，而退休以後所享受社會保險待遇的高低直接與現在職工社會保險帳戶上繳存保費的多少有直接關係。對於單位在社會保險上存在的問題，小張向公司提出應以本人應發工資辦理社會保險，但單位認為繳費符合當地政策而不願意調整。雙方發生社會保險爭議，小張非常不情願地向當地勞動保障監察部門投訴。

接到投訴後，勞動保障監察員經調查發現，該工程公司多年來一直按照國家規定的標準為所有職工辦理社會保險。對此，該公司負責人聲稱由於職工工資差距較大，政策允許參保基數可以在上年度全省月平均工資40%~300%之間選擇，因此就選擇採取這種方式參保。對此，勞動保障監察員指出：《四川省人民政府貫徹國務院建立統一的企業職工基本養老保險制度的決定的通知》等規定，當勞動者的月平均工資在上年度全省職工月平均工資40%~300%時，用人單位就應當以職工本人工資為基數辦理社會保險；當職工本人工資低於全省上年度月平均工資40%時，才按上年度全省職工月平均工資40%繳費。《勞動保障監察條例》第二十七條規定：用人單位向社會保險經辦機構申報應繳納的社會保險費數額時，瞞報工資總額或者職工人數的，由勞動保險行政部門責令改正，並處瞞報工資數額1倍以上3倍以下罰款。

鑒於工程公司為職工繳納社會保險費時瞞報了勞動者的部分工資收入，不足額辦理社會保險屬於違法行為，嚴重損害勞動者的合法權益，勞動監察部門責令工程公司限期向社保經辦機構補足全體職工少繳部分的社會保險，並處以瞞報工資數1倍罰款。

第一節　社會保險法概述

一、社會保險與社會保險法概述
(一) 社會保險
國家建立社會保障制度，以保障勞動者在內的廣大公民在年老、疾病或者喪失勞動能力的情況下從國家和社會獲得物質幫助的權利。社會保障體系包括社會保險、社會福利、社會救濟、社會優撫和社會救助等。社會保險是社會保障體系的重要組成部分，在整個社會保障體系中居於核心地位。社會保險是市場經濟的產物，是維繫和諧市場經濟秩序和勞動關係的基本保障。可以說，社會保險是社會文明進步的重要標誌。

關於社會保險的理解，一般分為廣義的社會保險和狹義的社會保險。廣義的社會保險包括基本社會保險、補充性社會保險、個人儲蓄性保險和商業保險等。狹義的社會保險是指國家法律強制性規定，由專門機構負責實施，通過向用人單位和個人等渠道籌集資金建立專項基金，以保障勞動者在失去勞動收入的特殊情況時能獲得一定經濟補償的制度，即主要是指基本社會保險。本書所指的社會保險專指狹義的社會保險。

(二) 社會保險法
建立一個現代化的、具有中國特色的社會主義社會保障體系，直接關係到中國經濟體制改革的成敗、社會的全面發展和社會的穩定。社會保險是社會保障的最重要方式，也是《憲法》賦予勞動者的基本權利。為了適應社會主義市場經濟建設，中國建立了基本養老保險、基本醫療保險、工傷保險、失業保險、生育保險等社會保險法律制度，並將「廣覆蓋、保基本、多層次、可持續」作為中國社會保險制度的方針。

為了規範社會保險關係，維護公民參加社會保險和享受社會保險待遇的合法權益，使公民共享發展成果，促進社會和諧穩定，《中華人民共和國社會保險法》(以下簡稱《社會保險法》)於 2010 年 10 月 28 日通過，自 2011 年 7 月 1 日起施行。國家人力資源和社會保障部頒布配套細則即《實施〈社會保險法〉若干規定》(2011)。

【案例連結】　　　　　農民工是否可以享受工傷保險待遇
因承建安居工程項目，成都某建築公司招收了一批農民工，雙方口頭約定了每天的工資，但沒有簽訂勞動合同。在勞動用工期間，公司沒有為農民工辦理工傷保險。有一天，農民工許某在進行高空作業時，由於安全繩突然脫落從高處摔下，導致脊椎骨折。經治療，許某下肢癱瘓，生活不能自理。許某要求該公司承擔工傷責任，但公司以農民工沒有資格辦理工傷保險為由拒絕承擔工傷責任。在勞動法律師的幫助下，根據《工傷保險條例》和《勞動和社會保障部關於農民工參加工傷保險有關問題的通知》等規定，許某提出了工傷認定，獲得了勞動保障部門的支持。

(三) 社會保險的主要作用
1. 能發揮社會穩定器的作用
社會成員的老、弱、病、殘、孕等喪失勞動能力情形是在任何時代和任何社會制度下都無法避免的客觀現象。當風險事故發生時，許多勞動者因災害事故損失和喪失

收入而難以維持基本的生活條件，成為社會的一種不安定因素。社會保險就是當勞動者遇到這些情況時給予適當的補償以保障其基本生活水準，從而防止不安定因素的出現，起著社會安定的「穩定器」的重要作用。

2. 有利於保證社會勞動力再生產順利進行

勞動者在勞動過程中遇到各種意外事件，如疾病、傷殘、失業等，必然會使勞動者失去正常收入，造成勞動力再生產過程的停頓。而社會保險就是勞動者在遇到上述風險事故時給予必要的經濟補償和生活保障，使勞動力得以恢復。

3. 有利於實現社會公平和社會進步

由於勞動者在文化水準、勞動能力等方面的差異，必然造成收入上的差距。社會保險可以通過強制徵收保險費，聚集成保險基金，對收入較低或失去收入來源的勞動者給予補助，提高其生活水準，在一定程度上實現社會的公平分配。社會保險還能體現出勞動者相互間的互助合作、同舟共濟的精神，有利於促進社會進步。

【知識拓展】　　　　　商業保險與社會保險的區別

（1）性質不同。社會保險由國家立法並強制實施的，屬於政府行為；商業保險是商業行為，保險人與被保險人之間完全是一種自願的合同關係。

（2）目的不同。社會保險不以營利為目的，其出發點是為了確保勞動者特殊情況下的基本生活，同時維護社會穩定和促進經濟發展；商業保險的經營目的是獲取商業利潤，在此前提下給投保者在合同約定範圍內以經濟補償。

（3）對象不同。社會保險的參保對象是已建立勞動關係的勞動者，不論用人單位和勞動者主觀上是否願意，都必須參加，屬於強制性保險；而商業保險的參保對象是全體社會成員，由公民自願參加，屬於任意性保險。

（4）資金來源不同。社會保險費原則上由用人單位和個人共同承擔，在必要時國家通過財政補貼等方式予以支持；商業保險費完全由投保人自己負擔。

（5）政府責任不同。社會保險是公民享有的一項基本權利，政府對社會保險承擔最終的兜底責任。商業保險受市場競爭機制制約，政府依法對商業保險進行監管，以保護投保人的利益。

二、社會保險的主要特徵

（一）國家強制性

社會保險是由國家立法並強制實施的，其實施條件和內容都必須按照法律規定的標準辦理，凡符合法律規定的用人單位和個人與社會保險機構之間建立了社會保險關係，不必事先訂立合同認可。負有社會保險交費義務的個人和單位都必須按規定的保險項目、標準費率交納社會保險費。對用人單位未及時足額繳納社會保險費的，除強制繳納外，還要承擔滯納金等法律責任。

（二）基本保障性

社會保險保障勞動者的基本生活需要，勞動者基於法定原因失去勞動能力或中斷勞動收入，社會保險就要對勞動者的生活等起到基本保障作用。保障水準應能維持其基本生活，解決其經濟困難，也利於社會安定。

(三) 非營利性

社會保險不能以盈利為目的，其倡導的理念精神是「以最小的花費，解決最大的問題」。社會保險費依法由用人單位和個人繳納，在特殊情況下由國家給予保障。由於社會保險費是由多方共同分擔，所以勞動者的繳費負擔不會太重。

(四) 保障普遍性

社會保險實施範圍很廣，一般情況下覆蓋了本國的勞動者及其親屬。社會保險具有普遍性，但其保障的廣度和深度取決於社會經濟發展水準和社會承受能力。在條件不成熟情況下，社會保險可以先在一部分勞動者中實施，隨著條件的發展再逐步擴大到所有的勞動者，以至於全體社會成員。

(五) 待遇差別性

社會保險待遇並非實行「平均享受主義」，而是以參保勞動者的社會保險期限和繳納保險費的多少等差異而實行差別待遇。例如基本養老保險，其社會保險繳費期限越長和繳納費用越多的，勞動者退休時所享受的基本養老保險待遇就越高。

【案例連結】　　　　　　把社保費當工資發，單位受處罰

江蘇揚州市某私營布藝商店招用的10名勞動者聯名向勞動監察大隊反應，該單位老板在勞動合同中約定企業繳納的社保費包括在工資裡，即單位每月補發每人社會保險費300元，勞動者自行辦理社會保險。其結果是，員工只能以自由職業者身分參加社會保險，每月承擔社會保險費用總額為950元。

勞動監察部門認為，依據《社會保險費徵繳暫行條例》等規定，對於不依法辦理社會保險的繳費單位，勞動監察部門可責令其限期整改；情節嚴重的，可以對繳費單位和其有關責任人處以罰款。對於未依法繳納和代扣代繳社保費的繳費單位，由社會保險徵繳機關責令限期繳納；逾期仍不繳納的，除補繳欠繳數額外，從欠繳之日起，按日加收千分之二的滯納金。對此，勞動監察部門要求該用工單位在收到《限期整改指令書》之日起，5個工作日內進行整改，未開戶的開戶，少繳、漏繳的都要補全。同時，對單位未足額參保，且不按法規整改的情況，市勞動監察支隊將給予相應的行政處罰。

三、社會保險基金

國家發展社會保險事業，建立社會保險制度，設立社會保險基金，使勞動者在年老、患病、工傷、失業、生育等情況下獲得幫助和補充。社會保險基金是指國家為了舉辦社會保險事業、支付給喪失勞動能力或喪失勞動機會的勞動者各項保險金而設立的基金。

(一) 社會保險基金的來源

社會保險基金按照保險類型確定資金來源，逐步實行社會統籌，用人單位和勞動者必須依法參加社會保險，繳納社會保險費。社會保險基金是國家通過立法方式進行強制徵收，並主要面向用人單位和勞動者籌集，必要時國家給予保障支持，如《社會保險法》規定「基本養老保險基金出現支付不足時，政府給予補貼」。同時，國家還通過稅收優惠等政策支持社會保險事業健康穩步發展。

社會保險基金的主要來源有：一是用人單位和勞動者依法繳納的社會保險費和滯納金；二是社會保險基金的增值性收入；三是政府撥給的資金；四是各種捐贈收入；

五是法定的其他收入。

> 【社會觀察】　　2018年度成都市企業職工社會保險費繳納結構及比例
> 　　（1）單位繳納部分：月繳費工資×單位繳費率＝月繳費工資×（基本養老保險19%＋基本醫療保險6.5%＋失業保險0.6%＋生育保險0.8%＋工傷保險×行業基準費率）；
> 　　（2）職工個人繳納部分：月繳費工資×職工繳費率＝月繳費工資×（基本養老保險8%＋基本醫療保險2%＋失業保險0.4%）；
> 　　其中，繳費工資按照國家統計局《關於工資總額組成的規定》執行，即包括計時工資、計件工資、獎金、津貼和補貼、加班加點工資和特殊情況下支付的工資等；工傷保險行業基準費率實行浮動制，由政府根據單位行業不同確定基準費率和單位上一年享受工傷保險待遇的情況來確定。

（二）社會保險基金的管理

社會保險基金經辦機構依照法律規定收支、管理和營運社會保險基金，並負有使社會保險基金保值增值的責任。社會保險基金監督機構依照法律規定，對社會保險基金的收支、管理和營運實施監督。社會保險基金經辦機構和社會保險基金監督機構的設立和職能由法律規定，任何組織和個人不得挪用社會保險基金。

社會保險基金是社會保險事業的生命線，是百姓的「養命錢」「活命錢」，是社會保險制度運行的物質基礎。社會保險基金的安全與完整，直接關係到廣大參保人員的切身利益和社會穩定。國家對社會保險基金實行嚴格監管。國務院和省、自治區、直轄市人民政府建立健全社會保險基金監督管理制度，保障社會保險基金安全、有效運行。縣級以上人民政府應當採取措施，鼓勵和支持社會各方面參與社會保險的監督。

（三）社會保險基金的支取

勞動者在退休、患病負傷、因工傷殘或者患職業病、失業、生育時，依法享受社會性保險待遇。勞動者死亡後，其遺屬依法享受遺屬津貼。

勞動者享受社會保險待遇的條件和標準由法律法規規定，社會保險機構必須按時足額支付勞動者享受的社會保險金。

四、社會保險費徵繳管理

為了加強和規範社會保險徵繳工作，保障社會保險金的發放，依據《社會保險費徵繳暫行條例》（1999）規定，社會保險費徵繳管理事項如下：

（1）社會保險登記、變更和終止管理

繳費單位必須向當地社會保險經辦機構辦理社會保險登記，參加社會保險。登記事項包括：單位名稱、住所、經營地點、單位類型、法定代表人或者負責人、開戶銀行帳號以及國務院勞動保障行政部門規定的其他事項。

社會保險登記證件不得偽造、變造。登記事項發生變更或者繳費單位依法終止的，應當自變更或者終止之日起30日內，到社會保險經辦機構辦理變更或者註銷社會保險登記手續。

（2）社會保險繳費數額管理

繳費單位必須按月向社會保險經辦機構申報應繳納的社會保險費數額，經社會保險經辦機構核定後，在規定的期限內繳納社會保險費。

繳費單位不按規定申報應繳納的社會保險費數額的，由社會保險經辦機構暫按該單位上月繳費數額的110%確定應繳數額；沒有上月繳費數額的，由社會保險經辦機構暫按該單位的經營狀況、職工人數等有關情況確定應繳數額。繳費單位補辦申報手續並按核定數額繳納社會保險費後，由社會保險經辦機構按照規定結算。

(3) 稅務機關徵收社會保險費管理

依法由稅務機關徵收社會保險費的，社會保險經辦機構應當及時向稅務機關提供繳費單位社會保險登記、變更登記、註銷登記以及繳費申報的情況。

由稅務機關徵收社會保險費的，稅務機關應當及時向社會保險經辦機構提供繳費單位和繳費個人的繳費情況；社會保險經辦機構應當將有關情況匯總，報勞動保障行政部門。

五、社會保險中用人單位的義務與勞動者的權利

(一) 用人單位的社會保險義務

(1) 繳費義務。職工基本養老保險、職工基本醫療保險、失業保險的繳費義務由用人單位與職工共同承擔；工傷保險、生育保險的繳費義務全部由用人單位承擔。繳費單位和繳費個人應當按時足額繳納社會保險費。

(2) 登記義務。用人單位應當自成立之日起30日內憑營業執照、登記證書或者單位印章，向當地社會保險經辦機構申請辦理社會保險登記；用人單位應當自用工之日起30日內為其職工向社會保險經辦機構申請辦理社會保險登記。

(3) 申報和代扣代繳義務。用人單位負有自行申報、按時足額繳納社會保險費的法定義務，非因不可抗力等法定事由不得緩繳、減免。

職工應當繳納的社會保險費由用人單位代扣代繳。用人單位未依法代扣代繳的，由社會保險費徵收機構依據《實施〈社會保險法〉若干規定》第二十條規定，責令用人單位限期代繳，並自欠繳之日起向用人單位按日加收萬分之五的滯納金。用人單位不得要求職工承擔滯納金。

【律師提示】　用人單位未依法足額繳納社會保險費的法律風險

(1) 用人單位未足額繳納工傷保險費，造成工傷職工享受的工傷保險待遇降低的，降低部分由該用人單位支付。

(2) 用人單位向社會保險經辦機構申報應繳納的社會保險費數額時，瞞報工資總額或者職工人數的，由勞動保障行政部門責令改正，並處瞞報工資數額1倍以上3倍以下的罰款。

(3) 用人單位未按時足額繳納社會保險費的，由社會保險費徵收機構責令限期繳納或者補足，並自欠繳之日起，按日加收萬分之五的滯納金；逾期仍不繳納的，由有關行政部門處欠繳數額一倍以上三倍以下的罰款。

(4) 用人單位未按照規定申報應繳納的社會保險費數額的，由勞動保障行政部門責令限期改正；情節嚴重的，對直接負責的主管人員和其他直接責任人員可以處罰款。

(二) 勞動者的社會保險權利

(1) 享受社會保險待遇的權利。用人單位負有對勞動者辦理社會保險的義務，還應做到「應保盡保」。當繳費個人依法履行了繳費義務且符合法律規定的情形時，有權

依法享受社會保險的各項待遇。

（2）享有社會保險知情權。繳費個人有權按規定向社會保險經辦機構查詢本單位繳費狀況和本人個人帳戶記錄情況，在發現本人個人帳戶記錄有誤時，繳費個人可依法要求社會保險經辦機構予以更正。同時還有權要求所在單位向職工公布全年社會保險費的繳納情況。

（3）享有監督舉報權。任何人對有關社會保險費徵繳的違法行為，都有舉報權。如用人單位未按規定履行繳費義務，繳費個人認為其社會保險權益受到侵犯時，可以舉報或提請有關部門處理，勞動保障行政部門或者稅務機關對舉報應及時調查，按規定處理，並為舉報人保密。

（4）享有程序救濟權利。在辦理社會保險或享受社會保險待遇，與用人單位發生爭議的，或與社會保險經辦機構發生爭議的，勞動者享有通過行政復議、勞動爭議仲裁或勞動爭議訴訟等程序救濟權利。職工認為用人單位有未按時足額為其繳納社會保險費等侵害其社會保險權益行為的，也可以要求社會保險行政部門或者社會保險費徵收機構依法處理。

【法律連結】　　　　　國家稅收優惠支持社會保險事業

通過稅收優惠以減輕納稅人的納稅義務，是國家干預經濟的重要手段之一。目前，中國對社會保險方面的稅收優惠主要內容有：①用人單位和個人社會保險繳費部分在所得稅稅前列支。單位為個人繳付和個人繳付的基本養老保險費、基本醫療保險費、失業保險費、住房公積金，從納稅義務人的應納稅所得額中扣除；②個人帳戶資金免收利息稅。個人帳戶不得提前支取，記帳利率不得低於銀行定期存款利率，免徵利息稅；③社會保險待遇免徵個人所得稅。

第二節　基本養老保險

養老保障是每一位勞動者必須面對且必須解決的人生大計，它好似「遠在天邊」但又「近在眼前」，因為享受養老保障是勞動者退休時期才產生的基本需要，但享受養老保險的前提是勞動者工作時期必須依法辦理社會保險繳費問題。做好勞動者養老保障工作，也是政府面對的國家責任問題。對於一個負責任的政府來說，有義務使國民安享晚年，有責任讓國民「老有所養」。目前，中國建立了基本養老保險制度，為勞動者在年老退休後提供穩定的基本養老保障。事實證明，國家舉辦的基本社會養老保險已經成為勞動者退休之後經濟上「最忠誠的依靠」。

一、基本養老保險概述

（一）基本養老保險

基本養老保險又稱國家基本養老保險，是指國家根據法律、法規的規定，強制建立和實施的，用人單位和勞動者依法共同繳納養老保險費，在勞動者達到法定退休年齡或因其他原因而退出勞動崗位後，由社會保險經辦機構依法向其支付養老金等待遇，從而保障其基本生活的制度。

基本養老保險制度是社會保障制度的重要組成部分，中國建立了「覆蓋城鄉居民」的職工基本養老保險制度、新型農村社會養老保險制度、城鎮居民社會養老保險制度。對於職工養老保險而言，形成了基本養老保險、企業補充養老保險和個人儲蓄性養老保險等多層次相結合的養老保險體系。其中，基本養老保險是多層次職工養老保險體系的核心內容。

【案例連結】　　　　雙方過錯導致勞動者退休無法享有社會保險待遇案

自1993年5月開始，勞動者林平之就在華山公司上班，2014年8月，林平之因年滿60週歲辦理了退休手續。在職期間，華山公司未為林平之辦理社會保險，但2009年1月至2014年8月，林平之每月從華山公司領取了應由單位承擔的180元社會保險費用，2014年9月林平之一次性領取了2001年至2008年社會保險費用17,280元（每月180元）。2014年9月24日，林平之向勞動爭議仲裁委員會申請仲裁，仲裁請求：要求華山公司賠償林平之因未辦理社會保險手續而無法享受社會養老保險待遇的損失人民幣148,200元（社會保險養老金：950元/月×12個月×13年＝148,200元）等。同年9月25日，勞動爭議仲裁委員會做出不予受理通知書，以主體不適格為由不予受理。林平之不服，遂訴至法院。法院一審判決支持林平之要求用人單位賠償無法享受社會保險待遇的損失。同時，法院認為林平之對損失的造成負有過錯，自己應承擔50%的責任。

（二）基本養老保險法律制度

1997年，國務院發布《關於建立統一的企業職工基本養老保險制度的決定》（國發〔1997〕26號），建立了由國家、企業和個人共同負擔的基金籌集模式，確定了社會統籌與個人帳戶相結合的基本模式，統一了企業職工基本養老保險制度。為了配合《關於建立統一的企業職工基本養老保險制度的決定》的實施，國家頒布實施了《職工基本養老保險個人帳戶管理暫行辦法》《關於規範企業職工基本養老保險個人帳戶管理有關問題的通知》《關於嚴格執行職工基本養老保險個人帳戶轉移政策的通知》等制度。

隨著人口老齡化、就業方式多樣化和城市化的發展，現行企業職工基本養老保險制度還存在個人帳戶沒有做實、計發辦法不盡合理、覆蓋範圍不夠廣泛等不適應的問題，需要加以改革和完善。為此，國務院頒布實施了《國務院關於完善企業職工基本養老保險制度的決定》（國發〔2005〕38號）。

二、基本養老保險的參保範圍

【案例討論】廈門市某外商獨資公司高薪聘用了一位博士畢業生趙某擔任項目經理。在建立勞動關係時，公司人事部經理說：「公司約定合同工資為1.8萬元/月，條件是社會保險等福利待遇由個人負責。」聽了這話，趙博士心裡盤算開了：「這個公司給我的工資的確是夠多的，可就是將來萬一得了大病或者老了怎麼辦呢？」但他轉念又一想：「我剛30多歲，一般也不會有什麼大病，至於養老問題，現在考慮還為時尚早。倒不如趁年輕多掙些錢來得實惠。」工作以後，趙博士為了解除自己的後顧之憂，每月從工資中拿出2,000元，向保險公司投了一份養老保險。幾個月後，由於趙博士與董事長在公司的經營管理等重大問題上產生了分歧，被董事長炒了「魷魚」。趙博士不服，提起了勞動爭議仲裁。

> 在勞動爭議仲裁過程中，趙博士提出公司未給他繳納養老保險，侵犯了勞動者的合法權益。公司反駁並認為不辦養老保險，是事先徵得了勞動者本人的同意；同時，勞動者本人也已經向保險公司投了養老保險。
> 在此情況下，該公司是否還應該給趙某繳納養老保險？

基本養老保險的參保範圍，也就是指負有繳納基本養老保險費義務的單位和個人。根據中國現行法律制度規定，基本養老保險的參保範圍包括以下當事人：

（1）各種企業及其勞動者。其中，各種企業包括不同所有制形式和各種組織形式的企業。

（2）實行社會化管理的事業單位、社會團體、民辦非企業單位及其勞動者。

（3）機關事業單位和社會團體及其編製外聘用人員。

（4）城鎮個體工商戶及其雇工、城鎮自由職業者等。

參加基本社會養老保險的勞動者包括正式工、臨時工、外來工和農民工等。根據《國務院關於完善企業職工基本養老保險制度的決定》規定，城鎮各類企業職工、個體工商戶和靈活就業人員都要參加企業職工基本養老保險。當前及今後一個時期，政府要以非公有制企業、城鎮個體工商戶和靈活就業人員參保工作為重點，擴大基本養老保險覆蓋範圍。

三、基本養老保險繳費標準

職工參加基本養老保險的，由用人單位和職工共同繳納基本養老保險費。基本養老保險費繳費總額＝繳費工資×（單位繳費比例＋職工繳費比例），具體規定如下：

（一）繳費比例

基本養老保險單位繳費比例與職工繳費比例有不同規定。單位繳納比例相對較高，其具體標準由各省級人民政府確定；職工個人基本養老保險繳費標準，由《國務院關於建立統一的企業職工基本養老保險制度的決定》（國發〔1997〕26號）和《國務院關於完善企業職工基本養老保險制度的決定》（國發〔2005〕38號）兩份規範性文件做出具體規定。自2006年起，職工個人繳納基本養老保險費的比例為8%。

對國家機關、事業單位實行勞動合同制的職工和自由職業者等的繳費比例，又有別於上述規定。

（二）繳費工資

用人單位及其勞動者的基本養老保險繳費工資口徑，統一按國家統計局規定列入工資總額統計的項目計算，其中包括工資、獎金、津貼、補貼等收入。《國務院關於建立統一的企業職工基本養老保險制度的決定》（國發〔1997〕26號）規定，當勞動者月平均工資低於當地職工月平均工資60%的，按當地職工月平均工資的60%作為繳費基數；當勞動者月平均工資高於當地職工月平均工資300%的，按當地職工月平均工資的300%作為繳費基數。當勞動者月平均工資處於當地職工月平均工資60%~300%的區間段的，應以勞動者的實際工資收入作為繳費基數。

對於無雇工的個體工商戶、未在用人單位參加基本養老保險的非全日制從業人員以及其他靈活就業人員參加基本養老保險的，《社會保險法》規定由個人繳納基本養老保險費，分別記入基本養老保險統籌基金和個人帳戶。

四、基本養老保險帳戶

基本養老保險帳戶分基本養老社會統籌帳戶和基本養老保險個人帳戶。其中，基本養老保險個人帳戶，是指社會保險經辦機構以居民身分證號碼為標示，為每位參加基本養老保險的職工個人設立的唯一的、用於記錄職工個人繳納的養老保險費的帳戶。基本養老保險個人帳戶是職工在符合國家規定的退休條件並辦理了退休手續後，領取基本養老金的主要依據。

基本養老保險個人帳戶直接關係到勞動者退休後領取養老保險金的多少，也是退休職工所領取退休養老保險金差異的根源。個人帳戶記入的資金包括三部分：①當年繳費本金，個人全部繳費。關於用人單位繳費中按比例劃入個人帳戶的，自2006年1月1日起國家不再執行此項規定；②當年本金生成的利息；③歷年累計儲存額生成的利息。

對於國有企業、事業單位的職工，在參加基本養老保險前視同繳費年限期間應當繳納的基本養老保險費，由政府承擔並分別計存於基本養老社會統籌帳戶和基本養老保險個人帳戶。

五、國家對個人基本養老保險的保障

（1）個人帳戶記帳利率不得低於銀行定期存款利率，並免徵利息稅。所得利息部分免徵個人所得稅，並滾動進入個人帳戶。

（2）勞動者流動不影響待遇。勞動者在所有企業和個體經濟組織之間的工作流動，養老保險關係和個體帳戶都可以保留並隨之轉移，繳納的基本養老保險費可累計計算，退休時不影響基本養老金待遇的計發。

（3）基本生活有保障。參保人員在達到法定退休年齡後，符合按月領取基本養老保險條件的，終其一生，均可按月領取養老金直到死亡。參保人員退休後的養老金水準隨職工工資水準的提高而提高。

（4）養老保險個人帳戶中的金額屬於個人私有財產。法律不但規定勞動者生前未支取的部分可以繼承或者贈予，而且還規定了勞動者終止社會保險關係的其他一次性領取情形。

六、基本養老保險待遇

（一）基本養老金的給付條件

職工基本養老保險個人帳戶不得提前支取。職工享受基本養老保險待遇，應當符合下列條件：

（1）勞動者達到國家法律、法規規定的退休條件並辦理了退休手續。

（2）勞動者基本養老保險費繳費年限必須滿15年。繳費年限，包括實際繳費年限和國家規定的視同繳費年限兩種情形。

對於參加基本養老保險的個人達到法定退休年齡時累計繳費不足十五年的，《社會保險法》規定勞動者可以選擇：一是繳費至滿十五年，勞動者可以按月領取基本養老金；二是可以轉入新型農村社會養老保險或者城鎮居民社會養老保險，勞動者享受新型農村社會養老保險待遇或者城鎮居民社會養老保險待遇。

【法律連結】 社會保險繳費年限不足的處理規定

《實施〈社會保險法〉若干規定》對未滿社會保險繳費年限的具體處理規定如下：

參加職工基本養老保險的個人達到法定退休年齡時，累計繳費不足十五年的，可以延長繳費至滿十五年。社會保險法實施前參保、延長繳費五年後仍不足十五年的，可以一次性繳費至滿十五年。

參加職工基本養老保險的個人達到法定退休年齡後，累計繳費不足十五年，且未轉入新型農村社會養老保險或者城鎮居民社會養老保險的，個人可以書面申請終止職工基本養老保險關係。在終止職工基本養老保險關係確認後，將個人帳戶儲存額一次性支付給本人。

（二）基本養老保險待遇

1. 基本養老金

（1）實施基本養老保險制度後參加工作的退休職工：月基本養老金＝月基礎養老金＋月個人帳戶養老金

其中，基礎養老金每月標準以計發所在省上年度在崗職工月平均工資和本人指數化月平均繳費工資的平均值為基數，繳費每滿1年發給1%，從社會統籌基金帳戶中支付；個人帳戶養老金每月標準為個人帳戶儲存額除以計發月數，從本人個人帳戶中支付；不足支付時，從社會統籌基金帳戶中繼續支付。計發月數根據職工退休時城鎮人口平均預期壽命、本人退休年齡、利息等因素確定。目前，各地多採用120作為計發月數。

（2）實施基本養老保險制度前參加工作的退休職工，其基本養老金計發標準為：在發給基礎養老金和個人帳戶養老金的基礎上再發給過渡性養老金，即所謂的過渡辦法或者「老人老辦法」等。對此，《國務院關於完善企業職工基本養老保險制度的決定》（國發〔2005〕38號）做出了明確的規定。

2. 基本養老保險其他待遇

參加基本養老保險的個人，因病或者非因工死亡的，其遺屬可以領取喪葬補助金和撫恤金；在未達到法定退休年齡時因病或者非因工致殘完全喪失勞動能力的，可以領取病殘津貼。

第三節　基本醫療保險

疾病是人類無法迴避的重大風險，它不僅傷害人的身體健康和精神健康，而且會增加患者的經濟負擔，甚至導致其家庭貧困等。由於疾病危害的廣泛性、普遍性和不可避免性，醫療保險和其他社會化的醫療保障制度才逐漸成為許多國家社會保障體系中的重要組成部分。目前，中國建立的社會醫療保險體系由基本醫療保險（個人帳戶、統籌基金）、補充醫療保險（公務員醫療補助、企業補充醫療保險）和大額醫療費補充保險三部分組成。其中，基本醫療保險保障所有勞動者對醫療費用的基本需求。

一、基本醫療保險的概念

（一）基本醫療保險

基本醫療保險，是指國家通過立法建立的，保障勞動者及其供養親屬非因工傷病

後從國家和社會獲得基本醫療幫助的一種社會保險制度。中國城鎮所有用人單位及其職工都要參加基本醫療保險；同時，為了不降低一些特定行業職工的醫療消費水準，在參加基本醫療保險的基礎上，還允許建立補充醫療保險。

目前，中國建立了保障職工基本醫療保險的法律制度，主要有《國務院關於建立城鎮職工基本醫療保險制度的決定》（國發〔1998〕44號）和《社會保險費徵繳暫行條例》等。為了配合基本醫療保險制度的實施，各地省級人民政府制訂了配套地方法規。

(二) 基本醫療保險的特徵

(1) 基本醫療保險具有普遍性、短期性和經常性的特點。基本醫療保險的覆蓋對象是全體職工，並且疾病風險的發生是隨機的、突發性的，因此為該風險提供社會保障的基本醫療社會保險必須具有普遍性、短期性和經常性的特點。

(2) 風險事故的高發性。疾病風險具有較強的不可避免性、隨機性和不可預知性。人們很難對疾病的發生時間、類型、嚴重程度進行準確判斷，這加大了疾病風險的危害。因此，在法律規定範圍內的群體，無論患病與否，必須一律參加基本醫療保險，以有效分擔不可預期的疾病風險，提高全社會的醫療保障能力。

(3) 基本醫療保險涉及面廣，具有複雜性。實行基本醫療保險必須處理好醫、患、保、藥等方面的關係。患病時每個人的實際醫療費用無法事先確定，支出多少不僅取決於患病的實際情況，還有醫療處置手段、醫藥服務提供者的行為甚至可能的道德風險等對醫療費用產生的影響。因此，需要對醫療服務提供者以及醫藥服務的項目和內容進行管理，以提高醫療保險基金的利用效率。

(4) 基本醫療保險待遇補償方式為非定額補償。患者獲得的補償與繳費多少無關而與醫療費用直接相關，即這種補償不是取決於其所繳的基本醫療保險費，而是取決於病情、疾病發生的頻率以及實際需要。

二、基本醫療保險的原則

(1) 基本醫療保險費由用人單位和職工雙方共同負擔。隨著疾病風險類別的增多、後果嚴重性的加劇，依靠個人的力量是遠遠不能夠控制疾病風險的；同時，在社會化大生產的過程中，勞動者作為社會勞動力的形式存在。因此，疾病風險需要由單位和職工共同分擔。

(2) 基本醫療保險管理的規範化原則。基本醫療保險的根本宗旨是既要保障參保人的醫療需求，又要避免或盡量減少基本醫療保險基金的浪費。基本醫療保險基金的使用必須嚴格遵循法律規章制度，保證專款專用。中國對基本醫療保險基金實行社會統籌和個人帳戶相結合的管理體制，並實行屬地管理原則。

(3) 基本醫療保險的統籌和保障水準與經濟社會發展水準相適應原則。目前，中國處於社會主義初級階段，國家應根據財政、單位和個人的承受能力，建立了保障職工基本醫療需求的基本醫療保險制度。

【法律連結】　　　　參保人員在非協議醫療機構就醫規定

參保人員在協議醫療機構發生的醫療費用，符合基本醫療保險藥品目錄、診療項目、醫療服務設施標準的，按照國家規定從基本醫療保險基金中支付。

參保人員確需急診、搶救的，可以在非協議醫療機構就醫；因搶救必須使用的藥品可以適當放寬範圍。參保人員急診、搶救的醫療服務具體管理辦法由統籌地區根據當地實際情況制定。

三、基本醫療保險覆蓋範圍和繳費辦法

(一) 基本醫療保險的覆蓋範圍

城鎮所有用人單位，包括企業、機關、事業單位、社會團體、民辦非企業單位及其職工都必須參加基本醫療保險。鄉鎮企業及其職工、城鎮個體經濟組織業主及其從業人員是否參加基本醫療保險，由省級人民政府決定。

(二) 基本醫療保險費的繳費辦法

基本醫療保險費由用人單位和職工共同繳納。用人單位繳費率應控制在職工工資總額的6%左右，職工繳費率為本人工資收入的2%。隨著經濟發展，用人單位和職工繳費率可作相應調整。

參加職工基本醫療保險的個人，達到法定退休年齡時累計繳費達到國家規定年限的，退休後不再繳納基本醫療保險費，按照國家規定享受基本醫療保險待遇；未達到國家規定年限的，可以繳費至國家規定年限。

靈活就業人員可以自願參加職工基本醫療保險。靈活就業人員參加職工基本醫療保險的，可以參照當地基本醫療保險建立統籌基金的繳費水準確定繳納基本醫療保險的義務。

四、基本醫療保險統籌基金和個人帳戶管理

基本醫療保險基金由統籌基金和個人帳戶構成。

(一) 基本醫療保險統籌基金和個人帳戶的資金來源

職工個人繳納的基本醫療保險費，全部計入個人帳戶。用人單位繳納的基本醫療保險費分為兩部分：一部分用於建立統籌基金，一部分劃入個人帳戶。劃入個人帳戶的比例一般為用人單位繳費的30%左右，具體比例由統籌地區根據個人帳戶的支付範圍和職工年齡等因素確定。

(二) 基本醫療保險個人帳戶管理

(1) 個人帳戶的本金及其利息屬參保人員個人所有，可以結轉和依法繼承，但不得提取現金或挪作他用。職工跨地區流動時其個人帳戶隨之轉移。

(2) 個人帳戶和統籌基金分開核算，互不擠占。個人帳戶用於支付門診醫療費，統籌基金用於支付住院醫療費。

(3) 個人跨統籌地區就業的，其基本醫療保險關係隨本人轉移，繳費年限累計計算。

(4) 用人單位未按規定按時、足額繳納基本醫療保險費的，停止計入該單位參保職工個人帳戶，統籌基金停止支付，並按照《社會保險費徵繳暫行條例》的規定加收滯納金和予以處罰。

五、基本醫療保險金支付管理

基本醫療保險待遇的主要內容表現為醫療服務，其中包括藥品、診療、住院等項目，其標準及相關管理辦法由勞動和社會保障部會同財政部等有關部門制訂。符合基本醫療保險藥品目錄、診療項目、醫療服務設施標準以及急診、搶救的醫療費用，按照國家規定從基本醫療保險基金中支付。

（1）基本醫療保險統籌基金和個人帳戶在各自的支付範圍，分別核算，不得互相擠占。

（2）確定統籌基金的起付標準和最高支付限額，起付標準原則上控制在當地職工年平均工資的10%左右，最高支付限額原則上控制在當地職工年平均工資的4倍左右。

（3）統籌基金起付標準以下的醫療費用，從個人帳戶中支付或由個人自付。起付標準以上、最高支付限額以下的醫療費用，主要從統籌基金中支付，個人也要負擔一定比例。超過最高支付限額的醫療費用，可以通過商業醫療保險等途徑解決。

統籌基金的具體起付標準、最高支付限額以及在起付標準以上和最高支付限額以下醫療費用的個人負擔比例，根據《國務院關於建立城鎮職工基本醫療保險制度的決定》規定，由統籌地區根據以收定支、收支平衡的原則確定。

【法律連結】　　醫療費用未納入基本醫療保險基金支付範圍的項目

《社會保險法》規定不納入基本醫療保險基金支付範圍的醫療費用主要有：①應當從工傷保險基金中支付的；②應當由第三人負擔的；③應當由公共衛生負擔的；④在境外就醫的。

醫療費用依法應當由第三人負擔，第三人不支付或者無法確定第三人的，由基本醫療保險基金先行支付。基本醫療保險基金先行支付後，有權向第三人追償。

第四節　工傷保險

當人類社會進入了工業化時代，工作節奏的加快和工作環境的特殊性，勞動者的工傷事故日漸增多；同時，勞動者在工作中接觸有毒、有害因素，也增加其職業患病的危險度。工傷事故或者職業病的發生，不但損害了勞動者的人身健康和生命安全，還會使勞動者及其家庭陷入經濟困境之中。如果沒有辦理工傷保險，工傷賠償責任還會導致用人單位背上沉重的經濟包袱，直接影響單位整個生產經營活動。建立工傷保險，轉移風險損害，既是對單位負責，更是對勞動者及其家族負責。工傷保險構成社會保險的體系之一，成為社會文明的重要標誌。

一、工傷保險的概述

（一）工傷保險

【案例評析】吳某系海口市某醫院的聘用職工，在工作期間因私事與本院職工鄭某發生口角，雙方互毆，致使吳某受傷住院治療。在住院期間，單位減發了其工資。吳某出院後，要求單位支付其住院期間的工資及津貼，並報銷醫療費用。單位認為吳某在工作時間鬥毆是違反勞動紀律的行為，致傷住院的一切經濟損失應由個人承擔，所以未答應吳某的要求。而吳某認為是自己是在工作地點和工作期間內受到的傷害，應認定為工傷，遂向當地工傷認定部門提出工傷認定申請。

工傷認定部門會支持吳某的請求嗎？

工傷保險，是指勞動者因工負傷或殘廢或患職業病，暫時或永久喪失勞動能力，從社會得到物質幫助的一種社會保險制度。工傷保險是社會保險中最具普及性的一種保障制度。依法享受工傷保險待遇是勞動者的基本權益。

為了保障因工作遭受事故傷害或者患職業病的職工獲得醫療救治和經濟補償，促進工傷預防和職業康復，分散用人單位的工傷風險，2003年國務院頒布實施了《工傷保險條例》。隨著經濟形勢和勞動用工的變化，2010年國務院對《工傷保險條例》進行了修正，並自2011年1月1日起施行。為了配合該條例的實施，各省、自治區和直轄市制訂了配套實施細則。在勞動司法實踐中，《最高人民法院關於審理工傷保險行政案件若干問題的規定》（2014）成為工傷案件審理的指導依據。

【法律連結】　　　　　特殊情況下的工傷保險責任分配

《最高人民法院關於審理工傷保險行政案件若干問題的規定》規定當社會保險行政部門認定下列單位為承擔工傷保險責任單位的，人民法院應予以支持：

（一）職工與兩個或兩個以上單位建立勞動關係，工傷事故發生時，職工為之工作的單位為承擔工傷保險責任的單位；

（二）勞務派遣單位派遣的職工在用工單位工作期間因工傷亡的，派遣單位為承擔工傷保險責任的單位；

（三）單位指派到其他單位工作的職工因工傷亡的，指派單位為承擔工傷保險責任的單位；

（四）用工單位違反法律、法規規定將承包業務轉包給不具備用工主體資格的組織或者自然人，該組織或者自然人聘用的職工從事承包業務時因工傷亡的，用工單位為承擔工傷保險責任的單位；

（五）個人掛靠其他單位對外經營，其聘用的人員因工傷亡的，被掛靠單位為承擔工傷保險責任的單位。

前款第（四）、（五）項明確的承擔工傷保險責任的單位承擔賠償責任或者社會保險經辦機構從工傷保險基金支付工傷保險待遇後，有權向相關組織、單位和個人追償。

（二）工傷保險的特徵

（1）工傷保險適用範圍具有廣泛性。中國境內的企業、事業單位、社會團體、民辦非企業單位、基金會、律師事務所、會計師事務所等組織和有雇工的個體工商戶（以下稱用人單位）應當依照規定參加工傷保險，為本單位全部職工或者雇工（以下稱職工）繳納工傷保險費。職工依法享受工傷保險待遇。

（2）工傷保險實行無過錯推定責任的基本原則。除勞動者故意行為所致的傷害等法定情形外，工傷事故符合「工作任務、工作時間、工作場所」即「三工」特徵的，無論事故發生是歸於用人單位還是職工個人或第三人原因的，用人單位都應當對職工承擔工傷保險責任。對工傷有異議的，用人單位依法負有舉證責任。

（3）工傷保險是用人單位的法定義務。《工傷保險條例》規定，工傷保險費用由用人單位負擔，勞動者個人不繳納費用。用人單位未履行工傷保險法定義務，造成勞動者不能享受工傷保險待遇的，應當承擔工傷保險待遇的賠償責任。

（4）工傷保險待遇標準較高，享受待遇項目多。相對於醫療保險待遇而言，工傷保險待遇標準較高，享受待遇項目多，但工傷程度不同而待遇有所差別。

二、工傷保險制度的原則
(一) 無責任補償原則
無責任補償原則又稱無過失補償原則，是指勞動者在工作過程中遭遇工傷事故或職業病，無論企業或雇主是否有過錯，只要不是勞動者本人故意所為，均按照法律規定的標準支付勞動者相應的工傷保險待遇，並且雇主不直接承擔補償責任，而由工傷社會保險機構統一組織工傷補償。
(二) 職工不承擔工傷保險繳費原則
勞動者為企業提供勞動時，企業有義務為勞動者提供基本的人身安全保障。因此，工傷保險費全部由用人單位按照國家規定的繳費率繳納，勞動者個人不需要承擔繳費的責任，這也是工傷保險與養老、失業、基本醫療保險等的區別。
(三) 一次性補償和長期補償相結合原則
對因工傷而部分喪失或完全永久性喪失勞動能力的職工或是因工死亡的職工，其工傷保險待遇補償實行一次性補償和長期補償相結合的辦法。根據《工傷保險條例》的規定，對1~6級傷殘的職工，以及因工死亡職工遺屬，工傷保險機構一般在支付一次性補償金項目的同時，還按月支付長期待遇。
(四) 區別因工傷殘與非因工傷殘原則
職業傷害與職工的工作性質、職業特點有很大的關係，工傷保險待遇具有補償性質，醫療康復、傷殘待遇和死亡撫恤待遇比其他保險待遇優厚。只要屬於工傷保險範圍內的事故，不受年齡、性別、繳費期限的限制。這是區別於非因工受傷的關鍵之處。
(五) 補償與預防、康復相結合原則
工傷保險的根本任務是預防、減少和消除工傷事故的發生，保障勞動者的安全，促進經濟發展。工傷補償是工傷保險的途徑，醫療康復和職業康復是工傷保險的目標，工傷預防是工傷保險實施的前提，將工傷補償與預防、康復有機結合，是工傷保險的重要原則。

【案例評析】工傷認定部門不會支持吳某的工傷認定請求，因為吳某雖是在工作期間和工作地點發生的傷害，但其發生原因是因私事鬥毆所致，而非工作原因受到暴力事件。中國《工傷保險條例》規定，鬥毆造成負傷、致殘、死亡的，不屬於工傷的法定情形。因此，吳某不能享受工傷待遇，單位有權拒絕按工傷標準報銷吳某的醫療費和發放其工資。

三、工傷保險基金的管理
(1) 工傷保險基金由用人單位繳納的工傷保險費、工傷保險基金的利息和依法納入工傷保險基金的其他資金構成。
(2) 用人單位應當按時繳納工傷保險費，並構成工傷保險基金最主要的來源渠道。職工個人不繳納工傷保險費。
用人單位繳納工傷保險費＝本單位職工工資總額×單位繳費費率。其中，工傷繳費費率由國家根據不同行業的工傷風險程度確定行業的差別費率，並根據工傷保險費使用、工傷發生率等情況在每個行業內確定若干費率檔次。
行業差別費率及行業內費率檔次由國務院勞動保障行政部門會同國務院財政部門、

衛生行政部門、安全生產監督管理部門制訂，報國務院批准後公布施行。
（3）工傷保險基金存入社會保障基金財政專戶。工傷保險基金應當留有一定比例的儲備金，用於統籌地區重大事故的工傷保險待遇支付；儲備金不足支付的，由統籌地區的人民政府墊付。

四、工傷情形

【案例討論】張某、王某是一對剛剛認識的好朋友，都在廣州某鋼板企業上班。2016年2月22日下班準備回出租屋時，張某見同工作崗位李某的摩托車車鎖放在辦公桌上，想想自己熟悉駕車技術，於是留下借車紙條後就將車開走。張某駕車，王某坐後座，二人順便購物。在某商場不遠的一個拐彎處，由於車速太快，摩托車掉進了路邊的引水渠。張某和王某均受傷，住院一個月，張某和王某各花費醫藥費分別為68,000元和40,000元。交通事故發生後，張王二人都沒有駕證，交警認定張某對事故發生負有全責，王某不負責任。二人認為均是在下班途中發生的交通事故，符合工傷法定情形，應當享受工傷待遇。於是，他們都向單位提出工傷待遇，但都被公司拒絕。
對於此事，你認為張某、王某都屬於工傷嗎？

工傷，是指勞動者在工作崗位從事與生產勞動有關的工作中，發生的人身傷害事故、急性中毒事故，包括工傷事故和職業病造成的各種傷害。

工傷認定直接涉及當事人的切身利益，《工傷保險條例》和相關司法解釋對工傷的情形做出了明確的規定，具體分為一般意義上的工傷情形、視同工傷情形和不得認定為工傷或者視同工傷的情形三種類型。

（一）一般意義上的工傷情形
法律規定，當職工有下列情形之一的，應當認定為工傷：
（1）在工作時間和工作場所內，因工作原因受到事故傷害的。
（2）工作時間前後在工作場所內，從事與工作有關的預備性或者收尾性工作受到事故傷害的。
（3）在工作時間和工作場所內，因履行工作職責受到暴力等意外傷害的。
（4）患職業病的。
（5）因工外出期間，由於工作原因受到傷害或者發生事故下落不明的。其中「因工外出期間」，主要是指職工受用人單位指派或者因工作需要在工作場所以外從事與工作職責有關的活動期間、派外出學習或者開會期間、因工作需要的其他外出活動期間等。
（6）在上下班途中，受到非本人主要責任的交通事故或者城市軌道交通、客運輪渡、火車事故傷害的。其中「上下班途中」，包括在合理時間內往返於工作地與住所地、經常居住地、單位宿舍的合理路線的上下班途中、在合理時間內往返於工作地與配偶、父母、子女居住地的合理路線的上下班途中、從事屬於日常工作生活所需要的活動，且在合理時間和合理路線的上下班途中。
（7）法律、行政法規規定應當認定為工傷的其他情形。

【法律連結】

《最高人民法院關於審理工傷保險行政案件若干問題的規定》(2014) 規定當社會保險行政部門認定下列情形為工傷的,人民法院應予以支持:

(一) 職工在工作時間和工作場所內受到傷害,用人單位或者社會保險行政部門沒有證據證明是非工作原因導致的;

(二) 職工參加用人單位組織或者受用人單位指派參加其他單位組織的活動受到傷害的;

(三) 在工作時間內,職工來往於多個與其工作職責相關的工作場所之間的合理區域因工受到傷害的;

(四) 其他與履行工作職責相關,在工作時間及合理區域內受到傷害的。

(二) 法律視同工傷情形

法律規定,當職工有下列情形之一的,視同工傷:

(1) 在工作時間和工作崗位,突發疾病死亡或者在 48 小時之內經搶救無效死亡的。關於「48 小時之內」的起算時間,勞動司法實踐原則上從員工被初步診斷出突發疾病時起算。

(2) 在搶險救災等維護國家利益、公共利益活動中受到傷害的。

(3) 職工原在軍隊服役,因戰、因公負傷致殘,已取得革命傷殘軍人證,到用人單位後舊傷復發的。

(三) 不得認定為工傷或者視同工傷的情形

法律規定,當職工有下列情形之一的,不得認定為工傷或者視同工傷:

(1) 因故意犯罪的。

(2) 醉酒或者吸毒的。

(3) 自殘或者自殺的。

【案例評析】《工傷保險條例》規定職工「在上下班途中,受到非本人主要責任的交通事故或者城市軌道交通、客運輪渡、火車事故傷害的」,屬於工傷。張某、王某下班回出租屋,在順便購物的路上發生交通事故,其所經路線符合工傷法律規定的「上下班途中」;法律規定交通事故所致傷害屬於工傷的,還應具備「非本人主要責任」的法律特徵。在本案中,交警認定張某對事故發生負有全責,王某不負責任。因此,張某不符合工傷情形而不能享受工傷;王某符合工傷情形,可以要求單位辦理工傷待遇手續,享受相關待遇。

五、工傷認定

勞動者要享受工傷待遇,必須首先進行工傷認定,在被認定為工傷之後再進行勞動能力鑒定。工傷認定與勞動能力鑒定是兩種不同的法律行為,前者直接關係到勞動者能否享受工傷待遇,後者直接關係到勞動者享受工傷待遇的標準。為了規範工傷認定行為,維護當事人合法權益,人力資源和社會保障部頒布實施《工傷認定辦法》(2011)。

(一) 工傷認定的申請

工傷認定申請,應由用人單位依法向有關部門提出;用人單位未提出的申請的,

勞動者等可以在法定期間內提出。

（1）用人單位的工傷認定申請。職工發生事故傷害或者按照職業病防治法規定被診斷、鑒定為職業病，所在單位應當自事故傷害發生之日或者被診斷、鑒定為職業病之日起30日內，向統籌地區社會保險行政部門提出工傷認定申請。遇有特殊情況，經報社會保險行政部門同意，申請時限可以適當延長。提出工傷認定申請的，根據屬地原則應當向用人單位所在地設區的市級社會保險行政部門提出。

（2）勞動者等的工傷認定申請

用人單位未在規定的時限內提出工傷認定申請的，受傷害職工或者其近親屬、工會組織在事故傷害發生之日或者被診斷、鑒定為職業病之日起1年內，可以直接按照《工傷認定辦法》規定提出工傷認定申請。勞動者等申請工傷認定的，應當在規定期限內提交申請手續。由於不屬於職工或者其近親屬自身原因超過工傷認定申請期限的，被耽誤的時間不計算在工傷認定申請期限內。

不論是用人單位還是勞動者等作為申請人，申請工傷認定時都應提交下列文件：一是工傷認定申請表。該申請表應當包括事故發生的時間、地點、原因以及職工傷害程度等基本情況；二是與用人單位存在勞動關係（包括事實勞動關係）的證明材料；三是醫療診斷證明或者職業病診斷證明書（或者職業病診斷鑒定書）。其中，關於勞動關係的證明材料，如果勞動行政部門認為不足以證明勞動關係的存在或者用人單位對該勞動關係存在爭議時，勞動者應先向勞動爭議仲裁委員會提出申請，由勞動爭議仲裁委員會確認雙方存在勞動關係。持有確認勞動關係存在的生效法律文書，勞動者再向勞動行政部門提出工傷認定申請。

【律師提示】　　　　　　　特殊情形下工作傷害的理賠

1. 非法發包、轉包、分包的傷亡賠償

《原勞動和社會保障部關於印發〈建設領域農民工工資支付管理暫行辦法〉的通知》（勞社部發〔2004〕22號）和《關於執行〈工傷保險條例〉若干問題的意見》（人社部發〔2013〕34號）等規定，具備用工主體資格的承包單位違反法律、法規規定，將承包業務發包、轉包、分包給不具備用工主體資格的組織或自然人，該組織或者自然人招用的勞動者從事承包業務時因工傷亡的，由該具備用工主體資格的承包單位承擔用人單位依法應承擔的工傷保險責任等。

2. 非法用工單位傷亡賠償

《非法用工單位傷亡人員一次性賠償辦法》（人社部2010）規定，無營業執照或者未經依法登記、備案的單位以及被依法吊銷營業執照或者撤銷登記、備案的單位受到事故傷害或者患職業病的職工，或者用人單位使用童工造成的傷殘、死亡童工。相關單位必須按照《非法用工單位傷亡人員一次性賠償辦法》規定向傷殘職工或者死亡職工的近親屬、傷殘童工或者死亡童工的近親屬給予一次性賠償。

（二）工傷申請的受理

社會保險行政部門收到工傷認定申請後，應當在15日內對申請人提交的材料進行審核，材料完整的，做出受理或者不予受理的決定；材料不完整的，應當以書面形式一次性告知申請人需要補正的全部材料。工傷認定申請人提交的申請材料符合要求，屬於社會保險行政部門管轄範圍且在受理時限內的，社會保險行政部門應當受理。社

會保險行政部門收到申請人提交的全部補正材料後，應當在 15 日內做出受理或者不予受理的決定。

(三) 工傷申請的審核與認定

職工或者其近親屬認為是工傷，用人單位不認為是工傷的，由該用人單位承擔舉證責任。用人單位拒不舉證的，社會保險行政部門可以根據受傷害職工提供的證據或者調查取得的證據，依法做出工傷認定決定。

社會保險行政部門對於事實清楚、權利義務明確的工傷認定申請，應當自受理工傷認定申請之日起 15 日內做出工傷認定決定。

(四) 工傷決定或認定的異議

職工或者其近親屬、用人單位對不予受理決定不服或者對工傷認定決定不服的，可以依法在規定的時間內申請行政復議或者提起行政訴訟。

【案例連結】　　　　　確認勞動關係時，勞動者負有舉證責任

劉某是某石材加工公司的打磨技術職工，2017 年 4 月 2 日，劉某在使用無齒鋸作業時，不慎發生工傷事故，致其左手四指切斷。該公司負責人呂某為逃避責任，拒不支付劉某的醫療費用。劉某要求公司確認勞動關係以申請工傷認定，但該公司的負責人呂某不承認招用劉某。在確認勞動關係的庭審之前，在法律援助的幫助下，劉某收集了工作服、出入證、工作崗位照片、數份證人證言及 120 出診記錄等證據，證明雙方之間存在事實勞動關係。勞動爭議仲裁庭最終確認，雙方自 2017 年 2 月至 2017 年 4 月期間存在事實上的勞動關係。確認勞動關係是工傷認定的前提條件，勞動者負有舉證責任。在發生工傷爭議後，某些單位出於逃避相關法律責任的目的，往往不承認勞動關係。勞動者沒有搜集證據的意識，難免工傷維權困難重重。

六、勞動能力鑒定

勞動能力鑒定是指勞動功能障礙程度和生活自理障礙程度的等級鑒定。為了加強勞動能力鑒定管理，規範勞動能力鑒定程序，人力資源社會保障部和國家衛生計生委共同頒布實施《工傷職工勞動能力鑒定管理辦法》(2014)。勞動能力鑒定委員會依據《勞動能力鑒定　職工工傷與職業病致殘等級》國家標準，對工傷職工勞動功能障礙程度和生活自理障礙程度進行技術性等級鑒定。

勞動功能障礙分為十個傷殘等級，最重的為一級，最輕的為十級；生活自理障礙分為三個等級：生活完全不能自理、生活大部分不能自理和生活部分不能自理。勞動能力鑒定是工傷職工享受工傷保險待遇的前提條件。

(一) 勞動能力鑒定申請

勞動能力鑒定由用人單位、工傷職工或者其直系親屬向設區的市級勞動能力鑒定委員會提出申請，並提供工傷認定決定和職工工傷醫療的有關資料。

勞動能力鑒定申請的時間一般是在職工發生工傷，經治療傷情相對穩定後存在殘疾、影響勞動能力時提出。

(二) 勞動能力鑒定

設區的市級勞動能力鑒定委員會收到勞動能力鑒定申請後，應當從其建立的醫療衛生專家庫中隨機抽取 3 名或者 5 名相關專家依法組成專家組，由專家組提出鑒定意

見。勞動能力鑒定委員會根據專家組的鑒定意見做出工傷職工勞動能力鑒定結論；必要時，可以委託具備資格的醫療機構協助進行有關的診斷。勞動能力鑒定實行迴避制度。

勞動能力鑒定委員會應當自收到勞動能力鑒定申請之日起60日內做出勞動能力鑒定結論，必要時，做出勞動能力鑒定結論的期限可以延長30日。勞動能力鑒定結論應當及時送達申請鑒定的單位和個人。

(三) 勞動能力鑒定的異議

申請鑒定的單位或者個人對設區的市級勞動能力鑒定委員會做出的鑒定結論不服的，可以在收到該鑒定結論之日起15日內向省、自治區、直轄市勞動能力鑒定委員會提出再次鑒定申請。省、自治區、直轄市勞動能力鑒定委員會做出的勞動能力鑒定結論為最終結論。

七、工傷保險待遇的基本內容

(一) 工傷醫療期間的待遇

職工治療工傷應當在簽訂服務協議的醫療機構就醫，情況緊急時可以先到就近的醫療機構急救。工傷職工在工傷醫療期間，享受法定的工傷醫療期間的各項待遇。在停工留薪期滿後仍需治療的，可以繼續享受工傷醫療期間的待遇。

1. 工傷醫療費用待遇

治療工傷所需費用符合工傷保險診療項目目錄、工傷保險藥品目錄、工傷保險住院服務標準的，從工傷保險基金支付。

2. 伙食補助費、護理費等待遇

職工住院治療工傷的伙食補助費，以及經醫療機構出具證明，報經辦機構同意，工傷職工到統籌地區以外就醫所需的交通、食宿費用從工傷保險基金支付，基金支付的具體標準由統籌地區人民政府規定。生活不能自理的工傷職工在停工留薪期需要護理的，由所在單位負責。

3. 停工留薪期工資福利待遇

職工因工作遭受事故傷害或者患職業病需要暫停工作接受工傷醫療的，在停工留薪期內，原工資福利待遇不變，由所在單位按月支付。停工留薪期一般不超過12個月。傷情嚴重或者情況特殊，經設區的市級勞動能力鑒定委員會確認，可以適當延長，但延長不得超過12個月。

工傷職工治療非工傷引發的疾病，不享受工傷醫療待遇，按照基本醫療保險辦法處理。

(二) 工傷致殘待遇

工傷職工在被評定傷殘等級後，停發工傷醫療期間的待遇，按照規定享受傷殘待遇。當工傷職工的工傷復發，確認需要治療的，繼續享受工傷待遇。傷殘待遇是工傷待遇的基本內容，待遇標準與傷殘鑒定等級有關。根據《工傷保險條例》規定，不同等級傷殘職工享受不同的傷殘待遇：

1. 生活護理費待遇

工傷職工已經評定傷殘等級並經勞動能力鑒定委員會確認需要生活護理的，從工傷保險基金按月支付生活護理費。生活護理費按照生活完全不能自理、生活大部分不

能自理或者生活部分不能自理三個不同等級支付，其標準分別為統籌地區上年度職工月平均工資的 50%、40% 或者 30%。

2. 工傷職工屬一至四級傷殘的傷殘待遇

工傷職工屬一至四級傷殘的，保留勞動關係，退出工作崗位，享受以下待遇：

（1）從工傷保險基金按傷殘等級支付一次性傷殘補助金，標準為：一級傷殘為 27 個月的本人工資，二級傷殘為 25 個月的本人工資，三級傷殘為 23 個月的本人工資，四級傷殘為 21 個月的本人工資；

（2）從工傷保險基金按月支付傷殘津貼，標準為：一級傷殘為本人工資的 90%，二級傷殘為本人工資的 85%，三級傷殘為本人工資的 80%，四級傷殘為本人工資的 75%。傷殘津貼實際金額低於當地最低工資標準的，由工傷保險基金補足差額；

（3）工傷職工達到退休年齡並辦理退休手續後，停發傷殘津貼，按照國家有關規定享受基本養老保險待遇。基本養老保險待遇低於傷殘津貼的，由工傷保險基金補足差額。

職工因工致殘被鑒定為一級至四級傷殘的，由用人單位和職工個人以傷殘津貼為基數，繳納基本醫療保險費。

3. 工傷職工屬於五至六級傷殘的傷殘待遇

（1）從工傷保險基金按傷殘等級支付一次性傷殘補助金，標準為：五級傷殘為 18 個月的本人工資，六級傷殘為 16 個月的本人工資。

（2）保留與用人單位的勞動關係，由用人單位安排適當工作。難以安排工作的，由用人單位按月發給傷殘津貼，標準為：五級傷殘為本人工資的 70%，六級傷殘為本人工資的 60%，並由用人單位按照規定為其繳納應繳納的各項社會保險費。傷殘津貼實際金額低於當地最低工資標準的，由用人單位補足差額。

經工傷職工本人提出，該職工可以與用人單位解除或者終止勞動關係，由工傷保險基金支付一次性工傷醫療補助金，由用人單位支付一次性傷殘就業補助金。一次性工傷醫療補助金和一次性傷殘就業補助金的具體標準由省、自治區、直轄市人民政府規定。

4. 工傷職工屬於七至十級傷殘的傷殘待遇

（1）從工傷保險基金按傷殘等級支付一次性傷殘補助金，標準為：七級傷殘為 13 個月的本人工資，八級傷殘為 11 個月的本人工資，九級傷殘為 9 個月的本人工資，十級傷殘為 7 個月的本人工資；

（2）勞動、聘用合同期滿終止，或者職工本人提出解除勞動、聘用合同的，由工傷保險基金支付一次性工傷醫療補助金，由用人單位支付一次性傷殘就業補助金。一次性工傷醫療補助金和一次性傷殘就業補助金的具體標準由省、自治區、直轄市人民政府規定。

（三）工亡待遇

職工因工死亡，其近親屬按照下列規定從工傷保險基金領取喪葬補助金、供養親屬撫恤金和一次性工亡補助金：

1. 喪葬補助金

喪葬補助金，依照 6 個月的統籌地區上年度職工月平均工資計發。

2. 供養親屬撫恤金

供養親屬撫恤金，按照職工本人工資的一定比例發給由因工死亡職工生前提供主

要生活來源、無勞動能力的親屬。具體標準為：配偶每月 40%，其他親屬每人每月 30%，孤寡老人或者孤兒每人每月在上述標準的基礎上增加 10%。核定的各供養親屬的撫恤金之和不應高於因工死亡職工生前的工資。供養親屬的具體範圍由國務院社會保險行政部門規定。

3. 一次性工亡補助金

一次性工亡補助金標準，按照工亡時間的上一年度全國城鎮居民人均可支配收入的 20 倍計發。

法律規定，傷殘職工在停工留薪期內因工傷導致死亡的，其近親屬享受喪葬補助金待遇；一級至四級傷殘職工在停工留薪期滿後死亡的，其近親屬可以享受喪葬補助金和親屬撫恤金待遇。

工傷保險待遇計發中所涉及的「本人工資」是有幅度限制的。《工傷保險條例》規定，本人工資是指工傷職工因工作遭受事故傷害或者患職業病前 12 個月平均月繳費工資。本人工資高於統籌地區職工平均工資 300% 的，按照統籌地區職工平均工資的 300% 計算；本人工資低於統籌地區職工平均工資 60% 的，按照統籌地區職工平均工資的 60% 計算。

第五節　生育保險

生育是新生命的希望，是家族延續的需要，是人類社會生生不息的保障。生育對女職工的身體健康和經濟負擔都提出了新要求，生育本身還會造成生育女職工暫時中斷工作，失去掙錢的機會。為了保障女職工生育時期的特別需求，為了保護國家的未來和希望，各國多將生育保險納入社會保險的範疇。生育保險制度，體現了國家對女職工權益的關愛和保護，它對構建和諧勞動關係與促進社會發展都具有重要作用。

一、生育保險的概述

（一）生育保險

生育保險，是指國家通過法律實施的，在懷孕和分娩的婦女勞動者暫時中斷勞動時，由國家或社會對生育的職工依法給予必要的經濟補償和醫療保健的社會保險。生育保險宗旨在於通過向生育女職工提供生育津貼、產假以及醫療服務等方面的待遇，保障她們因生育而暫時喪失勞動能力時的基本經濟收入和醫療保健需要，幫助生育女職工恢復勞動能力並重返工作崗位。

生育保險是國家和社會對婦女在生育時期給予的支持和愛護，中國建立了生育保險法律制度，其主要有《勞動法》、《企業職工生育保險試行辦法》（勞部發〔1994〕504 號）、《女職工勞動保護規定》（2012）、《關於女職工生育待遇若干問題的通知》（勞險字〔1988〕2 號）等。在法律範圍內，各地方政府制訂了生育保險相關的實施制度。

（二）生育保險的主要特徵

（1）生育保險的實施對象是婦女。生育保險是與職業婦女相關聯的一項保障制度，其保障的對象只限於已婚婦女勞動者及其所生育的子女和家庭，覆蓋的範圍有限。

（2）給付項目多，包括生育假期、生育收入補償、生育醫療保健和子女補助金等。

（3）待遇標準高。生育保險制度不僅保障了生育婦女本人的健康恢復和基本生活需要，而且通過生育保險的給付保證了勞動力的擴大再生產。因此，生育保險制度的給付水準比養老保險、失業保險制度的給付水準要高，具有鮮明的福利性。

（4）生育保險實行「產前與產後都應享受的原則」。生育保險制度既要照顧婦女生育開始前的一段時間，又要照顧婦女生育後的一段時間。因為婦女在懷孕後，臨產分娩前的一段時間，由於行動不便，已經不能工作或不宜工作，分娩以後需要休息一段時間恢復身體和照顧嬰兒，所以生育保險實行「產前與產後都應享受的原則」。

【案例連結】　　　　　職工不承擔生育保險費案

陳某，女，2009年2月成為某快遞公司的員工，並與該公司簽訂了二年勞動合同。次年4月，當陳某向公司申請產假時，負責人認為她從未交過生育保險費，不能享受生育保險待遇。陳某不服，將該公司訴至勞動爭議仲裁委員會，請求裁決承擔生育保險待遇責任。

根據《企業職工生育保險試行辦法》規定，生育保險由企業按照其工資總額的一定比例向社會保險經辦機構繳納生育保險費，建立生育保險基金。職工個人不繳納生育保險。只要符合計劃生育政策和生育保險的相關規定，就可以享受生育保險待遇。由於公司未辦理陳某的生育保險等社會保險，勞動爭議仲裁委員會裁決公司違法，責令公司承擔陳某應享受的生育保險法律責任。

二、生育保險費的徵繳和管理

（一）生育保險費的徵繳

由用人單位按照其工資總額的一定比例向社會保險經辦機構繳納生育保險費，建立生育保險基金。職工個人不繳納生育保險。生育保險費的提取比例由當地人民政府根據計劃內生育人數和生育津貼、生育醫療費等項費用確定，並可根據費用支出情況適時調整，但最高不得超過工資總額的百分之一。目前，四川等多數地區實行徵收率為0.6%。

用人單位必須按期繳納生育保險費。根據《企業職工生育保險試行辦法》等規定，對逾期不繳納的，按日加收千分之二的滯納金。滯納金轉入生育保險基金。

（二）生育保險基金的管理

生育保險按屬地原則組織，生育保險費用實行社會統籌。生育保險基金由勞動部門所屬的社會保險經辦機構負責收繳、支付和管理。生育保險基金應存入社會保險經辦機構在銀行開設的生育保險基金專戶。銀行應按照城鄉居民個人儲蓄同期存款利率計息，所得利息轉入生育保險基金。

生育保險基金的籌集和使用，實行財務預、決算制度，由社會保險經辦機構做出年度報告，並接受同級財政、審計監督。

三、生育保險待遇的內容

（一）生育津貼

女職工生育按照法律、法規的規定享受產假。產假期間的女職工在法定產假期間停發工資，按月領取生育津貼。生育津貼按照本用人單位上年度職工月平均工資計發，

由生育保險基金支付，支付期限不少於 98 天。

(二) 生育醫療費用

女職工生育的檢查費、接生費、手術費、住院費和藥費由生育保險基金支付。超出規定的醫療服務費和藥費（含自費藥品和營養藥品的藥費）由職工個人負擔。

女職工生育出院後，因生育引起疾病的醫療費，由生育保險基金支付；其他疾病的醫療費，按照醫療保險待遇的規定辦理。女職工產假期滿後，因病需要休息治療的，按照有關病假待遇和醫療保險待遇規定辦理。

(三) 其他生育保險待遇

女職工生育或流產後，憑當地計劃生育部門簽發的計劃生育證明，嬰兒出生、死亡或流產證明，在當地社會保險經辦機構辦理手續，領取生育津貼和報銷生育醫療費。因配偶不能享受生育保險待遇的男職工，只要參加生育保險且符合政策的，也可以享受生育保險待遇。

> 【法律連結】　　　　　　　男職工的生育保險待遇
>
> 《四川省城鎮職工生育保險辦法（試行）》規定：參加生育保險的男職工，其配偶屬非城鎮戶籍人口或城鎮無業人員且未參加生育保險、符合計劃生育規定生育的，按照本條規定標準的 50% 從生育保險基金中給予一次性生育醫療費補助，由社會保險經辦機構通過用人單位支付。
>
> 《成都市生育保險辦法》（以下簡稱《辦法》）規定：參加生育保險的男職工連續不間斷繳納生育保險費滿 12 個月的，其配偶屬於未參加生育保險的非城鎮人口、城鎮無業人員或已參加生育保險但繳費不滿 12 個月的（不含補繳），按《辦法》第八條規定享受女職工生育醫療費 50% 的一次性生育醫療費補貼。

四、生育保險金的支取

> 【案例討論】賈某 2016 年 2 月成為北京市某酒店員工，與該酒店簽訂了三年勞動合同，試用期三個月。2018 年 4 月，未婚的賈某發現自己懷孕了，經慎重考慮她打算生下這個孩子。當賈某向酒店申請產假時，人力資源部負責人認為賈某未婚先孕，不符合酒店關於生育女職工的規定。因此賈某被告知，可以休產假，但產假期間酒店將不支付工資，也不能享受任何與生育相關的待遇。賈某不服，將該酒店訴至勞動爭議仲裁委員會，請求裁決該酒店支付其休產假期間的工資及相關的生育保險待遇。
>
> 請問：未婚生育者是否可以享受生育保險待遇？

(一) 生育保險金的支取條件

(1) 女職工符合計劃生育政策、婚姻法等法律法規。換言之，中國生育保險要求享受對象必須是合法婚姻者，即必須是符合法定結婚年齡、按婚姻法規定辦理了合法手續，並符合國家計劃生育政策等的公民。

(2) 在生育、流產施行前應持有計劃生育部門批准的生育指標。《女職工勞動保護規定》第十五條規定：「女職工違反國家有關計劃生育規定的，其勞動保護應當按照國家有關計劃生育規定辦理，不適用本規定。」

(3) 所在單位按規定連續繳納生育保險費達到一定期限的。對於連續繳費達一定

期限的，生育保險統籌地區都規定，初次參加生育保險的人員從辦理之月起連續不間斷參保繳費滿 12 個月生育的；已參加生育保險的人員連續繳費不間斷滿 12 個月（不含補繳）後生育的。

（二）生育保險金的支取程序

（1）生育保險待遇的申請

當事人在申請領取生育保險金時，應當提供單位簽公章的生育保險待遇審批表、勞動合同書或者失業證明、身分證、醫療服務收費票據、出院證明書、生育指標、嬰兒出生證或其他醫學證明、婚姻證明和生育保險經辦機構規定的其他資料等。

（2）生育保險待遇申請的受理與審核

社會保險經辦機構應當及時受理享受生育保險待遇的申請。經審核後符合條件的，社會保險機構依法從生育保險基金中支付生育保險金。

【案例解析】中國生育保險要求享受對象必須是合法婚姻者，即必須是符合法定結婚年齡、按婚姻法規定辦理了合法手續，並符合國家計劃生育政策等的公民。《女職工勞動保護規定》規定：「女職工違反國家有關計劃生育規定的，其勞動保護應當按照國家有關計劃生育規定辦理，不適用本規定。」本案中，賈某未婚而生育違反了國家計劃生育法，不僅不能享受生育保險待遇，而且應依法繳納社會撫養費。

第六節　失業保險

失業問題是市場經濟週期波動、產業結構調整等帶來的社會問題。勞動者失業，不僅困擾勞動者生存與發展，還會危及正常的家庭生活。當國家出現高失業率時，就意味社會秩序混亂和國家統治秩序動盪。建立失業保險，保障勞動者在失業時期最基本的生活需要，屬於「雪中送炭」的溫暖工程。中國法律規定，失業勞動者可以依法享受失業保險待遇。

一、失業保險的概述

【案例討論】許某 2011 年 1 月到瀋陽市某私營企業上班，單位與其簽訂了勞動合同，勞動期間辦理包括失業保險在內的社會保險。2016 年 11 月，單位與他協商一致解除勞動關係。失業保險經辦機構按規定核定並發放了許某的失業保險金。2017 年 7 月，許某再就業，失業保險經辦機構停發了失業保險金。但許某要求繼續發放，理由是在解除勞動關係時原單位承諾他領取一定數額的失業保險金。

經調查核實，2016 年 8 月，單位打算與許某解除勞動關係，但又不願支付經濟補償，於是就通過內部調崗方式將他調到其他工作崗位。因其難以勝任新的工作崗位，單位遂要求其提出辭職請求，條件是保障享受一定數額的失業保險金。無奈之下，許某只好主動提出並與單位簽訂了「經雙方協商達成解除勞動關係的協議」。

據此，許某的失業保險金能否抵算經濟補償金？

(一) 失業保險

失業保險，是指勞動者因失業而暫時中斷勞動報酬，由政府給予物質幫助的社會保險制度。失業保險是國家通過立法強制徵集資金，對因失業而暫時中斷生活來源的勞動者提供物質幫助的一種社會保險制度。

中國建立了失業保險制度，《失業保險條例》（1999年）是失業保險制度的基本法律依據。《失業保險條例》規定，中國失業保險的覆蓋範圍包括城鎮的國有企業、集體企業、外商投資企業、港澳臺投資企業、私營企業等各類企業及事業單位和與之建立勞動關係的勞動者。省級人民政府根據當地實際情況，可以決定本條例適用於本行政區域內的社會團體及其專職人員、民辦非企業單位及其職工、有雇工的城鎮個體工商戶及其雇工。2011年實施的《社會保險法》對新形勢下的失業保險提出了更高要求。

(二) 失業保險的特點

失業保險具有社會保險的一般特點，但作為一種具有專門目的和特定保障對象的社會保險項目，它還具備獨有的特徵：

(1) 失業保險的保障對象是非自願失業的勞動者。失業保險只對有勞動能力並有勞動意願但無勞動崗位的人即非自願失業的人提供保險，因此具備正常的勞動能力是當事人享受失業保險的一個必要條件，因喪失勞動能力而失去工作機會的勞動者不包括在失業保險之列。

(2) 失業保險待遇有一定的期限限制。養老保險和工傷保險待遇，勞動者可以長期享受，但失業保險只能在法定期限內享受，超過法定期限，即使勞動者仍處於失業狀態，也不可以再享受。

(3) 失業保險項目是多元化的。中國失業保險待遇可分為兩大類：一是以保障基本生活為目的的生活補助的項目，主要有失業保險金、患病者的醫療補助金、死亡者的喪葬補助金和一次性遺囑撫恤金、合同制農民工的一次性生活補助金等；二是以促進再就業為目的的再就業服務項目，主要有專業培訓、生產自救、職業介紹等。

(4) 失業風險是非自然因素。失業保險中的失業風險，是由於社會經濟方面的原因所導致的，如人口結構的變化、勞動力資源增長與經濟增長的比例失調、產業結構調整以及就業政策的變化等，都會成為勞動者失業的原因。

【案例評析】本案中，許某的失業保險金不能抵算經濟補償金，因為二者是兩種性質不同但勞動者可以依法同時享受的勞動待遇。在勞動關係中，相對用人單位來說，勞動者往往處於弱者地位。企業提出調整工作崗位，員工難以拒絕。如果員工拒絕調整勞動崗位，將會面臨著被解除勞動關係的命運。在難以勝任新崗位的時候，員工的經濟收入不僅有大打折扣的可能，而且其精神上也會受到不同程度的折磨。此時，勞動者很容易接受企業提出的不合法要求，要求勞動者主動辭職。勞動者理應得到單位的經濟補償，因其一份辭職報告而無法實現，甚至有可能失去領取失業保險金的資格，因此「知法用法」是勞動者權益保護的重要途徑。

二、失業保險費的繳納制度

失業保險費是失業保險基金的最主要來源，並依法由政府統籌管理。城鎮企業事業單位成建制跨統籌地區轉移，失業人員跨統籌地區流動的，失業保險關係隨之轉遷。

為了保障失業勞動者的失業保險金領取，國家以財政補貼等方式給予保障。

勞動者享受失業保險待遇的前提條件，是勞動者及其用人單位應當依法共同繳納失業保險費。《失業保險條例》第六條規定：城鎮企業事業單位按照本單位工資總額的0.6%繳納失業保險費。城鎮企業事業單位職工按照本人工資的0.4%繳納失業保險費。

城鎮企業事業單位招用的農民合同制工人，其本人不繳納失業保險費。

三、失業保險待遇

> 【案例討論】吳某2003年5月在珠海某國有企業參加工作，單位為其繳納了失業保險金。2015年9月他因企業改制而失業，失業保險經辦機構為其核定了應領取的24個月失業保險金。2015年10月他開始領取失業保險金。2016年11月，因他被某單位招聘，失業保險經辦機構停發了其剩餘12個月的失業保險金。新的用工單位繼續為其繳納失業保險金，一年後即2017年因勞動合同期滿而未被續簽，吳某再次失業。吳某要求享受上次未享受完的失業保險金。
>
> 吳某能否繼續享受此項失業保險金？

勞動者享受失業保險待遇，根據法律規定主要有以下項目：

（一）失業保險金

失業保險金由社會保險經辦機構按月發放。社會保險經辦機構為失業人員開具領取失業保險金的單證，失業人員憑單證到指定銀行領取失業保險金。領取失業保險金還涉及金額標準和領取期限問題。

1. 失業保險金的標準

失業保險金的標準，按照低於當地最低工資標準、高於城市居民最低生活保障標準的水準，由省、自治區、直轄市人民政府確定。從實際情況看，各地均以當地同期最低工資標準的一定比例計發失業保險金，該比例普遍為70%左右。

2. 領取失業保險金的期限

失業人員領取失業保險金的起始時間自辦理失業登記之日起計算，但領取失業保險金的期限與其繳納失業保險費的年限有關。《失業保險條例》第十七條規定，失業人員失業前所在單位和本人按照規定累計繳費時間滿1年不足5年的，領取失業保險金的期限最長為12個月；累計繳費時間滿5年不足10年的，領取失業保險金的期限最長為18個月；累計繳費時間10年以上的，領取失業保險金的期限最長為24個月。重新就業後，再次失業的，繳費時間重新計算，領取失業保險金的期限可以與前次失業應領取而尚未領取的失業保險金的期限合併計算，但是最長不得超過24個月。其中，繳費年限包括實際繳費年限和視為繳費年限。

為了配合該條例的貫徹執行，各地方制訂了本地區領取失業保險金的具體期限標準。

（二）醫療補助金

失業人員在領取失業保險金期間參加職工基本醫療保險，享受基本醫療保險待遇。《社會保險法》規定，失業人員應當繳納的基本醫療保險費從失業保險基金中支付，個人不繳納基本醫療保險費。

失業人員在領取失業保險金期間患病就醫的，可以按照規定向社會保險經辦機構

申請領取醫療補助金。醫療補助金的標準由省、自治區、直轄市人民政府規定。同時，許多地方失業保險條例規定，女性失業人員在享受失業保險待遇期間，符合國家計劃生育規定的生育且未享受生育保險待遇的，可向失業保險經辦機構申請生育補助金。

(三) 喪葬補助金和撫恤金

失業人員在領取失業保險金期間死亡的，參照當地對在職職工死亡的規定，向其遺屬發給一次性喪葬補助金和撫恤金。所需資金從失業保險基金中支付。

個人死亡同時符合領取基本養老保險喪葬補助金、工傷保險喪葬補助金和失業保險喪葬補助金條件的，其遺屬只能選擇領取其中的一項。

(四) 一次性生活補助

農民合同制工人在失業時可以依法享受一次性生活補助。根據《失業保險條例》第二十一條規定，用人單位招用的農民合同制工人連續工作滿1年，本單位並已繳納失業保險費，勞動合同期滿未續訂或者提前解除勞動合同的，由社會保險經辦機構根據其工作時間長短，對其支付一次性生活補助。補助的辦法和標準由省、自治區、直轄市人民政府規定。

失業人員領取失業保險金後，符合城市居民最低生活保障條件的，還可享受城市居民最低生活保障待遇。

【案例評析】吳某因勞動合同期滿而未被續簽再次失業的，可以繼續申領前次失業應領取而尚未領取的12個月失業保險金。理由根據《失業保險條例》第十七條規定，重新就業後，再次失業的，繳費時間重新計算，領取失業保險金的期限可以與前次失業應領取而尚未領取的失業保險金的期限合併計算，但是最長不得超過24個月。

四、享受失業保險待遇的發放條件與停止情形

(一) 失業保險待遇的發放條件

勞動者失業時享受失業保險金，應當符合法定條件。《社會保險法》和《失業保險條例》規定失業保險待遇的發放條件：

(1) 依法參加失業保險且用人單位和勞動者已按照規定履行繳費義務滿1年的，但已達到法定就業年齡，暫時尚未找到職業的待業人員，不能享受失業保險待遇。

(2) 非因本人意願中斷就業的。勞動者本人自願與用人單位解除勞動關係，以及辭職、自動離職的，原則上沒有資格享受失業保險待遇。《實施〈社會保險法〉若干規定》對非因本人意願中斷就業的情形作出了具體規定。

(3) 已辦理失業登記，並有求職要求。享受失業保險待遇者必須持有關證明文件到其原所在地失業保險機構辦理失業登記和提出求職要求。

用人單位應當及時為失業人員出具終止或者解除勞動關係的證明，並將失業人員的名單自終止或者解除勞動關係之日起十五日內告知社會保險經辦機構。失業人員應當持本單位為其出具的終止或者解除勞動關係的證明，及時到指定的公共就業服務機構辦理失業登記。失業人員憑失業登記證明和個人身分證明，到社會保險經辦機構辦理領取失業保險金的手續。失業保險金領取期限自辦理失業登記之日起計算。

【法律連結】 《實施〈社會保險法〉若干規定》關於非因本人意願中斷就業的情形

（1）依照勞動合同法第四十四條第一項、第四項、第五項規定終止勞動合同的。

（2）由用人單位依照勞動合同法第三十九條、第四十條、第四十一條規定解除勞動合同的。

（3）用人單位依照勞動合同法第三十六條規定向勞動者提出解除勞動合同並與勞動者協商一致解除勞動合同的。

（4）由用人單位提出解除聘用合同或者被用人單位辭退、除名、開除的。

（5）勞動者本人依照勞動合同法第三十八條規定解除勞動合同的。

（6）法律、法規、規章規定的其他情形。

（二）失業保險待遇的停止情形

《社會保險法》和《失業保險條例》規定了失業保險待遇的停止情形。失業職工有下列情況之一的，失業保險機構停止失業保險金和相關待遇：

（1）重新就業的。

（2）應徵服兵役的。

（3）移居境外的。

（4）享受基本養老保險待遇的。

（5）被判刑收監執行的。

（6）無正當理由，拒不接受當地人民政府指定部門或者機構介紹的適當工作或者提供的培訓的。

（7）有法律、行政法規規定的其他情形的。

實訓項目

一、改錯題

1. 勞動者享有社會保險的權利，可以與用人單位約定免除單位的社會保險的義務。

2. 用人單位及其勞動者的養老保險繳費工資是指勞動者的勞動合同所約定的工資，不包括勞動者本人的獎金、津貼、補貼等其他收入。

3. 參加社會保險的，各險種的保險費都由用人單位與勞動者共同繳納。

4. 參加失業保險的勞動者，辭職失業可以享受失業保險待遇。

5. 女職工生育都可享受生育保險待遇。

二、案例評析

（一）錢某系某貨物倉儲公司工人。2015年6月公司與錢某簽訂崗位承包協議，由錢某承包公司一輛運輸貨車，合同期限2年。合同約定，錢某每年向公司繳納承包費，並且「本人自行負擔個人的社會保險費繳納，若有傷殘死亡事故，概由本人負責費用」。2015年6月20日，當地公證機關對雙方合同簽訂予以公證。2017年10月，錢某在一次外出運貨時發生翻車事故，身受重傷。其家庭及本人無力支付高額醫療費，遂

要求公司支付醫療費和生活費。公司以承包合同約定傷殘風險由錢某個人自負、且經公證具有法定效力為由不同意負擔有關費用。錢某向勞動爭議仲裁委員會申請仲裁，請求責令公司支付醫療費和生活費。請問：

1. 錢某自行承擔社會保險費用的合同條款是否有效？
2. 勞動爭議仲裁委員會應否支持錢某的主張？

（二）何龍生前系成都某印製電路板廠工人。2015年9月24日下午的上班期間，何龍章被發現摔倒在車間旁的廁所內不省人事，經送往醫院急救無效死亡。死亡原因鑒定為重型顱腦損傷，呼吸循環衰竭。因廠方未提起工傷死亡認定，死者家屬何文於2015年10月8日向當地勞動局申請對何龍章傷亡性質認定，勞動局認定何龍章不是工傷。死者家屬以勞動和社會保障局為被告向當地人民法院提起行政訴訟。

原告提供的主要證據有：①何文與何龍的關係證明，以證明提起行政訴訟的主體資格；②印製電路板廠廁所的照片，以證明該廁所有積水、濕滑，具有不安全因素；③何龍摔倒時被積水浸濕的衣服，用以證明何龍的摔倒為廁所濕滑所致。被告訴訟辯稱：我局受理原告申請後，即派人到印製電路板廠進行了調查，因為何龍是上班鈴聲響後未進車間而先到廁所小便，在廁所裡不慎摔傷，經送往醫院搶救無效後死亡。原告稱廁所存在安全隱患，沒有證據證實。故認定何龍上廁所與從事的本職工作無關，不屬於工傷。

何龍的死亡應當認定為工亡嗎？為什麼？

第十章
勞動保障監察法實務

【導入案例】
勞動者維權可以選擇勞動保障監察「快速通道」

2016年4月，上海市徐匯區某連鎖經營商場在重慶某中等職業學校招聘了30名的畢業生以擔任商場銷售員和收銀員。為了明確勞動關係，雙方簽訂了書面勞動合同。勞動合同中明確規定：勞動合同有效期為三年；每週工作6天，每天工作時間為10：00—22：00；勞動報酬分配實行「多勞多得和少勞少得」提成工資制；超出法定工作時間的加班費按每小時10元計算。

2017年3月，由於工資待遇糾紛長期得不到解決，30名勞動者聯名向該區勞動保障監察大隊舉報公司工資報酬違法材料。由於涉及眾多勞動者利益，勞動保障監察大隊立即進行了勞動執法檢查。經調查查明：①勞動者提供的勞動合同標明的月工資為「1,200元＋業務提成」；②單位工資表顯示該單位每月發放勞動者的月工資都在2,190元以上，但包括加班費、業務提成和月工資三項總和；③該單位加班費計算標準低於本市同期小時最低工資標準即12.5元。

勞動保障監察大隊認為：雖然單位發放工資總額均高於同期本市月工資標準，但勞動者的基本月工資標準和小時工資標準均違反了本市最低工資標準。上海市勞動和社會保障局公布本市最低工資標準：「2016年4月1日起，實行最低月工資標準2,190元；非全日制最低小時工資標準12.5元」鑒於公司最低工資標準和加班費標準都違反工資法的強制性規定，勞動保障監察大隊向該企業發出了補足工資差額和工資限期整改通知書。接到通知後，該單位不但依據勞動法律法規進行了工資整改計算標準的修改，還主動補發了所拖欠勞動者的工資，並額外補償每位勞動者500元。通過勞動保障監察執法，30名勞動者的勞動權益得到了法律的保護。

據悉，在勞動保障監察過程中，上海市勞動保障監察總隊還發現了一種更加隱蔽的勞動違法用工行為，即用人單位將新進職工列為「學徒工」，並以此為名支付低於當地最低標準的工資。對此，勞動保障監察部門指出「學徒工」同樣是勞動者，學徒期屬於勞動合同期，單位應當按照不低於當地最低工資的標準支付工資。通過國家勞動保障監察執法，能夠及時發現和糾正用人單位的違法用工行為，保護勞動者的合法權益。

第一節　勞動保障監察法概述

　　用人單位、職業仲介機構等應當遵守勞動法律制度，尊重勞動者勞動權益，維護社會勞動力市場的正常秩序。對用人單位、職業仲介機構違反勞動法律法規，侵犯勞動者勞動權益時，除勞動者可以依法選擇勞動爭議仲裁或勞動保障監察等方式來解除勞動爭議外，勞動保障行政部門依據勞動保障監察法律規定，負有及時有效地調查和查處勞動違法行為的職權。對勞動保障監察執法工作，用人單位應當接受並予以配合。

一、勞動保障監察的概述

【案例討論】2017年11，內蒙古自治區某市勞動保障監察部門接到投訴後，派監察員到本轄區內的某煤礦生產企業檢查《勞動合同法》的執行情況。在檢查過程中發現該煤礦對井下職工普遍實行「每天8小時，每週工作5天」的作息制度。市勞動保障監察機構依據《勞動合同法》《貫徹〈國務院關於職工工作時間的規定〉的實施辦法》等，對該煤礦企業做出行政處理通知，責令該企業立即停止延長井下工人工作時間的違法行為，並以處5萬元罰款。該企業認為其行為符合勞動法規定的每天工作8小時，每週工作40小時的規定，不屬於違法行為。若企業存在違法行為，也應當由礦山安全監察機構進行處理，勞動保障監察部門無權對其處罰。請問：
(1) 勞動保障監察機構有無對該煤礦企業給予行政處罰的權力？為什麼？
(2) 煤礦企業對井下員工的工作時間安排存在違法行為嗎？

（一）勞動保障監察概念

　　勞動保障監察簡稱勞動監察，是指勞動保障行政部門依法對用人單位、就業仲介服務機構等遵守勞動保障法律法規的情況進行監督檢查，發現和糾正違法行為，並對違法行為依法進行行政處理或行政處罰的行政執法活動。

　　勞動保障監察工作，是關係到維護勞動者的合法權益，維護勞動力市場的正常秩序，促進形成公平競爭的社會主義市場經濟環境。當勞動者合法權益受到侵害時，勞動者可以自力救濟，也可以公力救濟。勞動保障監察投訴是勞動者運用國家公力獲得權益救濟的一種重要方式。勞動保障監察工作一手牽著勞動者權益保護，一手牽著經濟發展，是勞動用工活動領域內重要的行政執法工作。

【案例連結】　　　　　勞動保障監察查處拖欠勞動報酬案

　　2018年2月，國家人力資源和社會保障部公布：2017年1月21日，海南省海口市龍華區勞動保障監察大隊接到農民工投訴，稱海南建新裝飾工程有限公司存在拖欠農民工工資問題。經查，海南建新裝飾工程有限公司在承建宜欣購物公園裝飾項目期間，拖欠59名農民工工資共計209.3萬元。2017年1月22日，龍華區人社局依法對該公司下達《勞動保障監察限期整改指令書》。經該項目開發商墊付42萬元部分工資，海南建新裝飾工程有限公司仍拖欠38名農民工工資共計167.3萬元。2017年5月，海口市龍華區人社局以涉嫌拒不支付勞動報酬罪依法將該案移送公安機關立案查處。

(二) 勞動保障監察對象

勞動保障監察對象並非包括涉及勞動關係各方當事人，其只針對用人單位和職業介紹機構：

(1) 企業和個體工商戶。企業包括中國境內的各類型企業，如國有企業、私營企業、合夥企業、外資企業、合資企業等用人單位。

(2) 職業介紹機構、職業技能鑒定培訓機構和職業技能考核鑒定機構。勞動保障監察對這些機構實施監管，主要是檢查其職業仲介行為、職業技能鑒定行為、職業技能培訓行為，即勞動者就業前的權益保障。

(3) 國家機關、事業單位、社會團體。首先，對於依照勞動法執行的與勞動者建立勞動合同關係的國家機關、事業單位、社會團體，主要檢查其勞動合同、工作時間和工資支付等勞動用工情況。其次，是對國家機關、事業單位、社會團體執行社會保險相關規定的檢查。

(4) 非法用工主體。對沒有營業執照或已被依法吊銷營業執照的單位和或個人存在勞動用工行為時查處，由工商行政管理部門依法取締，非法用工的單位和個人應承擔賠償責任。

(三) 勞動保障監察的特徵

勞動監督與工會監督、群眾監督以及政府相關部門的監督不同，勞動保障監察是勞動行政部門依照勞動法和《行政處罰法》等規定，對用人單位等違法行為予以處罰的具體行政執法行為。勞動保障監察具有以下主要特徵：

(1) 法定性。勞動保障監察部門必須嚴格依據法律規定履行監察執法職責。其法律依據主要是勞動法、社會保險法、勞動保障監察法等。

(2) 行政性。勞動保障監察是行使行政權力的具體行政行為。對其做出的行政處理決定或行政處罰決定不服的，被監察主體可以依法提請行政復議或行政訴訟。

(3) 專門性。勞動保障監察是由法定的專門機關對勞動保障法律法規的實施情況進行的監督檢查。其他執法部門遇到勞動用工違法行為的，應當移交勞動監察部門查處。

(4) 強制性。勞動保障監察部門是代表政府實施的勞動處罰，具有國家強制力，被監察主體不得拒絕。即使在被處罰對象所進行的行政復議和行政訴訟過程中，勞動保障監察決定一般情況下也不中止執行。

【律師提示】　　　　勞動保障監察與勞動者權益保護

《勞動爭議調解仲裁法》第九條規定，用人單位違反國家規定，拖欠或者未足額支付勞動報酬，或者拖欠工傷醫療費、經濟補償或者賠償金的，勞動者既可以向勞動行政部門投訴，由勞動行政部門依法處理，也可以申請勞動仲裁，由勞動仲裁委員會依法裁決。

勞動保障監察範圍的勞動爭議案件，勞動者有權向勞動保障監察部門投訴，勞動保障監察部門接到投訴後應當依法受理和處理。相對於勞動爭議仲裁和訴訟程序而言，勞動保障監察可以說是勞動爭議處理的特別程序。勞動保障監察的受案範圍與勞動仲裁的受案範圍具有交叉關係，對於交叉事項，勞動者有權選擇向勞動保障監察部門投訴或申請勞動仲裁。

(四) 勞動保障監察的類型

1. 一般勞動保障監察與特定勞動保障監察

一般勞動保障監察是對不確定的勞動行政管理相對人進行的監察；特定勞動保障監察是勞動行政機關對特定的公民、法人或者其他組織進行的監察。一般說來，勞動行政機關往往交互使用這兩種手段，宏觀上可以製造一個良好的法律環境，微觀上可以糾正和防止具體的違法行為。

2. 事先勞動保障監察與事後勞動保障監察

事先勞動保障監察實施於勞動行政管理相對人某一行為完成之前，如事先登記、註冊、申報情況等；事後勞動保障監察則實施於勞動行政管理相對人某一行為完成之後，如勞動現場安全條件驗收。事先勞動保障監察有預防性，防止違法行為發生；事後勞動保障監察有補救性，阻止違法行為繼續進行。

【案例評析】礦山安全監察機構是煤礦企業的行業安全生產主管機關，依法對礦山安全方面的違法行為進行執法管理和行政處罰。礦山開採企業的勞動違法行為，應由勞動保障監察機構查處。當礦山安全監察部門發現類似問題，也應向勞動保障監察機構反應並由勞動保障監察機構對勞動用工違法行為進行處理。

《貫徹〈國務院關於職工工作時間的規定〉的實施辦法》規定，從事礦山井下、嚴重有毒有害崗位和國家規定第四級體力勞動強度作業的勞動者，實行縮短工作時間制，即每日工作不得超過6小時、每週工作時間不得超過36小時。本案中的煤礦企業實行每天工作8小時、每週工作40小時的制度，違反了法律強制性規定，屬於勞動違法行為。因此，勞動保障監察機構有權依法做出行政處罰。

二、勞動保障監察法

(一) 勞動保障監察法

勞動保障監察法，是指調整勞動保障監察部門履行勞動保障監察職責過程中所發生社會關係的法律規範的總稱。勞動保障監察法是勞動保障監察必須遵循的法律依據。《勞動保障監察條例》（2004）和《關於實施〈勞動保障監察條例〉若干規定》（2005）等，共同構成了中國現行勞動保障監察執法體系。《勞動合同法》第六章「監督檢查」，也成為勞動保障監察的重要法律依據。

(二) 勞動保障監察法原則

勞動保障監察法的原則，是指勞動保障監察過程中應當遵循的基本準則。勞動保障監察工作應當堅持以下基本原則：

(1) 遵循公正、公開、高效、便民的原則

勞動保障監察執法屬於行政執法，應當堅持行政執法的公正性和公開性，做到各種違法案件及時得到糾正，勞動者依法主張的權利和申請的事項及時得到答復和辦理；同時還應當方便勞動者的檢舉投訴，實行地域管轄。

(2) 堅持教育和懲罰相結合的原則

勞動保障監察中對違法的用人單位在追究責任的同時，要堅持教育原則，對相關用人單位加強勞動法制宣傳教育，提高社會法律意識。

(3) 實行勞動保障監察與社會監督相結合的原則

勞動保障監察執法應當依法接受社會監督，並加強與同級人民政府有關部門及司

法機關的配合與協調。

【知識拓展】　　　　　勞動監察和勞動仲裁的區別

1. 行為性質不同。勞動監察是勞動爭議的行政處罰程序，有行政處罰權，但不能組織雙方調解；勞動仲裁乃至勞動訴訟是勞動爭議的司法處理程序，沒有行政處罰權，但可以組織雙方調解。

2. 處理對象不同。勞動監察追究的對象僅限於用人單位、職業介紹機構；勞動仲裁處理的是用人單位或勞動者提起的勞動爭議仲裁。

3. 產生法律責任不同。勞動監察導致的法律責任除了民事責任，還有行政責任，處罰力度較大；勞動仲裁只會產生民事責任，不會有行政處罰。

4. 追究違法實效不同。勞動監察的受理時效是二年，勞動仲裁的受理時效是一年。

三、勞動保障監察機構

勞動保障監察機構的職責主要有宣傳勞動保障法律、法規和規章，督促用人單位貫徹執行；檢查用人單位遵守勞動保障法律、法規和規章的情況；受理對違反勞動保障法律、法規或者規章的行為的舉報、投訴；依法糾正和查處違反勞動保障法律、法規或者規章的行為。履行勞動保障監察職責的執法主體包括勞動保障監察機構和勞動監察員。

（一）勞動保障監察機構

勞動保障監察機構，就是縣級以上各級人民政府勞動行政部門。其中，國務院勞動行政部門負責全國勞動法律法規實施的監督管理，縣級以上的地方人民政府勞動行政部門負責本行政區域內勞動法律法規實施的監督管理。

為適應建立社會主義市場經濟體制的需要，中國各地勞動保障行政部門成立專門從事勞動保障監察工作的機構負責監察執法工作，根據工作需要配備專職勞動監察工作人員。省級勞動保障部門設立監察行政處室或監察總隊，市（地）級勞動保障部門設立監察科（大隊）。勞動監察大隊承擔勞動監察工作的行政職能並負責勞動監察經辦工作。

縣級、設區的市級人民政府勞動保障行政部門可以依法委託符合監察執法條件的組織實施勞動保障監察。

（二）勞動監察員

勞動監察員，是指享有勞動監察資格並執行勞動監督檢查公務的人員。

縣級以上各級人民政府勞動行政部門根據工作需要配備專職勞動監察員和兼職勞動監察員。專職勞動監察員是勞動行政部門專門從事勞動監察工作的人員。兼職勞動監察員，主要負責與其業務有關的單項監察，須對用人單位處罰時，應會同專職監察員進行。

【法律連結】　　　　　勞動監察員的監察職責準則

1. 兩人以上進行執法檢查，並向被檢查單位出示證件，告知被監察人監察事由。

2. 忠於職守、秉公執法。勞動保障監察員要認真履行職責，不得超越執法職權範圍；不得利用職務之便謀取私利；不得在非公務場合使用監察證件。

3. 保守秘密，文明執法。勞動保障監察員要保守國家機密，保守監察工作中獲取的用

人單位的商業秘密，為舉報人保密；自覺遵守文明用語規定，儀容整潔，尊重被檢查單位。

4. 依法迴避，廉潔執法。勞動保障監察員與被檢查的用人單位有利害關係的，應當依法迴避。勞動保障監察員不得接受被檢查單位的財物和宴請，不得在被檢查單位報銷個人費用，不準侵占、截留、挪用罰款。

四、勞動保障監察的管轄範圍

【法律連結】

2018年3月，長春市某機械公司以張先生等8名員工不服從公司工作安排為由解除了與他們的勞動合同。對此決定不服，8名員工向當地勞動爭議仲裁委員會申請勞動仲裁，要求公司支付違法解除勞動合同的雙倍經濟補償金和繳納工作期間的社會保險。在等待勞動爭議仲裁時，他們聽說勞動保障監察機構有權查處用人單位的勞動違法行為，而且能快速處理，張先生等8名員工於是也向勞動保障部門投訴，請求勞動部門為其「撐腰」。勞動保障部門調查到本案正在勞動仲裁中，決定暫不受理投訴。

勞動保障監察部門應否受理張先生等8人的勞動投訴？

（一）勞動保障監察的管轄範圍

勞動保障監察的管轄範圍，即依法屬於勞動保障監察機構職責的管轄範圍。用人單位違反勞動法律法規的行為，原則上都屬於勞動保障監察的管轄範圍：

（1）用人單位制定直接涉及勞動者切身利益的規章制度及其執行的情況。直接涉及勞動者切身利益的規章制度包括工作時間、休息休假、勞動報酬、勞動條件、勞動保護等，雖然屬於用人單位行使用工管理權的範圍，但必須合法。勞動行政部門需要對用人單位的規章制度的合法情況進行檢查。

（2）用人單位與勞動者訂立和解除勞動合同的情況。勞動合同訂立形式和訂立內容，都受到勞動法律法規的強制性約束；用人單位解除勞動合同往往對勞動者的生活影響非常大，勞動法規定瞭解除的法定條件，以確保勞動者勞動權益。勞動行政部門對用人單位訂立和解除勞動合同的情形進行監督。

（3）勞務派遣單位和用工單位遵守勞務派遣有關規定的情況。勞務派遣作為一種新的勞動用工制度，容易導致對勞動者的保護不利，因而勞動行政部門加強對勞務派遣單位和用工單位的監督檢查對保護勞動者權益十分必要。

（4）用人單位遵守國家關於勞動者工作時間和休息休假規定的情況。休息權包括勞動者的工作時間，也包括勞動者在符合條件下的各種休假，還包括加班加點的規定及加班加點工資支付。

（5）用人單位支付勞動合同約定的勞動報酬和執行最低工資標準的情況。勞動者的勞動報酬涉及勞動者的基本工資、獎金、各種津貼補貼等，以及是否符合最低工資標準等。

（6）用人單位參加各項社會保險和繳納社會保險費的情況。繳納社會保險費是用人單位的法定義務，用人單位可能為了節約成本而不給勞動者依法辦理社會保險。這不但損害勞動者的合法權益，也危及勞動者未來的養老保障等。

（7）職業介紹機構、職業技能培訓機構和職業技能考核鑒定機構遵守國家有關職

業介紹、職業技能培訓和職業技能考核鑒定的規定的情況。

（8）法律、法規規定的其他勞動保障監察事項。

(二) 不屬於勞動保障監察受理或處理的情形

（1）依法屬於其他主管部門職責範圍的事項

縣級以上人民政府建設、衛生、安全生產監督管理等有關主管部門，在各自職責範圍內對用人單位執行勞動合同制度的情況進行監督檢查。

（2）應當通過勞動爭議處理程序解決的事項

對應當通過勞動爭議處理程序解決的事項，不屬於勞動保障監察部門受理範圍，當事人應當依法通過勞動仲裁、勞動訴訟來解決。

（3）已經按照勞動爭議調解、仲裁處理或已經提起訴訟的事項

已經按照勞動爭議處理程序申請調解、仲裁或者已經提起訴訟的事項，不屬於勞動保障監察部門受理範圍。例如，對用人單位拖欠、克扣工資等勞動糾紛，勞動者已經申請勞動爭議仲裁委員會仲裁的，如果勞動者再向勞動保障監察部門投訴、舉報要求查處的，勞動保障監察行政部門不予以受理，但應當告知其按照勞動爭議處理或訴訟程序辦理。

（4）勞動者就用人單位違法用工行為發生損害賠償爭議的事項

用人單位違法用工行為有用人單位制定的勞動規章制度違反法律、法規規定的行為；用人單位違反對女職工和未成年人的保護規定的行為；因用人單位原因訂立無效合同的行為；因用人單位違法解除勞動合同或者故意拖延不訂立勞動合同的行為等。勞動者就用人單位前述違法用工行為發生損害賠償爭議，應當通過勞動爭議程序進行解決。

（5）社會保險行政爭議的事項

勞動者或者用人單位與社會保險行政機構發生的社會保險行政爭議，按照《社會保險行政爭議處理辦法》處理。

（6）用人單位勞動違法行為已經超過 2 年的事項

《勞動保障監察條例》第二十條規定，用人單位違反法律、法規或者規章的行為在 2 年內未被勞動保障部門發現，也未被舉報、投訴的，勞動保障部門不再查處。其中，2 年期限，自違反勞動保障法律、法規或者規章的行為發生之日起計算；違反勞動保障法律、法規或者規章的行為有連續或者繼續狀態的，自行為終了之日起計算。

【案例評析】已經按照勞動爭議處理程序申請調解、仲裁或者已經提起訴訟的事項，不屬於勞動保障監察部門受理範圍。在本案中，由於張先生等 8 名員工已經按照勞動爭議處理程序申請勞動爭議仲裁，勞動保障部門不受理張先生等 8 名員工的勞動投訴符合法律規定。

五、勞動保障監察中用人單位的義務

（1）配合勞動保障監察的義務。用人單位必須接受勞動保障監察機構的檢查，如實匯報有關情況，提供所需資料，陪同勞動保障監察員到生產（經營）現場檢查，法定代表人或委託人應在調查筆錄上簽字。在接受勞動保障監察時，用人單位應當根據檢查要求提供以下材料：

①勞動合同書及勞動合同附件、勞動關係臺帳、職工花名冊；
②招（聘）用職工的有關材料；
③外來人員就業證；
④營業執照副本；
⑤工資統計臺帳及工資支付表；
⑥社會保險繳納的有關資料；
⑦從事技術工種人員職業資格證書；
⑧用人單位制定的勞動管理規章制度；
⑨勞動年審手冊；
⑩勞動保障監察機構需要用人單位提供的其他有關材料。
（2）用人單位對勞動行政部門依法做出的行政處理決定，應認真履行。

【律師提示】　　　　勞動保障中用人單位的權利

當事人認為勞動保障監察員法定應當迴避情形的，有權向勞動保障行政部門申請要求其迴避。

勞動保障行政部門對違反勞動保障法律、法規或者規章的行為做出行政處罰或者行政處理決定前，應當聽取用人單位的陳述、申辯；法律、法規規定應當依法聽證的，應當告知用人單位有權依法要求舉行聽證；用人單位要求聽證的，勞動保障行政部門應當組織聽證。

做出行政處罰或者行政處理決定，應當告知用人單位依法享有申請行政復議或者提起行政訴訟的權利。

六、勞動保障監察中勞動者的權利

（一）舉報保密權及受獎勵權

勞動者作為舉報人，勞動保障行政部門應當為其保密；對舉報屬實，為查處重大違反勞動保障法律、法規或者規章的行為提供主要線索和證據的舉報人，給予獎勵。

（二）要求及時答復權

勞動保障行政部門應當在接到勞動者投訴之日起5個工作日內做出是否受理立案。立案查處的，應當及時告知勞動者處理後果。

（三）申訴權

勞動者對勞動保障行政處理或處罰決定不服的，可以依法向有關政府部門申請行政復議或者向人民法院提起行政訴訟。

第二節　勞動保障監察程序

勞動保障監察程序有受理與立案、調查與檢查、處理、執行四個階段。程序合法是勞動保障監察正確開展的基本保障。《勞動保障監察條例》和《關於實施〈勞動保障監察條例〉若干規定》等構成勞動保障監察程序的主要法律依據。

一、勞動保障監察受理與立案

【案例討論】湯某是鄭州市某建築公司職工，向某市勞動保障監察部門寄送投訴信件，請求勞動保障監察部門對該公司違反勞動保障法規、克扣職工工資收入的行為進行調查處理，維護職工的合法權益，並要求勞動保障監察部門給予答復。但是，兩個多月過去了，勞動保障監察部門未予答復。湯某以勞動保障監察部門不履行保護人身權、財產權的法定職責為由向人民法院起訴，請求人民法院責令勞動保障監察部門履行其法定職責。訴訟過程中，勞動保障監察部門辯稱：勞動保障監察部門已將湯某的申請作為人民來信轉交市建工局處理，依法履行了自己的法定職責。人民法院經審理查明：湯某起訴書中所稱事情屬實。勞動保障監察部門局長在當年4月12日在此信上批示：「將此文轉交建工局處理。」事後，既未對投訴信中所反應的問題進行調查處理，也未給湯某本人做出答復。最後，法院判決責成市勞動保障監察部門依法對某建築公司遵守勞動法律、法規的情況進行監督檢查，並在兩個月內對湯某本人做出書面答復，案件受理費及其他訴訟費用由市勞動保障部門承擔。

法院的判決有無合法依據？為什麼？

（一）舉報與投訴

1. 舉報

任何組織或個人對違反勞動保障法律的行為，有權向勞動保障行政部門舉報。勞動保障行政部門對舉報人反應的違反勞動保障法律的行為應當依法予以查處，並為舉報人保密；對舉報屬實，為查處重大違反勞動保障法律的行為提供主要線索和證據的舉報人，給予獎勵。

2. 投訴

勞動者對用人單位違反勞動保障法律、侵犯其合法權益的行為，有權向勞動保障行政部門投訴。對因同一事由引起的集體投訴，投訴人可推薦代表投訴。

投訴應當由投訴人向勞動保障行政部門遞交投訴文書。書寫投訴文書確有困難的，可以口頭投訴，由勞動保障監察機構進行筆錄，並由投訴人簽字。

【律師提示】　　　　　　　　投訴文書內容
勞動者向勞動保障監察機構的投訴文書應當載明下列事項：
（1）投訴人的姓名、性別、年齡、職業、工作單位、住所和聯繫方式；
（2）被投訴用人單位的名稱、住所、法定代表人或者主要負責人的姓名、職務；
（3）勞動保障合法權益受到侵害的事實和投訴請求事項。

（二）受理與立案

1. 投訴案件的受理與立案

對符合下列條件的投訴，勞動保障行政部門應當在接到投訴之日起5個工作日內依法受理，並於受理之日立案查處：

（1）違反勞動保障法律的行為發生在2年內的；

（2）有明確的被投訴用人單位，且投訴人的合法權益受到侵害是被投訴用人單位違反勞動保障法律的行為所造成的；

（3）屬於勞動保障監察職權範圍並由受理投訴的勞動保障行政部門管轄的。
2. 舉報案件的受理與立案

勞動保障行政部門通過日常巡視檢查、書面審查、舉報等發現用人單位有違反勞動保障法律的行為，需要進行調查處理的，應當及時立案查處。

立案應當填寫立案審批表，報勞動保障監察機構負責人審查批准。勞動保障監察機構負責人批准之日即為立案之日。

【法律連結】　　　　　　勞動保障監察的管轄原則

勞動保障行政部門管轄實行適用地域管轄，縣級以上地方各級人民政府勞動保障行政部門主管本行政區域內的勞動保障監察工作。勞動者向勞動保障監察部門投訴，應當向用人單位所在地的勞動保障監察部門提出。

特殊情況下，可以採取移送管轄和指定管轄。上級勞動保障行政部門根據工作需要，可以調查處理下級勞動保障行政部門管轄的案件。勞動保障行政部門對勞動保障監察管轄發生爭議的，報請共同的上一級勞動保障行政部門指定管轄。

二、勞動保障監察調查與檢查

（一）勞動保障監察調查與檢查的工作人員

勞動保障監察調查與檢查的工作人員由勞動保障監察員擔任。在調查、檢查勞動違法案件時，勞動保障監察員不得少於 2 人，勞動保障監察機構指定其中 1 名為主辦勞動保障監察員。

（二）勞動保障監察員的迴避制度

為了保證勞動保障監察案件公正處理，實行勞動保障監察員迴避制度。在實施勞動保障監察時，有下列情形之一的，勞動保障監察員應當迴避：

（1）本人是用人單位法定代表人或主要負責人的近親屬的；

（2）本人或其近親屬與承辦查處的案件事項有直接利害關係的；

（3）因其他原因可能影響案件公正處理的。

當事人認為勞動保障監察員依法應當迴避的，有權以書面形式向勞動保障行政部門申請要求其迴避。迴避決定應在收到申請之日起 3 個工作日內做出。做出迴避決定前，承辦人員不得停止對案件的調查處理。對迴避申請的決定，應當告知申請人。承辦人員的迴避，由勞動保障監察機構負責人決定；勞動保障監察機構負責人的迴避，由勞動保障行政部門負責人決定。

（三）勞動保障監察調查與檢查的規則

勞動保障監察員對用人單位遵守勞動保障法律情況進行監察時，應當遵循以下規定：

（1）進入用人單位時，應佩戴勞動保障監察執法標誌，出示勞動保障監察證件，並說明身分。

（2）就調查事項製作筆錄，應由勞動保障監察員和被調查人（或其委託代理人）簽名或蓋章。被調查人拒不簽名、蓋章的，應註明拒簽情況。

（3）保守在履行職責過程中獲知的商業秘密。

（4）為舉報人保密。

（四）勞動保障監察機構調查與檢查的職權

（1）進入用人單位的勞動場所進行檢查；

（2）就調查、檢查事項詢問有關人員；

（3）要求用人單位提供與調查、檢查事項相關的文件資料，並做出解釋和說明，必要時可以發出調查詢問書；

（4）採取記錄、錄音、錄像、照相或者複製等方式收集有關情況和資料；

（5）委託會計師事務所對用人單位工資支付、繳納社會保險費的情況進行審計；

（6）法律、法規規定可以由勞動保障行政部門採取的其他調查、檢查措施。

當事人可能對證據採取偽造、變造、毀滅行為的或者採取措施不當可能導致證據滅失的以及不採取證據登記保存措施以後難以取得的，勞動保障監察機構可以依法採取證據登記保存措施。對於涉及異地調查取證的，可以委託當地勞動保障行政部門協助調查。

（五）勞動保障監察調查時限

對違反勞動保障法律的行為的調查，勞動保障行政部門應當自立案之日起60個工作日內完成；情況複雜的，經勞動保障行政部門負責人批准，可以延長30個工作日。

三、勞動保障監察案件處理

在勞動保障監察案件處理過程中，涉及行政處理和行政處罰。其中，行政處理，是指行政主體為了實現相應法律、法規和規章所確定的行政管理目標和任務，而依行政相對人申請或依職權處理涉及特定行政相對人某種權利義務事項的具體行政行為。其表現形式一般為「行政處理決定」或者「行政決定」。行政處罰，是指行政主體依照法定職權和程序對違反行政法規範，尚未構成犯罪的相對人給予行政制裁的具體行政行為。其性質是一種以懲戒違法為目的、具有制裁性的具體行政行為。

勞動保障行政部門立案調查完成，應在15個工作日內做出行政處罰（行政處理或者責令改正）或者撤銷立案決定；特殊情況，經勞動保障行政部門負責人批准可以延長。勞動保障監察案件處理分為現場處理和非現場處理。

（一）現場處理案件

對用人單位存在的違反勞動保障法律的行為事實確鑿，並有法定處罰（處理）依據的，勞動保障監察員可以依法當場做出限期整改指令或依法當場做出行政處罰決定，當場交付當事人。其中，當場處以警告或罰款處罰的應當按照下列程序進行：

（1）口頭告知當事人違法行為的基本事實、擬做出的行政處罰、依據及其依法享有的權利；

（2）聽取當事人的陳述和申辯；

（3）填寫預定格式的處罰決定書；

（4）當場處罰決定書應當由勞動保障監察員簽名或者蓋章；

（5）將處罰決定書當場交付當事人，由當事人簽收。

（二）非現場處理案件

（1）對不能當場做出處理的違法案件，勞動保障監察員經調查取證，應當提出初步處理建議，並填寫案件處理報批表。

（2）根據調查、檢查的結果，勞動保障行政部門依法做出以下處理：

①對依法應當受到行政處罰的，依法做出行政處罰決定；
②對應當改正未改正的，依法責令改正或者做出相應的行政處理決定；
③對情節輕微，且已改正的，撤銷立案。
④經調查、檢查，勞動保障行政部門認定違法事實不能成立的，也應當撤銷立案。發現違法案件不屬於勞動保障監察事項的，應當及時移送有關部門處理；涉嫌犯罪的，應當依法移送司法機關。

（3）發現行政處罰、行政處理決定不適當的，做出處理的勞動保障行政部門應當予以糾正並及時告知當事人。

【案例評析】法院判決合法有效。第一，被告市勞動保障監察部門是該市行政區域內勞動工作的主管部門，湯某有權就用人單位違反勞動法律的行為向當地勞動保障部門投訴舉報。第二，市勞動保障部門應認真履行勞動保障監督檢查的法定職責，依法制止和糾正違法行為，維護勞動者的合法權益。勞動保障部門對群眾的舉報不按規定進行調查處理，屬於行政不作為。第三，勞動保障部門不應把群眾「舉報信」轉交企業主管部門處理視為已履行了勞動監督檢查職責。在工作中，各有關部門要互相配合，按照各自的職權範圍監督用人單位遵守勞動保障法律的情況，更好地保障勞動保障法律的實施。本案例中市勞動保障監察部門要把要求查處違法行為的來信批轉建工局去處理，自己既不履行監督檢查的職責，也不向建工局瞭解監督的結果如何，並且不給來信人答復，不能認為其已履行了法定職責。

四、勞動保障監察處理的執行

（1）勞動保障行政處理或處罰決定依法做出後，當事人應當在決定規定的期限內予以履行。當事人對勞動保障行政部門做出的行政處罰決定，責令支付勞動者工資報酬、賠償金或者徵繳社會保險費等行政處理決定逾期不履行的，勞動保障行政部門可以申請人民法院強制執行或者依法強制執行。

（2）當事人對勞動保障行政處理或行政處罰決定不服申請行政復議或者提起行政訴訟的，行政處理或行政處罰決定不停止執行。法律另有規定的除外。

（3）當事人確有經濟困難，需要延期或者分期繳納罰款的，經當事人申請和勞動保障行政部門批准，可以暫緩或者分期繳納。

【案例連結】　　　用人單位拖欠勞動報酬被列入「失信黑名單」案

2018年2月，國家人力資源和社會保障部公布：2017年1月6日，江蘇省宿遷市宿豫區人社局接到投訴，稱四川錦川建築勞務有限公司存在拖欠勞動者勞動報酬問題。經查，四川錦川建築勞務有限公司在承建宿遷市宿豫區印象99花園項目期間，拖欠360名勞動者工資共計689.97萬元。2017年1月19日，宿豫區人社局依法向該公司下達《勞動保障監察限期整改指令書》，該公司逾期未履行。2017年1月，宿豫區人社局以涉嫌拒不支付勞動報酬罪依法將該案移送公安機關立案查處。隨後，犯罪嫌疑人餘賢勇被公安機關採取強制措施。該公司已被宿豫區住建局列入建築領域用工單位「黑名單」。

實訓項目

一、改錯題

1. 勞動保障監察的對象包括用人單位和勞動者。
2. 勞動者就用人單位違法用工行為發生損害賠償爭議的事項屬於勞動保障監察管轄範圍。
3. 用人單位勞動違法行為已經超過1年的，勞動監查部門不再受理和處理。
4. 當事人認為勞動保障監察員依法應當迴避的，有權以口頭形式或書面形式向勞動保障行政部門申請要求其迴避。
5. 勞動保障行政部門應在立案後15個工作日內做出行政處罰（行政處理或者責令改正）或者撤銷立案決定；特殊情況，經勞動保障行政部門負責人批准可以延長。

二、案例分析題

（一）2016年4月，王小妹被北京市一家用人單位辭退。用人單位口頭承諾辭退後15日內支付王小妹20,000元的工資和加班費。由於單位遲遲沒有兌現承諾，2017年6月，王小妹被迫申請勞動仲裁，要求用人單位支付工資和加班費。仲裁委員會以王小妹的申請仲裁時效已過為由做出不予支持裁定。王小妹對仲裁委員會裁定不服，向法院提起訴訟。法院也以相同理由駁回王小妹的訴訟請求。2017年9月，王小妹向勞動保障監察部門投訴，請求責令公司支付其加班費。勞動保障監察部門內部對王小妹的投訴是否應該受理存在兩種觀點：一種觀點認為，王小妹的投訴屬於勞動保障監察受理範圍，雖然申請事項經過勞動仲裁和訴訟，但都沒有做出實體處理；同時，王小妹的投訴未超過2年的監察時效，勞動保障監察部門應當依法受理；另一種觀點認為，雖然王小妹的投訴屬於勞動保障監察受理範圍，也未超過二年監察時效，但本案已經通過勞動仲裁、訴訟處理，勞動保障監察部門不應再受理王小妹的投訴。

依據法律規定，勞動保障監察部門應否受理王小妹的投訴？為什麼？

（二）2017年7月，李某到成都市溫江區勞動保障監察大隊投訴某商店拖欠5月份的工資4,500元。溫江區勞動保障監察大隊接到投訴後，派勞動保障監察員到李某工作地點調查並查明：該商店的營業執照顯示系某公司的分支機構；商店的職工工資均由公司負責發放；該公司位於成都市的成華區。在調查之後，溫江區勞動保障監察大隊經與成華區勞動保障監察大隊協商後，告知李某到成華區勞動保障監察大隊投訴。

勞動保障監察機構的處理有法律依據嗎？

第十一章
勞動爭議仲裁法實務

【導入案例】

解除勞動合同引發兩次勞動爭議仲裁案

2014年12月，博士畢業的夏先生進入上海一家美資公司從事在華投資高級顧問工作。在進入公司工作之前，他曾兩次赴美與公司的大老闆協商工作待遇事宜。公司承諾與夏先生簽訂無固定期限勞動合同，年薪為80萬元人民幣。回國後，公司（上海總部）與夏先生簽訂書面勞動合同，合同中明確了試用期6個月的期間及年薪80萬元，但未標註合同屬於無固定期限勞動合同。在夏先生試用期快結束時，公司突然向他發來一份勞動合同終止通知，引發勞動爭議。

對於公司的做法，夏先生表示無法接受，啓動了勞動爭議仲裁程序，請求恢復雙方的勞動關係。因對勞動法相關規定不甚解，夏先生未在仲裁申書中提出要求公司支付違法解除勞動合同期間的工資的請求。勞動爭議仲裁未支持夏先的仲裁請求。

不服仲裁裁決，夏先生訴至法院，並追加了要求單位支付違法解除勞動合同期間工資的訴請。法院審理認為，雖然勞動合同未明示「無固定期限」，但從約定年薪的角度來看，用人單位簽訂勞動合同並非只想短期試用夏先生，因此推定雙方勞動合同應為無固定期限的勞動合同。單位解除勞動合同理由不充分，屬於違法解除，雙方的勞動關係應當恢復。2015年9月，一審法院判決支持了夏先生關於恢復勞動關係的訴訟請求，但對一審所起訴追加的工資賠償請求，則因違反勞動爭議仲裁前置程序而未予支持。

對法院的判決，雙方都沒有上訴。在判決生效後的次日，單位給夏先生發來了復崗通知書。回到公司上班第一個月，夏先生被要求學習單位規章制度和從事打印等雜務工作。公司對夏先生表示，暫時難以安排原崗位，要求其繼續等待工作崗位安排。在此期間，夏先生要求單位支付違法解除勞動合同期間的工資，但公司認為法院未在判決書中予以支持，故不予支付。

2015年11月，因公司存在長期拖欠工資的情形且拒不安排合理工作崗位，夏先生單方提出解除勞動關係。為了維護自己的勞動權益，追究公司拖欠工資及經濟補償金的法律責任，夏先生又不得不花費大量的時間和精力啓動第二次勞動爭議仲裁。

第一節　勞動爭議程序法概述

隨著國家經濟結構的不斷調整轉型和勞動力市場的競爭日趨激烈，勞動者與用人單位之間的勞資糾紛也會日益增多。目前，中國勞動爭議進入了「高發階段」。勞動爭議表面上只涉及勞動者與用人單位的經濟利益，但還牽涉勞動者家族利益和用人單位整體利益和長遠利益，也關係到社會的和諧穩定。避免勞動爭議的出現，是當事人訂立勞動合同和履行勞動合同應當預見的法律風險。及時化解勞動爭議，還要當事人具備正確處理勞動糾紛的態度和技能。因此，熟習並運用勞動爭議程序法處理勞動爭議，是勞動者和人力資源管理工作者必備的法律知識。

一、勞動爭議概念

（一）勞動爭議

勞動爭議又稱勞動糾紛，泛指勞動關係主體雙方之間因執行勞動法律、法規或履行勞動合同、集體合同持有不同的主張和要求而產生的爭議。其中，有的勞動爭議屬於既定權利的爭議，即因適用勞動法和勞動合同、集體合同的既定內容而發生的爭議；有的勞動爭議屬於要求新的權利而出現的爭議，即因制定或變更勞動條件而發生的爭議。勞動爭議，特指是用人單位與勞動者之間因勞動關係而發生的爭議，這也是勞動爭議中最主要的部分。

（二）勞動爭議的特徵

1. 主體的特定性

勞動爭議的主體主要表現為勞動關係的雙方當事人，即勞動者和用人單位，這是由勞動關係特定性所決定的。

《勞動爭議調解仲裁法》規定，工會、勞務派遣單位和用工單位在特殊情況下也是勞動爭議的當事人。工會作為勞動者利益的代表，與用人單位之間發生的勞動權利義務爭議，屬於勞動爭議的範疇。勞務派遣單位或者用工單位與勞動者發生勞動爭議的，勞務派遣單位和用工單位為共同當事人。

2. 內容的限定性

勞動爭議的內容僅涉及勞動權利和勞動義務，包括勞動就業、工資待遇、工作時間與休息休假、勞動保護、勞動保險、勞動福利、職業培訓、民主管理、獎勵懲罰等。勞動爭議不但包括大量的勞動合同爭議，也包括集體合同爭議。勞動司法實踐中，勞動爭議最突出的領域是勞動報酬、社會保險和工傷待遇三大領域。

二、勞動爭議程序法

勞動爭議程序法是指國家制定的處理勞動爭議的程序法律規範的總稱。它是勞動爭議能夠獲得合法、公正、及時處理的程序保障依據。

目前，中國處理勞動爭議的程序法律規範主要有《勞動法》《勞動爭議調解仲裁法》和《民事訴訟法》等。為了配合《勞動爭議調解仲裁法》的實施，2009年人力資源和社會保障部制定並實施了《勞動人事爭議仲裁辦案規則》。人力資源和社會保障部

於 2017 年 5 月 8 日頒布新了《勞動人事爭議仲裁辦案規則》，並於同年 7 月 1 日實施。關於勞動爭議審理的司法解釋有《最高人民法院關於審理勞動爭議案件適用法律若干問題的解釋》（2001 年）、《最高人民法院關於審理勞動爭議案件適用法律若干問題的解釋（二）》（2006 年）、《最高人民法院關於審理勞動爭議案件適用法律若干問題的解釋（三）》（2010 年）、《最高人民法院關於審理勞動爭議案件適用法律若干問題的解釋（四）》（2013 年）和《關於人民法院對經勞動爭議仲裁裁決的糾紛準予撤訴或駁回起訴後勞動爭議仲裁裁決從何時起生效的解釋》（2000 年）等。

【法律連結】　　　　　勞動人事爭議仲裁辦案規則

為公正及時處理勞動人事爭議，規範仲裁辦案程序，根據《勞動爭議調解仲裁法》以及《公務員法》《事業單位人事管理條例》《中國人民解放軍文職人員條例》和有關法律、法規、國務院有關規定，人力資源和社會保障部於 2017 年 5 月 8 日頒布新的《勞動人事爭議仲裁辦案規則》。《勞動人事爭議仲裁辦案規則》成為勞動爭議和人事爭議案件的仲裁程序規則。

三、勞動爭議處理方式

根據《勞動爭議調解仲裁法》規定，勞動爭議的處理方式包括協商、調解、仲裁和訴訟。勞動者與用人單位應當掌握各種方式的優缺點，以便根據實際情況進行選擇，快速有效地解除勞動爭議。

（一）協商方式

協商方式是勞動爭議當事人在爭議發生後最先選擇解決糾紛的方法。它是指在勞動爭議發生後，以自願為基礎，當事人針對雙方所發生的勞動爭議進行磋商或者談判，在澄清事實、闡明立場、消除誤會和明確彼此責任的基礎上自行達成和解協議，以此解決糾紛的方式。根據《勞動爭議調解仲裁法》第四條規定，發生勞動爭議，勞動者可以與用人單位協商，也可以請工會或者第三方共同與用人單位協商，達成和解協議。

勞動爭議發生後，當事人往往希望協商以便快速、有效地解決糾紛。當事人在不違反國家強制性法律規定的前提下，本著互諒互讓的合作原則，達成和解協議。若雙方協商不能達成和解協議或者達成和解協議不履行的，當事人可以依法選擇其他方式解決勞動爭議。

（二）調解方式

【案例討論】在半月病假之後回公司上班時，貴陽市王某發現自己被單位調崗，而且工資待遇也隨之降低。為此，王某認為自己的勞動權益受到了侵犯，於是向公司勞動爭議調解委員會申請調解。在調解員的主持下，王某與單位達成了調解協議：他所在單位承諾在一週內恢復王某的原工作崗位和工資待遇。但一週過去了，單位仍然沒有恢復王某的工作崗位和工資待遇。王某多次向單位提出交涉，要求履行調解協議，但單位以原崗位不好安排為由給予拒絕。

問：王某的單位拒絕履行調解協議後，王某應該怎樣維護自己的權益？

勞動爭議調解是解決勞動爭議行之有效的途徑，對解決爭議化解矛盾，建立和諧的勞動關係具有重要作用。勞動爭議調解包括勞動爭議調解委員會的調解、勞動人事

爭議仲裁委員會的調解和人民法院的調解，這裡僅指勞動爭議調解委員會的調解。勞動爭議調解是勞動爭議的雙方當事人向勞動爭議調解機構申請調解，勞動爭議調解機構通過調停，使當事雙方在互諒互讓基礎上達成協議，進而解決爭議的方式。在發生勞動爭議以後，當事人不願協商、協商不成或者達成和解協議後不履行的，可以依法向調解組織申請調解。《勞動爭議調解仲裁法》對調解組織、申請方式、調解方式和調解協議效力等做出了具體規定：

1. 勞動爭議調解的調解組織

（1）企業勞動爭議調解委員會。這是企業內部解決勞動爭議的組織，由職工代表和企業代表組成。職工代表由工會成員擔任或者由全體職工推舉產生，企業代表由企業負責人指定。企業勞動爭議調解委員會主任由工會成員或者雙方推舉的人員擔任。

（2）依法設立的基層人民調解組織。人民調解組織是人民調解委員會，基本形式是村民調解委員會和居民調解委員會，它在基層人民政府和基層人民法院的指導下進行工作。

（3）在鄉鎮、街道設立的具有勞動爭議調解職能的組織。

2. 勞動爭議調解的申請方式

（1）書面申請方式。書面申請方式是向勞動爭議調解委員會遞交調解申請書，提出調解申請，請求調解委員會予以處理。當事人採用書面方式提出調解申請的，應在其申請中寫明以下事項：

第一，當事人的基本情況。勞動者應寫明自己的姓名、性別、年齡、住址、工作單位、身分證號碼、聯繫電話等基本情況；用人單位應寫明單位的名稱、法定代表人或主要負責人、住所地或經營地址、單位的性質、聯繫電話等；如有代理人的應寫明代理人的情況。

第二，申請調解的事項。申請人應當明確地提出自己具體的條件請求事項。如因解除勞動合同、工傷醫療等涉及金錢給付發生爭議的，應當明確請求支付工資、醫療費、醫療補助費、違約金、賠償金等的具體數額。

第三，事實和理由。申請人應當說明請求事項所依據的事實和理由。這項內容既要反應出申請人的調解請求，又要反應出申請人主張自己申請事項的主要依據。主要應包括申請人與被申請人建立勞動關係的情況、爭議發生的時間、爭議內容、請求事項的法律依據等。

第四，申請時間。申請時間是當事人向勞動爭議調解組織主張權利的時間，它既是訴訟時效中斷的法定事由，又是15日調解期限的起算點，申請時間將影響到勞動爭議仲裁時效的計算。

（2）口頭申請方式。當事人提出口頭申請的，應當由勞動爭議調解組織的工作人員記錄當事人的申請。記錄內容與書面方式的內容相同，工作人員應注意對當事人的口頭申請記錄完後讓當事人簽名確認；當事人對記錄內容無異議的，應當簽名確認。

3. 勞動爭議的調解方式

調解勞動爭議應當在充分聽取雙方當事人對事實和理由的陳述，耐心疏導的情形下，幫助其達成調解協議。充分聽取雙方對事實和理由的陳述。調解不等於無原則的「和稀泥」，調解勞動爭議也要在弄清事實、分清是非的基礎上進行。調解成功與否，在一定程度上取決於爭議雙方解決爭議的誠意。

《勞動爭議調解仲裁法》第十三條規定，自勞動爭議調解組織收到調解申請之日起十五日內未達成調解協議的，當事人可以依法申請仲裁。

4. 勞動爭議調解協議的效力

根據《勞動爭議調解仲裁法》的規定，經調解達成協議的，應當製作調解協議書。這是勞動爭議雙方達成調解的書面證明，是一項重要的法律文書，它可以作為履行的明確依據，並可以作為相關的證據使用。調解協議書由雙方當事人簽名或者蓋章，經調解員簽名並加蓋調解組織的印章後生效，對雙方當事人具有合同約束力，當事人應當履行。勞動爭議調解達成協議後，一方當事人在協議約定期限內不履行調解協議的，另一方當事人可以依法申請仲裁，該協議可以作為勞動仲裁和訴訟的證據。

為了提高勞動爭議處理效率，法律對勞動爭議調解協議效力處理做出了特別規定。《勞動爭議調解仲裁法》第十六條規定：因支付拖欠勞動報酬、公司醫療費、經濟補償或賠償金事項達成調解協議，用人單位在協議約定期限內不履行的，勞動者可以持調解協議書依法向人民法院申請支付令。人民法院應當依法發出支付令。《勞動人事爭議仲裁辦案規則》規定，經調解組織調解達成調解協議的，雙方當事人可以自調解協議生效之日起十五日內，共同向有管轄權的仲裁委員會提出仲裁審查申請。仲裁委員會經審查認為調解協議的形式和內容合法有效的，應當製作調解書。調解書的內容應當與調解協議的內容相一致。調解書經雙方當事人簽收後，發生法律效力。

【案例評析】在單位不履行調解組織主持下所達成的調解協議，王某可以依法向勞動人事爭議仲裁委員會申請仲裁，因為《勞動爭議調解仲裁法》第十五條規定，「達成協議後，一方當事人在協議約定期限內不履行調解協議的，另一方當事人可以依法申請仲裁。」

(三) 仲裁方式

勞動仲裁是指勞動爭議當事人將勞動爭議提交勞動人事爭議仲裁委員會處理，由其就勞動爭議的事實與責任做出對雙方當事人具有一定約束力的判斷和裁決。

在發生勞動爭議後，當事人不願協商、協商不成或者達成和解協議後不履行的，當事人不願調解、調解不成或者達成調解協議後不履行的，都可以向勞動人事爭議仲裁委員會申請仲裁。當事人也可以不經協商或者調解程序，直接向勞動人事爭議仲裁委員會申請仲裁。

(四) 訴訟方式

勞動爭議訴訟，指勞動爭議當事人不服勞動人事爭議仲裁委員會的裁決，在規定的期限內向人民法院起訴，人民法院依照民事訴訟程序，依法對勞動爭議案件進行審理的活動。

一般情況下，勞動爭議仲裁是勞動爭議訴訟的前置程序，而勞動爭議訴訟是處理勞動爭議的最終程序，除法律另有規定外。勞動爭議訴訟是通過司法程序保障勞動爭議的最終解決。由人民法院參與處理勞動爭議，有利於保障當事人的訴訟權，有助於監督仲裁委員會的裁決，有利於生效的調解協議、仲裁裁決和法院判決的執行。

勞動者對仲裁裁決不服的，自收到裁決之日15日內，可以向基層人民法院提起訴訟。根據《勞動爭議調解仲裁法》第四十七條的規定，用人單位對於「一裁終局」的仲裁裁決，須自收到裁決之日起30日內先向中級人民法院申請撤銷，在中級人民法院

做出撤銷仲裁裁決後 15 日內，方可提起訴訟；對於其他仲裁裁決則與勞動者相同，用人單位可自收到裁決之日起 15 日內向基層人民法院提起訴訟。

四、解決勞動爭議的基本原則

（1）合法原則。合法原則要求勞動爭議的處理機構在處理爭議案件時，應當做到：一是以法律為準繩，嚴格依法裁決；二是遵循有關法定程序，要嚴格按照程序法的有關規定辦理，並對雙方當事人應該享受的請求解決爭議、舉證、辯解、陳述和要求迴避等有關程序法的權利要給予平等的保護。

（2）公正和平等原則。儘管用人單位與勞動者在勞動關係的地位不一樣，但勞動爭議進入處理程序階段，兩者便是平等的爭議主體，都受到法律的平等保護。公正和平等原則要求企業勞動爭議的任何一方當事人都不得有超越法律和有關規定以上的特權。

（3）註重調解原則。註重調解原則是指調解這種手段貫穿於勞動爭議第三方參與處理的全過程。企業調解委員會、仲裁委員會或法院在處理企業勞動爭議中要先行調解，調解不成時，才會行使裁決或判決。《勞動人事爭議仲裁辦案規則》規定，仲裁委員會處理爭議案件時應當堅持調解優先，引導當事人通過協商、調解方式解決爭議，給予必要的法律釋明以及風險提示。

（4）及時處理原則。及時處理原則是指企業勞動爭議的處理機構在處理爭議案件時，要在法律和有關規定要求的時間範圍內對案件進行受理、審理和結案，及時處理原則就是要使雙方當事人的合法權益得到及時的保護。

【律師提示】《勞動爭議調解仲裁法》強化勞動者權益保護的主要體現：
(1) 註重勞動調解作用，勞動者可持調解協議向法院申請支付令；
(2) 勞動仲裁基本時效擴大為 1 年，並且適用中斷、中止規定；
(3) 減輕勞動者的舉證責任，擴大用人單位的舉證範圍；
(4) 勞動爭議解決週期縮短，部分給付案件可由勞動者決定是否「一裁終局」；
(5) 勞動仲裁不收費，降低勞動者的維權成本。

第二節　勞動爭議仲裁基本制度

一、勞動爭議仲裁概念

1. 勞動爭議仲裁

勞動爭議仲裁，是指勞動爭議當事人根據法律法規的規定，將勞動爭議提交勞動仲裁機構，通過仲裁機構認定雙方爭議的事實並依法解決爭議糾紛的一種法律活動。勞動爭議仲裁是中國處理勞動爭議具有法律權威的最主要方式。

一般情況下，勞動爭議仲裁往往是當事人不能通過協商或者調解方式解決勞動爭議的結果。根據《勞動爭議調解仲裁法》的規定，勞動爭議仲裁是勞動爭議訴訟的必經程序，當事人不服勞動爭議仲裁裁決的，才能向人民法院提起訴訟，但法律另有規定的除外。

【律師提示】　　　　　勞動爭議案件處理程序的調整

《勞動爭議調解仲裁法》對勞動爭議案件的處理機制，改變了以往的勞動爭議先行仲裁和「一裁二審」的傳統模式，實行勞動爭議案件「一裁二審」的基本審理程序；對小額勞動爭議案件和勞動標準明確的案件實行由勞動者決定的「一裁終局」審理程序；基於法律規定，少數勞動爭議案件由勞動者直接啓動法院訴訟審理程序。

《最高人民法院關於審理勞動爭議案件適用法律若干問題的解釋（二）》規定：勞動者以用人單位的工資欠條爲證據直接向人民法院起訴，訴訟請求不涉及勞動關係其他爭議的，視爲拖欠勞動報酬爭議，和當事人在勞動爭議調解委員會主持下僅就勞動報酬爭議達成調解協議，用人單位不履行調解協議確定的給付義務。對上述案件，勞動者直接向人民法院起訴的，人民法院可以按照普通民事糾紛受理。

2. 勞動爭議仲裁的特徵

勞動爭議仲裁除具有勞動爭議處理程序的基本特徵外，根據《勞動爭議調解仲裁法》規定，其還具有如下特徵：

（1）三方代表原則。《勞動法》規定：「勞動人事爭議仲裁委員會由勞動行政部門代表、同級工會代表、用人單位方面的代表組成。」《勞動爭議調解仲裁法》第十九條規定，勞動人事爭議仲裁委員會由勞動行政部門代表、工會代表和企業方面代表組成。勞動人事爭議仲裁委員會組成的人員應當是單數。勞動爭議仲裁實行三方原則有利於國家、用人單位和勞動者三方利益均衡，有利於增強仲裁的權威性，有利於保證仲裁的公正性。

（2）強制仲裁原則。除法律另有規定外，勞動爭議案件須先行仲裁，其強制性表現在：第一，勞動爭議仲裁是勞動爭議處理的必經程序，不經勞動人事爭議仲裁委員會裁決，當事人不能向人民法院提起訴訟；第二，勞動爭議仲裁無須雙方自願。只要爭議一方當事人提出仲裁申請即能啓動勞動爭議仲裁程序。

（3）裁決強制履行原則。這是勞動爭議仲裁與企業勞動爭議調解的重要區別，也是勞動爭議仲裁權威的顯著標誌。不論勞動爭議仲裁調解書還是仲裁裁決書，只要其生效後便產生強制執行的法律效力，當事人一方不主動履行的，另一方可向人民法院申請強制執行。

二、勞動人事爭議仲裁委員會

（一）勞動人事爭議仲裁委員會的設立

勞動人事爭議仲裁委員會是依法由勞動行政部門代表、工會代表和企業方面代表組成，並處理勞動爭議仲裁事務的專門機構。勞動人事爭議仲裁委員會下設實體辦事機構即勞動人事爭議仲裁院，負責辦理勞動人事爭議仲裁委員會的日常工作。

省、自治區人民政府可以決定在市、縣設立勞動人事爭議仲裁委員會；直轄市人民政府可以決定在區、縣設立勞動人事爭議仲裁委員會。直轄市、設區的市也可以設立一個或者若干個勞動人事爭議仲裁委員會。勞動人事爭議仲裁委員會不按行政區劃層層設立。

國務院勞動行政部門依法制定勞動爭議仲裁規則，如人力資源和社會保障部於2017年頒布實施新的《勞動人事爭議仲裁辦案規則》。省、自治區、直轄市人民政府

勞動行政部門對本行政區域的勞動爭議仲裁工作進行指導。

(二) 勞動人事爭議仲裁委員會的職責
(1) 聘任、解聘專職或者兼職勞動仲裁員；
(2) 受理勞動爭議案件；
(3) 討論重大或者疑難的勞動爭議案件；
(4) 對仲裁活動進行監督。

三、勞動人事爭議仲裁委員會的受案與管轄範圍

勞動爭議當事人向勞動人事爭議仲裁委員會提起勞動爭議仲裁，勞動爭議應當屬於其受案範圍和管轄範圍。

(一) 勞動人事爭議仲裁委員會的受案範圍

勞動仲裁的受案範圍表現為勞動爭議，但並非一般意義上的勞動爭議。《勞動爭議調解仲裁法》第二條規定，在中國境內發生的用人單位與勞動者之間的下列勞動爭議，才屬於勞動仲裁的受案範圍：

1. 因確認勞動關係發生的爭議

用人單位是各項規章制度的制定者和實施者，是勞動者檔案資料、考勤記錄、工資發放等的管理者。在實踐中，因部分用人單位不與勞動者簽訂或者提供勞動合同，在雙方勞動關係難以認定的情形下，勞動者維權幾乎成為不能。為了保護勞動者的合法權益，《勞動爭議調解仲裁法》將因確認勞動關係發生的爭議納入勞動爭議的處理範圍。

2. 因訂立、履行、變更、解除和終止勞動合同發生的爭議

勞動爭議發生在勞動合同訂立、履行、變更、解除和終止的各個階段。勞動合同履行過程的爭議是勞動爭議發生的最主要階段，如因用人單位拖欠工資、不支付加班工資、未提供勞動保護、變更勞動者工作崗位和地點等引發的勞動爭議。在訂立勞動合同時多出現是否簽訂無固定期限的勞動合同、提供書面勞動合同爭議。在勞動合同終止時多發生經濟補償、社會保險等勞動爭議。

3. 因除名、辭退和辭職、離職發生的爭議

除名和辭退是用人單位單方解除勞動關係的行為。除名是指因職工無正當理由曠工且超過一定期間的，用人單位將其從職工名冊中刪除的行為。辭退是指用人單位對嚴重違反勞動紀律或犯有嚴重錯誤的職工或者經濟困境下的多餘職工，按照有關規定與職工結束勞動關係的一種行為。

辭職和離職是勞動者解除勞動關係的行為。辭職是指職工根據勞動法規或勞動合同的規定，提出辭去工作從而解除勞動關係。自動離職是指職工終止勞動關係時不履行解除手續，擅自出走離崗，或者解除手續沒有辦理完畢而離開單位。

4. 因工作時間、休息休假、社會保險、福利、培訓以及勞動保護發生的爭議

工作時間、休息休假、社會保險、福利、培訓以及勞動保護是勞動合同的主要內容，也是勞動基準法強制規範的範圍。其中，用人單位是否按國家法律法規的規定為職工購買社會保險成為勞動爭議的主要情形之一。

【律師提示】　　　　未依法辦理社會保險爭議性質劃分

未依法辦理社會保險爭議性質劃分有兩種：一是單位未辦理社會保險的，屬於勞動爭議；另一種是單位未足額辦理社會保險的，屬於行政爭議。其法律依據來源於《關於審理勞動爭議案件適用法律若干問題的解釋》（〔2001〕14號）。其第一條第（3）項規定「勞動者退休後，與尚未參加社會保險統籌的原用人單位因追索養老金、醫療費、工傷保險待遇和其他社會保險費而發生的糾紛，當事人不服勞動仲裁後，依法向人民法院起訴的，人民法院應當受理」。該條本意就是未參加社會保險統籌的，屬於勞動爭議；參加社會保險統籌但繳納標準有爭議的，人民法院不予受理。中國實行社會統籌保險制度，社會保險費統一由稅務機關和勞動保障行政部門設立的社會保險經辦機構向企業及其職工徵收、徵繳和管理。因社會保險費的徵收、發放、領取發生的糾紛，屬於行政訴訟。

5. 因勞動報酬、工傷醫療費、經濟補償或者賠償金等發生的爭議

關於勞動報酬、工傷醫療費、經濟補償或者賠償金等勞動爭議，是勞動爭議中最常見的情形。為了保護勞動者的合法權益，《勞動爭議調解仲裁法》在處理程序上做出了特別的規定。在勞動者符合法律規定的條件下，勞動者持調解書可以向人民法院申請支付令，通過人民法院以法律的權威督促用人單位履行義務，從而及時地維護自己的合法權益。

6. 法律、法規規定的其他勞動爭議

根據司法解釋，下列爭議均屬於勞動爭議：個體工商戶與幫工、學徒之間的勞動爭議；勞動者與用人單位解除或者終止勞動關係後，請求用人單位返還其收取的勞動合同定金、保證金、抵押金、抵押物產生的爭議；辦理勞動者的人事檔案、社會保險關係等移轉手續產生的爭議；勞動者退休後，與尚未參加社會保險統籌的原用人單位因追索養老金、醫療費、工傷保險待遇和其他社會保險費而發生的爭議等。

【法律連結】　　　　勞動爭議的除外情形

《最高人民法院關於審理勞動爭議案件適用法律若干問題的解釋》（二）等規定，下列糾紛不屬於勞動爭議：

1. 勞動者請求社會保險經辦機構發放社會保險金的糾紛；
2. 勞動者與用人單位因住房制度改革產生的公有住房轉讓糾紛；
3. 勞動者對勞動能力鑑定委員會的傷殘等級鑑定結論或者對職業病診斷鑑定委員會的職業病診斷鑑定結論的異議糾紛；
4. 家庭或者個人與家政服務人員之間的糾紛；
5. 個體工匠與幫工、學徒之間的糾紛；
6. 農村承包經營戶與受雇人之間的糾紛；
7. 用人單位與未建立勞動關係的勞動者因就業歧視所產生的糾紛；
8. 勞動者與用人單位因住房公積金產生的爭議；
9. 用人單位與達到退休年齡的勞動者的用工糾紛。

(二) 勞動爭議仲裁案件的管轄範圍

勞動爭議仲裁案件的管轄指各勞動人事爭議仲裁委員會之間受理勞動爭議案件的分工和權限。根據《勞動爭議調解仲裁法》的規定，勞動爭議仲裁案件的管轄涉及以

下方面：

1. 級別分工管轄

勞動爭議仲裁不實行兩裁制度，不存在類似於訴訟的級別管轄。勞動人事爭議仲裁委員會在省、市、縣或者區的三級行政區域層層設置，因此勞動爭議案件的受理也存在事實上的級別分工管轄。勞動人事爭議仲裁委員會勞動仲裁立案級別分工管轄，原則上根據勞動爭議中用人單位的行政級別或者工商登記機關等因素分工管轄：

（1）在省工商行政部門（不含分局）進行工商登記的企業的勞動爭議、央屬駐省會城市國有（含國有控股）企業發生的勞動爭議，省級國家機關、事業單位和社會團體發生的勞動爭議，由省勞動人事爭議仲裁委員會立案管轄。

（2）在市級工商行政部門（不含分局）進行工商登記的企業的勞動爭議、省駐市國有（含國有控股）企業發生的勞動爭議、省級國家機關、事業單位和社會團體發生的勞動爭議，由市勞動人事爭議仲裁委員會立案管轄。

（3）發生在本縣（區）範圍內的勞動爭議，除省、市勞動人事爭議仲裁委員會受理的仲裁案件外，由縣（區）勞動人事爭議仲裁委員會立案管轄。

【律師提示】　　勞動人事爭議仲裁立案分工管轄具體指南

省勞動人事爭議仲裁委員會仲裁立案的範圍有：①省直機關及其直屬駐省會城市事業單位、社會團體和省屬駐省會城市國有（含國有控股）企業發生的勞動爭議；②央屬駐省會城市國有（含國有控股）企業發生的勞動爭議；③省直機關及其直屬駐省會城市事業單位發生的人事爭議；④人事關係（或黨的關係）在省的中央駐省會城市單位發生的人事爭議；⑤駐省部隊軍級（含）以上文職人員聘用單位與文職人員之間因履行聘用合同發生的人事爭議；⑥省內跨地區、跨行業、有重大影響的勞動人事爭議；⑦其他應該由省勞動人事爭議仲裁委員會受理的勞動人事爭議。

市勞動人事爭議仲裁委員會仲裁立案的範圍有：①市國家機關、事業單位和社會團體發生的勞動、人事爭議；②駐市部隊師級單位發生的勞動、人事爭議；市範圍內的中央、省駐市國有及國有控股企業發生的勞動爭議（不含分支機構）；③在市工商行政部門（不含分局）進行工商登記的企業與勞動者之間在市區範圍內發生的勞動爭議；④其他應由市勞動人事爭議仲裁委員會處理的其他爭議。

縣（區）勞動人事爭議仲裁委員會仲裁立案範圍有：①發生在本縣（區）範圍內的勞動、人事爭議，除市勞動人事爭議仲裁委員會受理的仲裁案件外；②本縣（區）範圍內中、省駐市國有及國有控股企業設立的分支機構發生的勞動爭議；③同時有多個被申請人，且被申請人中既有屬市仲裁委員會受理範圍的，也有屬縣（區）仲裁委員會受理範圍的，由勞動合同履行地縣（區）仲裁委員會受理；④市人力資源和社會保障局根據工作需要指定受理的勞動、人事爭議。

2. 地域管轄

實行勞動爭議由勞動合同履行地或者用人單位所在地的勞動人事爭議仲裁委員會管轄。雙方當事人分別向勞動合同履行地和用人單位所在地的勞動人事爭議仲裁委員會申請仲裁的，由勞動合同履行地的勞動人事爭議仲裁委員會管轄。勞動合同履行地為勞動者實際工作場所地，用人單位所在地為用人單位註冊、登記地或者主要辦事機構所在地。用人單位未經註冊、登記的，其出資人、開辦單位或者主管部門所在地為

用人單位所在地。

雙方當事人分別向勞動合同履行地和用人單位所在地的仲裁委員會申請仲裁的，由勞動合同履行地的仲裁委員會管轄。有多個勞動合同履行地的，由最先受理的仲裁委員會管轄。勞動合同履行地不明確的，由用人單位所在地的仲裁委員會管轄。案件受理後，勞動合同履行地和用人單位所在地發生變化的，不改變爭議仲裁的管轄。多個仲裁委員會都有管轄權的，由先受理的仲裁委員會管轄。

3. 移送管轄和指定管轄

仲裁委員會發現已受理案件不屬於其管轄範圍的，應當移送至有管轄權的仲裁委員會，並書面通知當事人。對移送案件，受移送的仲裁委員會應依法受理。受移送的仲裁委員會認為受移送的案件依照規定不屬於本仲裁委員會管轄，或仲裁委員會之間因管轄爭議協商不成的，應當報請共同的上一級仲裁委員會主管部門指定管轄。

【法律連結】　　　　　　　涉外勞動爭議仲裁管轄

《勞動部關於涉外勞動爭議管轄權問題的復函》（1994）規定，中國公民與國（境）外企業簽訂的勞動（工作）合同，如果勞動（工作）合同的履行在中國領域內，因履行勞動（工作）合同發生勞動爭議，由勞動（工作）合同履行地的勞動人事爭議仲裁委員會受理。

四、勞動爭議仲裁參與人

勞動仲裁參與人指為維護勞動爭議當事人的合法權益而參加勞動爭議仲裁活動，依法享有仲裁權利，承擔仲裁義務的人或單位，主要有勞動爭議仲裁當事人、共同當事人、仲裁中的第三人及仲裁代理人等。

（一）勞動爭議仲裁當事人

勞動爭議仲裁當事人，是指因勞動權利義務糾紛，能以自己的名義向勞動人事爭議仲裁委員會提起仲裁並受仲裁裁決約束的直接利害關係人。勞動爭議仲裁，須有明確的被申請人。

發生勞動爭議的勞動者和用人單位，為勞動爭議仲裁案件的雙方當事人。勞務派遣單位或者用工單位與勞動者發生爭議的，勞務派遣單位和用工單位為共同當事人。提起集體合同仲裁的工會，也是勞動爭議仲裁當事人。在勞動仲裁實踐中，當涉及的用人單位有特殊情況的，應按下列方式確定被申請人：①用人單位發生變更的，在勞動爭議仲裁中應以變更後的用人單位作為當事人；②用人單位與其他單位合併的，合併前發生勞動爭議的，由合併後的用人單位作為當事人；③用人單位分立為若干單位的，其分立前的勞動爭議，由分立後承受其勞動權利義務的實際用人單位為當事人，若承受其勞動權利義務的單位不明確的，分立後的單位均為當事人；④用人單位正處於清算階段的，應由依法成立的清算組作為當事人；⑤發生爭議的用人單位未辦理營業執照、被吊銷營業執照、營業執照到期繼續經營、被責令關閉、被撤銷以及用人單位解散、歇業，不能承擔相關責任的，應當將用人單位和其出資人、開辦單位或者主管部門作為共同當事人；⑥勞動者與個人承包經營者發生爭議，依法向仲裁委員會申請仲裁的，應當將發包的組織和個人承包經營者作為當事人；⑦勞動者與起有字號的個體工商戶產生的勞動爭議訴訟，應當以營業執照上登記的字號為當事人，但應同時註明該字號業主的自然情況。

> **【律師提示】** 　　　　　共同仲裁與共同代表
> 　　共同仲裁是指在勞動爭議仲裁中，無論是申請人還是被申請人，人數在二人以上的，具有共同或者同種類的爭議標的，由同一勞動人事爭議仲裁委員會審理。在人數眾多的共同仲裁中，由當事人推選或者公告的權利人推選共同代表並由其依法參加仲裁活動。
> 　　《勞動爭議調解仲裁法》規定，發生勞動爭議的勞動者一方在十人以上，並有共同請求的，可以推舉代表3～5名代表參加調解、仲裁或者訴訟活動。代表人參加仲裁的行為對其所代表的當事人發生效力，但代表人變更、放棄仲裁請求或者承認對方當事人的仲裁請求，進行和解，必須經被代表的當事人同意。因履行集體合同發生的勞動爭議，經協商解決不成，工會可以依法申請仲裁；尚未建立工會的，由上級工會指導勞動者推舉產生的代表依法申請仲裁。

(二) 勞動爭議仲裁第三人

勞動爭議仲裁第三人，是指與勞動爭議案件的處理結果有法律利害關係，因而參與到正在進行的勞動爭議仲裁的人。《勞動爭議調解仲裁法》第二十三條規定，與勞動爭議案件的處理結果有利害關係的第三人，可以申請參加仲裁活動或者由勞動人事爭議仲裁委員會通知其參加仲裁活動。

勞動仲裁中產生的第三人的主要情形有：①由於勞動者跳槽，並未與原用人單位解除勞動合同，給原用人單位造成損害，新用人單位因使用未解除勞動合同的勞動者而應承擔相應的連帶責任；②因履行職務受到他人傷害的；③勞動者被其他單位借用、聘用未與原用人單位解除勞動合同，借用職工在借用單位發生工傷事故致殘或死亡的；④用人單位的勞動者在履行與用人單位和另一單位簽訂的經濟合同時，由於另一單位的原因受到傷害的等。

(三) 勞動爭議仲裁代理人

勞動爭議仲裁代理人，指根據法律規定或當事人的委託，代理人以被代理人的名義並在授權範圍內進行勞動爭議仲裁活動，被代理人承受代理人的代理法律後果。行使代理權的人是勞動仲裁代理人；委託或者法定的他人代為實施代理權的人是被代理人。

（1）委託代理。當事人可以委託代理人參加仲裁活動。委託他人參加仲裁活動，應當向勞動人事爭議仲裁委員會提交有委託人即被代理人簽名或者蓋章的委託書，委託書應當載明委託事項和權限。

（2）法定代理或者指定代理。《勞動爭議調解仲裁法》對法定代理和指定代理也作了明確的規定，喪失或者部分喪失民事行為的勞動者，由其法定代理人代為參加仲裁活動；無法定代理人的，由勞動人事爭議仲裁委員會為其指定代理人。勞動者死亡的，由其近親屬或者代理人參加仲裁活動。

五、勞動爭議仲裁時效

(一) 勞動爭議仲裁時效

勞動爭議仲裁時效，是指在法律規定的期限內，勞動爭議當事人不行使勞動爭議仲裁權則因期滿而歸於消滅的制度。其分為勞動爭議仲裁基本時效和勞動報酬爭議仲裁特別時效制度。

1. 勞動爭議仲裁基本時效

對一般勞動爭議仲裁實行基本時效制度。根據《勞動爭議調解仲裁法》規定，勞動爭議申請仲裁的基本時效為一年，仲裁時效從當事人知道或者應當知道其權利被侵害之日起計算。如果逾期不提出，則喪失申請仲裁的權利。勞動人事爭議仲裁委員會對其提出的仲裁申請不予受理。仲裁時效從當事人知道或者應當知道其權利被侵害之日起，被侵害之日是有證據表明權利人知道自己的權利被侵害的日期就是勞動爭議發生之日。

2. 勞動爭議仲裁特別時效

對勞動報酬爭議仲裁實行特別時效制度。由於勞動者在勞動關係中處於弱勢地位，有些單位惡意長期拖欠勞動者的勞動報酬，為了保住工作，勞動者不得不對自己權利遭受侵害保持沉默。如果仍然都適用一年的仲裁時效，將不利於保護勞動者的合法權益。因此，《勞動爭議調解仲裁法》進行了規定，勞動關係存續期間因拖欠勞動報酬發生爭議的，勞動者申請仲裁不受勞動爭議仲裁基本時效的限制，勞動報酬時效應當從勞動關係終止之日計算，勞動者應在勞動關係終止之日起一年內提出。

【律師提示】　　　　拖欠勞動報酬的舉證責任的分配

勞動關係存續期間因拖欠勞動報酬發生爭議的，勞動者申請仲裁不受勞動爭議仲裁基本時效的限制，勞動報酬時效應當從勞動關係終止之日計算，勞動者應在勞動關係終止之日起一年內提出。《工資支付暫行規定》規定，用人單位必須書面記錄支付勞動者工資的數額、時間、領取者的姓名以及簽字，並保存兩年以上備查。用人單位在支付工資時應向勞動者提供一份其個人的工資清單。

因此，在主張單位拖欠勞動報酬司法實踐中，用人單位應當對爭議發生前的兩年內支付勞動者工資負有舉證責任；勞動者對爭議發生的兩年前拖欠工資負有舉證責任。舉證不力的，承擔敗訴責任。

(二) 勞動爭議仲裁時效的中斷

勞動爭議仲裁時效的中斷，是指在仲裁時效進行期間，因發生一定法定事由，使已經經過的仲裁時效期間統歸無效，待時效中斷事由消除後，重新開始計算仲裁時效期間。仲裁時效中斷的法定事由有三種情形：

(1) 向對方當事人主張權利。如用人單位拖欠勞動報酬，因勞動者向用人單位要求支付而發生的勞動仲裁時效中斷等。

(2) 向有關部門請求權利救濟。勞動爭議發生後，勞動者向用人單位的勞動爭議調解委員會申請調解，向勞動監察部門請求幫助，向政府、人大等部門反應等，都可以被視為向有關部門申請權利救濟，從而導致勞動仲裁時效中斷。

(3) 對方當事人同意履行義務。

(三) 勞動爭議仲裁時效的中止

勞動爭議仲裁時效的中止，是指在仲裁時效進行期間，因發生法定事由致使權利人不能行使請求權，暫停計算仲裁時效，當阻礙時效期間進行的法定事由消除後，繼續進行仲裁時效期間的計算。仲裁時效中止的法定事由主要有：

(1) 不可抗力。不可抗力是指不能預見、不能避免並且不能克服的客觀情況。如發生地震、水災等特大自然災害、戰爭等。

（2）其他正當理由。其他正當理由是指不可抗力以外的，非由權利人的意志所決定的足以阻礙權利人行使權利的情況。如無法定代理人、法定代理人死亡、指定代理人死亡等。

六、仲裁員迴避制度

（一）仲裁員迴避

仲裁員迴避制度是當事人監督仲裁庭成員的重要權利，同時也是保障仲裁程序公正的必要措施。它是指在仲裁活動中，仲裁員及其他可能影響案件公正裁決的其他人員，依照法律的規定，退出案件仲裁活動的制度。

當事人申請迴避，應當在案件開庭審理前提出，並說明理由。迴避事由在案件開庭審理後知曉的，也可以在庭審辯論終結前提出。當事人在庭審辯論終結後提出迴避申請的，不影響仲裁程序的進行。

（二）仲裁員迴避理由

根據《勞動爭議調解仲裁法》第三十三條規定，仲裁員有下列情形之一，應當迴避，但當事人也有權以口頭或者書面方式提出迴避申請：①是當事人或者當事人、代理人的近親屬的；②與本案有利害關係的；③與本案當事人、代理人有其他關係，可能影響公正裁決的；④私自會見當事人、代理人，或者接受當事人、代理人的請客送禮的。

仲裁委員會應當在迴避申請提出的三日內，以口頭或者書面形式做出決定。以口頭形式做出的，應當記入筆錄。《勞動爭議調解仲裁法》第三十四條規定，仲裁員有本法第三十三條第四項規定情形，或者有索賄受賄、徇私舞弊、枉法裁決行為的，應依法承擔法律責任。勞動人事爭議仲裁委員會應當將其解聘。

（三）仲裁員迴避方式與決定

仲裁員迴避的方式有兩種：一是自行迴避。自行迴避是指承辦案件的仲裁員知道自己具有應當迴避的情形時，主動向勞動仲裁委員會提出退出案件的審理活動。二是申請迴避。申請迴避是指仲裁雙方當事人的任何一方發現仲裁庭的組成人員有法律規定的迴避情形時，有權向勞動人事爭議仲裁委員會要求該仲裁員迴避。

被申請迴避的人員在仲裁委員會做出是否迴避的決定前，應當暫停參與本案的處理，但因案件需要採取緊急措施的除外。仲裁員是否迴避，由仲裁委員會主任或其授權的辦事機構負責人決定。仲裁委員會主任擔任案件仲裁員是否迴避，由仲裁委員會決定。勞動人事爭議仲裁委員會對迴避申請應當及時做出決定，並以口頭或者書面方式通知當事人。

第三節　勞動爭議仲裁程序

一、勞動爭議仲裁申請和受理

（一）勞動爭議仲裁申請

1. 仲裁申請

當事人申請勞動仲裁應當採用書面形式，即勞動仲裁申請書。書面仲裁申請有利於明確申請人和被申請人、仲裁請求及所依據的事實和理由等相關信息，使勞動人事

爭議仲裁委員會便於審查和決定是否受理，以及在決定受理後便於向對方當事人轉達申請人的仲裁請求及依據；同時，也有利於對方當事人的答辯，使仲裁活動順利進行。

由於文化水準低或法律知識欠缺而導致申請人書寫困難的，根據《勞動爭議調解仲裁法》規定也可以口頭方式申請仲裁。對口頭申請人，由勞動人事爭議仲裁委員會記入筆錄，筆錄應由申請人簽名或蓋章，與書面申請具有同等效力。勞動人事爭議仲裁委員會可以將抄錄的申請人的口述筆錄送達被申請人，也可以將其主要內容口頭告知被申請人。

2. 仲裁申請的內容

勞動仲裁申請書（附參考格式）的基本內容有以下幾個方面：

（1）勞動仲裁申請人或者被申請人。勞動仲裁申請的申請人或者被申請人是勞動者或者用人單位。其中，勞動者的基本信息包括其姓名、性別、年齡、職業、工作單位和住所；用人單位的基本信息包括其名稱、住所和法定代表人或者主要負責人的姓名、職務。仲裁是由法定代理人或者委託代理人代理參加的，還需要說明代理人的基本情況，如代理人是律師則應列明其所屬律師事務所。

（2）仲裁請求和所根據的事實、理由。仲裁請求是申請人想通過仲裁達到的目的。仲裁請求所依據的事實和理由可以概括為：當事人爭議形成的情況、雙方爭議的焦點、請求所依據的事實和理由等。當事人應當以客觀充分的事實和理由作依據來支持自己的仲裁請求。

（3）證據和證據來源、證人姓名和住所。勞動爭議證據是依法定程序提供或搜集的，被勞動爭議仲裁機構或人民法院審查屬實的，用於證明、支持勞動爭議雙方當事人主張的事實材料，主要包括書證、物證、視聽資料、證人證言、當事人的陳述、鑒定結論等。一般情況下，申請人對自己主張的事實有責任提供證據加以證明。如提供證人證言的，需寫明證人的姓名、住所和工作單位等。

實踐中，勞動者提起申請仲裁時還需要提供用人單位的工商登記證明等。用人單位參加仲裁活動時，也要求提供工商登記證明和法定代表人或者負責人相關證明等。

（二）仲裁受理與不予受理

勞動人事爭議仲裁委員會接到申請後，一般從以下幾方面進行審查：①是否屬於勞動爭議；②是否屬於受理的勞動人事爭議仲裁委員會管轄；③申請人是否與本案有直接利害關係；④申請時間是否符合申請仲裁的時效規定。勞動人事爭議仲裁委員會並以此決定是否受理和處理方式等。

1. 受理

勞動爭議仲裁的受理，是指勞動人事爭議仲裁委員會對當事人的申請，經審查後認為符合受理條件的，決定立案受理的行為。勞動人事爭議仲裁委員會收到申請之日起五日內，認為符合受理條件的，應當受理，並通知申請人。

2. 不予受理

勞動人事爭議仲裁委員會經過審查認為不符合受理條件的，應書面通知申請人不予受理，並應當說明理由，以便於申請人尋求司法救濟，因為申請人要尋求司法救濟必須證明其已經經過了申請仲裁的程序。對於勞動人事爭議仲裁委員會做出不予受理或者逾期未做出決定的，申請人可以向人民法院提起勞動訴訟。

3. 送達程序

勞動人事爭議仲裁委員會對勞動爭議案件決定受理的，應在規定的時間內，將相關的仲裁文書送達勞動爭議的雙方當事人。《勞動爭議調解仲裁法》第三十條對此做出了明確規定，其送達期限為受理仲裁申請後五日內將仲裁申請書副本送達被申請人。

被申請人收到仲裁申請書副本後，應當在十日內向勞動人事爭議仲裁委員會提交答辯書。勞動人事爭議仲裁委員會收到答辯書後，應當在五日內將答辯書副本送達申請人。被申請人未提交答辯書的，不影響仲裁程序的進行。

【律師提示】　　　　　舉證責任與證據收集

在勞動爭議仲裁活動中，當事人對自己提出的申請請求所依據的事實或者反駁對方申請請求所依據的事實有責任提供證據加以證明，如沒有證據或者證據不足以證明當事人的事實主張的，那麼負有舉證責任的當事人就要承擔由此帶來的不利後果。因此，證據的保存和收集就顯得尤為重要。其證據的收集主要有三種方式：第一，當事人依義務提供。第二，有勞動人事爭議仲裁委員會直接調查。因為客觀原因確實無法調查收集的重要證據且經當事人申請的，勞動人事爭議仲裁委員會可以進行調查收集。第三，由各勞動人事爭議仲裁委員會之間委託調查。

二、勞動爭議仲裁庭組成

勞動人事爭議仲裁委員會根據一案一庭的原則，經過法定程序選擇仲裁員組成仲裁庭以處理勞動案件。《勞動爭議調解仲裁法》第三十一條規定：「勞動人事爭議仲裁委員會裁決勞動爭議案件實行仲裁庭制。仲裁庭由三名仲裁員組成，設首席仲裁員；簡單勞動爭議案件可以由一名仲裁員獨任仲裁。」因此，勞動仲裁庭可分為兩種形式，一是合議制仲裁庭，一是獨任制仲裁庭。

（一）合議制仲裁庭

合議制仲裁庭由三名仲裁員組成，其中首席仲裁員一名、仲裁員兩名。根據原勞動部《勞動人事爭議仲裁委員會組織規則》（1993）第二十一條規定，仲裁庭的首席仲裁員由仲裁委員會負責人或授權其辦事機構負責人指定，另兩名仲裁員由仲裁委員會其辦事機構負責人指定或由當事人各選一名，具體辦法由省、自治區、直轄市自行確定。首席仲裁員主持開庭，應尊重其他仲裁員的意見，而其他仲裁員要積極配合。仲裁庭對認定事實和適用法律達不成一致意見的，首席仲裁員在做出最後裁決時，必須有充分的事實和法律依據。

（二）獨任仲裁庭

對於事實清楚、情節簡單、權利義務關係明確、適用法律法規清楚、爭議不大的簡單的勞動爭議案件，由一名仲裁員組成獨任仲裁庭審理。獨任仲裁一般適用仲裁簡易程序，避免了不必要的繁瑣，提高了辦案的效率，能迅速解決勞動爭議。

【法律連結】　　　　　集體勞動人事爭議處理規定

處理勞動者一方在十人以上並有共同請求的爭議案件或者因履行集體合同發生的勞動爭議案件，應當由三名仲裁員組成仲裁庭，設首席仲裁員。仲裁委員會處理因履行集體合同發生的勞動爭議，還應當按照三方原則組成仲裁庭處理。

三、勞動爭議仲裁審理

(一) 開庭

勞動爭議雙方當事人應按仲裁庭指定的時間、地點參加庭審活動。《勞動爭議調解仲裁法》第三十五條規定，仲裁庭應當在開庭五日前，將開庭日期、地點書面通知雙方當事人。當事人有正當理由的，可以在開庭三日前請求延期開庭。是否延期，由勞動人事爭議仲裁委員會決定。

申請人收到開庭書面通知，無正當理由拒不到庭或者未經仲裁庭同意中途退庭的，可以視為撤回仲裁申請。被申請人收到書面通知，無正當理由拒不到庭或者未經仲裁庭同意中途退庭的，可以缺席裁決。

(二) 庭審調查

在仲裁案件的審理中，仲裁員以詢問的方式對需要進一步理解的問題進行當庭調查，並徵詢雙方當事人的最後意見。其具體的步驟為：

1. 仲裁申請人陳述和被申請人答辯

仲裁申請人根據申請書進行陳述並提出具體的仲裁請求。被申請人根據答辯書進行答辯，對仲裁申請人的觀點和主張予以反駁。

2. 當事人舉證

證據提交時間原則上由當事人在舉證期間完成，逾期舉證的視為放棄舉證權。當事人因客觀原因不能自行收集的證據，仲裁委員會可以根據當事人申請，根據有關規定予以收集；仲裁委員會認為有必要的，也可以根據有關規定主動收集。當事人的舉證規則主要有：

(1)「誰主張，誰舉證」的基本原則。勞動爭議案件同其他民事案件一樣，當事人對自己的主張負有提供書證、物證、視聽資料、證人證言和鑒定結論等舉證義務。當事人對自己提出的仲裁請求所依據的事實或者反駁對方仲裁請求所依據的事實依據法律規定負有責任提供證據加以證明，沒有證據或者證據不足以證明當事人的事實主張的，由負有舉證責任的當事人承擔不利後果。

(2) 勞動爭議舉證責任倒置規則。作為勞動關係的管理方，用人單位在勞動爭議相關證據上佔有優勢，實行嚴格的「誰主張，誰舉證」原則，則會使勞動者的許多合法權益得不到法律的保護，並有失社會公正。因此，《勞動爭議調解仲裁法》第六條規定，與爭議事項有關的證據如工資支付憑證、繳納各項社會保險費記錄、招工招聘記錄和考勤記錄等屬於用人單位掌握管理的，用人單位應當提供；用人單位不提供的，應當承擔不利後果。最高人民法院《關於民事訴訟證據的若干規定》第六條與《關於審理勞動爭議案件適用法律若干問題的解釋》第十三條也規定：因用人單位做出的開除、除名、辭退、解除勞動合同、減少勞動報酬、計算勞動者工作年限等決定而發生的勞動爭議，用人單位負舉證責任。

(3) 公平確定舉證規則。在法律沒有具體規定，依《勞動人事爭議仲裁辦案規則》仍無法確定舉證責任承擔時，仲裁庭可以根據公平原則和誠實信用原則，綜合當事人舉證能力等因素確定舉證責任的承擔。

【律師提示】　　　　　　勞動爭議仲裁證據類型
　　無論是勞動者還是用人單位，在處理勞動爭議時，不但需要有法律依據的支持，還需要對自己所主張的事實提供客觀有效的證據。勞動爭議仲裁證據分為以下類型：
　　(1) 書證。書證包括勞動合同書、工資單、考勤記錄、請假條、病假條、醫院診斷證明、用人單位發的辭退證明書、解除勞動合同的通知書等。
　　(2) 物證。物證應當提供原物，物證的複製品、照片、錄像，只有經過與原件、原物核對無誤的，或者經雙方當事人確認，或者經鑒定證明真實的才具有與原件、原物同等的證明力。
　　(3) 視聽資料。錄音、錄像、相片、傳真資料、電腦儲存數據等。用有形載體固定或表現的電子數據交換、電子郵件、電子數據等電腦儲存資料的複製件，其製作應經公證或者經對方當事人確認後，才具有同等的證明力。
　　(4) 證人證言。證人證言的收集過程中，應尊重證人客觀的表述，不應對證人的表述加以干擾，或者對證人進行不當暗示，更不能誘使威脅證人做假證。
　　(5) 當事人陳述。當事人的陳述只有與其他的證據結合起來，才能作為認定事實的根據。
　　(6) 鑒定結論。鑒定結論必須以書面的形式遞交勞動人事爭議仲裁委員會和仲裁庭，鑒定人必須在鑒定結論上簽名蓋章，其結論必須公正客觀。

　　3. 質證
　　證據經查證屬實，才能作為認定事實的根據。任何一方當事人在仲裁過程中都有權就對方的證據進行質證。質證是指在仲裁庭的主持下，當事人及仲裁庭對各方所提供證據的真實性、關聯性和合法性提出質疑，判定其證據的證明力的活動。其中，仲裁證據的真實性是指不以人的主觀意志為轉移的客觀事實；證據的關聯性是指與案件事實有內在的聯繫，能夠證明案件的部分或者全部事實；證據的合法性是指證據的收集不與法律強制性規定相抵觸。在質證過程中，一方當事人所舉證據，應當向對方出示，並說明所要證明的事實或問題。另一方當事人可以對該證據的真偽以及是否可以證明相關事實和問題發表意見，予以認可或提出異議。當事人有相反證據的應當提交反證，向對方當事人出示並由對方當事人進行質證。證人不得旁聽仲裁庭審理，證人出庭時，雙方當事人均可就證人所證明的事實或問題，對證人進行提問。針對對方提出的質疑，當事人應就自己提供的證據的真實性、合法性和關聯性進行論證。
　　仲裁中關於證據提交、證據交換、證據質證、證據認定等事項，可以參照民事訴訟證據規則的有關規定執行。例如，《勞動爭議調解仲裁法》第三十七條規定，仲裁庭對專門性問題需要鑒定的，可以交由當事人約定的鑒定機構鑒定；當事人沒有約定或者無法達成約定的，由仲裁庭指定的鑒定機構鑒定。根據當事人的請求或者仲裁庭的要求，鑒定機構應當派鑒定人參加開庭。當事人經仲裁庭許可，可以向鑒定人提問。

　　4. 辯論
　　在仲裁調查結束後，勞動仲裁進入辯論階段。辯論是指在仲裁庭的主持下，雙方當事人就爭議的事實的認定和法律的適用，通過舉證、答辯、陳述意見、申訴理由等，維護自己的合法權益。辯論雙方當事人及其代理人應在仲裁庭的主持下依次進行。

　　5. 最後陳述
　　質證和辯論終結時，依據法律規定，首席仲裁員或者獨任仲裁員應當徵詢當事人

的最後意見，並在此基礎上進行調解或者裁決。

> 【案例連結】　　　　　　飛行員零賠付解除勞動合同
> 　　2008 年 3 月，中國新華航空公司飛行員王某和郭某申請勞動仲裁，要與新華航空解除勞動合同，但遭到新華航空反訴並分別被索賠總額為 500 餘萬元違約金和補償費。在庭審中，對於要求兩名飛行員支付空職成本和管理費的主張，是航空公司根據自己的利潤和管理情況自行測算的，對此兩名飛行員不予認可且航空公司無相關具體證據予以證明；申請人證據證明，在轉業前就他們已是空軍的成熟飛行員，新華航空並沒有為他們花費巨額的培訓費用；同時，根據民航局的有關規定，飛行員 70 萬至 210 萬元之間的「轉會費」應由接受飛行員的「下家」而不是飛行員個人承擔。據此，2008 年 4 月北京市順義區勞動仲裁委首次裁決兩名飛行員零賠付解除勞動合同，駁回新華航空公司的全部反訴請求。

四、勞動爭議仲裁中的先予執行

先予執行，是指勞動人事爭議仲裁委員會在終局裁決之前，為解決權利人生活的急需，依法裁定義務人預先履行義務的制度。先予執行主要著眼於滿足勞動者的迫切需要，因為勞動爭議案件中有很多屬於追索勞動報酬、工傷保險案件等。這些案件涉及工資、醫療費用，申請人依靠勞動收入維持生活或者遭受工傷，造成嚴重身體傷害，急需治療，而又無力負擔醫療費用。同時，仲裁庭受理從勞動爭議案件到做出裁決，從裁決生效到當事人履行或強制執行需要一個較長的過程。如不先予執行將給當事人帶來極大的影響。《勞動爭議調解仲裁法》建立了勞動仲裁的先予執行制度。

仲裁庭對追索勞動報酬、工傷醫療費、經濟補償或者賠償金的案件，根據當事人的申請，可以裁決先予執行，移送人民法院執行。仲裁庭裁決先予執行的，應符合下列條件：當事人之間權利義務關係明確；不先予執行將嚴重影響申請人的生活。為了保障勞動者的基本利益，法律明確規定，勞動者申請先予執行的可以不提供擔保。

五、勞動爭議裁決

在仲裁過程中，當事人可以和解；在仲裁裁決前，仲裁庭應當進行調解。調解不成或者調解書送達前，一方當事人反悔的，仲裁庭應當及時做出裁決。

（一）和解

當事人申請仲裁後，可以自行和解。和解可以在開庭中，也可以在庭外達成協議。自行和解後，當事人可以撤回仲裁申請。當事人撤回仲裁申請後，如果一方當事人逾期不履行和解協議，另一方當事人可以向勞動爭議仲裁機構在仲裁時效期內重新申請仲裁。由於和解協議不具有強制執行力，因此不能作為法院強制執行的依據。

（二）仲裁調解

在做出裁決前，仲裁庭應當先行調解。調解達成協議的，仲裁庭應當製作調解書。調解書應當寫明仲裁請求和當事人協議的結果。調解書由仲裁員簽名，加蓋勞動人事爭議仲裁委員會印章，送達雙方當事人。調解書經雙方當事人簽收後，發生法律效力，當事人應當履行相關義務，一方不履行的另一方可以向人民法院申請強制執行。調解不成或者調解書送達前，一方反悔的，仲裁庭應當及時做出裁決。

（三）仲裁裁決

仲裁庭應遵循少數服從多數的原則，按照多數仲裁員的意見做出裁決，少數仲裁

員的意見應當記入筆錄。仲裁庭不能形成多數意見時，裁決應當按照首席仲裁員的意見做出。仲裁裁決可分為先行裁決和最終裁決兩種。

1. 先行裁決

當事人向勞動人事爭議仲裁委員會申請仲裁，可以有多個仲裁請求。對仲裁案件的裁決一般應在查明事實的前提下依法對當事人的全部仲裁請求做出，但有些仲裁案件由於各種原因不能一次對所有仲裁請求做出裁決，如果不能及時裁決將有可能直接影響當事人的基本生存，仲裁庭在裁決勞動爭議案件時，可以對其中一部分事實已經清楚的部分先行裁決。

先行裁決適用於當事人之間權利義務關係明確，用人單位有履約能力，不做出部分裁決將嚴重影響勞動者一方生活的情況。一般有幾種情況，如企業無故拖欠、扣發或停發工資超過3個月，致使職工生活確無基本保障的；職工因工負傷，企業不支付急需醫療費的；職工患病，在規定的醫療期間內，企業不支付急需的醫療費的。先行裁決是通過行使部分裁決權做出的裁決，從性質上與最終裁決具有同樣的法律效力。先行裁決與最終裁決的內容不能相互矛盾，應保持一致。

【案例連結】　　　　　先行裁決和先予執行案

王某在福州市某有限公司工作。2015年冬季的某天夜班，王某不慎被設備軋斷左手和胸骨，醫院治療期間，公司在支付了部分醫療費後拒絕繼續支付，理由是工傷者的傷情已經超過了相應的醫療期。王某由於傷勢嚴重，急需繼續進治療，而王某家境困難，無法自籌治療費用。據查，該公司沒有為王某等勞動者辦理工傷保險。代理律師接受王某的委託後，在收集了相關證據後，向勞動部門申請了工傷認定和勞動能力鑑定。在勞動仲裁審理過程中，申請勞動仲裁機關對醫療費等先行裁決。對此，勞動仲裁機關審理認為符合法定先行裁決標準，做出了對醫療費部分的裁決。根據先行裁決書，當事人立即申請人民法院先予執行並獲得了法院的支付。先行裁決和先予執行，讓王某渡過了醫療過程的經濟困難期。

2. 最終裁決

最終裁決是指仲裁庭依據案件事實和有關法律規定，對當事人申請仲裁的有關事項做出的確認。當事人之間的權利義務關係由有法律約束力的書面判定。對不能調解案件或者調解達不成協議時，仲裁庭應及時做出裁決。

為使勞動爭議案件得到及時處理，有效地保護當事人的合法權益，防止勞動人事爭議仲裁委員會不裁決或者拖延裁決，《勞動爭議調解仲裁法》第四十三條規定：「仲裁庭裁決勞動爭議案件，應當自勞動人事爭議仲裁委員會受理申請之日起四十五日內結束。案情複雜需要延期的，經勞動人事爭議仲裁委員會主任批准，可以延期並書面通知當事人，但是延長期限不得超過十五日。逾期未做出仲裁裁決的，當事人就該勞動爭議事項向人民法院提起訴訟。」

六、勞動仲裁裁決效力及執行

(一) 勞動仲裁裁決效力

根據《勞動爭議解調仲裁法》規定，勞動仲裁裁決效力根據不同情況有不同的規定：

1. 實行「一裁兩審」案件的裁決效力

中國勞動爭議案件採取「一裁兩審」的基本模式。其中，「一裁」就是指勞動爭議仲裁裁決行為；「兩審」就是指向人民法院提起一審二審的訴訟活動。根據《勞動爭議解調仲裁法》第五十條規定，除法律規定另有規定外，當事人對勞動爭議仲裁裁決不服的，可以在收到仲裁裁決書之日起十五日內向人民法院提起訴訟。期滿不起訴的，裁決書發生法律效力，當事人可以向人民法院申請強制執行。

2. 實行「附條件一裁終局」案件的裁決效力

附條件一裁終局是勞動爭議經仲裁庭裁決後在一定條件下可以終結審理的制度。適用一裁終局的案件主要有兩類：一是小額仲裁案件；二是勞動標準明確的仲裁案件。《勞動爭議調解仲裁法》第四十七條規定：「下列勞動爭議，除本法另有規定的外，仲裁裁決為終局裁決，裁決書自做出之日起發生法律效力：①追索勞動報酬、工傷醫療費、經濟補償或者賠償金，不超過當地月最低工資標準十二個月金額的爭議；②因執行國家的勞動標準在工作時間、休息休假、社會保險等方面發生爭議。」

（1）終局裁決對勞動者的影響，《勞動爭議調解仲裁法》第四十八條規定，勞動者對一裁終局不服的，應當自收到仲裁裁決書之日十五日內向人民法院提起訴訟。對於勞動者而言，不存在終局裁決，被「終局」的只是用人單位。勞動者為了實現快速維權，應當充分尊重和信任勞動爭議仲裁機構，尊重仲裁裁決的效力。

（2）終局裁決對用人單位的影響，終局裁決對於用人單位而言，已經發生法律效力，其無權向人民法院提起訴訟。只有在存在《勞動爭議調解仲裁法》第四十九條規定的情形下，用人單位自收到仲裁裁決書之日 30 日內向勞動人事爭議仲裁委員會所在地的中級人民法院申請撤銷裁決。具體情形包括：第一，適用法律、法規確有錯誤。第二，勞動人事爭議仲裁委員會無管轄權。第三，違反法定程序。第四，裁決所依據的證據系偽造。第五，對方當事人隱瞞了足以影響公正裁決的證據。第六，仲裁員在仲裁該案件時有索賄、徇私舞弊、枉法裁決的行為。

3. 其他情況下的裁決效力

勞動人事爭議仲裁委員會做出仲裁裁決後，當事人對裁決中的部分事項不服，依法向人民法院起訴的，勞動爭議仲裁裁決不發生法律效力。

勞動人事爭議仲裁委員會對多個勞動者的勞動爭議做出仲裁裁決後，部分勞動者對仲裁裁決不服，依法向人民法院起訴的，仲裁裁決對提出起訴的勞動者不發生法律效力；對未提出起訴的部分勞動者，發生法律效力，如其申請執行的，人民法院應當受理。

（二）勞動仲裁裁決的執行

對發生法律效力的勞動爭議調解書和裁決書，負有義務的當事人應當在規定的期限內履行裁決義務。一方當事人逾期不履行的，另一方當事人可以依照《民事訴訟法》（2012 年修正版）的有關規定向人民法院申請強制執行。

申請仲裁裁決強制執行必須在法律規定的期限內提出。《民事訴訟法》第二百三十九條規定，申請執行的期間為二年。申請執行時效的中止、中斷，適用法律有關訴訟時效中止、中斷的規定。執行時效的期間，從法律文書規定履行期間的最後一日起計算；法律文書規定分期履行的，從規定的每次履行期間的最後一日起計算；法律文書未規定履行期間的，從法律文書生效之日起計算。

受理申請的人民法院應當依法執行。《民事訴訟法》第二百二十六條規定，法院自收到申請執行書之日起超過六個月未執行的，申請執行人可以向上一級法院申請執行。上一級法院經審查，可以責令原法院在一定期限內執行，也可以決定由本院執行或者指令其他法院執行。執行完畢後，據以執行的判決、裁決和其他法律文書確有錯誤，被人民法院撤銷的，對已被執行的財產，法院應當做出裁定，責令取得財產的人返還；拒不返還的，強制執行。

<h2 style="text-align:center">實訓項目</h2>

一、改錯題

1. 勞動爭議調解達成協議後，負有義務的當事人未在協議約定期限內履行調解協議的，另一方當事人可以向人民法院申請強制執行。

3. 勞動者請求社會保險經辦機構發放社會保險金的糾紛屬於勞動爭議，勞動者可以申請勞動仲裁。

4. 勞動爭議仲裁案件舉證責任實行「誰主張，誰舉證」原則。

5. 申請仲裁裁決強制執行必須在法律規定的期限內提出。申請執行的期間為一年。

二、案例分析

（一）李某為拉薩市某公司的職工，一天李某外出為公司辦事時被違章的機動車撞後癱瘓，公司通知了李某的妻子來協助辦理相關事務。李某的妻子向公司提出要求享受工傷保險待遇時，公司卻不同意，因為公司沒有為李某辦理工傷保險，也不想承擔對工傷保險待遇的賠償。於是，李某的妻子準備通過勞動爭議仲裁主張權利。請問：

1. 李某妻子能否申請勞動爭議仲裁？
2. 若能申請仲裁，李某應在何時申請仲裁？
3. 因為經濟困難，李某能否在勞動爭議仲裁過程中申請先予執行？

（二）在解除勞動合同後，勞動者王某因經濟補償金爭議，將用人單位告上了勞動爭議仲裁庭。仲裁庭安排5月15日為開庭日，並提前於5月9日通知王某開庭的日期、地點等事項。接到通知後，王某發現5月15日也是自己參加一年一次的國家職業資格考試時間。對此，在收到開庭通知後王某立即與該案仲裁員進行了溝通，解釋了自己開庭當日要參加此前報名的職稱考試，希望能延期開庭。

問：王某是否可以要求仲裁庭延期開庭？

附：勞動仲裁申請書文本格式（勞動者）

勞動仲裁申請書

申請人：姓名、性別、年齡、身分證號、住所、通信地址、聯繫電話
被申請人：用人單位的名稱、住所和法定代表人或者主要負責人的姓名、職務
請求事項：（寫明申請仲裁所要達到的目的）
1. _____
2. _____
3. _____
事實和理由：（寫明申請仲裁或提出主張的事實依據和法律依據，包括證據情況和證人姓名及聯繫地址）_____
_____
____。
此致
××勞動人事爭議仲裁委員會

申請人：（簽名）
×年×月×日

附：1. 申請書副本×份（按被申請人人數確定份數）；
　　2. 相關證據種類及×份；
　　3. 其他材料×份。

第十二章
勞動爭議訴訟法實務

【導入案例】
「一波三折」的勞動爭議訴訟案

2016年6月30日，江蘇省丹陽市某化工研究院集中進行了一次外聘人員的清退行動。在研究院後勤處工作15年的吳女士，也屬於清退之列。吳某在工作期間，單位每年都與其簽訂勞動合同，社會保險申辦手續卻一直懸而未決。鑒於單位未履行社會保險義務，本人又距法定退休年齡不足5年，單位依法不應解除勞動合同，吳某向丹陽市勞動爭議仲裁委申請勞動仲裁。

庭審核實爭議事實後，丹陽市勞動爭議仲裁委做出了仲裁決定，裁決如下：「一、丹陽市醫院應於本裁決生效之日起十日內為吳某辦理社會保險登記和申報手續，雙方均應按照本地社會保險經辦機構核定的繳費標準和期限補繳社會保險費。二、駁回吳某的其他申訴請求。」

在勞動爭議仲裁裁決書生效後，單位仍不履行裁決義務，吳某依法向丹陽市人民法院申請執行。2017年4月，在丹陽市人民法院執行局舉行了雙方聽證會。以裁決書執行標的不明確為由，丹陽市人民法院做出裁定：「對丹陽市勞動爭議仲裁委員會做出的仲裁裁決，本院不予執行。當事人在收到本裁定書次日起三十日內，可依法就該勞動爭議事項向人民法院起訴。」

接到法院裁決書後，吳某向丹陽市人民法院提起勞動爭議訴訟，並在起訴書中追加了單位少發10年的經濟補償金請求。在庭審過程中，單位表明已對吳某進行了經濟補償，雙方達成了經濟補償協議，同時表示吳某訴訟請求違反了勞動爭議仲裁前置程序規定。2017年8月，丹陽市人民法院做出了一審民事判決：「一、被告於本判決生效後十日內為原告吳某辦理2001年4月至2016年6月30日的基本養老保險、醫療保險的登記和申報手續。雙方均應按照當地社會保險機構核定的繳費標準、繳費期限補繳社會保險費（其中，基本養老保險補繳基數為補繳時本省上一年度在崗職工平均工資，補繳比例為28%，其中單位承擔20%，個人承擔8%；醫療保險補繳基數為補繳時本市上年度職工平均工資，補繳比例為11%，其中單位承擔9%，個人承擔2%）。二、駁回原告桂春花的其他訴訟請求。」

吳某不服一審勞動爭議民事判決，上訴至鎮江市中級人民法院。2017年11月，鎮江市中級人民法院做出了維持一審法院判決的終審判決。

第一節　勞動爭議訴訟概述

勞動爭議訴訟是勞動爭議當事人可能面臨解決爭議的重要程序。《勞動爭議調解仲裁法》規定，勞動爭議實行「一裁兩審」制，對勞動爭議仲裁裁決不服的，當事人可以在收到仲裁裁決書後依法向人民法院提起訴訟；《就業促進法》規定，對勞動就業歧視有爭議的，勞動者有權向人民法院提起訴訟；《勞動合同法》和《工會法》等規定，因履行集體合同發生爭議，經協商解決不成的，工會可以依法申請仲裁、提起訴訟。因此，把握勞動爭議訴訟程序法律制度，無論是勞動者還是用人單位都能實現正確處理勞動糾紛、依法維護自身合法權益的目的。

一、勞動爭議訴訟法概念

【案例討論】2016 年 6 月，四川宜賓市胡某與湖南長沙市某網絡服務有限公司簽訂了一年期的勞動合同，由於公司位於岳陽市分公司的業務繁忙，擔任項目主管的胡某自工作開始後每週六都在加班，公司沒有安排補休。勞動合同期滿後，關於加班費一事，雙方經協商達成協議，公司補發 12,000 元加班費。對此，公司出具了 12,000 元的加班費欠條，並承諾在 15 天內支付。但 15 天過去了，公司沒有任何動靜，胡某幾次去公司辦公室找經理都沒有結果。請問：
1. 對於公司拖欠加班費一事，胡某能否直接向法院起訴？
2. 胡某與單位之間的勞動爭議案件應由何地法院管轄？

（一）勞動爭議訴訟

勞動爭議訴訟簡稱勞動訴訟，是指國家法律賦予勞動爭議當事人因不服仲裁裁決而依法啟動的人民法院行使裁判權的一種司法救助活動。勞動爭議訴訟是勞動爭議處理的重要方式之一，也是當事人可以提起勞動訴訟的勞動案件的最終解決途徑。

（二）勞動爭議訴訟法

勞動爭議訴訟法，是指國家制定的涉及法院與勞動爭議訴訟參與人訴訟活動的法律規範的總和。勞動爭議發生在平等主體即勞動者（或者工會）與用人單位（或者行業協會）之間，符合民事爭議特徵。因此，勞動爭議訴訟屬於民事範疇，理應適用民事訴訟法進行審理。

目前，處理勞動爭議涉及的民事訴訟法主要有《中華人民共和國民事訴訟法》（以下簡稱《民事訴訟法》）。為了適應社會發展變化，全國人民代表大會常務委員會於 2012 年 8 月 31 日對《民事訴訟法》進行了第二次修正並於 2013 年 1 月 1 日起施行。為了保障勞動爭議案件正確處理，維護勞動者的合法權益，最高人民法院還出抬了若干關於勞動爭議審理的司法解釋。

二、勞動爭議訴訟案件範圍

勞動爭議訴訟案件是人民法院依法應當立案審理的案件。當事人提起勞動爭議訴訟必須屬於勞動爭議訴訟案件的範圍。否則，法院不予受理或者受理後予以駁回。它

包括當事人對勞動仲裁不服可以依法提起訴訟的案件，也包括當事人依法直接向人民法院起訴的案件。根據法律規定，人民法院受理的勞動爭議訴訟案件主要有：

（1）實行「一裁兩審」的勞動爭議案件。當事人對勞動爭議仲裁裁決不服的，可以在收到仲裁裁決書之日起十五日內向人民法院提起訴訟。

（2）實行「附條件的一裁終局」的勞動爭議案件。附條件一裁終局勞動爭議案件，勞動者不服裁決的，可以在收到仲裁裁決書之日十五日內向人民法院提起訴訟，而用人單位無權提起訴訟程序。

【律師提示】　　　　附條件一裁終局勞動爭議案件

《勞動爭議調解仲裁法》確立的部分勞動爭議案件終局裁決制度，根本目的在於防止用人單位惡意訴訟，避免勞動爭議處理時間過長，降低勞動者維權成本，切實保障勞動者的正當權益。不同於民事仲裁一裁終局，其是附件的一裁終局：

《勞動爭議調解仲裁法》第四十七條規定，下列勞動爭議，除本法另有規定的外，仲裁裁決為終局裁決，裁決書自作出之日起發生法律效力：①追索勞動報酬、工傷醫療費、經濟補償或者賠償金，不超過當地月最低工資標準十二個月金額的爭議；②因執行國家的勞動標準在工作時間、休息休假、社會保險等方面發生的爭議。第四十八條規定，勞動者對本法第四十七條規定的仲裁裁決不服的，可以自收到仲裁裁決書之日起十五日內向人民法院提起訴訟。

（3）對履行集體合同爭議的裁決不服的案件。集體合同爭議包括集體合同訂立爭議和集體合同履行爭議。集體合同訂立爭議，由雙方當事人協商解決，協商不成可由勞動保障行政部門協調處理，不及訴訟程序；因履行集體合同發生爭議，當事人協商解決不成的，可以向勞動爭議仲裁委員會申請仲裁；對仲裁裁決不服的，可以自收到仲裁裁決書之日起十五日內向人民法院提起訴訟。

（4）勞動就業歧視爭議案件。對勞動就業歧視爭議，勞動者可以直接向人民法院提起訴訟（《就業促進法》第六十二條）。

（5）拖欠勞動報酬且無爭議的案件。勞動者以用人單位的工資欠條為證據直接向人民法院起訴，訴訟請求不涉及勞動關係其他爭議的，視為拖欠勞動報酬爭議，按照普通民事糾紛受理［《最高人民法院關於審理勞動爭議案件適用法律若干問題的解釋（二）》第三條］。

（6）不履行勞動報酬調解協議的案件。當事人在勞動爭議調解委員會主持下僅就勞動報酬爭議達成調解協議，用人單位不履行調解協議確定的給付義務，勞動者直接向人民法院起訴的，人民法院可以按照普通民事糾紛受理［《最高人民法院關於審理勞動爭議案件適用法律若干問題的解釋（二）》第十七條］。

（7）法律、法規規定的人民法院可以受理的其他勞動爭議案件。例如，當事人以勞動爭議仲裁委員會逾期未做出受理決定而直接向人民法院提起訴訟的；當事人以勞動爭議仲裁委員會逾期未做出仲裁裁決而直接向人民法院提起訴訟的等。

三、勞動爭議案件訴訟管轄

勞動爭議訴訟案件的管轄，是指各級人民法院之間和同級人民法院之間受理第一審勞動爭議訴訟案件的分工和權限。根據《民事訴訟法》等相關規定，勞動爭議訴訟

的管轄主要涉及級別管轄、地域管轄和移送管轄三方面。

1. 級別管轄

級別管轄，是指按照一定的標準，劃分上下級人民法院之間受理第一審勞動爭議案件的分工和權限。確定級別管轄，主要以案件的性質、案件的繁簡程度、案件的影響範圍為標準。

根據《最高人民法院關於審理勞動爭議案件適用法律若干問題的解釋》規定，勞動爭議訴訟案件由基層人民法院管轄。

2. 地域管轄

地域管轄是指同級人民法院之間受理第一審勞動爭議案件的分工和權限。地域管轄又可分為：一般地域管轄和特殊地域管轄。一般地域管轄是指以當事人所在地為根據確定管轄法院。特殊地域管轄。特殊地域管轄是指依據訴訟標的所在地、法律事實所在地、被告住所地與法院轄區之間的關係所確定的管轄。

《最高人民法院關於審理勞動爭議案件適用法律若干問題的解釋》第八條規定：「勞動爭議案件由用人單位所在地或者勞動合同履行地的基層人民法院管轄。勞動合同履行地不明確的，由用人單位所在地的基層人民法院管轄。」

3. 移送管轄

移送管轄是指兩個以上法院受理同一勞動爭議訴訟案件的，後受理的人民法院應當將案件移送先受理案件的人民法院。

《最高人民法院關於審理勞動爭議案件適用法律若干問題的解釋》第九條第二款規定：「當事人雙方就同一仲裁裁決分別向有管轄權的人民法院起訴的，後受理的人民法院應當將案件移送給先受理的人民法院。」

【案例分析】對於公司拖欠加班費一事，胡某可以直接向法院起訴，法律依據是《最高人民法院關於審理勞動爭議案件適用法律若干問題的解釋（二）》第三條規定：「勞動者以用人單位的工資欠條為證據直接向人民法院起訴，訴訟請求不涉及勞動關係其他爭議的，視為拖欠勞動報酬爭議，按照普通民事糾紛受理。」胡某可以向用人單位所在地或者勞動合同履行地法院起訴。本案訴訟管轄地有兩個：一是用人單位所在地，二是勞動合同履行地。《最高人民法院關於審理勞動爭議案件適用法律若干問題的解釋》第八條規定：「勞動爭議案件由用人單位所在地或者勞動合同履行地的基層人民法院管轄。勞動合同履行地不明確的，由用人單位所在地的基層人民法院管轄。」

四、勞動爭議訴訟的基本制度

勞動爭議訴訟的基本制度與普通民事訴訟的基本制度是一致的，其主要涉及以下基本制度：

1. 迴避制度

審判人員、書記員、翻譯人員、鑒定人和勘驗人與案件有利害關係或者其他關係，可能影響案件公正審理的，應當退出對案件的審理，以保證人民法院裁判結果的公正性。

2. 公開審判制度

公開審判制度，是指依照法律規定，對民事案件的審理和宣判向群眾、社會公開

的制度。人民法院審理民事案件，除涉及國家秘密、個人隱私或者法律另有規定的以外，應當公開進行。涉及商業秘密的案件，當事人申請不公開審理的，可以不公開審理。

3. 兩審終審制度

兩審終審，是指一個民事案件經過兩級人民法院審判後即告終結的制度。據此，一般的民事訴訟案件，當事人不服一審人民法院的判決、允許上訴的裁定，可上訴至二審人民法院，二審人民法院對案件所作的判決、裁定為生效裁判，當事人不得再上訴。

五、勞動爭議訴訟參與人

勞動爭議訴訟參與人是指依法參加勞動爭議訴訟活動，享有訴訟權利、承擔訴訟義務的人。根據中國《民事訴訟法》等相關規定，勞動爭議訴訟參與人包括當事人、第三人和訴訟代理人。

（一）當事人

勞動爭議訴訟中的當事人，是指在勞動爭議發生後，能以自己的名義進行訴訟，並受人民法院裁判約束的人，其包括原告和被告。原告是因勞動權益發生爭議或受到侵害，向人民法院起訴要求保護其合法權益的公民、法人或其他組織。被告是指與原告發生民事權益爭議或被指控侵害他人勞動權益，並被人民法院通知應訴的公民、法人或其他組織。

勞動爭議案件適用「誰先起訴誰是原告」的原則。若勞動者和用人單位均不服勞動爭議仲裁委員會的同一裁決，向同一人民法院起訴的，人民法院應當併案審理，雙方當事人互為原告和被告。在訴訟過程中，一方當事人撤訴的，人民法院應當根據另一方當事人的訴訟請求繼續審理。

在一些特殊的勞動用工過程中，除了勞動者和用人單位作為原、被告主體外，還有其他主體作為當事人。勞動者在用人單位與其他平等主體之間的承包經營期間，與發包方和承包方雙方或者一方發生勞動爭議時依法向人民法院起訴的，應當將承包方和發包方作為當事人。勞動者因履行勞動力派遣合同產生勞動爭議而起訴的，以派遣單位為被告；爭議內容涉及接受單位的，以派遣單位和接受單位為共同被告。在招聘未解除勞動合同的勞動爭議中，原用人單位以新的用人單位和勞動者共同侵權為由向人民法院起訴的，新的用人單位和勞動者列為共同被告。

（二）第三人

第三人是指對他人之間的訴訟標的有獨立的請求權，或者雖沒有獨立的請求權，但與訴訟結果有法律上的利害關係，因而參加到他人已經開始的民事訴訟中來，以維護自身合法權益的人。

第三人又可分為有獨立請求權的第三人和無獨立請求權的第三人。有獨立請求權的第三人與本訴的原被告雙方對立，處於原告的地位，享有原告的訴訟權利，承擔原告的訴訟義務；無獨立請求權的第三人則依附或支持某一方當事人而參加訴訟，在訴訟中享有一定的訴訟權利，人民法院判決其承擔民事責任的，享有提起上訴的權利，以及在二審程序中承認和變更訴訟請求、進行和解、請求執行等權利。

根據勞動法規定，用人單位招用尚未解除勞動合同的勞動者，原用人單位與勞動者發生的勞動爭議，可以將新的用人單位列為第三人。

（三）訴訟代理人

訴訟代理人是指為了被代理人的利益，在法定的或者委託的權限範圍內，以被代理人的名義進行訴訟的人。訴訟代理人可分為法定代理人和委託代理人。

1. 法定訴訟代理人

法定訴訟代理人是指根據法律規定代理無訴訟行為能力的當事人實施訴訟行為的人。法定訴訟代理人的範圍與監護人的範圍是一致的，他在訴訟中類似於當事人的地位。如未成年人以其父母為其法定訴訟代理人；精神病人以其父母、配偶、成年子女為其法定訴訟代理人等。法定訴訟代理人之間互相推諉代理責任的，由人民法院指定其中一人代為訴訟。

2. 委託訴訟代理人

委託訴訟代理人是指受訴訟當事人或法定代理人的委託，以當事人的名義代為訴訟行為的人。委託代理人必須在委託權限內實施訴訟行為。當事人或其法定代理人可以委託1~2人代為訴訟。代理人可以是單位工作人員或勞動者的親屬，也可以是律師。在實踐工作中，由於律師精通勞動法和業務知識，當事人更多地將案件委託律師作為勞動訴訟代理人參與訴訟業務。

第二節　勞動爭議訴訟程序

法院審理勞動爭議訴訟案件時必須依法定程序進行。《民事訴訟法》規定，勞動爭議訴訟程序主要包括第一審程序、第二審程序、審判監督程序和執行程序。

一、勞動爭議訴訟一審程序

【案例討論】福州的周女士與用人單位的勞動爭議案件已經由勞動仲裁委員會做出裁決。但單位不服，向法院提起訴訟程序。法院受理後，適用普通程序審理。本案立案後2個月，法院才安排開庭。在法院一審開庭都過去了3個月，判決書遲遲沒有下來。對此，周女士幾乎每週打電話聯繫主審法官，法官都說案子多事務繁忙，還需要等一等。為此，急需外出打工的周女士都「著急上火」了。

按照《民事訴訟法》的規定，本案應當在什麼時間審結完畢？

民事訴訟第一審程序分為普通程序和簡易程序。適用普通程序審理的案件，由3名以上單數的陪審員、審判員共同組成合議庭或者由審判員組成合議庭；適用簡易程序審理的案件，由審判員一人獨任審理。第一審普通程序是最完整的審判程序，是民事訴訟審判的基礎程序，適用具有獨立性、廣泛性和排他性。通常包括以下幾個階段：

（一）起訴

起訴是指爭議當事人就民事糾紛向法院提起訴訟，請求其按照法定程序進行審判的法律行為。起訴的方式，以書面起訴為原則，以口頭起訴為例外。書面起訴即為民事起訴狀，在起訴時原告應按被告人數提交起訴狀副本。

勞動爭議的民事起訴狀（後附參考格式）應當依照《民事訴訟法》的規定，起訴時具備如下條件：①原告是與本案有直接利害關係的當事人，主要包括勞動者（工會）

或者用人單位；②有明確的被告；③有具體的勞動訴訟請求、事實和理由；④屬於法院受理民事訴訟的範圍和受訴法院管轄。

(二) 受理

受理是指人民法院對當事人符合法定條件的起訴，予以立案登記的行為。對當場不能判定是否符合起訴條件的，應當接收起訴材料，需要補充相關材料的，當事人在補齊後，人民法院應當在七日內做出是否立案登記的決定。

【法律連結】　　　　　　勞動爭議訴訟請求增加問題

《最高人民法院關於審理勞動爭議案件適用法律若干問題的解釋》（法釋〔2001〕14號）第六條規定，人民法院受理勞動爭議案件後，當事人增加訴訟請求的，如該訴訟請求與訟爭的勞動爭議具有不可分性，應當合併審理；如屬獨立的勞動爭議，應當告知當事人向勞動爭議仲裁委員會申請仲裁。

(三) 審理前的準備

法院應當在立案之日起 5 日內將起訴狀副本發送被告，被告在收到之日起 15 日內提出答辯狀。被告提出答辯狀的，法院應當在收到之日起 5 日內將答辯狀副本發送原告。被告不提出答辯狀的，不影響法院審理。法院對決定受理的案件，應當在受理案件通知書和應訴通知書中向當事人告知有關的訴訟權利義務。合議庭組成人員確定後，應當在 3 日內告知當事人。審判人員必須認真審核訴訟材料，調查收集必要的證據。

勞動爭議案件在法院受理之後，在開庭審理之前，一般情況下由法院主持雙方當事人進行先行調解。當事人不願意調解或調解不成功的，進入審理程序。

(四) 開庭審理

開庭審理是指在法院審判人員的主持下，在當事人和其他訴訟參與人的參加下，在法庭上，依照法定的程式和順序，對案件進行實體審理並做出裁判的訴訟活動。法院審理民事案件，應當在開庭前 3 日通知當事人和其他訴訟參與人。開庭審理的主要步驟如下：

1. 宣布開庭

開庭審理前，書記員應當查明當事人和其他訴訟參與人是否到庭，宣布法庭紀律。原告經傳票傳喚，無正當理由拒不到庭的，或者未經法庭許可中途退庭的，可以按撤訴處理；被告反訴的，可以缺席判決。被告經傳票傳喚，無正當理由拒不到庭的，或者未經法庭許可中途退庭的，可以缺席判決。開庭審理時，由審判長核對當事人，宣布案由、審判人員和書記員名單，告知當事人有關的訴訟權利與義務，詢問當事人是否申請審判人員和書記員迴避。

2. 法庭調查

根據《民事訴訟法》的規定，法庭調查涉及以下內容：①當事人陳述；②證人作證，宣讀未到庭的證人證言；③出示書證、物證和視聽資料；④宣讀鑒定結論和勘驗筆錄。

勞動爭議訴訟實行「誰主張誰舉證」的舉證原則。最高人民法院《關於民事訴訟證據的若干規定》和《關於審理勞動爭議案件適用法律若干問題的解釋》規定：因用人單位做出的開除、除名、辭退、解除勞動合同、減少勞動報酬、計算勞動者工作年

限等決定而發生的勞動爭議，用人單位負舉證責任。

3. 法庭辯論

法庭辯論是由當事人及其訴訟代理人就案件事實和法律適用各自陳述自己的意見和理由。法庭辯論按照下列順序進行：

（1）原告及其訴訟代理人發言；

（2）被告及其訴訟代理人答辯；

（3）第三人及其訴訟代理人發言或答辯；

（4）互相辯論。

法庭辯論終結，由審判長按照原告、被告、第三人的先後順序徵詢各方最後意見。雙方同意調解的，可以進行調解，調解達成協議的，法院應當製作調解書，經雙方當事人簽字後生效。

4. 評議和宣判

法庭辯論終結後，對不進行調解或調解不成的，由合議庭評議，確定案件事實和認定法律適用，依法做出裁判。宣告判決時，必須告訴當事人上訴權利、上訴期限和上訴的法院。

人民法院適用普通程序審理的案件，應當在立案之日起六個月內審結。有特殊情況需要延長的，由本院院長批准，可以延長六個月；還需要延長的，報請上級人民法院批准。人民法院適用簡易程序審理案件，應當在立案之日起三個月內審結。

【案例分析】周女士與公司的勞動爭議案件經勞動仲裁委裁決後，公司不服提起訴訟，人民法院適用普通程序進行審理。根據《民事訴訟法》的規定，人民法院適用普通程序審理的案件，應當在立案之日起六個月內審結。有特殊情況需要延長的，由本院院長批准，可以延長六個月；還需要延長的，報請上級人民法院批准。所以，周女士可以根據法律規定提示法官的判決時間。

二、勞動爭議訴訟二審程序

第二審程序，是指勞動爭議訴訟當事人不服地方各級人民法院的第一審裁判，在法定期限內通過第一審法院向上一級人民法院提起上訴，是第二審級的人民法院審理上訴案件所適用的程序。當事人不服第一審判決的，上訴期限為15日；不服第一審裁定的，上訴期限為10日。

上訴應當遞交上訴狀。上訴狀應當包括：當事人的姓名、法人的名稱及其法定代表人的姓名或者其他組織的名稱及其主要負責人的姓名；原審人民法院名稱、案件的編號和案由；上訴的請求和理由，並按照對方當事人或者代表人的人數提出副本。

對上訴案件，第二審人民法院應當組成合議庭，開庭審理。經過審理，按照下列情形，分別做出處理：

（1）原判決認定事實清楚，適用法律正確的，判決駁回上訴，維持原判；

（2）原判決適用法律錯誤的，依法改判；

（3）原判決認定事實錯誤，或者原判決認定事實不清，證據不足的，裁定撤銷原判決，發回原審人民法院重審，或者查清事實後改判；

（4）原判決違反法定程序，可能影響案件正確判決的，裁定撤銷原判決，發回原

審人民法院重審。

當事人對重審案件的判決、裁定，可以上訴。第二審人民法院的判決、裁定，是終審的判決、裁定。

三、勞動爭議訴訟審判監督程序

審判監督程序即再審程序，是指對已經發生法律效力的勞動爭議案件的判決、裁定、調解書發現確有錯誤的，人民法院依法對該案件再行審理的司法活動。再審程序不是每個案件必經的程序，而是在第一審和第二審程序之外的特殊程序，對保護當事人的合法權益具有重要意義。提起審判監督程序的情形如下：

（一）基於審判監督權的再審

根據民事訴訟法的規定，本院院長及審判委員會、最高人民法院、上級人民法院可以基於審判監督權提起再審。再審既可以由原審人民法院進行，也可以由最高人民法院、上級人民法院提審或指令下級再審。

（二）基於檢察監督權的抗訴和再審

最高人民檢察院對各級人民法院已經發生法律效力的裁判，上級人民檢察院對下級人民法院已經發生法律效力的裁判，發現有下列情形之一的，應當按照審判監督程序提出抗訴：①原判決、裁定認定事實的主要證據不足的；②原判決、裁定適用法律確有錯誤的；③人民法院違反法定程序，可能影響案件正確判決、裁定的；④審判人員在審理案件時有貪污受賄、徇私舞弊、枉法裁判行為的。

（三）基於當事人訴權的申請再審

申請再審是指當事人對已經發生法律效力的勞動爭議案件的判決、裁定、調解書認為確有錯誤，請求原審人民法院或者上一級人民法院對案件再次審理並加以改判的訴訟行為。申請再審時，不停止判決、裁定、調解書的執行。當事人申請再審，應當在判決、裁定、調解書生效之日起 2 年內提出。

當事人的申請符合下列情形之一的，人民法院應當再審：①有新的證據，足以推翻原判決、裁定的；②原判決、裁定認定事實的主要證據不足的；③原判決、裁定適用法律確有錯誤的；④人民法院違反法定程序，可能影響案件正確判決、裁定的；⑤審判人員在審理案件時有貪污受賄、徇私舞弊、枉法裁判行為的。

當事人對已生效的調解書，提出證據證明調解違反自願原則或者調解協議的內容違反法律的，可以申請再審。

【案例連結】　　　　勞動裁決因迴避問題被撤銷案

劉某、周某於 2015 年成為三明市某公司職工。2016 年 12 月 15 日，以「經董事會集體研究決定」為由，公司宣布與劉某、周某所簽勞動合同提前解約。經雙方協商後，公司向劉某、周某二人打下欠條，即欠兩人工資、補償金分別為 16,500 元和 16,800 元。由於公司並未在約定時間內支付補償金，劉某、周某於 2017 年 1 月 12 日向所在市的勞動爭議仲裁委員會申請，請求裁決撤銷該公司終止勞動合同通知，並補發工資和承擔經濟賠償。2017 年 3 月 2 日勞動爭議仲裁委員會裁決，對劉某、周某的請求予以支持。

公司經調查發現，勞動爭議仲裁委員會仲裁該案的仲裁員王某是劉某的中學同學，且兩人的妻子還是姐妹關係，但王某並未主動提出迴避。據此，公司於 2017 年 3 月 15 日向該市中級人民法院提出撤銷仲裁裁決的申請。法院受理後經調查，發現公司提供的證據屬實，

> 裁定撤銷仲裁裁決。
> 　　對此，劉某、周某直接向人民法院提起訴訟。經一審法官的調解工作後，公司與劉某和周某達成賠償協議，糾紛得以解決。

四、勞動裁決執行程序

執行也稱強制執行，是指法院依法運用國家強制力將已經生效且具有給付內容的法律文書付諸實現的活動。勞動爭議案件中生效且具有給付內容的法律文書有勞動爭議裁決書、勞動爭議調解書、法院勞動判決書和法院勞動調解書等。勞動裁決生效後負有義務一方當事人不主動履行義務的，另一方當事人有權依法申請人民法院強制履行。

1. 執行法院管轄

發生法律效力的民事判決、裁定以及刑事判決、裁定中的財產部分的執行管理，依據《民事訴訟法》第二百二十四條規定，由第一審人民法院或者與第一審人民法院同級的被執行的財產所在地人民法院執行。法律規定由人民法院執行的其他法律文書，由被執行人住所地或者被執行的財產所在地人民法院執行。

2. 申請執行時效

申請法院強制執行的，當事人應當注意在法定期間進行。《民事訴訟法》第二百三十九條規定：申請執行的期間為二年。申請執行時效的中止、中斷，適用法律有關訴訟時效中止、中斷的規定。申請執行的期間，從法律文書規定履行期間的最後一日起計算；法律文書規定分期履行的，從規定的每次履行期間的最後一日起計算；法律文書未規定履行期間的，從法律文書生效之日起計算。錯過申請執行的法定期間，當事人將喪失通過法院強制執行的權利。

> 【法律連結】《最高人民法院關於人民法院對經勞動爭議仲裁裁決的糾紛準予撤訴或駁回起訴後勞動爭議仲裁裁決從何時起生效的解釋》（法釋〔2000〕18號）
> 　　第一條　當事人不服勞動爭議仲裁裁決向人民法院起訴後又申請撤訴，經人民法院審查準予撤訴的，原仲裁裁決自人民法院裁定送達當事人之日起發生法律效力。
> 　　第二條　當事人因超過起訴期間而被人民法院裁定駁回起訴的，原仲裁裁決自起訴期間屆滿之次日起恢復法律效力。

3. 強制執行措施

人民法院可以採取的強制執行措施有：查詢、凍結、劃撥被執行人的存款；扣留、提取被執行人應當履行義務部分的收入；查封、扣押、凍結、拍賣、變賣被執行人應當履行義務部分的財產。對未履行裁判義務的被執行人，法院可以依法將其列為全國信用系統中的失信「黑名單」，讓失信者「一處失信，處處受限」。

附：勞動爭議的民事起訴狀文本格式（勞動者）

民事起訴狀

原告：姓名、性別、出生年月、民族、身分證號、住址、聯繫電話。
被告：單位名稱、法定代表人姓名及職務、單位地址法定代表人、聯繫電話
案由：勞動爭議
請求事項：（寫明訴訟所要達到的目的）
1. _____
2. _____
事實和理由：（應寫明勞動爭議訴訟涉及的事實和適用的法律依據）_____
_____
_____
_____。

此致
××人民法院

起訴人：（簽名或蓋章）

×年×月×日

註：
1. 起訴狀副本份數應按被告人數提交。
2. 證據種類、份數和證明作用。

實訓項目

一、改錯題

1. 實行一裁終局制度的勞動爭議案件，勞動者和用人單位都不得對勞動爭議仲裁裁決不服而向人民法院提起訴訟。

2. 一審勞動爭議案件由用人單位所在地的基層人民法院管轄。

3. 勞動爭議訴訟實行「誰主張，誰舉證」制度，因此勞動者應當對自己的訴訟請求負有舉證責任。

4. 人民法院適用簡易程序審理的勞動爭議案件，應當在立案之日起六個月內審結。

5. 勞動者申請執行勞動仲裁裁決或者法院判決的法定期間是12個月，申請執行期間從法律文書規定履行期限的最後一天起算。

二、案例分析

肖某是成都人，大學畢業後在成都一家房地產公司應聘成功。根據勞動合同的約定，肖某被公司派往位於上海的分公司工作。在勞動合同期間，分公司拖欠勞動合同約定的銷售業務提成費和福利待遇共計6萬餘元。肖某解除了勞動合同後，在上海某勞動爭議仲裁委員會提起仲裁。該案經開庭審理後，做出了仲裁裁決。對勞動爭議裁決不服，肖某仍希望通過訴訟方式來達到案件的理想結果。此時的肖某已經回到成都，並在成都找了一份新工作。肖某希望能在成都的法院提起勞動訴訟，以節省費用且不影響自己的新工作。

（1）肖某在成都法院提起勞動訴訟的願望能實現嗎？

（2）請根據案情幫助肖某擬定一份起訴書。

參考文獻

[1] 姚會平. 勞動者權益保護法律實務 [M]. 成都：西南財經大學出版社，2010.

[2] 梁碩南. 勞動合同甲方乙方 [M]. 北京：中國法制出版社，2009.

[3] 李欣宇，隋平. 中華人民共和國勞動合同法精解 [M]. 北京：中國政法大學出版社，2007.

[4] 肖太福. 勞動合同法重點解讀及實務應對技巧 [M]. 北京：中國法制出版社，2008.

[5] 陳榮鑫，楊國益. 勞動和社會保障法常見案例解析 [M]. 長沙：湖南人民出版社，2004.

[6] 郭英杰，安淑珍. 勞動法 [M]. 北京：經濟科學出版社，2008.

[7] 郭捷. 勞動法與社會保障法 [M]. 北京：法律出版社，2008.

[8] 王全興，黃昆. 中國勞動法 [M]. 北京：中國政法大學出版社，2008.

[9] 趙永樂. 勞動關係管理與勞動爭議處理 [M]. 3版. 上海：上海交通大學出版社，2016.

[10] 王興全. 勞動法 [M]. 北京：法律出版社，2008.

[11] 夏志強，楊紅. 勞動關係與勞動法 [M]. 成都：四川大學出版社，2007.

[12] 姜穎. 勞動法學 [M]. 北京：中國勞動社會保障出版社，2007.

[13] 黎建飛.《中華人民共和國勞動合同法》最新完全釋義 [M]. 北京：中國人民大學出版社，2008.

[14] 劉瑛. 勞動關係與勞動法實用教程 [M]. 北京：海洋出版社，2015.

[15] 張志京. 勞動法學 [M]. 2版. 上海：復旦大學出版社，2008.

[16] 張世誠. 勞動爭議調解仲裁法 [M]. 北京：中國法制出版社，2009.

[17] 七五普法圖書中心. 勞動法案例讀本 [M]. 北京：中國法制出版社，2016.

[18] 劉元文. 職工民主管理理論與實踐 [M]. 北京：中國社會保障出版社，2007.

[19] 李彬. 最新勞動者維權應對攻略 [M]. 北京：中國法制出版社，2009.

國家圖書館出版品預行編目（CIP）資料

中國勞動法實務 / 姚會平 主編. -- 第一版.
-- 臺北市：財經錢線文化, 2019.10
　　面；　公分
POD版

ISBN 978-957-680-371-0(平裝)

1.勞動法規 2.中國

556.84　　　　　　　　　　　　　　　　108016514

書　　名：中國勞動法實務
作　　者：姚會平 主編
發 行 人：黃振庭
出 版 者：財經錢線文化事業有限公司
發 行 者：財經錢線文化事業有限公司
E - m a i l：sonbookservice@gmail.com
粉 絲 頁：　　　　　網　址：
地　　址：台北市中正區重慶南路一段六十一號八樓 815 室
8F.-815, No.61, Sec. 1, Chongqing S. Rd., Zhongzheng Dist., Taipei City 100, Taiwan (R.O.C.)
電　　話：(02)2370-3310　傳　真：(02) 2370-3210
總 經 銷：紅螞蟻圖書有限公司
地　　址：台北市內湖區舊宗路二段 121 巷 19 號
電　　話 :02-2795-3656 傳真 :02-2795-4100　網址：
印　　刷：京峯彩色印刷有限公司（京峰數位）

　本書版權為西南財經出版社所有授權崧博出版事業股份有限公司獨家發行電子書及繁體書繁體字版。若有其他相關權利及授權需求請與本公司聯繫。

定　　價：450元
發行日期：2019 年 10 月第一版

◎ 本書以 POD 印製發行